CNB
401

반듯하게 성경 읽기

창세기

김 영 철

2011년

칼빈아카데미

지은이 | 김영철

- 총신대학교 신학과 졸업(1977년)
- 총신대학교 신학연구원 졸업(1980년)
- 미국 카버넌트(Covenant) 신학대학원 졸업(1984년)
- 합동신학대학원 전임강사(1984-1989년)
- 웨스트민스터 신학대학원 교수(1989-1999년)
- 미문(美聞)교회 목사(1997년-현재)

저서

- 『여호와 신실하신 우리 하나님(1)』(여수룬, 1986)
- 『여호와 신실하신 우리 하나님(2)』(여수룬, 1988)
- 『주님의 주님되심: 신약(1)』(여수룬, 1988)
- 『주님의 주님되심: 구약(1)』(여수룬, 1992)
- 『그리스도의 그림자(1)』(웨스트민스터 출판부, 1996)
- 『성경신학의 입장에서 본 노아홍수』(여수룬, 1989)
- 『성경정독집: 구약(상)』(여수룬, 1985)
- 『성경정독집: 구약(중)』(여수룬, 1986)
- 『성경정독집: 구약(하)』(여수룬, 1988)
- 『성경정독집: 신약 (1)』(여수룬, 1991)
- 『하늘 울타리 땅에 두르고(1)』(도서출판 깔뱅, 2006)
- 『반듯하게 성경읽기(2): 출애굽기』(도서출판 깔뱅, 2006)

역서

- 배숄쯔, 『계단식 히브리어 연습』(평화사, 1985)
- 골즈워디, 『복음과 하나님의 나라』(성서유니온, 1988)
- 골즈워디, 『복음과 하나님의 지혜』(성서유니온, 1989)
- 골즈워디, 『복음과 요한계시록』(성서유니온, 1991)
- 골즈워디, 『복음과 하나님의 계획』(성서유니온, 1994)
- 플랜팅어, 『성경과 구원 역사』(여수룬, 1990)
- 징컨드, 『성경과 하나님의 언약』(여수룬, 1990)
- 그레이다누스, 『성경 해석과 성경적 설교(상)』(여수룬, 1995)
- 그레이다누스, 『성경 해석과 성경적 설교(중)』(여수룬, 1998)
- 그레이다누스, 『성경 해석과 성경적 설교(하)』(여수룬, 1999)

창세기

CNB 401

반듯하게 성경읽기〈1〉

창세기

Intensive Bible Reading: Genesis

by Yung Chul Kim
Published by Calvinacademy Publishing House

초판 인쇄 2011년 1월 10일
초판 발행 2011년 1월 20일

발행처 | 칼빈아카데미
주소 | 서울시 구로구 구로5동 26번지 신도림 포스빌 1702호
전화 | 02-865-9120
등록번호 | 제12-614호
등록일자 | 2008년 12월 17일

발행인 | 장수민
지은이 | 김영철
편집주간 | 송영찬
편집 | 신명기
디자인 | 조혜진

총판 | (주) 비전북출판유통
주소 | 경기도 고양시 일산구 장항동 568-17호 (우) 411-834)
전화 | 031-907-3927(대) 팩스 031-905-3927

값은 표지에 있습니다.
파손된 책은 구입처나 출판사에서 교환해 드립니다.
ISBN 89-91650-53-4 93230

Printed in Korea

CNB카페 | http://cafe.naver.com/cnb7777

반듯하게 성경 읽기

창세기

Intensive Bible Reading: Genesis

CNB 시리즈
서 문

CNB The Church and The Bible 시리즈는 개혁신앙의 교회관과 성경신학적 구속사 해석에 근거한 신 · 구약 성경 연구 시리즈이다.

이 시리즈는 보다 정확한 성경 본문 해석을 바탕으로 역사적 개혁 교회의 면모를 조명하고 우리 시대의 교회가 마땅히 추구해야 할 방향을 제시함으로써 교회의 삶과 문화를 창달하는 것을 그 목적으로 하고 있다.

따라서 이 시리즈는 진지하게 성경을 연구하며 본문이 제시하는 메시지에 충실하고 있다. 그렇다고 이 시리즈가 다분히 학문적이거나 또는 적용적이라는 의미에 국한되지 않는다. 학구적인 자세는 변함 없지만 궁극적으로 하나님의 나라를 지향함에 있어 개혁주의 교회관을 분명히 하기 위해 보다 더 관심을 가진다는 의미이다.

본 시리즈의 집필자들은 이미 신 · 구약 계시로써 말씀하셨던 하나님께서 지금도 말씀하고 계시며, 몸된 교회의 머리이자 영원한 왕이신 그리스도께서 지금도 통치하시며, 태초부터 모든 성도들을 부르시어 복음으로 성장하게 하시는 성령님께서 지금도 구원 사역을 성취하심으로써 창세로부터 종말에 이르기까지 거룩한 나라로서 교회가 여전히 존재하고 있음을 그 무엇보다도 중요하게 여기고 있다.

아무쪼록 이 시리즈를 통해 계시에 근거한 바른 교회관과 성경관을 가지고 이 땅에 진정한 그리스도인의 삶과 문화가 확장되기를 바라는 바이다.

시리즈 편집자

김영철 목사, 미문(美聞)교회, 합동신학대학원대학교, Th. M.
송영찬 목사, 기독교개혁신보 편집국장, M. Div.
이광호 목사, 실로암교회, 홍은신학연구원, Ph. D.

머리글

장醬맛은 먹어 보아야 안다는 말이 있습니다. 간장이나 된장은 눈으로 색깔이나 모양새만 보고는 그 맛을 알 수 없다는 뜻이겠지요. 이 책도 장醬에 비유할 수 있습니다. 쓱 훑어보는 것만으로는 이 책의 맛을 알거나 의도하는 것에 이를 수 없기 때문입니다.

이 책은 먼저 하나님의 말씀인 성경을 경청敬聽하는 심정으로 읽고 그 다음에 주어진 문제를 풀어 봄으로써 하나님 말씀에 대한 이해가 깊어지도록 만든 책입니다. 성경을 올바로 안다는 것은 매우 중요한 일입니다. 이것은 삶을 좌우하는 일입니다. 성경을 알아야 하나님의 뜻을 알 수 있으며 그래야 하나님을 바르게 믿고 평생토록 하나님을 신실하게 섬길 수 있기 때문입니다.

성경을 안다는 것은 단순히 성경의 인명이나 지명을 알고 사건들을 외워서 성경 상식을 넓히는 것이 아닙니다. 글로써 표현된 말씀의 내용과 그렇게 말씀하신 의도를 이해하는 것을 뜻합니다.

이 책은 성경 구절을 일일이 설명해 놓은 참고서(註釋)는 아닙니다. 여러분께서 성경을 읽으실 때 말씀의 흐름을 따라서 전체적인 맥락을 이해하실 수 있도록 도와 드리려고 만든 책입니다.

하나님의 말씀으로 우리 모두의 삶이 더욱 풍요로워지기를 바랍니다.

2011년 2월
지은이

목 차

제 1 주
창세기 1-2장

성경聖經은 그저 관심 있는 사람이라면 아무나 시간 날 때에 읽어서 생활에 도움을 얻어 보라고 유익한 글들을 모아 놓은 책이 아닙니다. 성경은 하나님께서 특정 대상에게 특별한 목적을 가지고 말씀하신 내용을 기록해 놓은 글입니다. 바꿔 말해서 성경은 하나님께서 자기 백성에게 자신이 어떠한 분인가를 알려 주신 글입니다.

그러기에 첫째, 우리가 성경을 읽을 때에 우리가 알고 싶은 사항들을 찾으려 하지 말고 성경이 하나님에 대해서 무엇을 말하는지를 살펴서 하나님을 잘 알아야 합니다. 둘째, 하나님을 잘 알려는 목적은 그분에 대한 정보情報를 수집하여 그분을 연구 대상으로 삼기 위한 것이 아니라 그분을 바르게 섬기기 위함입니다. 따라서 이 두 가지 사실을 소홀히 하면서 성경을 읽거나 공부하려는 것은 그릇된 일이며 우리의 신앙에 결코 도움이 되지 않는 일입니다.

창세기는 이른바 모세 오경五經이라고 불리는 책의 첫 부분입니다. 우리가 사용하는 성경책에서는 창세기가 첫 번째 책입니다. 이는 편의상 실제로는 한 권의 책인 모세 오경을 다섯 권(창세기, 출애굽기, 레위기, 민수기, 신명기)으로 나누어 놓았기 때문입니다.

모세 오경은 처음에 하나님께서 모세를 통하여 출애굽한 이스라엘 백성에게 주신 책입니다. 그러기에 이 책은 하나님께서 그들의 상황을 우선적으로 고려하여 말씀하신 것을 기록한 것입니다. 그런데도 이렇듯 옛날에 쓰인 성경이 여전히 오늘날 우리에게 하나님 말씀으로 유효有效한 까닭은 (1) 우리가 지금 섬기고 있는 하나님은 바로 그 동일하신 하나님 곧 이스라엘의 하나님이시며, (2) 우리도 과거의 이스라엘과 마찬가지로 하나님의 백성이며, 또한 (3) 하나님은 변치 아니하시기에 오래 전 성경에 말씀하신 바대로 세상 끝날까지 역사歷史와 자기 백성을 이끌어 가시기 때문입니다.

1 창세기 1장 1-5절

(월 일 _ 읽음)

해와 달 같은 자연물을 신神으로 섬기는 애굽에서 오랫동안 종노릇하고 살면서 애굽 사람들의 사고와 풍습에 자연스럽게 젖어들 수밖에 없었던 이스라엘 백성에게 무엇보다 먼저 알려 주어야 할 사실은 '온 세상을 지으신 분이 과연 누구이신가?' 하는 것이었습니다.

시간時間과 공간空間이 존재하기 시작한 때를 가리켜 태초太初라 합니다. 시간을 만드셔서 역사를 출발시키고 사람과 동물을 만드셨을 뿐만 아니라 이들이 살아갈 수 있는 환경인 땅과 하늘을 지으신 분이 누구인가를 분명하게 말해 주는 구절은 어디입니까? (절)

하나님께서 온 우주宇宙와 그 안의 모든 것들을 다 만드셨습니다. 그러나 2절부터는 사람들이 살고 있는 이 세상을 중심으로 날짜별로 차례차례 설명하기 시작합니다. 이스라엘 백성은 이미 하나님께서 다 만들어 놓으신 세상 속에 살고 있으므로 그들의 관점에서 하나씩 설명합니다. 하나님께서 첫째 날에는 빛을 만드셨습니다. 빛이 창조되기 이전의 상황이 어떠하였는지를 알려주는 구절은 어디입니까? (절)

"땅이 혼돈하고 공허하며"라는 표현은 '무질서하고 허무虛無하다'는 뜻이 아닙니다. 아직은 땅에 하나님께서 창조해 놓으신 물 이외에는 아무 것도 존재하지 않았다는 사실을 말하고 있습니다. 사람이 새로 지은 집에 이사해 들어가기 바로 전의 상황을 말할 때 "이 집은 아직 사람이 들어와 살지 않아서 가구家具도 전혀 없고 텅 비어 있다"라고 말하는 것과 마찬가지입니다. 빛이 없었기 때문에 당연히 온통 암흑 그 자체였습니다. 그리고 그후에 땅에 존재하게 될 만물萬物은 물水 속에서 저절로 생겨 나온 것이 아니라, 하나님의 활동하심으로 창조될 것임을 암시하는 표현이 있는 구절은 어디입

니까? (　　　절)

2 창세기 1장 6-13절

(　　월　　일 _ 읽음)

하나님께서 말씀으로 명하셔서 빛을 창조하셨습니다. 이제껏 어둡기만 하던 땅에 변화가 생겼습니다. 빛과 어두움이 공존共存하게 된 것입니다. 그러나 아직 땅은 물로 덮여 있었습니다. 하나님께서 물로 가득 찬 땅을 위와 아래 두 부분으로 나누기 위하여 물 가운데 궁창穹蒼을 만드셨습니다. 그리고 자신께서 지으신 궁창을 '하늘'이라 이름 붙이셨습니다. 이제 땅 안에는 하늘을 경계로 윗물과 아랫물이 있게 되었습니다. 이 일이 하나님께서 의도하고 명하신 대로 다 이루어졌음을 말한 구절은 어디입니까? (　　　절)

셋째 날에 하나님께서는 사람들이 발붙이고 살 공간, 즉 현재 우리가 말하는 '땅'을 만드십니다. 하늘 아래에 있던 물을 한 곳으로 모이게 하십니다. 따라서 물은 낮은 곳으로 흘러내렸고 그 결과 상대적으로 높은 곳은 드러나게 되었습니다. 이렇게 드러난 부분을 '땅'이라 이름 붙이고 물이 모인 곳을 '바다'라 하셨습니다. 이 모든 일들이 하나님께서 의도하신 그대로 이루어졌습니다. 또한 하나님께서는 땅에서 살아야 할 사람과 동물을 위하여 풀과 나무를 비롯한 각종 식물植物을 자라나게 하셨습니다. 이것들도 역시 하나님께서 의도하신 대로 완벽하게 창조되었음을 암시해 주는 구절은 어디입니까? (　　　절)

3 창세기 1장 14-23절

(월 일 _ 읽음)

첫 사흘 동안 하나님께서는 이른바 '틀'을 만드셨고 이제 그 다음 사흘 동안은 이미 창조된 틀을 활용할 대상 또는 이 틀에 채울 내용물을 만드시게 됩니다.

넷째 날에 만드신 광명光明이란 '빛'이 아니라 '빛을 지닌 물체'(light-bearer)를 의미합니다. 하나님께서는 첫째 날에 빛을 창조하셨고 이번에는 이미 창조된 빛을 발산發散할 수 있는 물체를 지으셨습니다. 이렇게 하나님께서 해와 달을 만드셔서 하늘의 궁창에 두심으로써 이제까지 공존 상태에 있던 빛과 어두움이 규칙적으로 번갈아 나타나게 되었고 따라서 낮과 밤이라는 시간적 구분이 생겼습니다. 하나님께서 이 광명체光明體를 하늘의 궁창에 두신 또 하나의 목적은 기상氣象 상태나 재해災害와 같은 비상한 사건을 예측해 볼 수 있는 징조와 절기節氣 또는 계절 그리고 날日과 해年를 형성하기 위함임을 말해 주는 구절은 어디입니까? (절)

다섯째 날에는 하나님께서 둘째 날 만드신 틀인 '물과 하늘'에 내용물을 채우는 일을 하셨습니다. 그래서 물에는 수많은 물고기와 수중水中 생물들로 가득 차게 되었고 하늘에는 온갖 새들이 날게 되었습니다. 물과 하늘에 존재하는 생물 중에 하나님의 창조의 손길을 거치지 않은 것은 하나도 없었습니다. 더욱이 하나님께서 물과 하늘에 존재하는 모든 생물들을 그 종류대로 만드셨음을 강조한 구절은 어디입니까? (절)

하나님께서는 자신이 창조하신 모든 생물들에게 복을 주셨습니다. 이 복의 내용은 '생육하라', '번성하라', '충만하라'로 표현됩니다. 여기서 '생육하다'는 '많은 열매를 맺다' 또는 '다산多産하다'는 뜻이며, '번성하다'는 '많아지다'는 뜻이며, '충만하다'는 '가득 차다'는 뜻입니다. 따라서 이 셋은 표현만 다를 뿐 실상은 '많다'는 공통적인 개념을 갖고 있습니다. 이처럼 여러 가지 표현을 사용하여 하나의 의미를 나타내는 것은 강조하기 위함입니다. 그러므로 이 복의 내용은 한마디로 말하면 지으신 모든 생물의 활발한 종족種族 번식입니다.

이와 같은 종족 번식의 왕성함은 단순히 자연적인 일이 아니라 하나님께서 주신 복이라는 사실을 말한 구절은 어디입니까? (　　　절)

〈새들도 역시 하나님의 복 주심으로 인하여 그 종족의 수를 많게 할 수 있습니다. 그리고 새들이 날아다니는 공간은 궁창이긴 하지만 알을 낳고 새끼들을 키우는 것은 땅에서 이루어지는 일이므로 "땅에 번성하라"는 말씀은 매우 자연스러운 표현입니다.〉

4 창세기 1장 24-31절

(　　월　　일 _ 읽음)

이 문단은 하나님의 창조 여섯째 날에 대해 말하고 있습니다. 인간 창조를 다루고 있는 이 문단이 다른 문단들보다 긴 까닭은 이 문단을 더 강조하기 위함입니다. 이스라엘 백성을 대상으로 창세기를 쓰고 있는 기록자로서는 무엇보다도 하나님과 인간의 관계 또는 인간에 대한 하나님의 관심 등을 다른 요소들보다 돋보이게 하는 것이 당연하고도 자연스러운 일입니다. 그래서 기록자는 이제껏 다섯 날 동안 있었던 하나님의 창조 사역을 다루면서도 여러 피조물들을 단순히 창조된 물품으로 나열한 것이 아니라 인간의 삶터인 땅과 그 환경이라는 시각에서 그것들을 이야기하고 있습니다.

앞에서 말씀드린 바대로 처음 삼 일과 나중 삼 일의 사역은 긴밀한 연관성을 갖고 있습니다. 셋째 날 지음 받은 틀은 '땅과 식물'이었으므로 여섯째 날에는 그 내용물인 '동물과 사람'이 창조됩니다. 이제까지 닷새 동안 하나님께서는 동물과 사람이 살아갈 수 있는 모든 환경을 완전하게 마련해 놓으셨습니다. 이렇게 하신 후에 비로소 하나님께서는 동물과 사람을 창조하십니다.

하나님께서 먼저 동물을 지으시는데 기록자는 이렇게 지음 받는 동물을 크게 셋으로 분류함으로써 적어도 이스라엘 백성의 관점에서 보면 땅에 사는 모든 생물을 족히 다 포함하고 있습니다. 하나님께서 땅의 모든 동물을 그 종류대로 창조하셨음을 말해 주는 구절은 어디입니까? (　　　절)

하나님께서 사람을 모든 피조물 중에 마지막으로 창조하신 것은 하나님의 선한 뜻이 있었기 때문입니다. 땅에서 살아가는 생명체라는 점에서는 사람이 다른 동물들과 같겠지만 결정적인 차이는 '신의 형상'을 지녔다는 데 있습니다 ['신의 형상' 또는 '신의 모양'이 무엇인가에 대해서는 김영철, 「주님의 주님되심: 구약」(1), 여수룬, 1992, pp.73-77, 87-90을 보시기 바랍니다]. 이렇게 하나님께서는 사람을 자신의 형상과 모양대로 지으셔서 어떤 일을 하도록 계획하셨는지를 알려주는 구절은 어디입니까? (　　　절)

사람을 존중한다는 것은 기본적으로 하나님께서 사람을 지으신 목적에 합당하게 대우함을 뜻하는 것입니다. 하나님께서는 남자만이 아니라 여자도 동등하게 사람으로 지으셨습니다. 이처럼 '남과 여'라는 성性이 구별되기에 남녀에게 독특한 역할도 존재합니다. 그러나 남녀간에 역할의 차이가 아닌 인간적인 차별은 있을 수 없습니다.

〈하지만 불행하게도 인간의 역사에서는 여성에 대한 인간적 차별이 끊임없이 계속되어 왔고 심지어 그리스도의 몸 된 교회 안에서조차 이런 차별이 적지 않게 눈에 띄고 있습니다. 이런 불행은 모두 인간의 죄악에서 비롯된 것입니다. 그러나 죄의 억누름에서 풀려난 그리스도인은, 그리스도 안에서 인간 창조의 원래 목적에 맞게, 사람을 존중할 능력을 회복하였기에 마땅히 그렇게 행동해야 할 것입니다.〉

남자와 여자가 하나님의 복을 누리는 존재이며 하나님의 형상대로 지음 받았기에 만물을 다스리게 되었음을 알려주는 구절은 어디입니까?
(　　　절)

5 창세기 2장 1-7절

(월 일 _ 읽음)

하나님께서 엿새 동안 행하신 창조 사역이 의도하신 바대로 완벽하게 마무리되었습니다. 하나님께서는 보이는 세계뿐만 아니라 보이지 않는 세계까지 창조하셨으며 그 안에 존재하는 모든 것들도 지으셨습니다. 존재하는 것은 그분의 지음을 받지 않은 것이 하나도 없었습니다. 이 사실을 가리켜 “태초에 하나님이 천지를 창조하시니라”(창 1:1)라고 선언한 것입니다. 또다시 이 사실을 지음 받은 피조물의 관점에서 표현한 말씀이 나와 있는 구절은 어디입니까? (절)

〈예수님을 믿는다는 것은 그분을 **하나님께서 보내신 그리스도**, 즉 우리의 죄악을 대신하여 죽으시고 다시 살아나셔서 우리를 의롭게 만드신 우리의 구주로 믿는 것을 뜻합니다. 그러기에 이것은 또한 예수 그리스도를 세상에 보내신 하나님께서 **창조주 하나님**이심을 믿는 것을 포함합니다. 따라서 하나님께서 온 세상을 지으신 창조주이심을 믿지 않는 신자는 그리스도인이 아닙니다.〉

하나님께서 일곱째 날에게 복을 주셨다는 것은 살아 있는 생명체가 아닌 ‘날’ 에게 복을 주셨다는 독특한 사실과 복을 주신 이유를 생각할 때, 장차 이 날을 지키는 사람들은 하나님의 복을 누릴 것이라는 사상을 간접적으로 표현한 것이라고 말할 수 있겠습니다. 일곱째 날의 또 다른 특성은 하나님께서 이 날을 거룩하게 하셨다는 사실입니다.

‘거룩하게 한다’ 는 것은 하나님께서 어떤 것을 택해서 자신에게만 속하게 하심을 뜻합니다. 이처럼 하나님께서 일곱째 날을 자기에게 속한 날로 정하셨음을 밝히고 있는 구절은 어디입니까? (절). [창세기 1:1–2:3의 말씀에 대한 자세한 설명은 김영철, 「주님의 주님되심: 구약」(1), 여수룬, 1992, pp.15–98에서 읽어보시기 바랍니다.]

창세기 1:1-2:3까지는 하나님께서 온 세상을 창조하신 일을 시간적 순서로, 즉 '날' 별로 서술하였습니다. 이러한 서술로써 기록자는 처음 독자들인 이스라엘 백성에게 그들을 애굽에서 구원해 내시고 바로의 군대를 홍해에 수장水葬시키신 그들의 하나님 여호와께서 과연 그러실 만큼 위대하고 권능이 크신 신이심을 알려 주었습니다. 그러고 나서 기록자는 인간의 최초의 삶에 대하여 언급합니다. 이것은 인간이 이 땅에서 처음 경험하게 되는 삶이므로 기록자는 자연히 하나님의 창조 사역과 연관시켜 서술합니다. 따라서 성경을 흠집 내려는 자들이 주장하는 것처럼 창세기 1장과 2장이 두 개의 창조를 말하는 것이 아닙니다.

기록자는 창조에 관한 내용을 창세기 1:1-2:3에서 말한 데 이어서 이 새로운 문단(창 2:4-25)에서는 창조계의 왕으로 임명된 인간을 중심으로 에덴의 삶을 묘사하려는 것입니다. 에덴의 삶을 처음 독자들에게 알려야 하는 까닭은 이것이 하나님께서 그들을 인도해 들이실 약속의 땅에서 누릴 삶의 전형典型이 되기 때문입니다. 그리고 성경 전체의 맥락에서 본다면 에덴의 삶은 하나님께서 모든 인간으로 하여금 누리도록 의도하신 삶이므로 인간의 타락 이후에 되돌아가야 할 목표가 되기 때문입니다.

기록자는 하나님께서 사람을 지으신 사실을 언급하기 전에 간단하게 환경적인 형편을 서술합니다. 사람 창조를 말한 구절은 세 문장으로 이루어졌는데 앞의 두 문장은 사람을 지으시는 하나님의 행동을, 그리고 마지막 문장은 그러한 행동의 결과를 묘사하고 있습니다. 따라서 이 구절은 창세기 1:26-27에 묘사된 사람 창조의 내용을 보완해주고 있습니다.

먼저 상반절은 하나님의 행동을 묘사하는 문장 두 개로 구성되어 있는데 이 구절을 정확히 이해하기 위해 아래와 같이 직역해 보겠습니다.

그리고 여호와 하나님께서 지으셨다
그 사람을
그 땅으로부터 [취한] 티끌[로]
그리고 그분께서 불어 넣으셨다
그의 코 안에
생명의 호흡을

그리스도인 가운데 많은 분들이 사람 창조에 대해 잘못된 생각을 갖고 있습니다. 그중 하나는 하나님께서 마치 찰흙으로 어떤 모형을 만들듯이 사람을 빚으셨다는 생각입니다. 이런 생각은 아마도 "흙으로 사람을 지으시고"라는 표현을 오해한 데서 생긴 듯합니다. 그러나 위의 직역에서 알 수 있듯이 '흙으로' 라는 말은 정확히 말하자면 "그 땅으로부터 [취한] 티끌[로]" 라는 문구입니다. 이 문구에서 우리가 쉽게 알 수 있는 사실은 하나님께서 사람을 지으신 재료가 이른바 찰흙과 같은 흙덩어리가 아니라는 점입니다.

그분은 땅에서 '티끌' 을 취하셨습니다. 여기서 '티끌' 에 해당하는 히브리어(아파르)는 우리말에서는 '먼지' 로도 번역되는 용어입니다. 그러나 이 용어에는 '먼지' 라는 단어에서 느끼는 '더러움' 의 개념이 들어있지 않습니다. 그 근본적인 개념은 '아주 작음' 입니다. 따라서 '티끌' 로 번역된 이 용어는 '세미한 알갱이' 를 뜻하는 것입니다.

일차 독자의 시대에는 이른바 과학적 용어인 '분자' 分子나 '원자' 原子와 같은 미립자微粒子에 대한 개념이 없었습니다. 어떤 물질의 원자나 분자를 발견한 것은 현대에 이르러서 이지만 그렇다고 그 시대에 원자나 분자가 존재하지 않은 것은 아닙니다. 그것은 물질의 존재를 가능케 하는 원소이기 때문입니다. 따라서 위의 문구를 우리 시대에 맞게 표현한다면 '땅에서 취한 어떤 원소들로써' 라고 할 수 있습니다. 이러한 이해가 그릇되지 않았음은 죽은 사람이 매장되고 나면 흙 속에서 분해된다는 사실을 통해서 알 수 있을 것입니다.

일반적으로 "생기를 그 코에 불어넣으시니"라는 문구 역시 잘못 이해되고 있습니다. '생기' 라는 단어를 '싱싱하고 힘찬 기운' 生氣으로 이해하기 때문입니다. 그래서 하나님께서 사람에게 어떤 신비한 영적 기운을 불어넣으신 것으로 생각하는 분들도 있습니다. 그러나 이 단어는 위의 직역에서 보는 것처럼 '생명의 호흡' 이라는 두 단어로 이루어진 합성어입니다. 이 합성어의 의미는 분명합니다. 그것은 '호흡' 이라는 뜻입니다. 하지만 생명이 있는 존재라야 호흡을 하기 때문에 이 호흡을 '생명의 호흡' 이라고 표현하고 있습니다.

그 다음으로 '그 코에 불어넣었다' 는 표현도 올바로 이해해야 합니다. 하나님께서 흙으로 사람을 빚으신 것으로 이해하고 있는 분들은 일반적으로 다음과 같이 생각합니다. 잘 빚어서 사람 모습을 가진, 그래서 동상銅像과 같은 그 진흙 조형물을 눕혀 놓은 다음 하나님께서 조심스럽게 허리를 굽히셔서 그 조형물의 코에 마치 인공호흡을 시키듯이 '후후' 하며 숨을 불어넣은 것처럼 말입니다. 그러나 이와 같은 회화적 이해는 7절 상반절을 기계적으로 이해한 잘못된 생각입니다.

글이나 말은 사회적, 문화적 배경을 갖게 마련입니다. 오늘날 우리말에서도 쉽게 찾아볼 수 있는 예를 하나 들어 보겠습니다. "국수 언제 먹습니까?"라고 아직 혼인하지 않은 분에게 질문했을 때, 이 질문의 의미는 "언제 혼인하느냐?"라는 것이지 '하루 중 어떤 끼니를 국수로 하겠느냐?' 는 것이 아닙니다. "생기를 그 코에 불어넣으시니"라는 표현 역시 그러합니다.

성경의 용례를 살펴보면 구약시대에는 일반적으로 사람의 죽음에 대해 두 가지의 회화적 묘사를 사용하였습니다. 하나는 '피를 쏟는다'(피를 흘린다)입니다. 이 표현은 타살의 경우에 주로 사용되고 있습니다. 다른 하나는 '호흡이 멈춘다' 는 것입니다. 호흡은 주로 코를 통해서 이루어지는 것입니다. 따라서 코에 호흡이 없다는 것은 죽음을 의미하는 반면에 코에 호흡이 있다는 식의 표현은 살아 있음을 의미합니다.

그러므로 '생기, 즉 생명의 호흡을 하나님께서 그의 코에 불어 넣으셨다'

는 것은 하나님의 동작을 직설적으로 묘사하는 것이 아니라 하나님께서 지으신 사람에게 생명을 주셨다, 즉 코로 숨쉬게 하였다는 사실을 회화적으로 서술하고 있습니다. 이러한 사실은 7절 하반절 문장을 통해서 잘 드러납니다.

인간 창조에 대해 갖고 있는 오해, 그것도 너무 그럴듯한 해석에서 빚어진 오해는 7절 하반절에 관한 것입니다. 그것은 "사람이 생령이 된지라"라는 문장에서 '생령'이라는 단어를 왕왕 '성령'과 연관시키거나 '영적'인 의미로 파악하는 것입니다. 사람은 언제나 영적인 존재임이 분명하고 특히 그리스도인은 성령님 안에 거하는 존재입니다. 그러나 그렇다고 해서 자신이 원하는 성경의 단어에다가 그런 뜻을 부여해서는 안 됩니다. 성경을 이해한다는 것은 그 표현을 말하거나 쓴 분이 어떤 뜻으로 한 것인지를 찾는 것이지 자기 좋은 대로 생각해버리는 것이 아니기 때문입니다.

이 문장에 쓰인 원어(네페쉬 하야)는 이미 앞에서 여러 번 쓰인 말입니다. 거기서는 '생물'(창 1:20, 21, 24)과 '생명'(창 1:30)으로 되어 있습니다. 이렇게 번역한 것은 '네페쉬 하야'의 기본적인 뜻이 '살아있는 생명체'이기 때문입니다. 그러나 이곳 창세기 2:7에서 '생물'이나 '생명'이라는 용어를 사람에게 쓰기에는 우리말의 어법상 어색합니다. 그래서 '네페쉬 하야'라는 말을 '생물'이나 '생명'으로 번역하지 않고 '생령'으로 번역하고 있습니다. 따라서 7절 하반절은 '그러자 그 사람이 산 사람이 되었다'는 의미입니다.

7절을 정리하여 보자면 그 뜻은 이렇습니다. 여호와 하나님께서는 땅에서 어떤 원소들을 취하셔서 그것으로 사람을 만들고 사람으로 하여금 호흡을 하도록 생명을 부여하셨습니다. 따라서 지음 받은 그 사람은 살아있는 사람이 된 것입니다. 여기서 하나님께서 어떻게 원소들로써 사람을 만드셨는지 그 방법에 대해서는 전혀 말하지 않고 있으므로 우리가 그 점에 대해서는 알 수 없습니다.

그러나 분명히 알 수 있는 사실은 (1) 하나님께서 흙으로 공작품을 만드시듯 흙으로 사람을 빚으신 것이 아니라는 것입니다. 오히려 인간의 피와 살과 뼈를 정교하게 만드신 것이라고 봄이 더 옳을 듯합니다. 마치 사람이 숨이 끊어진 후 매장되어 분해되기까지는 그대로 육체의 모양을 갖추고 있는데 바로 그런 모양이 하나님께서 사람을 지으셔서 생명을 주시기 직전의 상태라고 생각됩니다.

그리고 (2) 하나님께서 사람에게 생명을 주셨다는 사실입니다. 물론 어떤 방법으로 생명을 주셨는지를 구체적으로 말하고 있지 않으므로 우리는 더 이상 이 점에 관해서 알 수 없습니다. 그러나 사람의 생명은 하나님께서 주셨다는 사실을 이 구절은 아주 분명하게 말하고 있습니다.

이처럼 사람을 만들고 그 사람에게 생명을 주고 살아 움직이게 하신 분은 다름 아닌 이스라엘을 애굽에서 건져내신 그 여호와, 천지와 만물을 지으신 그 하나님이십니다. 이 사실을 7절은 분명히 선포함으로써 본문(2:4-25)의 첫 문단을 마무리짓고 있습니다.

하나님께서 사람의 육체를 만드시고 그 안에 생명을 주셔서 살아 움직이는 사람이 되게 하셨음을 말하는 구절은 어디입니까? (　　　절)

6 창세기 2장 8-17절 〈1〉

(　　월　　일 _ 읽음)

이 문단에서는 하나님께서 사람을 위해 베푸신 크신 배려를 또 한 가지 말해줍니다. 이것은 한마디로 말하자면 하나님께서 에덴동산을 지으시고 그곳에서 사람이 온갖 복을 누리며 살도록 하신 일입니다.

하나님께서는 동방에 있는 에덴이라는 곳에 동산을 창설하셨습니다. 여기서 '창설하다' 라는 의미는 단순히 '만들다' 정도의 뜻이 아니라 '심다' 라는 것입니다. 마치 싹이 나고 자라서 열매를 맺는 나무를 심듯이 '에덴' 이라는 지역에 동산을 심으셨습니다. 그래서 우리는 편의상 그 동산이 위치한 지역의 이름을 따서 '에덴동산' 이라고 할 뿐입니다. 엄밀히 말해서 '에덴' 은 동산의 이름이 아니라 지역의 이름이지만 이제는 '에덴동산' 이 그 동산을 지칭하는 이름으로 사용됩니다.

이 동산의 규모는 전혀 알 수가 없지만 처음 사람들인 아담과 하와가 하나님께서 누리도록 하신 모든 행복을 만끽하기에는 충분히 넓은 장소였을 것입니다. 그러나 사람의 수가 더 많이 늘어날 경우(불행히도 그렇지는 못했지만)에 그 동산은 비좁게 될 것입니다. 그러면 이 동산이 비좁아서 살 수 없게 될 사람들은 어디서 살아야 하는가? '에덴동산' 밖에서 살아야 하는가? 그렇다면 그곳도 '에덴동산' 인가? 이런 문제에 대한 해답의 실마리를 주는 것이 '심었다' 는 동사입니다.

이 동산은 심겨진 것입니다. 바꿔 말하자면 이 동산은 점점 더 커지도록 만들어진 곳입니다. 마치 지어진 건축물처럼 그 크기가 고정되어 있는 곳이 아닙니다. 따라서 하나님께서는 이 동산에 거주하는 사람의 수가 불어나도 능히 이곳에서 모두 비좁음을 느끼지 않고 행복하게 살아갈 수 있도록, 그 크기가 나무 자라나듯 커져 가는 그런 동산을 특별히 만들어 놓으신 것이고 이런 에덴동산의 특성, 좀 더 정확히 말하자면 에덴동산을 지으신 하나님의 의도를 표현하기 위해서 사용된 용어가 '심었다' 는 것입니다. 어쨌든 에덴동산은 하나님께서 사람이 그곳에 살도록 하려는 목적을 갖고 따로 특별히 만들어 놓으신 곳입니다. 이곳은 사람이 살 수 있도록 특별한 배려로 지어진 삶터입니다.

이처럼 에덴동산은 하나님께서 심으신 동산입니다. 따라서 이 동산의 주인은 하나님이십니다. 주인이신 하나님께서 자신이 지으신 그 사람을 데려오셔서 이 동산에서 살도록 하셨음을 말해 주는 구절은 어디입니까?
(　　　절)

에덴동산은 사람이 정착하여 조성해 나갈, 그런 일종의 개척지가 아니었습니다. 그곳은 이미 완벽하게 조성된 최적의 삶터입니다. 9절부터 14절까지는 이러한 에덴동산과 그 주위 환경을 묘사해주고 있습니다. 이 묘사에는 모든 것이 샅샅이 담겨있지는 않지만 적어도 일차 독자들에게 에덴동산의 의미가 무엇인지를 알려줄 만한 것들이 들어 있습니다. 그것은 두 나무, 강江, 보석입니다. 게다가 에덴동산에는 모양도 좋고 먹기도 좋은 온갖 나무들이 다 있었습니다. 이것들은 저절로 생긴 것이 아니라 하나님께서 마련해 주신 것입니다. 그래서 9절은 이렇게 말하고 있습니다. "그리고 여호와 하나님께서 그 땅으로부터 보기에 즐겁고 먹기에 좋은 온갖 나무를 나게 하셨다"(직역).

하나님께서는 단순히 사람의 최저 생계 수준을 위해 필요한 것들만 마련해 놓으신 것이 아니라 그와는 정반대로 사람의 최고 수준의 삶을 위한 환경을 갖추어 놓으신 것입니다. '보기에 좋은' 온갖 나무가 그곳에 있었습니다. 여기서 '좋은' 이라는 말은 '기쁨을 주는' 이라는 뜻입니다. 마음에 기쁨과 즐거움을 주는 온갖 나무가 있었습니다. 그러나 이런 나무는 단지 관상용觀賞用이 아닙니다. 이것은 먹기에 좋은 열매들을 제공해 주는 식용食用 나무이기도 합니다. 이로써 하나님께서는 인간에게 미적美的 환경과 식생활 환경을 완벽하게 갖춰 놓으셨습니다. 하나님께서 이토록 복된 삶터에서 인간을 살도록 하신 목적이 무엇인지 알려주는 구절은 어디입니까?
(　　　절)

7 창세기 2장 8-17절 〈2〉

(　　월　　일 _ 읽음)

하나님께서는 사람을 남녀로 창조하시고 그들로 만물을 다스리도록 하셨습니다. 그리고 하나님께서는 그들을 에덴동산에 들어와 하나님과 더불어 살게 하시고 그들에게 할 일을 맡기셨습니다. 따라서 이 일은 창세기 1:26, 28에서 계획하시고 말씀하신 일과 다른 성격의 일이 아닙니다. 오히려 이것은 하나님께서 사람으로 하여금 만물을 다스리는 일을 시작하도록 하면서 '다스리는 일'이 어떤 성격의 일인지를 분명하게 알려 주신 것입니다. 이 다스리는 일이 무엇인지를 두 가지로 표현하고 있는 구절은 어디입니까? (　　　절)

에덴동산이라고 해서 죽음이 도무지 끼어들어 올 수 없는 곳은 아니었습니다. 죽음의 가능성은 언제든지, 사람의 불순종에 의해서, 현실이 될 수 있었습니다. 하지만 사람이 하나님의 말씀에 순종하는 동안은 하나님과 더불어 영원히 살 수 있었습니다. 하나님께서 영원히 함께 살도록 하려는 의도를 갖고 계셨기 때문입니다. 또한 영원한 삶을 누리기 위해 순종해야 할 일은 조금도 힘든 것이 아니었습니다. 그것은 참으로 쉽고 간단한 일이었습니다.

에덴동산에서 사람은 자기 마음대로 자신의 마음에 드는 것은 어떤 열매든지 먹을 수 있고, 무엇이나 할 수 있는 거의 무한에 가까운 놀라운 자유를 누리고 있었습니다. 사람은 모든 것을 위임받아 자신의 판단에 따라 행동할 수 있는 진정한 자유인이었습니다. 이 엄청난 자유에 비해 단 한 가지 열매만은 먹어서는 안 되는 아주 작은 제한이 있었을 뿐입니다. 이 제한 때문에 사람의 삶에 조금이라도 불편이 생기거나 행여 보이지 않게 인권이 짓밟히는 일은 전혀 없었습니다. 오히려 이 제한은 인간의 행복을 위해서 주어진 것이며 하나님께서 인간과 더불어 영원히 살기를 원하셨다는 사실을 알려주는 것입니다. 그래서 사람은 하나님의 경고의 말씀을 그대로 믿고 받아들이기만 하면 영원한 삶을 누릴 수 있었습니다.

하나님께서 주시는 복을 누리는 일은 이처럼 간단한 것입니다. 그분의 말씀을 믿고 받아들이기만 하면 되는 것입니다. 이것이 여기서 요구하는 순종이었습니다. 하나님께서는 사람이 자신의 말씀을 순종하는지 아니 하는지를 알기 위한 시험으로서 이른바 '선악과'를 먹지 못하게 하신 것이 아니라 진정 사람이 하나님의 모든 복을 누리며 하나님 자신과 더불어 영원히 살 수 있는 길을 알려 주신 것입니다. 그래서 하나님께서는 선악과나무를 동산 중앙에 있게 하신 것입니다. 이와 같이 하나님께서 사람의 생명을 보호하기 위한 자신의 의도를 암시하신 구절은 어디입니까? (　　　절)

제 2 주
창세기 2–3장

1 창세기 2장 18-25절 〈1〉

(월 일 _ 읽음)

하나님께서는 사람을 만드셨습니다. 뿐만 아니라 사람이 살 곳도 만드셨습니다. 그리고 이제는 사람의 배필을 만드십니다. 이로써 창세기 2:4–25는 하나님께서 사람을 위해 베푸신 크신 은혜 세 가지를 구체적으로 언급함으로써 하나님께서 참으로 좋으신 분이심을 드러내 주고 있습니다. 이미 창세기 1장에서는 하나님께서 전능하신 창조주이심을 드러냄으로써 그분의 능력과 신분에 대해 가르쳐 주었습니다.

사람이 만든 신인 우상들은 볼 수도, 들을 수도, 아무 것도 행할 수도 없으며 단지 사람들의 섬김만 받을 뿐입니다. 그러나 이스라엘의 하나님 여호와는 그런 우상들과는 전혀 다른 참 신이며, 진정으로 인간을 사랑하시는 선하신 신이며, 그러하기에 경배 받으시기에 합당하신 유일하신 신이심을 창세기 1–2장이 알려 주고 있습니다.

하나님께서 사람을 지으시되 남녀를 불평등하게 지으신 것이 아니라 서로 상응相應하는 존재로 지으셨습니다. 하나님께서는 여자를 남자의 짝으로 지으실 때 남자보다 열등하거나 덜 필요한 존재로 지으신 것이 아니라, 자신이 맡기신 '다스리는 일'을 함께 협력하여 수행해 나갈 수 있는 대등하고 필요한 존재로 지으셨던 것입니다. 그러기에 '돕는 배필'이라는 말의 본뜻은 단순히 내조자內助者나 보조자가 아니라 '그 [남자]와 상응하는 돕는 자'입니다.

그리고 여기서 쓰인 '돕는 자'라는 말에는 신분이나 수준 또는 가치의 낮음을 암시하는 개념이 들어 있지 않습니다. 바꿔 말하면 돕는 자란 곁에서 이것저것 거드는 조수助手의 역할을 하는 자를 뜻함이 아니라 마치 하나님을 가리켜 우리를 '돕는 자'라고 표현할 수 있듯이(예. 시 10:14; 30:10; 33:20; 54:4) 능히 도울 '능력을 가진 자'를 뜻하는 것입니다. 아담이 자신의 짝을 처음 만나자마자 과연 자신과 상응하는 존재임을 파악하고 자신의 흡족한 마음을 표현한 구절은 어디입니까? (　　　절)

2 창세기 2장 18-25절 〈2〉

(　　월　　일 _ 읽음)

하나님께서 '돕는 배필' 을 짓겠다고 말씀하신 후 곧바로 여자를 짓지 아니하고 각종 들짐승과 새를 먼저 지으셔서 아담에게 이끌어 내신 것은 더 시급한 일부터 처리하려 했거나 여자를 지을 계획을 잠시 잊으셨기 때문이 아니었습니다. 이는 아담으로 하여금 먼저 들짐승과 새들 가운데서 '돕는 배필' 에 합당한 존재가 있는지를 찾도록 하기 위함이었습니다. 그런데 아담이 그것들 가운데서는 '돕는 배필' 의 두 가지 조건인 '상응함' 과 '능력' 을 함께 갖춘 존재를 찾을 수가 없었음을 암시해 주는 구절은 어디입니까? (　　　절)

기록자는 하나님의 여자 창조 사건을 언급하면서 여자를 지으시려는 의도와 과정, 게다가 직접 창조하신 사실과 여자를 만난 남자의 반응을 비교적 자세히 말하고 있습니다. 이는 기록자 당시의 상황과 무관하지 않은 것입니다. 그 당시에는 여성을 마치 물건과 같이 취급한 시대였습니다.

당시에는 여성의 존재 가치와 나아가서 혼인婚姻의 목적 역시 상실되었습니다. 이와 같이 하나님의 뜻에서 아주 멀리 떨어진 죄악된 상태에서 생활하고 있는 하나님의 백성들에게 그분의 뜻을 분명하게 가르쳐 줌으로써 하나님께서 의도하신 혼인에 이르도록 하기 위함임을 알 수 있는 구절은 어디입니까? (　　　절). [창세기 2:4-25의 말씀에 대한 자세한 설명은, 김영철, 「주님의 주님되심: 구약」(1), 여수룬, 1992, pp.99-155에서 읽어보시기 바랍니다.]

3 창세기 3장 1-7절

(월 일 _ 읽음)

영어 속담에 "너를 먹이는 손은 물지 마라"(Don' t bite the hand that feeds you.)라는 말이 있답니다. 이것은 '은혜를 원수로 갚지 말라' 는 뜻입니다. 그러나 불행히도 배은망덕한 일이 벌어지고 맙니다. 자신들을 지으시고 가장 아름답고 좋은 곳에서 가장 복된 삶을 누리게 해주신 하나님을 배신하는 일이 생겼습니다. 그들은 영원하며 복된 삶을 스스로 포기하고 죽음에 이르는 길을 택한 것입니다. 이들은 아무에게서도 강요받지 않았고, 가장 자유로운 상태에서 자신들의 판단에 따라 그 길을 결정하였던 것입니다. 그러기에 이 잘못은 몽땅 그들의 책임이며 그 대가는 고스란히 그들의 몫입니다.

사람을 신뢰한다는 것은 무엇보다도 그 사람의 말을 액면 그대로 믿는 것으로 입증됩니다. 하나님에 대한 신뢰는 더욱더 그러합니다. 사람에게 사랑과 은혜로 변함없이 신실하게 대해 오신 하나님이시기에 그렇습니다. 따라서 이들이 하나님께 불만을 품거나 그분의 말씀을 믿지 못할 이유는 조금도 없었습니다. 그런데도 사람은 뱀의 말을 듣고 하나님에 대한 신뢰가 크게 흔들립니다.

사실 엄밀히 말해서 이 여인의 마음에는 이미 하나님에 대한 신뢰에 금이 가 있었습니다. 이는 하나님께서 금하신 작은 제한의 의도를 제대로 이해하지 못했을 뿐만 아니라 오히려 그 제한을 스스로 확대 해석하여 불만을 품고 있었기 때문입니다. 유혹은 이 보이지 않을 만큼 작은 틈을 비집고 들어온 것입니다. 이 여인의 불만이 무엇이었는지를 암시해 주는 구절은 어디입니까? (절)

도저히 타협의 여지가 없는 정반대의 두 의견은 언제나 참과 거짓을 나눠 갖습니다. 하나는 참이고 다른 하나는 거짓입니다. 둘 다 참이거나 둘 다

거짓일 수는 없습니다. 그리고 이런 상황에서 어느 한 의견을 취하는 것은 그 의견을 말한 자를 신뢰하기로 선택하는 것입니다. 하나님께서는 '먹으면 정녕 죽으리라' 고 말씀하셨고(창 2:17), 뱀은 '결코 죽지 아니하리라' 고 말합니다. 여인은(결국 남편도) 뱀을 신뢰하고 하나님을 믿지 않기로 결정합니다.

이는 뱀을 진실한 존재로 인정한 것이며 그 대신 하나님은 거짓말로써 자신의 삶을 위협해 온 나쁜 분으로 판단한 것입니다. 왜냐하면 뱀은 하나님께서 먹지 못하게 하신 이유를 하나님의 시기심 또는 견제牽制로 제시하였는데(5절), 이들이 이러한 뱀의 말을 받아들여서 금지된 나무의 열매를 따 먹었기 때문입니다. 결국 이들의 결정은 하나님을 '자신들이 하나님 같이 되는 길' 을 막아 버린 나쁜 존재로 간주하였음을 드러낸 것입니다. 진실의 근원이신 하나님을 배반하고 거짓을 참으로 받아들이기로 결정한 사람의 눈에는 사물이 있는 그대로 진실되게 보이지 않았음을 알려주는 구절은 어디입니까? (　　　절)

4 창세기 3장 8-13절

(　　월　　일 _ 읽음)

거짓이 진실이 될 수는 없었습니다. 뱀의 말은 말한 대로 이루어지지 않음으로써 새빨간 거짓말임이 드러났습니다. '그들의 눈이 밝아' 졌으나 못 볼 것을 보고 말았습니다. '눈이 밝아졌다' (직역 – "그들 두 사람의 눈이 열렸다")는 것은 '이제껏 뜰 수 없었던 눈을 뜨게 되었다' 든지 '어두웠던 눈이 밝아져서 잘 볼 수 있게 되었다' 는 것을 뜻하지 않습니다. 이것은 인식認識의 변화를 뜻하는 비유적인 표현입니다. 따라서 "벗은 줄을 알고"(7절)라는 말은, 자신들이 이제까지 벗은 줄 몰랐다가 이제서 알게 되었다는 것이 아니라 벗은 것에 대한 인식이 달라졌음을 의미합니다.

뱀의 말대로(5절) '눈이 밝아 하나님처럼 지혜롭게' 된 것이 아니고 오히려 자신의 벌거벗음에 대해 부끄러움을 갖게 된 것입니다. 전에는 그들이 자신의 벌거벗음에 대해 상대방 앞에서 전혀 부끄러워하지 않았습니다(창 2:25). 그러나 이제는 그렇지 않았습니다. 벌거벗었다는 사실에 대한 인식이 변했기에 부끄러움, 정확히 말하자면 수치감이 생겼기 때문입니다. 선악과를 따먹은 후에 생긴 이 변화는 그들 두 사람의 관계를 어색하고 거리감이 생기게 만들었습니다. 이런 거리감은 이들 사이에만 생긴 것이 아니라 하나님과 사람 사이에도 생겼습니다. 그 결과 그들은 하나님의 소리를 듣고 동산의 나무들 사이로 숨어 버렸음을 알려주는 구절은 어디입니까?
(　　　절)

선악과를 먹음으로써 두 사람에게는 변화가 생겼습니다. 그러나 뱀의 말을 듣고 그들이 기대했던 대로가 아니라 오히려 그들의 삶에 치명적인 결과를 가져오는 변화가 생긴 것입니다. 그러자 여자는 결국 자신이 뱀에게 감쪽같이 속았다는 사실을 깨닫게 되었습니다. 여자가 이러한 자신의 뒤늦은 깨달음을 표현한 말이 나타난 구절은 어디입니까? (　　　절)

하나님을 배반하고 선악과를 따먹은 후에 사람과 하나님 사이에 생긴 치명적인 변화란 한마디로 말하면 친밀함이 깨져 버린 것입니다. 이것은 아담의 말에서 잘 드러납니다. 아담은 자신이 하나님의 소리를 들었다는 사실을 밝히고 있습니다. 이어서 그는 두려웠기 때문에 숨었다고 고백합니다. 8절("그들이 …… 여호와 하나님의 얼굴로부터 …… 숨었다" - 직역)에서 우리가 알 수 있는 사실은, 아담과 그의 아내가 두려워한 대상이 여호와 하나님 자신이었다는 것입니다. 이제 하나님은 아담에게 (물론 그의 아내에게도) 두려움의 대상으로 바뀌었습니다. 아담이 지음받은 이후로 이제껏 하나님에 대해 가졌던 인식과 느낌이 변했기 때문입니다.

창세기 2장에서 충분히 드러난 바대로 하나님께서는 아담을 사랑하시고 필요한 모든 것을 공급하시고 사랑스러운 아내를 주신 참으로 좋으신 분이십니다. 그러나 이제 아담은 하나님을 두려워하게 되었습니다. 하지만 하나님이 두려움의 대상으로 바뀐 까닭은 전혀 하나님에게 있지 않았습니다. 하나님께서 아담을 위협하시거나 심히 무섭게 다루신 적이 없기 때문입니다. 그런데도 아담은 하나님을 두려워합니다. 그 까닭은 전적으로 아담 자신에게 있었습니다. 아담은 자신이 하나님을 두려워하는 이유를 "제가 벗었기 때문입니다"라고 말합니다. 이렇듯 아담 역시 그 두려움이 하나님에게서 비롯된 것이 아님을 잘 알고 있었습니다. 이와 같은 아담의 말이 나와 있는 구절은 어디입니까? (　　　절)

5 창세기 3장 14-19절 〈1〉

(　　월　　일 _ 읽음)

이 부분에는 하나님을 배반한 일에 연관된 대상들을 심판하는 내용이 나옵니다. 판결 받는 순서를 보자면 먼저는 배후 조종자에 해당하는 '뱀' 입니다. 다음은 주동자로 분류되는 '여자' 입니다. 마지막으로 단순 가담자로 보이는 '남자' 입니다.

여기서 뱀은 사실 한낱 미물微物에 지나지 않습니다. 이것은 하나님께서 창조하신 '기는 모든 것' 에 해당하는 생물입니다(창 1:24-25). 즉 이 뱀은 '여호와 하나님께서 지으신 들짐승 중의 하나' 입니다(창 3:1). 어떤 이들은 '이 뱀이 사탄이라' 고 말하지만 그것은 잘못된 주장입니다. 이 뱀은 '생명나무' 와 '선악의 지식 나무' 가 진짜 나무이듯이, 진짜 뱀입니다. 그러나 이 뱀이 들짐승 중에서 가장 영리하였기 때문에(창 3:1) 하나님을 배반하도록 사람을 유혹하는 일에 이용되었습니다.

누가 이 뱀을 이용하였겠습니까? 우리 눈에는 보이지 않지만 하나님은 아셨습니다. "누가 너의 벗었음을 네게 고하였느냐?"라는 하나님의 질문은 그럴 만한 존재가 있었음을 전제로 하신 것입니다. 이 존재는 눈에 보이지 않을 뿐더러 사람을 유혹하기 위해 뱀에게 말할 수 있는 능력을 주었으므로 초자연적인 존재임이 분명합니다. 따라서 이 존재가 하나님을 배반하도록 사람을 유혹한 장본인이고 뱀은 유혹의 수단에 불과하였던 것입니다. 그러나 이 존재가 자신의 정체를 드러내지 않고 뱀을 통해서 자신의 뜻을 이루려 하였기에 하나님께서도 마찬가지로 뱀을 통해서 자신을 숨기고 있는 유혹의 장본인에게 심판을 가하신 것입니다.

만일 하나님의 심판이 자신을 숨기고 있는 초자연적인 존재를 겨냥한 것이 아니고 단지 눈앞에 있는 뱀에게만 주어진 것이라면 하나님은 참으로 이상한 분으로 보이게 됩니다. 왜냐하면 '그 뱀의 후손'과 '사람들'을 계속 원수 되게 하실 것이라고 말씀하셨기 때문입니다. 이것은 전능하신 창조주께서 한낱 미물에 불과한 뱀을 벌주시려고 그 새끼들에게도 대대로 끊임없이 보복을 가하시겠다는 것인데, 이것은 상식적으로 도저히 이해하기가 힘들고 혹시 극히 히스테리(hysteria)적인 반응에서라야 나올 수 있는 잔혹한 처사입니다.

이와 같이 하나님을 이상하게 만들어야 비로소 가능하게 되는 논리는 잘못된 것입니다. 따라서 하나님의 심판이 단지 '뱀에게 주어진 것'으로 보거나 '뱀이 진짜 뱀이 아니라 사탄이라'고 보는 시각은 비뚤어진 것입니다.
하나님께서 뱀을 통해 유혹의 장본인에게 내리신 심판의 내용을 말하고 있는 두 구절은 어디입니까? (　　　절과　　　절)

6 창세기 3장 14-19절 〈2〉

(　　월　　일 _ 읽음)

뱀이 받은 가장 큰 저주는 '죽음'이 아닙니다. 이것은 모든 동물들이 받게 된 공통적인 저주이기 때문입니다. 이처럼 만물을 다스리는 책임자인 사람이 하나님을 배신하자 사람의 책임 아래 있던 모든 피조물도 그 악영향을 피할 수 없게 된 것입니다. 그래서 하나님으로 인해 누리던 모든 복이 단절되었습니다. 이러한 복의 단절斷絕, 즉 하나님의 저주가 모든 생명체에게 미치게 되었습니다. 그리고 특히 이 뱀에게만 더 가해진 저주는 '살아 있는 동안 배로 다니고 흙을 먹는' 것이었습니다.

뱀은 원래 기어다니게 창조되었을 뿐만 아니라 그후로도 흙(원뜻은 '티끌')을 먹고 살지는 않으므로 일차 독자인 이스라엘 백성이 살았던 시대의 자료와 [참고. W. C. Kaiser, Jr., *Toward an Old Testament Theology* (Grand Rapids: Zondervan, 1978), pp.77-78.] 성경에 반영된 사상(시 72:9; 사 49:23; 65:25; 미 7:17)에 비추어 볼 때 이 저주의 내용은 비유적으로 이해해야 합니다. 그것들은 패배 당하여 수치스럽고 굴욕적인 상태에 놓인 것을 나타내는 표현입니다.

그러나 이러한 수치와 굴욕의 상태가 미물인 뱀에게는 아무런 의미도 없는 것이므로 이것은 적어도 인격을 가진 인간이나 그 이상의 존재를 대상對象으로 전제한 표현입니다. 따라서 뱀에게 선언된 저주는 정확히 말해서 그 뱀을 조종한 배후의 존재가 처할 운명을 알려주고 있습니다. 이 보이지 않는 배후 존재를 마침내 수치와 굴욕의 상태에 처하게 하실 분이 누구이신지를 알려주는 구절은 어디입니까? (　　　절)

7 창세기 3장 14-19절 〈3〉

(　　　월　　　일 _ 읽음)

심판의 말씀이 기록된 이 부분은 성경을 바르게 이해하는 데 초석이 되는 부분입니다. 이 부분은 바꿔 말하자면 '성경' 이라는 커다란 집의 대문을 여는 열쇠와 같습니다. 따라서 우리가 하나님께서 이 부분에서 말씀하신 내용을 바르게 이해하지 못한다면 성경 말씀 전체를 하나님께서 의도하신 것과는 다른 관점에서 보게 될 것입니다. 그래서 이 부분을 여러 번에 걸쳐서 자세히 살펴보고자 합니다.

하나님께서는 뱀에게 임할 저주를 말씀하십니다. 그 뱀에게 가하는 그러나 실제로는 그 배후 조종자를 겨냥한 하나님의 말씀은 15절에서도 계속됩니다. 15절의 의미를 정확히 파악하기 위하여 다음과 같이 직역하였습니다.

그리고 적의를
　　내가 두리라
　　　너와 그녀 사이에
　　　그리고 너의 씨와 그녀의 씨 사이에

a. 그는
　　b. 너를 타격하리라
　　　c. 머리
a. 그리고 너는
　　b. 그를 타격하리라
　　　c. 발꿈치

여기서 하나님 자신이 하실 일은 곧 '적의敵意를 두시는' 일입니다. '적의'는 원수끼리 서로에게 갖는 증오심을 의미하며 '누구누구 사이에 적의를 둔다'는 것은 서로 원수가 되게 한다는 뜻입니다. 그래서 우리말 성경에서는 '원수가 되게 한다'고 표현하였습니다. 하나님께서는 주도권을 쥐시고 두 대상을 원수 되게 하실 터인데 하나는 "너와 그녀"이고, 다른 하나는 "너의 씨와 그녀의 씨"입니다. 여기서 '너'는 물론 그 뱀이며 '그녀'는 아담의 아내입니다. 따라서 하나님께서는 그 뱀과 아담의 아내뿐 아니라 대대로 그들의 후손들도 서로 원수 되게 하시겠다는 것입니다. 이와 같이 하나님께서 원수 만드시는 일은 이제부터 어떤 결말을 볼 때까지 지속적으로 진행될 것입니다.

한편 '그녀의 후손' 이라는 말이 우리말 성경에서는 '여자의 후손' 으로 표현되어 있어서 마치 '남자와는 무관하게 여자 홀로 낳은 자녀나 그 후손' 을 의미하는 것으로 종종 오해받기도 합니다. 그러나 '그녀' 는 처녀를 가리키는 것이 아니라 유부녀有夫女인 아담의 아내를 가리키는 것이므로 '그녀의 후손' 이란 당연히 아담의 아내인 그녀가 아담과의 관계를 통하여 출산할 자녀들과 그 후손들을 의미하는 것입니다. 한마디로 말하면 '그녀의 후손' 이라는 표현은 '사람들' 을 지칭하는 용어입니다.

그렇다면 이 구절은 하나님께서는 '그 뱀의 후손' 곧 '뱀 종족' 과 '사람들' 을 원수 되게 하는 일을 계속하신다는 사실을 말하는 것입니까? 이미 앞에서 말씀드린 바와 같이 '그 뱀' 은 배후 조종자의 도구에 불과한 것입니다. 하나님께서 '그 뱀' 에게 말씀하고 계시지만 실제로 이 말씀이 겨냥한 대상은 그 보이지 않는 배후의 존재입니다. 그러므로 '그 뱀의 후손' 은 '뱀 종족' 을 가리키는 것이 아니라 '배후 조종자의 후손' 을 가리키는 말입니다. 그러나 이 존재는 보이지 않는 초자연적인 존재입니다. 그러한 존재의 후손이란 누구를 의미하는 것입니까? 이 질문에 대한 대답은 '원수가 되게 한다' 는 표현의 뒷면에 깔린 의도에서 찾아야 합니다.

'원수가 되게 한다' ("적의를 두겠다")는 표현은 현재 그 뱀과 그녀 사이에는 적의가 없음을 뜻합니다. 어떻게 그 뱀과 그녀 사이가 적의가 없는 밀접한 관계가 되었는가? 앞에서 본 바대로 그녀는 하나님 자신의 말씀 그 자체보다도 뱀의 말을 믿고 그 말대로 선악과를 따먹었습니다. 이러한 행위는 단지 두 가지 대안代案 중 하나를 선택하는 일이 아니었습니다.

그것은 진리와 비非진리를 택일하는 일이며 더 나아가서는 하나님 그분을 여전히 신뢰하느냐, 그분을 배반하느냐 하는 극히 중요한 결정이었습니다. 그녀는 후자를 택하였고 아담도 이 결정을 거부하지 않고 받아들였습니다. 이로써 그들은 하나님과의 친밀한 관계를 깨뜨리고 그 뱀과 새로운 관계에 들어선 것입니다. 이들의 이런 관계를 하나님은 그냥 두지 않으시겠다는 것입니다. 그들 사이에 적의를 두어 원수 되게 하심으로 그들의 관계를 깨뜨리시겠다는 것입니다.

하나님께서 이 관계를 깨뜨리시려는 의도는 인간을 고립시키시려 하심이 아니라, 다시 인간과의 관계를 회복하시려는 것입니다. 인간은 아무 편에도 속하지 않은 중립 지역에 서 있을 수가 없습니다. 비록 자신은 모르거나 부인한다고 할지라도 인간은 하나님께 속해 있거나 아니면 그 뱀의 편에 속해 있습니다. 따라서 하나님께서 그 뱀과 그녀 사이에 적의를 두시겠다는 말씀은 하나님께서 주도권을 쥐시고 다시 인간과의 관계를 회복하시겠다는 간접적이지만 명백하게 자신의 의지를 나타내신 선언입니다.

그러나 하나님께서 적의를 두시는 이 일은 단지 첫 사람들의 생존 시대에만 국한되는 것이 아니라 그들의 후손들에게서도 나타나는 연속성을 지니고 있습니다. 이 사실은 "그리고 너의 씨와 그녀의 씨 사이에"라는 표현에서 드러납니다. 이제 이 땅에는 그 뱀의 후손들("너의 씨")과 하와의 후손들("그녀의 씨")이 존재하는 상황이 지속될 것이며 그들 사이에 하나님께서 적의를 두셔서 그녀의 후손들과는 관계 회복을 이루실 것입니다. 하지만 단순히 '뱀' 이라는 파충류 동물의 후손들과 사람들간의 다툼, 즉 '뱀 종족 대對 사람' 의 다툼을 의미하는 것은 결단코 아닙니다.

이미 앞에서 설명한 대로 하나님께서 한낱 미물인 뱀을 염두에 두신 것이 아니라 감히 하나님을 대적하려고 뱀을 도구로 사용한 그 배후 조종자를 멸망시키고 하나님 자신과의 관계 회복을 이루기 위하여 역사를 움직여 나가신다는 뜻입니다. 그리고 우리는 이러한 역사, 즉 하나님께서 사람을 자신에게로 되돌리시는 역사를 '구원 역사' 救援歷史 또는 '구속사' 救贖史라고 말합니다.

이제 15절 하반절의 뜻을 알아보고 부수적으로 하나님께서 '그 뱀'에게 하신 말씀이 실제로는 그 배후 조종자를 겨냥한 것이라는 앞의 설명이 타당한지를 살펴보겠습니다. 어떤 분들은 여기 하반절에서 직접 그리스도를 찾을 수 있다고 주장합니다. 그리고 이런 주장의 근거는 하반절의 첫 표현인 "여인의 후손"에 두고 있습니다. "여인의 후손은 네 머리를 상하게 할 것이요"라고 했으니 여기서 '여인의 후손'이란 남자와의 관계없이 여인 홀로 낳은 자손이라는 논리입니다. 그러나 이 논리는 원문에 비추어 볼 때 타당성이 없습니다. "여인의 후손"에 해당하는 원문은 "그"이고 이것은 막연한 어떤 여인이 아닌 '그녀' 곧 아담의 아내인 '하와'의 후손들 중 한 사람을 가리키는 것입니다.

그렇다면 위의 직역에 따라 하반절의 의미를 생각해 봅시다. 이 하반절은 '그'와 '너'의 싸움과 그 싸움의 결말을 묘사하고 있는데 마치 시詩처럼 그 낱말들을 병행이 되게 배열해 놓았습니다. 이처럼 시의 형식을 빌려 쓴 까닭은 중심 되는 개념을 강조하기 위함입니다. 즉 누가 승리자인지를 드러내기 위함입니다.

여기서 '그'는 '그녀의 후손들 중 한 사람'이고 '너'는 지금 현장에 있는 그 뱀을 가리킵니다. 그리고 이 싸움에서 '그'가 승리할 것이 확실합니다. 왜냐하면 그는 그 뱀의 머리를 타격할 것이고 그 뱀은 그의 발꿈치를 타격할 것이기 때문입니다. 그런데 문제는 '그'가 그녀의 후손 중의 한 사람이므로 '그 뱀'이 '그'와 싸움을 벌이기 위해서는 그 뱀이 그만큼 더 오래 살아 있어야 한다는 점입니다. 그 후손이 늦게 태어날수록 그 뱀은 그만큼 더 오래 살아 있어야 합니다. 바로 이 점 때문에 우리는 이 싸움이 미물인 뱀과 사람의 싸움이 아니라는 사실을 분명히 알 수 있습니다.

하와를 유혹하였던 바로 그 뱀이 그녀의 후손들 중 어느 한 분이 나타날 때까지 오랫동안 살아 있다가 그와 타격을 주고받는 싸움을 갖게 될 것이라고 생각할 수는 없습니다. 따라서 우리는 앞에서 여러 차례 조금씩 말씀드린 바와 같이 '너'라는 인칭 대명사는 '그 뱀' 자체를 지칭하는 것이 아니라 그 뱀을 도구로 사용하여 자신의 목적을 이루려 한 배후 조종자를 가리키는 것이라고 결론지을 수 있겠습니다.

이제 상반절로 돌아가서 "너의 씨"와 "그녀의 씨"라는 표현의 의미를 확실히 밝혀 보아야겠습니다. 여기서 "너의 씨"는 문법적으로는 '그 뱀의 후손'을 가리키지만 실제적으로 그 뱀을 도구로 이용한 '배후 조종자의 후손들'을 의미합니다. 그러나 그 배후 조종자는 초자연적인 존재이므로 사람이나 동물과 같은 방법으로 후손을 만들지 않습니다. 그렇다면 '배후 조종자의 후손들'이란 그의 편이 되어 그를 추종하는 자들을 의미하는 표현으로 이해할 수 있으며, 이러한 후손들은 사람들 가운데서 생겨나는 것입니다.

따라서 아담과 그의 아내를 시조始祖로 하여 생겨날 인류 안에는 두 부류의 사람들이 형성될 수밖에 없습니다. 한 부류는 "너의 씨"로 지칭되고 있는 자들로서 배후 조종자의 편에 속해 있는 자들입니다. 다른 한 부류는 "그녀의 씨"로 지칭되고 있는 자들입니다. 이들의 특징은 자신들 스스로 하나님의 편에 속하는 것이 아니라, 하나님의 '원수 되게 하는 일'에 의해서 하나님에게로 귀속歸屬되는 것입니다. 따라서 "그녀의 씨"는 하나님의 은혜로 배후 조종자의 편에 속하지 않게 될 사람들을 의미하는 것입니다.

하나님께서 그 뱀에게 선포하신 저주의 말씀인 14절과 15절의 논리를 간추려 보겠습니다. 14절은 모든 동물계에 공통적으로 임할 저주가 죽음임을 암시하면서 그 뱀에게 주어질 가장 큰 저주의 내용을 개괄적으로 말합니다. 이어서 15절은 하나님께서 취하실 적극적인 사역使役을 언급하는데, 사실상 이것은 그 뱀에게 가해질 가장 큰 저주의 구체적 내용입니다.

그러나 15절의 내용에는 놀라운 소식이 감추어져 있습니다. 이것은 인간의 구원에 관한 소식입니다. 이로써 그 뱀에게 가장 큰 저주가 되는 내용이 사실상 인간에게는 복된 소식입니다. 그 뱀의 입장에서 보면 이 내용은 엄청난 재앙입니다. 왜냐하면 그녀를 속인 것이 하나님의 직접적인 개입을 불러왔기 때문입니다. 이처럼 하나님의 개입이 필요하게 된 까닭은 그 뱀이 행한 일의 성격 때문입니다. 그 일은 단지 하나의 속임수에 불과한 것이 아니었습니다. 그것은 그녀와 그녀의 남편으로 하여금 하나님을 배반하게 만들었습니다. 더욱 심각한 것은 이로써 하나님의 창조 목적이 좌절될 위기에 놓이게 되었다는 것입니다.

하나님께서는 만물을 창조하시고 자신의 기쁘신 뜻에 따라 사람으로 하여금 만물을 다스리게 하셨습니다. 뿐만 아니라 하나님께서는 사람과 더불어 거하시며 영원히 함께 교제하시기를 원하셨습니다. 그래서 아담에게 선악과를 먹지 말도록 명하신 것입니다. 이러한 하나님의 창조 목적을 알고 있는 그 배후 조종자는 뱀을 도구로 삼아 인간에게 속임수를 사용하였고 그 결과로 하나님의 목적을 좌절시키려고 획책했던 것입니다. 이러한 반역적인 도전을 하나님께서 묵과하실 리가 없습니다. 그래서 그분께서 친히 개입하셔서 자신의 원래 목적을 이루시기 위해 일해 나가시기로 하십니다.

이러한 그분의 사역의 성격은 한마디로 말하면 '구원' 입니다. 논리상 먼저 인간을 비롯한 만물을 구원해 내셔야 자신이 원래 의도하신 목적을 모든 피조물로 하여금 누리게 하실 수 있기 때문입니다. 따라서 15절 말씀은 하나님의 구원에 대해 말하고 있는 최초의 복음福音입니다. 그래서 이 구절을 원복음原福音, 또는 첫 복음이라고 말하기도 합니다.

여기서 '그 뱀' 의 배후에 있는 존재는 누구인가? 하는 문제에 대해 분명하게 말씀드리고자 합니다. 한마디로 말하면 그 배후의 존재는 다름 아닌 '사탄' 입니다. 비록 그의 정체가 창세기 3장에서는 명백하게 드러나지 않지만 성경 전체의 가르침에 비추어 보면 그것은 아주 뚜렷하게 드러납니다.

예를 들어보겠습니다. 예수님께서는 요한복음 8장에서, 자신들이 아브라함의 자손이라고 자부하는 유대인들에게 "너희는 너희 아비 (그) 마귀에게서 났으니"라고 말씀하심으로 그들이 '그 마귀의 후손들' 임을 지적하십니다(44절). 여기서 총칭總稱으로 쓰이는 보통명사인 '마귀' 중 어떤 특정한 마귀를 가리키기 위하여 '그 마귀' 라고 칭한 사실을 주목해야 할 것입니다. 이 호칭은 '사탄' 을 뜻하는 것입니다. 특별히 그 문맥(31-59절)을 살펴보면, 예수님은 모두 다 혈통적으로는 아브라함의 후손인 유대인들을 '하나님께 속한 자' 와 '그 마귀, 즉 사탄에 속한 자' 로 양분兩分하십니다. 이것은 인간 속에 두 부류가 있음을 알려주는 것입니다(참고. 마 13:38, 39; 요일 3:10).

또한 세례자 요한은 자기에게 세례 받으러 나아오는 바리새인들과 사두개인들을 가리켜 "독사의 자식들아"라고 칭했습니다(마 3:7; 눅 3:7). 예수님께서도 외식으로 가득 찬 서기관들과 바리새인들을 가리켜 "뱀들아, 독사의 새끼들아"라고 부르셨습니다(마 23:33). 이러한 표현들은 그들을 '그 뱀, 즉 사탄의 후손' 으로 간주하는 세례자 요한과 예수님의 시각을 반영하고 있습니다.

사도 바울 역시 마치 창세기 3:15을 염두에 둔 듯 "평강의 하나님께서 속히 사탄을 너희 발아래서 상하게 하시리라"라고 말했습니다(롬 16:20). 더구나 상징적 용어로 서술된 요한계시록에서는 "그 옛 뱀 곧 그 마귀 그리고 그 사탄이라고 불리는"(계 12:9 직역, 참고. 계 20:2) 존재의 내쫓김이 언급되어 있습니다.

이러한 신약성경의 가르침을 훑어볼 때, 창세기 3:1에 언급되고 있는 '그 뱀' 을 도구로 사용한 배후의 존재는 '사탄' 이 분명합니다. 아마 사탄이 '그 뱀' 속에 들어가 그 뱀을 이용 또는 조종했던 것이라 생각합니다(참고. 눅 22:3).

우리가 15절에서 알 수 있는 사실들을 정리해 보겠습니다.

첫째, 이제 앞으로의 역사歷史, 즉 인간의 타락 이후의 역사는 하나님께서 주도권을 잡으시고 움직여 가시는 역사가 될 것이라는 사실입니다. 그 뱀의 등장으로 인하여 하나님의 창조 목적이 좌절될 위기에 놓였으므로 하나님께서 원래의 선한 목적을 이루시기 위해 직접적으로 역사에 개입하셔서 그 주도권을 가지시게 된 것입니다.

둘째, 앞으로의 역사에서 하나님께서 행하실 사역使役은 '적의를 두는 일' 이라는 사실입니다. 이 사역은 사람을 사탄과의 관계에서 단절시키고 '하나님 자신과의 관계로 회복' 시키려는 것이므로 '구원' 사역입니다. 따라서 타락 이후에 진행될 역사는 구원의 성격을 가지며 그래서 이 역사는 그 전체가 한마디로 '구원 역사' 입니다.

셋째, 이 역사가 진행되는 동안 인류 안에는 항상 두 부류가 존재한다는 사실입니다. 한 계열은 사탄의 후손들로서 그를 따르는 추종자들이고 다른 한 계열은 "그녀의 씨"로 표현된 '하나님의 자녀들' 입니다. 그리고 하나님께 속한 계열을 "그녀의 씨"라고 하나님께서 표현하심은 남편 없이 여자 홀로 후손을 갖게 될 것을 뜻하기 때문이 아니라, 사탄의 속임수에 넘어가 하나님을 배반한 당사자인 그녀마저도 구원의 대상에서 제외되지 않음을 강하게 암시해 주시는 하나님의 자상하신 배려로 이해되어야 할 것입니다. 이처럼 타락 이후의 구원 역사에서 양분된 두 계열이 나타난 첫 번째 실례實例는 가인의 계열(4:17-24)과 셋 계열(5:1-32)의 기록입니다.

넷째, 이 구원 역사는 "그녀의 씨" 중 어느 한 분이 사탄에게 승리함으로써 그 절정에 이르게 된다는 사실입니다. 그리고 이 절정이란 단순히 극적 효과의 최고점을 의미하는 것이 아니라 구원 사역의 성취를 의미합니다.

개역한글성경의 15절 하반절은 "여자의 후손은 네 머리를 ……"로 시작되기 때문에 자칫하면 여기서 예수 그리스도의 동정녀 탄생을 예언하고 있는 듯이 오해될 수도 있습니다. 그러나 위의 직역에서 보는 바대로 "여자의 후손"이라는 풀어 넣은 말이며 이것은 '하나님께 속한 계열에서 나올 어떤 한 분' 을 의미합니다.

물론 여기서 '어떤 한 분' 은 신약성경의 내용을 알고 있는 우리의 입장에서 보면 예수 그리스도이시라는 것을 쉽게 알 수 있습니다. 그러나 그 말씀을 처음 들었던 사람들은 "그"가 예수 그리스도이신지를 전혀 알 수 없었고 다만 그러한 하나님의 말씀을 그대로 믿었던 것뿐입니다.

이러한 그들의 이해 수준은 하와가 가인을 낳았을 때(창 4:1) 그대로 반영되었습니다. 일차 독자들 역시 "그"가 그리스도를 가리키는 것이라고는 생각하지 못했습니다. 하반절은 구원 역사의 절정이 "그"가 사탄에 대해 승리함으로 이루어질 것을 말씀하고 있을 뿐 "그"의 신상身上 자체에 대해서는 아무런 언급도 하고 있지 않기 때문입니다.

따라서 우리는 창세기 3:15 이후에서 "그"가 누구시라는 것이 더욱 분명하고 자세하게 드러나게 되리라는 계시의 발전에 대한 기대를 가질 수 있습니다. 이제 구원은 역사의 종말 때까지 하나님 자신이 주도해 나가시는 일이며, 인류에게는 항상 두 계열이 있으며, 하나님의 구원 사역은 사탄을 누르고 승리함으로써 그 성취를 보게 될 것이라는 사실을 이 구절이 말해 주고 있습니다.

이처럼 하나님께서는 뱀에게 임할 저주를 말씀하신 것은 위에서 그 내용을 찬찬히 살펴본 바와 같이 사실상 사람을 위하여 하실 일을 말씀하신 것임을 알 수 있습니다. 이것이야말로 사람에게는 복되고 기쁜 소식이기에 이것을 '첫 복음' 또는 '원原 복음' 혹은 '원시原始 복음'이라고 합니다. 이 소식을 말하고 있는 구절은 어디입니까? (　　　절)

제 3 주
창세기 3-5장

1 창세기 3장 14-19절 〈4〉

(월 일 _ 읽음)

하나님을 배반한 일로 생긴 결과는 사람 사이에서도 나타났습니다. 선악과를 따먹기 이전 두 사람간의 관계는 서로 '상응하는' 존재로서 조화를 이루며 일하던 동역자同役者였습니다. 그러나 이제 이들의 관계는 근본적으로 이지러지게 되었습니다. 왜냐하면 이제 그들은 더 이상 상응相應하는 관계를 유지하기를 원하지 않고 오히려 상대방을 지배하기를 간절히 바라기 때문입니다. 이 사실을 알려주는 구절은 어디입니까? (절)

겉으로 보기에 남자는 단순히 아내의 말을 듣고 선악과를 먹었으므로 이 범죄에 관한 한 '단순 가담자' 처럼 보입니다. 그러나 사실 남자는 하나님으로부터 직접 금지 명령(창 2:17)을 받았습니다. 따라서 이 일에 관한 한 그는 자기 아내의 말을 들을 것이 아니라 오히려 그녀를 조심시켜서 그 실과를 따먹지 않도록 해야 할 책임이 있는 사람입니다.

그런 그가 그 실과를 먹었다는 것은 매우 심각한 잘못이 아닐 수 없습니다. 이러한 그의 행동은 하나님과 그분의 말씀을 경멸하고 배신하기로 결심하지 않고서는 행할 수 없는 일입니다. 자신이 직접 하나님에게서 들은 말씀보다도 아내의 말을 받아들이기로 한 것은 하나님의 말씀을 거짓말로 판단하였거나 그런 말씀을 하신 하나님을 신뢰하지 않기로 했기 때문에 가능한 것입니다. 바로 이 사실을 하나님께서 지적하신 구절은 어디입니까?
(절)

하나님께서 사람을 창조하실 때 단순히 여러 동물 중의 하나로 지으신 것이 아니라, 사람이 더불어 살아가는 모든 환경에 대한 진정한 책임자로 세워 만물을 다스리도록 하셨음이 더욱 분명하게 드러납니다. 따라서 사람이 하나님을 배신하지 않는 한 사람의 책임아래에 있는 환경 전체가 하나님의 복을 누릴 수 있었는데 불행히도 사람의 배신 때문에 환경 전체가 저주 아래에 놓이게 되었음을 말해 주는 구절은 어디입니까? (절)

2 창세기 3장 20-24절

(월 일 _ 읽음)

하나님께서 심판의 말씀을 하시는 현장에는 뱀과 여자와 남자가 있었습니다. 심판의 말씀은 참으로 준엄한 것이었고 이런 심판의 대상이 된 사람은 이제 저주 아래에서 살아가야 했습니다. 저주는 다름 아니라 하나님께서 창조 때에 의도하신 대로 이제껏 에덴동산에서 누려 왔으며 장차 더욱 풍성하게 누릴 수 있는 하나님의 복을 전혀 누릴 수 없게 되었음을 의미합니다. 그러나 사람뿐만 아니라 사람이 더불어 살아갈 환경, 즉 땅과 온갖 생물들도 저주를 받게 되었습니다.

이 심판의 말씀 가운데서 하나님께서는 자신의 목적을 이루시기 위하여 앞으로 행하실 일을 말씀하셨는데 이것이야말로 사람에게는 진정한 소망이 되는 말씀이었습니다. 현장에 있던 아담이 이 소망의 말씀을 발견하였음을 알려주는 구절은 어디입니까? (절)

"네가 먹는 날에는 정녕 죽으리라"(창 2:17)는 하나님의 말씀은 빈말이 아니었습니다. 금지된 나무의 실과를 먹지 않는 한 그들은 하나님의 동산에서 살 수 있습니다. 단순히 목숨만 유지하는 정도가 아니라 에덴동산에서 하나님께서 주시는 모든 복을 누리며 행복한 삶을 살 수 있었습니다. 이것이 진정한 의미에서 생명을 누리는 것입니다. 그러나 불행하게도 그들은 그 실과를 따먹음으로써 이러한 생명을 누릴 수 없게 되었습니다.

여기서 죽음이란 단순히 목숨이 끝나는 것에만 적용할 수 있는 표현이 아닙니다. 죽음은 살아 있기에 누릴 수 있는 것들을 하나도 누릴 수 없고 모두 다 잃어버리고 마는 것입니다. 바로 이것이 여기서 의미하는 죽음입니다. 그래서 하나님께서는 사람으로 하여금 더 이상 에덴에서 복을 누릴 수 없게끔 단호한 조치를 취하십니다. 이 조치가 무엇인지를 알려주는 구절은 어디입니까? (　　　절)

사람은 '하나님과 같이 된다' 는 뱀의 말을 듣고 실과를 따먹었습니다. 그러나 그들은 하와의 말대로(창 3:13) 속은 것입니다. 하나님 같이 되지 않았습니다. 사람은 이미 '하나님의 형상' 대로 지음 받은 존재입니다. 그리고 하나님의 동산에서 하나님과 더불어 살며 모든 복을 누리는 존재였습니다. 부족하기는커녕 모든 면에서 풍성하고 윤택한 삶을 누리고 있었습니다. 그러나 인간의 한계를 넘어서려는 탐욕이 그를 타락의 늪에 빠져들게 만들었습니다.

이러한 인간의 타락을 하나님께서 비꼬아 말씀하신 내용이 나와 있는 구절은 어디입니까? (　　　절). [창세기 3:1-24의 말씀에 대한 자세한 설명은, 김영철, 「주님의 주님되심: 구약」(1), 여수룬, 1992, pp.157-228에서 읽어보시기 바랍니다.]

3 창세기 4장 1-7절

(　　월　　일 _ 읽음)

비록 에덴에서 내쫓긴 삶을 살지만 두 사람은 하나님의 약속(창 3:15)을 잊지 않고 그 약속에 소망을 걸고 삽니다. 그들은 특별히 하나님께서 약속하신 '그녀의 씨' (우리말 - '여인의 후손')를 기다렸습니다. 하와가 자식을 낳자 그러한 소망과 기대를 표현한 말이 나타난 구절은 어디입니까? (　　　절)

창세기 4장은 아담과 그의 아내 하와가 에덴동산에서 쫓겨난 후에 일어난 일을 묘사합니다. 그러나 이야기는 이 부부의 삶 자체에 초점을 맞추기 보다는 그들의 두 아들을 중심으로 전개됩니다. 이 두 아들은 창세기 3:15에서 언급한 인류의 두 계열('뱀의 후손'과 '그녀의 후손')을 대표하는 사람들이기 때문입니다. 그리고 이들의 행동을 통해 두 계열이 어떤 특성을 지닐 것인지가 나타나기 시작합니다.

하나님께서 가인의 제물은 받지 아니 하시고 아벨의 제물을 받으신 까닭은 피 있는 제물이었느냐 아니냐에 있는 것이 아니라, 제물을 드린 사람 자체에 있었음을 암시하는 구절은 어디입니까? (　　　절). [가인과 아벨의 제사에 대하여 자세히 아시려면, 다음 책의 해당 부분을 읽어보시기 바랍니다. 김영철, 「여호와 신실하신 우리 하나님」(1), 여수룬, 1986.]

하나님께서는 가인에게 제사에서 드러난 마음의 태도가 옳지 않았음을 지적하시면서 회개하고 바르게 행할 기회를 주십니다. 또한 바르게 행치 않으면 죄의 먹이가 될 것임을 경고하십니다. 죄는 사람을 지배하려는 강한 특성을 지니고 있어서 사람이 죄를 대항하여 밀쳐내기는 힘들지라도 사람에게는 죄를 물리칠 수 있는 능력이 주어졌습니다. 따라서 사람이 죄의 지배를 받는 것은 죄와 싸워서 이길 힘이 없어서가 아니라, 그 힘을 최대한 발휘하지 않고 이런저런 이유와 핑계로써 죄에게 양보하기 때문입니다. 결국 사람이 죄의 지배를 받는 것, 즉 죄를 짓는 것은 사람의 책임이라는 사실을 암시하는 구절은 어디입니까? (　　　절)

4 창세기 4장 8-16절

(　　월　　일 _ 읽음)

가인은 회개의 기회를 주시고 또한 죄의 위험을 경고하신 하나님의 은혜를 무시해 버립니다. 죄에게 왕좌王座를 양보한 가인은 이제 죄의 충실한 신하가 되었습니다. 죄의 통치를 받게 된 것입니다. 동생을 쳐죽였을 뿐만 아니라 뻔뻔스럽게도 하나님의 물음에 "내가 내 아우를 지키는 자입니까?"라고 항변합니다. 이러한 죄인에게 하나님께서 가하신 심판의 내용이 언급된 잇따른 두 구절은 어디입니까? (절과 절)

회개를 포기하고 스스로 죄의 통치를 받기로 결정한 가인은 그런 사람다운 특징을 보입니다. 자기 잘못에 대한 진정한 뉘우침이나 후회를 보이지 않습니다. 하나님의 심판을 받는 순간에도 오직 이기적인 생각뿐이어서 형벌의 무거움만을 탓합니다. 다시 말하자면 자신이 저지른 죄악의 극악極惡함에 대해 반성의 기미는 전혀 보이지 않은 채, 오히려 하나님께서 가혹하다는 원망만 내뱉고 있습니다. 이와 같은 가인의 모습을 보여 주는 구절은 어디입니까? (절)

아담이 범죄함으로 땅은 저주를 받아 사람이 땀을 흘리도록 수고하여야 그 소산을 먹을 수 있게 되었습니다(창 3:17-19). 그러나 가인은 이제부터 아무리 수고하여도 땅에서 아무런 소산을 얻을 수 없게 됩니다. 이것이 가인이 받은 저주입니다. 이 저주로 인하여 그는 한 곳에 정착하여 농사를 짓고 살 수 없게 됩니다. 가인은 이곳저곳을 쉬지 않고 다니면서 농사 이외의 일을 해야 입에 풀칠을 할 수 있게 된 것입니다. 그러나 무엇보다도 가인이 두려워한 것은 자신이 보복報復당하여 죽을 수 있다는 점이었습니다. 우리의 눈에는 보호할 가치가 없어 보이는 살인자의 생명마저도 하나님의 손에 달린 것이므로 하나님께서 보복을 금하심으로써 가인이 죽임을 당하지 않도록 긍휼을 베푸셨음을 알려주는 구절은 어디입니까? (절)

5 창세기 4장 17-26절

(월 일 _ 읽음)

아담의 가정이 비록 에덴 밖으로 쫓겨나 살고 있었지만 그들은 하나님의 은혜와 긍휼하심으로 인하여 '여호와 앞에서' 살고 있었습니다. 그러나 가인은 또다시 하나님의 크신 은혜를 거절하고 범죄함으로써 결국 '여호와 앞에서' 떠나 나가서 살게 되었습니다(16절). 그럼에도 불구하고 하나님의 긍휼하심이 가인에게 미쳐서 그의 생명이 보존되었습니다. 그래서 그의 후손들이 번성하였고 게다가 문명의 발전도 이루어졌으니 이렇게 '여호와 앞에서' 떠나 사는 사람들에게 미치는 하나님의 은혜를 '일반 은총'(또는 '보통 은혜')이라고 말합니다.

오늘 본문에는 가인의 후손들의 이름이 등장하며 이들을 가리켜 '가인 계열'이라고 부릅니다. 그리고 창세기 5장에는 '셋 계열'이 등장합니다. 이와 같이 기록자는 창세기 3:15에서 '뱀의 후손'과 '그 여자의 후손'으로 표현된, 인류의 두 계열을 제시하고 있습니다. 이에 앞서 창세기 4:1-16에서는 '가인과 아벨의 제사'와 '가인의 살인'이라는 두 사건을 통해서 이들로부터 시작될 두 계열의 특성이 어떠한 것인지를 미리 보여 주고 있습니다. 한마디로 말하자면 '셋 계열'(아벨이 죽으므로 '셋'이 계열의 시조가 되었음)은 하나님의 약속을 믿고 소망하는 믿음의 계열인 반면에, '가인 계열'은 하나님의 은혜를 거절하고 죄의 통치를 받는 계열입니다.

가인 계열을 통하여 자신의 통치력을 유감 없이 발휘하던 죄는 마침내 자신의 흉악한 실체를 다시 한 번 분명하게 드러냅니다. 죄는 여러 모양으로, 반드시 사람을 통하여, 자신을 드러냅니다. 하나님을 배신하더니(아담과 하와) 동생마저 죽이고(가인), 마침내는 살인을 즐기며 찬양하며 죄책감이라고는 손톱의 때만큼도 찾아 볼 수 없게 되었습니다. 이토록 죄에 친숙해진 이 계열의 한 대표자가 읊은 이른바 살육예찬가殺戮禮讚歌를 써놓은 잇따른

두 구절은 어디입니까? (　　　　절과　　　　절)

아벨은 하나님께서 약속하신 '뱀의 머리를 상하게 하실 분' 이 나타날 계열의 시조였으나 허무하게도 가인에게 죽고 말았습니다. 이로써 사탄은 자기에게 승리할 분의 등장을 아예 처음부터 막아 보려고 초전박살을 시도하였던 것입니다. 그러나 하나님의 구원 계획은 무너지지 않는 것입니다. 세상을 창조하신 전능하신 하나님께서 이루어가시는 일이기 때문입니다. 하나님께서 아담과 하와에게 아벨을 대신하여 구원의 약속을 이루어 갈 다른 후손을 주셨음을 알려주는 구절은 어디입니까? (　　　　절)

6 창세기 5장 1-20절

(　　　월　　　일 _ 읽음)

만일 우리가 어떤 것을 비교해야 한다면 두 가지를 좌우로 나란히 놓고 때로는 도표도 그려서 같은 점과 다른 점을 조목조목 언급할 것입니다. 그러나 성경을 기록한 옛 시대에는 오늘날 우리가 하는 방법으로 비교하지 않았습니다. 그 대신 비교할 두 가지를 비슷한 모양으로 만들어서 앞뒤로 놓습니다. 이때 계속 언급해 나가려는 것을 뒤에 놓게 됩니다.

5장의 셋 계열(1-32절)은 그 앞에 놓인 가인 계열(창 4:17-24)과 비교되는 것이며 이 둘의 비슷한 모양은 아담 이후에 계열의 대표자를 아홉 명씩 나열하고 있다는 점입니다. 그리고 각각 일곱 번째 대표자를 통해서 계열의 특성을 나타내고 있다는 점입니다. 다음은 이 두 계열의 대표자(가인 계열/셋 계열)입니다.

1. 아담 - 2. 가인/ 셋 - 3. 에녹/ 에노스 - 4. 이랏/ 게난 - 5. 므후야엘/ 마할랄렐 - 6. 므드사엘/ 야렛 - 7. 라멕/ 에녹 - 8. 야발/ 므두셀라 - 9. 유발/ 라멕 - 10.두발가인/ 노아

이와 같이 기록자가 두 계열의 계보系譜를 기록한 것은 하나님께서 창세기 3:15에서 말씀하신 바대로 인류 안에는 '뱀의 후손'과 '그녀의 후손'으로 표현되는 두 계열이 있게 되었음을 드러내기 위한 것입니다. 그리고 이처럼 두 계열이 계속됨은 하나님께서 사탄과 사람간에 '적의敵意를 두어 원수 되게 하는' 일을 계속 하고 계심을 뜻하는 것입니다. 그러나 이제부터 성경은 '뱀의 후손'인 가인 계열에 대해서는 더 이상 말하지 아니하고 하나님께서 은혜로써 '그녀의 후손'으로 삼으신 계열에게만 초점을 맞춥니다. 이는 하나님께서 사람을 지으신 목적에 비추어 볼 때 이들 곧 셋 계열만이 '아담의 자손'이기 때문입니다. 셋 계열만이 아담의 자손임을 암시하는 표현이 나타난 구절은 어디입니까? (　　　절)

7 창세기 5장 21-32절

(　　월　　일 _ 읽음)

가인 계열의 일곱 번째 대표자인 '라멕'과 대조를 이루는, 셋 계열의 대표자에게서는 이 계열의 특성이 나타납니다. 라멕에게서는 죄가 그 극도極度에 다다른 반면에, 이 대표자는 참된 경건의 극치極致에 도달합니다. 하나님의 은혜로 이 사람이 평생을 하나님과 더불어 살다가 죽음을 보지 않고 하나님 나라에 이르게 되었음을 알려주는 잇따른 세 구절은 어디입니까? (　　　-　　　절)

셋 계열의 다른 라멕은 첫 사람 아담과 하와가 하나님을 배신함으로써 사람과 그 환경이 처한 상황을 잘 이해하고 있었을 뿐더러, 이런 상황에서 벗어날 소망을 언급하신 하나님의 약속이 이루어지길 기대하고 있었습니다. 이런 사실을 알 수 있는 구절은 어디입니까? (　　　절). [믿음이란, 하나님께서 약속하신 것을 그대로 받아들이며, 그분께서 그 약속을 신실하게 지키실 줄을 믿기에 그분을 신뢰하며 그분에게 소망을 두는 것입니다. 그러기에 소망이 이루어지기까지 견디어 내는 인내가 결여된 믿음은 진정한 믿음일 수 없습니다.]

제 4 주

창세기 6–7장

1 창세기 6장 1-8절 〈1〉

(월 일 _ 읽음)

셋 계열 사람들이 하나님의 약속에 소망을 두고 하나님을 신뢰하며 산다고 할지라도 세상과 단절하고 외진 곳에 자기들끼리만 모여 사는 것은 아니었습니다. 사람의 수가 많지 않을 때에는 고립적인 생활이 가능할 수도 있겠지만 사람이 많아지면 그런 생활은 불가능합니다. 셋 계열 사람들과 가인 계열의 사람들은 사람이 많아지면서 서로 만날 기회와 횟수가 많아지게 되었습니다. 그러나 이렇게 생활이 복잡하고 서로 깊이 연관되면서부터 인류의 삶에 치명적인 결과를 가져올 일이 싹트기 시작합니다. 이 일이 무엇인지를 알려주는 구절은 어디입니까? (절)

죄는 절대적인 왕처럼 이미 가인 계열 전체를 자신의 손아귀에 넣고 통치하고 있었습니다. 그러나 죄는 여기서 만족하질 않습니다. 죄, 좀 더 구체적으로 말해서 사탄은 인류 전체를 자기편으로 끌어들이고 그들을 통해 하나님을 적극적으로 대적하기를 꿈꾸고 있습니다. 이제 사탄은 셋 계열마저 자기 통치 아래로 다시 끌어올 수 있는 가장 효과적인 방법을 마련하게 되었습니다. 그것은 이른바 '미인계' 美人計를 쓰는 것입니다.

하나님을 믿는 셋 계열 사람들이 단지 하나의 조건, 즉 외모의 아름다움에 홀려서 가인 계열의 사람들과 마구 혼인하게 됩니다. 이 일로 인하여 신앙의 토대가 무너집니다. 저수지의 물을 막고 있던 제방이 무너지듯 신앙의 둑이 허물어집니다. 죄악의 물결은 온 세상을 덮치고 결국 세상은 하나님의 심판을 받게 됩니다.

〈이와 같이 하나님의 백성이 불신자와 혼인하는 것은 흔히 핑계거리로 갖다 대는 이른바 전도의 기회를 마련하는 일이 아니라, 죄악에게 성문을 활짝 열어주고 항복하는 것과 마찬가지입니다. 이런 혼인이야말로 사탄이 하나님의 백성들을 무너뜨리기 위해 사용하는 가장 효과적인 술책입니다. 따라서 교회가 이렇게 혼인하려는 교인을 허용하거나 내버려

둔다면 매우 쉽게 교회의 성결함을 잃게 될 것이며 급격히 세속에 물들어서 교회로서의 본질을 잃어버리고 다만 종교적 기업체에 불과한 이름뿐인 교회가 될 것입니다.〉

온 세상은 사람의 죄악으로 가득 차서 마침내 멸망하게 되는데 이 무서운 죄악을 낳은 근본적인 원인이 무엇인지를 밝힌 구절은 어디입니까? (　　절)

2 창세기 6장 1-8절 〈2〉

(　　월　　일 _ 읽음)

죄악은 손에 사망의 칼을 잡고 신들린 듯 휘두르는 장수將帥와도 같습니다. 또한 죄악은 재빠르게 퍼져나가는 전염병과도 같습니다. 하나님의 아들들과 사람의 딸들의 혼인으로 시작된 죄악의 번식력은 가히 두렵고 놀랄 만 하였습니다. 죄악은 불과 120년 만에 세상의 모든 사람을 다스리게 되었습니다. 그들의 마음속 깊은 곳까지 점령하였습니다. 그 결과 사람의 마음에서 나오는 것이 선한 것이라고는 눈을 비비고 찾아도 좁쌀만큼도 보이지 않고 언제나 변함 없이 오직 악할 뿐이었음을 알려주는 구절은 어디입니까? (　　절)

하나님을 믿지 않는 자와의 혼인은, 죄악의 소굴로 들어가는 입구가 아니라, 이미 죄악의 소굴 깊은 곳에 들어와 앉은 것입니다. 그것은 하나님께서 함께하실 수 없을 만큼 이미 자신을 더럽힌 것이므로 하나님께 범죄한 것입니다. 인류 전체가 하나님께 범죄함으로써 죽을 수밖에 없는 운명에 이르렀습니다. 그러나 하나님께서는 그들을 즉각 멸하지 아니 하시고 120년이라는 말미를 주셨음을 말하는 구절은 어디입니까? (　　절)

3 창세기 6장 1-8절 〈3〉

(월 일 _ 읽음)

셋 계열에도 그들의 지도자들이 있었습니다. 이들은 용사였고 유명한 사람들이었습니다. 그러나 용맹함과 유명함이 하나님을 신뢰하는 믿음을 성장시키거나 하나님의 백성으로 하여금 세속에 물들지 않도록 하는 데에는 별 도움이 되지 못했습니다. 지도자들은 하나님의 백성들이 불신자들과 혼인하는 것을 방치하고 말았습니다. 지도자들의 이러한 무책임을 암시하는 구절은 어디입니까? (절)

불신자와의 혼인에서 시작된 인류의 죄악은 도저히 돌이킬 수 없는 상태에 이르렀고 이로 인하여 세상의 멸망이 눈앞에 이르게 되었습니다. 이러한 죄악 상태를 보시고 하나님께서는 '사람을 지으셨음을 한탄하시고 근심하셨다' 고 성경은 말합니다. 그러나 이것은 '하나님께서 후회하셨다' 는 뜻이 아닙니다. 이것은 비유하자면 자식의 못됨이 부모 가슴에 못질을 하듯, 못질 당한 하나님의 심정을 생생하게 표현한 것입니다. 그만큼 사람이 큰 죄인이었음을 말해 주는 것입니다. 그러나 그렇다고 해서 하나님께서 자신의 약속을 저버리거나 자신의 할 일을 포기하시지 않습니다. 오히려 하나님께서는 은혜를 베푸셔서 자신의 의도하신 바를 실행해 나가려고 한 사람을 택하시는데 이 사람이 누구인지를 알 수 있는 구절은 어디입니까? (절)

4 창세기 6장 9-16절

(월 일 _ 읽음)

하나님께서 노아에게 베푸신 은혜는 일시적인 것이 아니었습니다. 그것은 노아의 생애 전체에 미치는 지속적이고도 크신 은혜였습니다.

그 결과 노아는 완전히 타락한 세상 속에서도 하나님과 올바른 관계를 유지할 수 있었으며 온 마음과 힘을 다하여 하나님을 섬길 수 있었습니다. 게다가 그는 에녹처럼 하나님을 온전히 좇으며 그분과 동행하는 삶을 살 수 있었습니다. 노아가 이러한 삶을 살았다는 사실을 알려주는 구절은 어디입니까? (　　　절)

하나님께서 세상을 창조하실 때 지으신 것들이 하나님의 의도와 뜻에 완전하게 일치하도록 창조되었기에 창세기 1장에서는 여러 차례 "하나님이 보시기에 좋았더라"는 표현을 되풀이하고 있습니다. 그러나 홍수 직전의 상황은 그때와는 완전히 정반대입니다. 사람의 죄악 때문에 세상은 존재할 의미를 잃어버리게 되었습니다. 이와 같은 상황이 하나님께서 보시기에 어떠하였는지를 알려주는 구절은 어디입니까? (　　　절)

하나님께서는 세상을 멸망시키기 위하여 홍수를 보내시려고 합니다. 그러나 노아와 그의 가족이 오랫동안 계속될 홍수로 인하여 다른 사람들과 함께 멸망되지 않도록 조치를 취하십니다. 그래서 노아로 하여금 오랜 기간 동안 사나운 물결 위에서도 가장 안전하게 떠 있을 수 있는 배를 만들게 하십니다. 가장 안전한 배의 조건은 길이와 폭의 비율이 6대 1이라고 합니다. 하나님께서 길이가 약 150m 폭은 25m인 가장 안전한 배를 짓도록 하신 사실을 말해 주는 구절은 어디입니까? (　　　절)

5 창세기 6장 17-22절

(　　월　　일 _ 읽음)

하나님께서 홍수에서 노아를 건지시려고 하셨을 때 노아뿐만 아니라 그의 가족 전부를 함께 구원하기로 하심은 그들의 선한 행실이나 업적 또는 공로 때문이 아니라 순전히 하나님 자신의 은혜 때문이었습니다. 엄밀히 말하자면, 하나님께서 자신의 언약을 통해서 풍성하신 구원의 은혜를 베푸시기로 하셨기 때문입니다. 하나님의 언약이란, 단순히 약속의 내용만을 뜻하는 것이 아니라 하나님께서 의도하신 구원 계획을 이루어가시는 방편입니다. 이러한 하나님의 언약 때문에 노아의 가족도 홍수에서 구원받을 수 있었음을 암시하는 구절은 어디입니까? (　　　절)

하나님의 구원 계획은 홍수 이후에 황폐해진 땅에서 노아와 그 가족이 헐벗고 굶주리며 살게 하려는 것이 아닙니다. 이 계획은 노아와 그 가족을 통해서 새로운 인류를 번성시키려는 것입니다. 아담을 지으셨을 때처럼 노아에게도 새로운 환경을 주셔서 만물을 다스리며 살게 하기 위함입니다. 따라서 방주에 들어갈 대상에는 사람만이 아니라 삶의 환경을 구성하는 생물들도 포함되었다는 사실을 말하고 있는 잇따른 두 구절은 어디입니까?
(　　　절과　　　절)

6 창세기 7장 1-12절

(　　월　　일 _ 읽음)

01 홍수는 여름철에 줄기차게 쏟아지는 장마 비에 비할 것이 아니었습니다. 밤낮을 가리지 않고 사십일 동안이나 비가 쏟아졌습니다. 쉴 새 없이 양동이로 퍼붓는 듯한 비였습니다. 이것은 단순한 홍수가 아니라 온 땅을 덮어서 모든 생물을 지면에서 쓸어버릴 하나님의 심판이었기 때문입니다. 홍수를 이루는 물은 하늘에서만 쏟아진 것이 아니라 땅에서도 솟구쳤음을 알려주는 구절은 어디입니까? (　　　절)

방주에 노아와 함께 타야 할 온갖 생물들은 노아와 그 가족이 불러모아야 하는 것은 아니었습니다. 땅의 모든 생물들을 그 종류대로, 그것도 암수 한 쌍씩을 사람이 모아들인다는 것은 거의 불가능한 일이며 혹 가능하다 할지라도 이루 말할 수 없을 만큼 오랜 시간이 걸리는 작업일 것입니다. 그래서 하나님께서는 그 모든 생물들로 하여금 노아에게로 나아오도록 하겠다고 말씀하셨습니다(창 7:19-20). 과연 하나님의 말씀대로 땅의 모든 생물들이 암수 둘씩 노아에게 나아와 방주로 들어갔음을 알려주는 잇따른 두 구절은 어디입니까? (　　　절과　　　절)

7 창세기 7장 13-24절

(　　월　　일 _ 읽음)

하나님께서 노아에게 홍수로 세상을 심판할 것임을 알려 주셨습니다(창 6:13). 이 심판의 홍수를 피할 수 있는 유일한 방법을 알려 주실 뿐만 아니라 가장 안전한 방주를 지을 수 있는 정확한 설계도도 제시하셨습니다(창 6:14-16). 노아뿐만 아니라 그 가족과 온갖 생물들이 방주에 들어갈 수 있는 모든 조치를 세밀한 부분까지 다 마련하셨습니다(창 6:18-21).

이제 홍수가 시작되기 칠일 전, 하나님의 구원의 은혜를 받은 이 모든 대상자들이 방주에 오르자 하나님께서는 그들을 홍수로부터 보호하기 위한 마지막 조치를 취하십니다. 이와 같이 처음부터 끝까지 철두철미하게 하나님께서는 자신께서 은혜로 택한 사람들을 책임지시는 것입니다. 마치 먼 길을 떠나는 아들을 차에 태우고 손수 그 문을 닫아주시는 자상한 아버지와 같은 모습을 떠오르게 하는, 하나님의 이러한 마지막 조치가 무엇인지 알려주는 구절은 어디입니까? (　　　절)

사십 일을 밤낮 가리지 않고 쉴 새 없이 퍼붓는 장대비로 인하여 하늘 아래 모든 것들이 다 물 속에 잠겨 버리고 말았습니다. 땅은 다시 태초의 고요함 속에 빠져 버렸습니다. 온통 물뿐이었습니다. 온 세상을 뒤덮은 물 위에서 찾아 볼 수 있는 것은 오직 점點같아 보이는 한 척의 배뿐이었습니다. 이 배는 물결에 자신을 맡기고 홀로 떠 있었습니다. 외로워 보일 수도 있겠으나 사실상 이것만이 하나님의 은혜로 심판의 홍수를 피할 수 있었던 유일한 피난처이며 생명의 처소입니다. 이 배 안에 들어오지 못한 모든 생물은 사람에서 미물에 이르기까지 하나도 예외 없이 모두 죽고 말았음을 강조하기 위하여 표현을 조금씩 달리 하여 같은 내용을 세 번 말하고 있는 잇따른 세 구절은 어디입니까? (　　　　-　　　　절)

제 5 주
창세기 8-9장

1 창세기 8장 1-12절

(월 일 _ 읽음)

세상이 모두 물로 덮인 기간은 하루 이틀이 아니었습니다. 물이 온 세상을 뒤덮고 있는 날은 무려 150일이나 되었습니다. 방주 안에 있는 자들 외에는 아무도 살아날 도리가 없었습니다. 이렇듯 하나님의 심판은 하나님의 은혜를 입은 자들 외에는 아무도 견디어 낼 수 없습니다.

한편 하나님께서 은혜를 베푸셔서 심판을 피하게 하신 자들에 대한 그분의 관심은 치밀緻密하였습니다. 하나님께서는 노아와 그 가족에게 생명을 건지도록 배려하신 것에서 자신의 은혜를 멈추지 않으셨습니다. 하나님께서는 그들을 다시 땅에 나와 살도록 하시기 위하여 물이 줄어들게 하십니다. 하나님께서 노아와 방주에 있는 모든 생물에게 계속 마음을 쏟으셨음을 암시하는 구절은 어디입니까? (절)

하나님의 은혜로 물은 서서히 줄어들어 마침내 150일 후에는 방주가 한 산에 머무르게 되었습니다. 더욱 물이 줄어들자 산봉우리들이 눈에 띄었습니다. 까마귀를 내어 보냈으나 돌아오지 않았습니다. 썩은 사체死體도 먹고 사는 새인지라 아직 땅이 다 드러나지 않아도 능히 살아갈 수 있었기 때문이었습니다. 노아는 비둘기를 세 차례나 내보내고서야, 비둘기도 살아갈 만한 환경으로 땅이 바뀐 것을 알 수 있었습니다. 노아가 방주로 돌아온 비둘기를 보고 땅에서 물이 상당히 줄어들었다는 것을 알 수 있었다고 말한 구절은 어디입니까? (절)

2 창세기 8장 13-22절

(월 일 _ 읽음)

홍수가 시작된 지 거의 일년만에 노아와 방주 안에 있던 모든 생물들은 하나님의 은혜로 땅으로 돌아와서 자신들의 삶터를 되찾게 됩니다. 하나님께서 홍수 직전에 노아에게 방주로 들어가라고 말씀하신 것처럼, 이제 땅이 다 마르고 사람들과 생물들이 살 수 있는 적합한 환경이 되자 방주에서 나오라고 말씀하십니다. 이 말씀 가운데 하나님께서 마치 창조 때에 모든 생물들을 창조하시고 하신 것과 같은 말씀(창 1:22)을 하심으로써, 모든 생물들을 그 종류대로 암수 한 쌍씩 방주에 태워 생명을 보존토록 하신(창 6:19-20) 목적이 무엇인지를 알려 주시는 구절은 어디입니까? (절)

땅에 내린 노아는 하나님 앞에 마땅한 태도를 취합니다. 먼저 여호와를 위한 단을 쌓고 번제를 드립니다. 하나님께서 이 제사를 받으셨습니다. 여기서 우리는 기록자를 통해서 하나님의 계시가 없었다면 도저히 알 수가 없을 하나님의 생각을 알게 됩니다.

하나님께서는 자신께서 은혜로 택하셔서 평생 하나님과 동행하는 삶을 살도록 하신 사람이라 할지라도 어려서부터 악한 존재임을 잘 알고 계셨습니다. 그러기에 사람에게 크신 긍휼을 베푸시려고 하십니다. 다시는 사람 때문에 땅을 저주하셔서 모든 생물을 멸하지 아니 하시고 또한 땅이 있을 동안에는 자연의 규칙성이 계속되게 하실 것입니다. 이와 같은 하나님의 생각을 표현한 잇따른 두 구절은 어디입니까? (절과 절). [노아의 홍수에 대해 자세한 설명을 들으시려면, 김영철, 「성경신학의 입장에서 본 노아 홍수」(여수룬, 1989)를 읽어보시기 바랍니다.]

3 창세기 9장 1-7절

(월 일 _ 읽음)

하나님께서는 아담에게 그러하셨듯이 노아를 통하여 창조 때 의도하신 목적을 다시 이어가시려고 합니다. 그러나 타락 이후의 세상은 타락 이전과 아주 딴판이었습니다. 사람은 여덟 명밖에 살아남지 않았지만 죄의 가공할 만한 파괴력은 그들 안에 그대로 잠재되어 있었습니다. 타락의 영향으로 땅위의 생물들도 사람과 친밀한 관계를 유지할 수가 없었습니다. 이런 위험한 상황에서는 하나님의 특별한 조치 없이는 사람이 번성하여 땅에 충만할 수가 없습니다. 그래서 하나님께서 모든 생물들에게 취한 조치가 무엇인지를 알려주는 구절은 어디입니까? (절)

우리가 오늘 본문에서 하나님께서 취하신 조치들을 곰곰이 생각해보면 능히 타락 이후의 상황이 창조 때와 얼마나 다른가를 알 수 있습니다. 땅이 저주받아 땀 흘리도록 수고롭게 일해야 먹고 살 수 있는 사람에게 채식菜食만으로는 충분한 영양이 될 수 없었습니다. 그래서 육식肉食도 허용됩니다. 그러나 인간의 악한 본성 때문에 또 다른 조치가 필요하게 됩니다. 살생殺生은 생명을 경시輕視하는 경향으로 발전하고 결국은 살인殺人을 쉽게 여길 가능성이 짙습니다. 이러한 죄악의 발전은 이미 가인 계열에서 충분히 드러났습니다. 따라서 이 모든 점을 내다보신 하나님께서는 사람의 생명을 보호할 중대한 조치를 취하십니다. 이런 조치가 담긴 잇따른 두 구절은 어디입니까? (절과 절)

4 창세기 9장 8-17절 〈1〉

(월 일 _ 읽음)

홍수 전에 하나님께서는 노아에게 "너와는 내가 내 언약을 세우리니" 라고 말씀하셨습니다(창 6:18). 이제 하나님께서 그 언약을 노아와 세우려고 하십니다. 이 언약은 하나님 자신의 언약입니다. 사람들간에 의논하고 합의하여 그 내용을 담아 놓은 계약契約이 아닙니다. 따라서 이 언약 안에 어떤 내용을 담든지 그것은 하나님의 권한입니다. 그러나 분명한 것은 이 언약 안에는 하나님의 성품이 담겨 있다는 사실입니다. 하나님께서 말씀하거나 행하시는 모든 일에는 그분의 성품이 반영되기 때문입니다.

이미 홍수 전에 노아에게 하신 말씀에서 드러났듯이 하나님께서는 노아와 언약을 세우시기 위해 그의 가족들의 생명까지 보호해주심으로써 자신의 은혜의 풍성함을 나타내셨습니다. 이러한 하나님의 풍성한 은혜는 노아의 가족뿐만 아니라 앞으로 태어날 모든 후손에게도 미치게 됩니다. 이처럼 하나님의 언약은 대代를 이어 당사자의 후손까지도 포함하는 계대적繼代的 특징을 갖고 있음을 암시하는 구절은 어디입니까? (절)

하나님께서 노아와 맺으시는 언약의 내용은 이미 창세기 8:21-22에서 나타난 하나님의 생각 안에 들어 있었습니다. 하나님께서는 자신의 언약을 통해서 사람과 생물과 그들이 사는 땅을 보존하시려는 것입니다. 이 땅은 하나님께서 자신의 구원 계획을 이루시는 중요한 장소이기 때문입니다. 게다가 하나님의 구원에는 사람은 물론이고 생물들과 땅까지도 포함되는 것입니다. 이 모든 것이 저주 아래 있기에 하나님의 구원을 필요로 하기 때문입니다. 그래서 마침내 구원이 완성되면 사람만 새롭게 되는 것이 아니라 '새 하늘과 새 땅' 도 이루어지는 것입니다. 노아와 맺은 언약의 내용은 조금 다른 표현으로 11절에 두 번 나타납니다. 세 번째로 같은 내용이 나타나는 구절은 어디입니까? (절)

5 창세기 9장 8-17절 〈2〉

(월 일 _ 읽음)

하나님께서 노아를 대표자로 삼아 세우신 언약은 노아 당대에만 유효한 언약이 아닙니다. 하나님께서 영원히 살아 계신 분이기에 자신의 신실하심에 따라 이 언약도 영원히 지키실 것입니다. 이와 같이 노아 언약이 영원한 것임을 암시해 주는 두 구절은 어디입니까? (절과 절).

〈이 언약이 영원한 것이기에 지금도 자연은 규칙적으로 움직이고 있는 것이며 땅을 통째로 멸망시킬 홍수가 없습니다. 하나님을 믿지 않는 이들은 이처럼 세상이 존속存續됨이 그저 자연의 이치이며 힘이라고 말하겠지만 사실은 이것은 전적으로 하나님의 은혜이며 하나님께서 신실하게 노아와 맺으신 언약을 지키고 계시기 때문입니다.〉

하나님께서 은혜와 긍휼로써 노아에게 언약을 세우신 다음에 언약의 증표證票로 무지개를 구름 속에 두셨습니다. 이렇게 하심은 무엇보다도 하나님 자신께서 반드시 언약의 약속을 지키시겠다는 의지를 보이신 것입니다. 하나님은 결코 자신의 약속을 잊으시거나 식언食言하시지 않습니다. 그런데도 이렇게 언약의 증표를 구름 속에 두심은, 인간적인 표현을 쓴다면 설사 잊으신다 할지라도 다시 기억하여 자신의 약속을 지키시겠다는 강한 뜻을 보이신 것입니다. 이러한 하나님의 의지가 표현된 구절은 어디입니까? (절). [노아 언약에 대해 좀 더 자세히 알고 싶으신 분은, 김영철, 「성경신학의 입장에서 본 노아 홍수」 (여수룬, 1989)를 읽어보시기 바랍니다.]

6 창세기 9장 18-29절 〈1〉

(월 일 _ 읽음)

홍수 이후에 노아와 연관된 기록은 두 가지입니다. 하나는 하나님께서 노아와 언약을 맺으신 일에 관한 기록(창 8:20-9:17)으로서 이것은 참으로 영광스러운 내용입니다. 다른 하나는 오늘 본문의 내용인데 이른바 '노아의 나체 사건'에 관한 기록입니다. 이것은 수치스러운 내용이라 할 만합니다. 그러나 성경은 그 기록이 영광스러운 내용이든 수치스러운 내용이든지 간에 그 내용을 통해 하나님 자신 또는 하나님의 뜻을 계시하는데 초점을 맞추고 있다는 사실을 우리는 잊지 말아야 할 것입니다.

노아의 작은 아들 '함'이 아버지의 벌거벗은 모습을 본 일로 인하여 그의 아들인 '가나안'이 저주를 받게 됩니다. 어린아이들이 아버지를 따라 목욕탕에 가서 한번쯤은 경험할 수 있는 쑥스러울 수는 있겠으나 별로 대수롭지 않은 일로 인하여 할아버지[노아]가 손자[가나안]를 저주하는 엄청난 일이 벌어진 것입니다. 어떻게 이런 일이 있을 수 있을까 하는 의문이 생길 만한 내용입니다.

이 내용을 올바로 이해하기 위해서 우리는 먼저 '하체를 보았다'(직역 – '벌거벗음을 보았다')는 말의 의미를 알아야 할 것입니다. 분명한 것은, 함이 자기 아버지의 하체를 보았다는 것은 저주를 받을 만큼 심각한 일이므로 단순히 '눈으로 본' 정도를 뜻하는 것은 아니라는 점입니다. 그 이유는 다음과 같습니다.

⑴ 창세기를 기록한 모세는 레위기 20:17에서도 똑같은 표현을 사용하여 '성적 관계를 갖는 것'을 의미하였으므로 함이 노아에게 행한 일도 일종의 '호모섹스'일 가능성이 있습니다. ⑵ 다른 두 형제가 옷을 갖고 뒷걸음쳐 들어가서 아비의 하체를 덮었는데, 이 과정에서 정확하게 덮으려면 눈으로 보는 일이 잠시나마 필요했을 것입니다. 그런데도 유독 함의 행동에만 문제가 생겼으니 이는 함이 아비의 '벌거벗음을 본' 일은 '눈으로만 본 것'이 아닐 가능성이 높습니다. ⑶ 더구나 본문에서는 노아가 술에서 깨어난 후 자신이 취해 있을 동안에 일어난 일을 알았다고 말함으로써 함이 노아의 벌거벗음을 눈으로만 바라본 정도가 아니라 어떤 실제적인 행동을 행하였음을 암시하는데 이 구절은 어디입니까? (　　　절). [이로써 죄악은 또다시 홍수 이후의 첫 세대에서부터 특히 성적인 문제를 통해 그 사악함을 드러내기 시작합니다.]

7 창세기 9장 18-29절 〈2〉

(월 일 _ 읽음)

노아가 가나안을 저주한 것은, 엄밀히 말해서 상황 판단을 잘못한 노인의 독설毒舌이나 악담惡談이 아니었습니다. 노아는 하나님께서 인류의 대표자로 삼아 그와 언약을 세우신 사람입니다. 앞으로 더욱 자세히 드러나겠지만 선지자가 등장하기 전에는 하나님께서 언약의 대표자들을 통해서 자신의 뜻을 알리시고 예언하도록 하셨습니다.

게다가 노아가 한 말의 내용은 저주와 복에 관한 것입니다. 사람은 저주와 복을 기원할 수는 있으나 저주와 복을 임의대로 주거나 거두어들일 수는 없는 존재입니다. 저주와 복은 전적으로 하나님께서 관장하시는 사항이기 때문입니다. 그런데도 노아가 저주와 복을, 단순히 기원한 것이 아니라(아래 직역에서 드러난 바대로) 하나님이 하시듯 선포한 것은 그분을 대신하여 말씀하는 것이기 때문입니다. 이런 이유들로 인하여 노아의 말은 하나님께서 노아에게 주셔서 선포케 하신 하나님의 예언이라 생각합니다.

노아의 예언은 세 연聯으로 이루어진 한 편의 시詩입니다. 이 시를 통해서 하나님께서는 죄악이 계속 발전하여 결국 가나안과 그의 족속에게 어떤 결과를 가져올지를 미리 말씀하신 것입니다. 또한 이 시는 이러한 죄악의 발전 가운데서도 하나님께서 어떻게 구원을 이루어 가실지를 미리 암시해 주고 있습니다. 이 시를 직역하면 다음과 같습니다.

그리고 그가 말했다

저주로다 가나안

그는 종들의 종이(되)리라 그의 형제들에게

그리고 그가 말했다

복 되도다 여호와, 셈의 하나님

그러나 가나안은 종이(되)리라 그들에게

넓히시리라 하나님께서 야벳을 위하여

그리고 그는 거하시리라 셈의 장막들 안에

그러나 가나안은 종이(되)리라 그들에게

하나님께서는 셈의 하나님이 되셔서 그들과 함께 거하실 것입니다. 그러기에 훗날 하나님께서는 아브라함을 택하시고 아브라함의 후손인 이스라엘을 자기 백성으로 삼으십니다. 뿐만 아니라 하나님께서는 자기 백성으로 하여금 성막(후에는 성전)을 짓게 하고 그들 가운데 거하며 그들의 하나님이 되십니다. 이렇듯 하나님께서는 이 예언을 통하여 말씀하신 바대로 구원을 이루어 가십니다. 하나님께서 셈의 장막에 거하실 것임을 미리 말한 구절은 어디입니까? (　　　절)

제 6 주
창세기 10-12장

1 창세기 10장 1-20절
(월 일 _ 읽음)

하나님께서는 세상을 창조하신 목적을 포기하시지 않습니다. 또한 회복을 약속하신 자신의 말씀(창 3:15)을 식언食言하시지 않습니다. 그러기에 하나님께서는 홍수로써 세상을 멸망시키셨지만 창조의 목적과 약속의 말씀을 이루어 갈 방편을 마련하시지 않은 채 그리하시지는 않으셨던 것입니다.

여름철 소낙비 쏟아지기 직전 험하게 인상 찌푸리고 으름장 놓는 먹구름 때문에 하늘이 잔뜩 겁먹었을 때처럼 홍수 직전의 하늘은 온통 먹구름으로 뒤덮였을 것입니다. 하나님께서 홍수로써 온 세상을 쓸어버리시려고 진노의 손길을 뻗치려 하시기 때문입니다. 그러나 하나님께서는 노아와 그의 가족 그리고 방주에 태워 생명을 보존하신 모든 생물들을 통해서 세상을 창조하신 목적을 이루어 가시려 합니다.

그래서 또한 홍수 이후에는 노아를 대표자로 삼아 온 세상과 더불어 언약을 세우십니다. 이러한 하나님의 긍휼하심과 은혜의 결과로써 사람들은 생육하고 번성하여 많아지게 되었습니다. 10장은 하나님의 은혜로 살아남은 노아와 그의 세 아들로 인하여 땅의 모든 사람들이 생겨나게 되었음을 말합니다. 노아의 아들들을 통해서 여러 민족과 나라들이 생겨났으며 여러 곳에 흩어져 살게 되었음을 간추려서 말하고 있는 두 구절은 어디입니까?
(절과 절)

오늘 본문에는 야벳의 후손들과 함의 후손들이 기록되어 있는데 야벳에 대한 기록(2-5절)보다 함에 대한 기록(6-20절)이 훨씬 더 깁니다. 이는 창세기의 첫 독자인 이스라엘 백성에게는 함의 후손이 야벳의 후손보다 더 큰 관심거리가 되기 때문입니다. 아래에서 보는 대로 함의 후손은 이스라엘과 직접적인 연관을 갖고 있기 때문입니다.

이스라엘 백성은 애굽('미스라임'은 '애굽'을 가리키는 히브리어입니다)에서 노예 생활을 하다가 하나님의 놀라운 능력과 은혜로 애굽의 굴레에서 벗어날 수 있었습니다. 또한 그들이 향하여 가는 목적지는 가나안의 여러 후손들이 거주하는 가나안 땅이었습니다. 이처럼 이스라엘 백성의 과거의 삶터가 애굽이었고 미래의 삶터가 가나안일 것이기에 함의 후손에 관한 기록에 더 관심을 가짐은 당연한 일입니다. 애굽 족속과 가나안 족속의 시조始祖가 모두 함의 아들임을 말하고 있는 구절은 어디입니까? (　　　절)

2 창세기 10장 21-32절

(　　월　　일 _ 읽음)

10장의 첫 구절이 "노아의 아들 셈과 함과 야벳의 후예는 이러하니라"고 말하고 있으므로 10장 이야기는 셈, 함, 야벳의 순서대로 진행될 것같이 보입니다. 그러나 실상은 거꾸로 곧 야벳, 함, 셈의 순서대로 이야기가 전개됩니다. 그 이유는 기록자가 10장 이후에서는 셈의 후손에게만 초점을 맞추고 이야기하려는 의도를 갖고 있기 때문입니다.

누구든지 글을 써 내려간다면 더 이상 관심을 기울이지 않을 것은 미리 말하고 앞으로도 계속 말하려는 것은 마지막에 둠으로써 이야기의 흐름을 자연스럽게 만들 것입니다. 기록자 역시 다른 두 계열의 후손들을 먼저 언급한 다음에 마지막으로 셈 후손을 이야기하게 된 것입니다. 그리고 셈의 후손을 마지막으로 언급하려면 함-야벳-셈의 순서로 놓기보다는, 그저 1절의 순서를 거꾸로 놓는 편이 간단하고 자연스러운 것입니다.

이와 같이 기록자가 10장에서 노아의 세 아들의 후손들을 이야기한 의도는 첫 독자인 이스라엘이 그 당시 알고 있던 세상의 모든 족속들을 열거함으로써 그들이 모두 한 뿌리, 즉 하나님의 은혜로 살게 된 노아에게서 나왔다는 사실을 말하려는 것입니다. 이런 사실을 간추려 표현한 구절은 어디입

니까? (　　　절)

사람들은 성경 말씀을 대충 들어온 대로 이해하여 잘못 알고 있는 경우가 적지 않습니다. 그중 하나는 노아의 세 아들이 각각 황인종, 흑인종, 백인종의 조상이어서 셈은 피부가 황색인 사람이고 함은 흑인이고 야벳은 백인이었다는 것입니다. 물론 노아의 세 아들로 인하여 땅의 모든 민족과 백성이 생겨나긴 했습니다. 그러나 10장에서 민족 또는 족속을 구분하고 있는 기준에는 결코 피부색이 포함되어 있지 않습니다. 여기서 언급된 기준은 언어, 사는 지역, 혈연에 의해 형성된 종족(5절, 20절)뿐입니다. 셈의 후손도 이런 기준에 따라 구분하였음을 알려주는 구절은 어디입니까? (　　　절)

10장에서 이야기하고 있는 대로 노아의 세 아들의 후손이 모두 흩어져 살게 된 것은 바벨탑 사건(창 11:1-9)이 일어난 후에 마무리된 일입니다. 그런데도 기록자가 바벨탑 사건에 관한 이야기보다 10장의 이야기를 먼저 기록한 까닭은 하나님께서 "생육하고 번성하여 땅에 충만하라"(창 9:1, 7)고 하신 말씀이 이루어졌음을 드러내려 했기 때문입니다. 10장에서 이야기하는, 사람들이 땅에 충만하게 된 일이 모두 마무리되기 이전에 바벨탑 사건이 생긴 것임을 우리가 알 수 있는 구절은 어디입니까? (　　　절)

3 창세기 11장 1-9절

(　　월　　일 _ 읽음)

바벨탑 사건은 단순히 건축물을 세우려는 공사工事가 실패한 사건이 아닙니다. 이것은 하나님에 대한 반역 사건이 무너져 버린 일입니다. 사람들은 함께 살면서 힘을 모아 성과 대를 쌓으려고 하였습니다. 여기서 '대'가 무엇을 의미하는지에 대해서는 세 가지 견해가 있습니다.

첫째, 적의 침입을 미리 알 수 있는 망대望臺라는 의견입니다. 사람들이 대 꼭대기를 하늘에 닿게 하려 했으니 하나님의 공격을 미리 알아 대비하려고 그쪽 방향으로 세우고자 했다는 것입니다. 그러나 이들이 하나님을 적으로 여기고 있었다는 조짐이나 흔적은 문맥에서 전혀 찾아볼 수 없으므로 망대라는 의견은 알맞지 않습니다.

둘째로, 지구라트(ziggurat), 즉 신을 섬기려고 쌓고 그 위에 신전神殿을 세워 놓은 인공산人工山이라는 의견입니다. 이런 지구라트들은 지역에 따라 크기가 다양한데 아브라함의 고향인 갈대아 우르(Ur)의 지구라트는 길이 61m, 너비 45m, 높이 21m에 이르렀다고 합니다[참고. *Dictionary of Biblical Archaeology* (Zondervan, 1983), p.484].

그러나 사람들이 바벨에서 대를 세우려는 목적이 하나님을 섬기기 위한 것인지 본문에서는 전혀 드러나지 않습니다. 게다가 신전이란 신이 나타난 적이 있는 곳 이른바 거룩한 장소에 짓는 것이 일반적인 일인데, 이 경우에는 하나님께서 나타나셨기에 대를 지으려는 것이 아니고 반대로 대를 짓기에 하나님께서 강림하신 것입니다. 따라서 이 대臺의 모양새는 지구라트 같을 가능성은 있겠으나 성격상으로는 지구라트라고 말할 수 없습니다.

셋째로, 이 대는 높은 탑과 같다는 의견입니다. 사람들이 성과 대를 쌓고 대의 꼭대기가 하늘에 닿도록 높이 쌓으려는 것은 업적을 남겨 자신들의 이름을 내자는 뜻(4절)입니다. 따라서 이 대는 높은 기념비와 같은 성격의 탑으로 보는 것이 바람직합니다. 이와 같이 사람들이 성과 대를 쌓아 이름을 내려는 것 자체가 하나님께 반역하는 일은 아닐 것입니다. 그러나 그들의 근본적인 의도는 하나님의 뜻(창 9:1, 7)과는 정반대로 "뭉치면 살고 흩어지면 죽는다"는 심정으로 함께 똘똘 뭉쳐서 살려는 것이었습니다. 그래서 하나님께서는 그들의 언어를 다양하게 만드셔서 그들을 온 지면에 흩으셨던 것입니다. 건축의 근본적인 목적이 무엇인지를 그들 스스로 분명히 밝히고 있는 구절은 어디입니까? (절)

4 창세기 11장 10-26절

(월 일 _ 읽음)

이 부분은 셈의 후손들을 적어 놓은 계보系譜입니다. 5장의 계보는 아담에서 노아까지 이어지고 이곳의 계보는 노아의 아들인 셈에서부터 아브람까지를 포함합니다. 그러나 이 두 계보는 서로 다른 성격의 계보가 아닙니다.

오히려 이 둘은 하나님께서 약속하신 '그 여인의 후손'(창 3:15)이 나올 계열의 계보로서 같은 성격의 계보입니다. 이 사실은 아래의 짜임새에서 잘 드러납니다. 그러나 두 계보가 잇달아 나타나지 않고 노아를 구분점으로 삼아 이렇게 떨어져 있는 까닭은 노아 때에 계보가 끊길 위기가 생겼기 때문입니다. 따라서 기록자는 그 위기가 어떤 것이었고 어떻게 극복되었는가에 대한 이야기를 두 계보 사이에 끼워 넣은 것입니다. 이때 기록자는 5장 계보 앞에 두 개의 이야기를 놓은 것과 어울리게, 이 계보 앞에도 두 개의 이야기(노아 시대 이야기와 그 이후의 이야기)를 배치한 것입니다. (해답에서 제4주 [4]의 설명에 있는 **창세기의 문학적 구조**를 참고하십시오).

이와 같이 두 계보는 10명씩을 나열하여, 하나님께서 약속하신 계열이 하나님의 은혜로 끊기지 아니하고 아담에서 아브람에 이르기까지 계속되어 왔음을 보여 주고 있습니다.

계보의 짜임새

	아담 – 노아 (長) (창 5:1–32)	셈 – 아브람 (短) (창 11:10–26)
(1) 등장 인물	10명	10명

(2) 표현 방법 아무개(甲)가 ___세에 아무개(乙)를 낳았고
아무개(乙)를 낳은 후 ___년을 지내며 자녀(들)를 낳았다.

(가) 다음 계승자를 낳았을 때의 나이

(나) 일생의 햇수(그는 ____ 세를 향수하고 죽었더라.)

(3) 끝내기 방법 (1+3 式)

노아가 오백 세(된 후)에 셈과 함과 야벳을 낳았더라(5:32).	데라는 칠십 세에 아브람과 나홀과 하란을 낳았더라(11:26).

홍수 후에
노아가 삼백오십 년을
지내었고 향년이 구백
오십 세에 죽었더라
(9:28–29).

노아의 세 아들 중에서 셈의 계열이 약속의 계열이 될 수 있었던 까닭은 하나님 자신의 은혜로운 선택 때문이었습니다. 하나님께서 '셈의 하나님'이 되셔서 그의 장막에 거하시기로 하셨기 때문입니다(참고. 창 9:26, 27). 앞으로 하나님께서는 역시 자신의 은혜에 근거하여 데라의 세 아들 중에 아브람을 선택하실 것입니다. 이러한 사실은 계보에서 여러 아들을 나열할 경우 다음 계승자繼承者를 맨 앞에 놓고 있음을 보아서 알 수 있습니다. 아브람이 데라의 계승자임을 알려주는 구절은 어디입니까? (절)

5 창세기 11장 27-12장 4절

(월   일 _ 읽음)

고대에는 오늘날과는 달리 종족의 번성을 위해서 가까운 친척간에도 혼인하는 일이 적지 않았습니다. 데라에게는 세 아들이 있었습니다.

그중 한 아들이 다른 형제의 딸과 혼인합니다. 아브람도 비슷한 시기에 혼인합니다. 이와 같은 데라 집안의 혼인 관계를 미루어 볼 때 데라의 아들 중에서 하란이 맏아들임을 알 수 있는 구절을 어디입니까? (절)

데라의 세 아들 중 첫째는 아브람이 아니라 하란이기에 자연스러운 순서로는 하란이 데라의 계승자가 되어야 했습니다. 그러나 하나님께서는 파격적破格的으로 아브람을 선택하셨습니다. 그리고 이러한 파격적인 선택에는 하나님의 놀라운 은혜가 뒤따릅니다. 하나님께서는 아브람을 통해 땅의 모든 사람들이 복을 얻도록 하려고 계획하고 계심을 알 수 있는 구절은 어디입니까? (절)

창세기는 기록자인 모세가 세상이 지음 받은 태초부터 이스라엘이 애굽에 거주하게 된 때까지의 내용, 즉 기록자가 경험하지 못한 것들을 간추려 놓은 것입니다. 그리고 이 간추린 내용은 하나님에게 초점을 맞추고 있습니다. 이스라엘 백성에게 그들을 애굽에서 건져내신 하나님이 어떤 분이신지를 알려 주려 하기 때문입니다. 그러기에 기록자는 틈틈이 하나님께서 앞으로 행하실 일이 어떤 방향으로 진행될지 미리 귀띔해 줍니다.

하나님께서는 아브람으로 큰 나라를 이루게 하시겠다고 약속하십니다. 반면에 아브람이 인간적으로 후손을 보는 일은 불가능했습니다. 그러나 하나님께서는 이와 같은 불가능을 가능케 하셔서 자신의 약속을 이루실 것입니다. 그리고 이로써 자신의 위대한 능력을 드러내실 것입니다. 아브람의 문제가 무엇이었는지를 알려주는 구절은 어디입니까? (절)

데라가 아브람을 낳을 때가 70세였습니다. 그리고 아브람은 75세에 하란을 떠납니다. 이때 데라의 나이는 145세입니다. 그러므로 데라는 아브람이 하란에서 가나안 땅으로 떠나간 후에 60년이나 더 생존하였습니다. 그런데도 마치 데라가 죽은 후에 아브람이 하란을 떠난 것처럼 묘사되고 있습니다. 이 이유는 창세기의 기록 방법에서 찾을 수 있겠습니다. 창세기는 계열의 계승자를 중심으로 이야기를 펼쳐 가는 방식을 취하고 있으므로 새로운 계승자인 아브람의 이야기가 본격적으로 시작되기 전에 앞 사람의 시대와 이야기를 마무리지은 것이라 볼 수 있습니다. 데라의 죽음을 언급함으로써 그의 이야기를 마무리하고 있는 구절은 어디입니까? (절)

6 창세기 12장 1-9절 〈1〉

(월   일 _ 읽음)

아래 직역에서 보시는 대로 하나님께서는 1-3절에서 아브람에게 땅과 씨와 복에 대해 약속하십니다. 하나님께서는 아브람을 통해 큰 나라를 만들려 하시기 때문입니다. 앞으로 세울 나라에는 땅이 필요합니다. 그러나 아브람에게는 현재 송곳 꽂을 만한 땅도 없습니다. 또 나라를 이루려면 무엇보다도 사람이 많아야 합니다. 그러나 현재 아브람에게는 자식이 단 한 명도 없습니다. 행여 큰 땅이 있고 많은 사람들이 있다 해도 복을 누리지 못하는 나라라면 불행한 나라이며 저주받은 나라일 것입니다. 그러기에 복이 필요합니다.

그러나 아브람이 이 나라를 세우기 위해 할 수 있는 것이라고는 하나도 없습니다. 이 모든 약속들은 하나님께서 홀로 이루어 나가시려고 말씀하신 것입니다. 아브람에게 필요한 것은 단 한 가지였습니다. 그것은 하나님의 말씀대로 순종하여 지시할 땅으로 가는 일입니다. 그러면 모든 것을 하나님께서 말씀하신 대로 행하여 이루실 것입니다.

따라서 이후로 아브람의 생애에서 뿐만 아니라 뒤를 잇는 족장들의 모든 삶에서 발생하는 사건들은 단순히 인간적인 관점에서 이해해서는 안 되고 하나님께서 자신의 약속을 이루어가는 섭리의 관점에서 이해해야 할 것입니다. 창세기는 물론 성경 역시 사람들의 행동이 아니라 하나님의 일하심에 초점을 맞추고 있음을 기억해야 합니다. 아브람이 그분의 말씀대로 행함으

로 자기 할 일을 다 했음을 말한 구절은 어디입니까? (절)

창세기 12: 1– 3 직역

1절 (너는) 가라 – 너를 위하여 너의–땅으로부터
그리고–너의–친족으로부터
그리고–너의–아비의 집으로부터
그–땅으로 –– 내가 너에게 보여줄
2절 그러면–내가–만들리라–너를 큰 나라로
그리고–내가–복주리라–너를
그리고–내가–크게 하리라 네 이름을
(너는) 이어라 복
3절 그러면–내가–복주리라 너를–축복하는 자들을
그리고–너를–저주하는 자를
내가–저주하리라

그리고(그러므로)–복을–얻으리라 네 안에서(너로 인하여)
땅의–모든–족속들이

(원어에서 한 낱말인 것은 붙임표로 연결해 놓았으며, 밑줄 친 두 낱말의 꼴은 명령형입니다.)

7 창세기 12장 1-9절 ⟨1⟩

(월   일 _ 읽음)

하나님께서 아브람을 선택하신 것은 아브람에게 복 주려 하심이었습니다. 그리고 아브람이 누릴 복은 그에게서 멈추는 것이 아니라 오히려 그를 통해 땅의 모든 족속들에게까지 임해야 하는 것이었습니다. 그러려면 그는 복의 근원이 되어야 합니다. 그러나 아브람이 자신의 힘으로 복

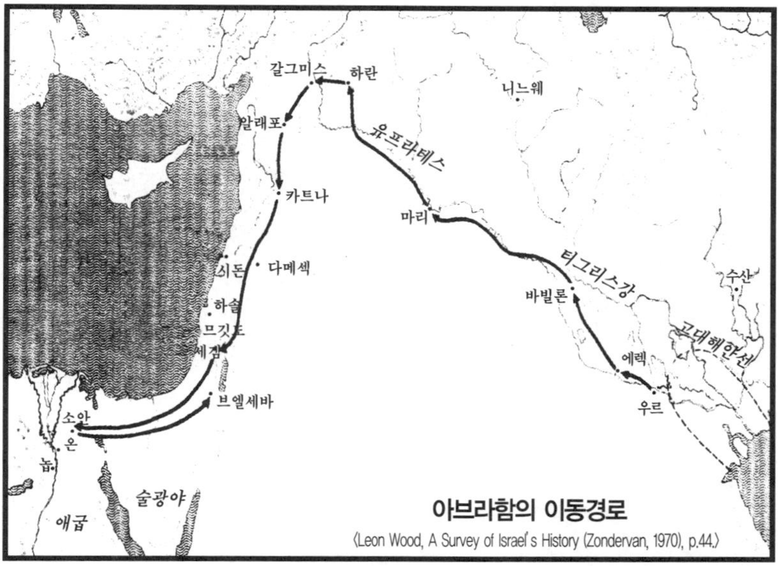

아브라함의 이동경로
〈Leon Wood, A Survey of Israel's History (Zondervan, 1970), p.44.〉

의 근원이 될 수는 없습니다. 사람은 누구도 자신에게 복을 줄 수 없을 뿐더러 더군다나 남에게 복을 공급할 수 있는 근원이 된다는 것은 불가능한 일이기 때문입니다. 복은 하나님만이 주실 수 있습니다. 따라서 "너는 복의 근원이 될지라"라는 말씀은 아브람이 자신의 힘과 노력으로 준행해야 할 일을 말한 것이 아니라, 하나님께서 아브람에게 이루실 일의 결과를 표현한 것입니다.

하나님께서 아브람에게 주고자 하신 복은 겨우 몇몇 개인에게 풍족함을 줄 수 있는 정도의 복이 아니라 세상의 모든 사람들이 풍성하게 누릴 수 있는 복임을 암시하는 구절은 어디입니까? (　　　절)

세상 사람들이 하나님의 복을 얻을 수 있는 길은 오직 하나뿐입니다. 그것은 아브람과의 관계에서 결정되는 것입니다. 즉 사람들이 아브람에게 어떤 태도를 취하느냐에 따라 하나님의 복을 받느냐, 저주를 받느냐가 결정된다는 뜻입니다. 그러나 아브람이 세상 모든 곳을 돌아다니며 모든 사람을 만나거나, 모든 사람을 만날 수 있을 만큼 아브람이 오래 살 수는 없습니다.

그렇다면 아브람을 만나지 못해서 그에게 아무런 태도를 취할 수 없는 사람들은 아예 하나님의 복에서 제외되는 것이겠습니까? 하나님께서는 아브람 시대의 사람들에게만 복을 주시려는 것이겠습니까? 결코 그렇지 않습니다. 따라서 우리는 "네 안에서"(직역)라는 말씀의 의미를 성경 말씀에서 차차 드러나는 바대로 넓게 이해해야 할 것입니다. 이와 같이 하나님께서 세상 모든 사람들에게 복을 주실 것임을 암시하는 구절은 어디입니까?
(　　　절)

제 7 주
창세기 12–14장

1 창세기 12장 1-9절 〈3〉

(월 일 _ 읽음)

세상 모든 사람들이 아브람으로 인하여 얻게 될 복은 다음의 두 가지를 의미합니다.

첫째는 저주의 제거除去입니다. 복과 저주는 정반대의 말입니다. 그러기에 저주를 받는다는 것은 결코 복을 누릴 수 없음을 의미합니다. 아담과 하와의 배신으로 인하여 사람은 예외 없이 누구나 하나님의 저주 아래 놓이게 되었습니다. 따라서 사람이 이 저주에서 풀리지 않은 채 하나님의 복을 얻는다는 것은 마치 감옥에 갇혀서 '행복한 생활을 누린다' 고 말하는 것과 같은 모순입니다. 그러므로 사람이 하나님의 복을 얻는다는 것은 하나님께서 무엇보다도 우선적으로 사람에게서 저주를 없애 주시는 것을 의미합니다.

둘째로 복의 향유享有입니다. 첫 사람들은 에덴에서 하나님과 더불어 살며 그분과 직접 교제하며 그분께서 허락하신 모든 복을 마음껏 누렸습니다. 그래서 그들에게는 살아 있음 자체가 곧 하나님의 복을 마음껏 누리는 것을 의미합니다. 그러므로 '생명=복' 이라는 등식等式이 성립되는 것입니다. 그러나 불행히도 그들은 하나님을 배신함으로 그 낙원에서 영원히 살지 못하고 쫓겨나고 말았습니다. 따라서 이제는 하나님의 약속(창 3:15)대로 사람이 사탄과 원수 됨으로써 하나님과 화목한 관계로 회복되어야만 사람은 다시 하나님의 복을 향유할 수 있습니다.

하지만 이와 같은 관계 회복은 사람에게 맡겨진 일이 아니라 하나님 자신께서 행하시기로 약속하신 일입니다. 그러므로 하나님께서 "땅의 모든 족속이 너를 인하여 복을 얻을 것이니라"(3절)라고 하신 말씀은 사람인 아브람이 행하는 어떤 일의 결과로 인하여 다른 사람들이 하나님의 복을 받을 것이라는 뜻이 아닙니다. 오히려 이 말씀은 하나님께서 아브람을 통해 행하시는 하나님 자신의 일과 그 결과를 통해서 세상 모든 사람들에게 자신이 의도하신 복을 풍성히 누리도록 하시겠다는 의미입니다.

하나님께서 사람에게 주고자 의도하신 복이란 실제적인 삶에서 향유하는 것이며 엄밀히 말하자면 삶 자체였다는 사실은 이미 첫 사람들이 에덴에서 누린 생활에서 잘 드러났습니다. 간추려 말하면 하나님과 함께 사는 삶이며 하나님 안에서 온갖 좋은 것들만을 자유롭고 풍요롭게 누리는 삶이었습니다. 그러나 에덴의 삶은 하나님의 복이 덜 반영된 것이었습니다. 그들의 삶이 영원할 수 없었기 때문입니다. 그들은 에덴에서 영원히 살았다면 누렸을 더 좋은 것들을 미처 경험하지 못했습니다. 이런 점에서 에덴의 삶은 하나님의 복의 깊고 넓음이 모두 반영된 것은 아니었습니다.

본래 에덴의 삶은 영원하게 누릴 수 있는 것이었습니다. 또한 영원히 살면서 복의 모든 면을 누리게끔 되어 있었습니다. 아담과 하와는 선악의 지식 나무의 열매를 따먹지 않는 한 복된 삶을 영원히 누릴 수 있었습니다(참고. 창 2:17). 그러나 그들이 하나님을 배신함으로써 에덴에서 쫓겨나고 영원한 삶을 잃어버리고 말았습니다. 이것이 곧 창세기 2:17에서 하나님께서 경고하신 죽음이었습니다. 따라서 죽음이란 복의 상실이며, 생명이란 복의 누림을 뜻하는 것입니다.

이와 같은 에덴의 삶의 성격을 이해하지 못하면 우리의 사고에는 어쩔 수 없이 생각의 한계가 생길 수밖에 없습니다. 그렇게 되면 우리는 하나님의 복에 대해, 비유하건대 겨우 떡잎 정도만 생각할 수 있을 뿐입니다. 떡잎이 자라나서 온갖 들짐승과 날짐승이 깃들일 만큼 심히 큰 나무의 모습은 실감나게 상상하기 힘들 것입니다. 그러면 그리스도 안에서, 이 땅에서 시작된 우리의 영원한 삶이 하늘에서는 얼마나 풍성할 것인지를 믿고 소망하기가 어려울 것입니다. 그리고 어느새 우리는 개똥밭에 굴러도 이승이 좋다는 식의 현실 중심적인 삶이나, 보이는 것들과 재물에 지나치게 집착하여 복(?)만 달라고 조르는 기복적祈福的인 신앙에 빠지게 되는 것입니다. 그러나 하나님께서 첫 사람들과 그들 안에서 모든 사람들에게 주고자 의도하신 복은, 하나님과 함께 사는 삶 자체이며 이런 삶을 통해서 하나님으로부터 온갖 좋은 것을 받아 누리는 영원한 삶입니다. 그래서 성경에서는 이 최고의 복을 압축하여 영생이라고 표현한 것입니다.

아브람 안에서 땅의 모든 족속들에게 복 주시려는 하나님의 계획은 드디어 구체적으로 나타나기 시작합니다. 하나님께서 아브람에게 지시할 땅으로 가라고 말씀하신 후에 아브람은 자기 아버지 데라의 여행 목적(창 11:31)을 이어받아 가나안 땅에 들어섭니다. 그러자 하나님께서 그에게 나타나셔서 가나안 땅이 아브람에게 주실 땅임을 지시하시는 구절은 어디입니까?
(절)

2 창세기 12장 10-20절 〈1〉

(월 일 _ 읽음)

아브람은 하나님의 약속을 받아 복의 근원이 될 사람입니다. 그러나 그렇다고 해서 그의 삶이 수월해지지는 않습니다. 어떤 의미에서는 그의 삶도 땅에 발붙이고 사는 다른 사람들의 삶과 다를 바가 없습니다. 다만 차이가 있다면 – 사실 이것이야말로 결정적인 차이입니다 – 그는 이제부터 하나님의 철두철미한 간섭하심과 인도하심 가운데 살게 되는 것입니다. 똑같은 시공간에 사는 하나님의 백성과 일반 사람들간의 삶의 차이란 이런 것입니다.

아브람이 살고 있는 가나안 땅에 심한 기근이 들자 그도 어쩔 수 없이 가뭄을 피해 이웃 나라인 애굽으로 내려가야 했습니다. 그러나 생명을 연명延命하기 위해 가는 길에 또다시 생명의 보존을 위해 고민해야 할 일이 생겼습니다. 아브람의 아내인 사래로 인하여 십중팔구 발생할 문제 때문입니다.

이 당시 애굽 사람들은 아시아계의 여인들을 특히 선호하였는데 이는 애굽 여인들의 피부가 검고 거친 데 비해서 아시아계의 여인들은 갈색의 고운 피부를 갖고 있었기 때문이랍니다. 그래서 애굽 왕들은 시리아(Syria) 여인들을 많이 데려와 자기들의 후궁으로 삼았다고 합니다[G. Ch. Aalders, *Genesis*, 2 vols., trans. W. Heynen(Zondervan, 1981), 1:275]. 이런 까닭에 사래가 애굽에 내려가면 쉽게 사람들의 눈에 띌 것이 분명하였습니다. 게다가 사래는 아름다운 여인이었습니다. 사래는, 제 눈에 안경이라는 말처럼, 남편인 아브람의 눈에만 아름답게 보이는 정도의 여인이 아니었습니다. 그녀는 애굽 왕의 신하들이 이구동성으로 칭찬하며 후궁으로 들이기를 추천할 만큼, 남들의 눈에도 심히 아리땁게 보이는 미인이었습니다. 이때 사래의 나이는 65세쯤이었습니다.

〈흔히 아브람과 사래의 나이 차가 10년인 것으로 알려져 있으나 굳이 말하자면 9년이 더 정확할 것입니다. 아브람이 99세 때에(창 17:1) 하나님께서 나타나셔서 이삭을 낳게 될 것을 말씀하시자 아브라함(아브람의 새 이름 – 창 17:5)이 하나님께 말씀드리면서 자신을 가리켜 "백 세 된 사람"이라고 표현합니다. 그리고 "사라(사래의 새 이름 – 창 17:15)는 구십 세"라고 말합니다. 물론 여기서 아브라함이 자신의 실제 나이를 둥글게 표현하기 위해 99세에서 한 살 올려 100세로 표현했듯이 사라의 나이도 그런 식으로 표현했을 수도 있습니다. 어쨌든 우리가 성경에서 알 수 있는 사실에 따르면 아브라함이 99세일 때 사라는 90세였으니 아홉 살 차이라고 말하는 것이 타당할 것입니다.〉

우리의 일반적인 생각으로는 환갑이 몇 년씩이나 지난 65세의 여인이 아름답거나 육체적인 매력을 지닐 수가 없을 것입니다. 이것이 서양의 성경학자들의 눈에도 문제점으로 보여서 여러 가지 해결책을 제시하였는데 그것들을 간추리면 이렇습니다[Cf. Gordon J. Wenham, *Word Biblical Commentary, vol 1: Genesis 1–15* (Word Books, 1987), p.288].

우선, 그 당시에는 미美의 기준이 오늘날과는 달라서 이른바 키가 크고 가느다란 여인이 아니라도 미인에 속할 수 있었을 것이라는 점입니다. 다음으로 사래는 아직 아이를 낳지 않은 여인이므로 자신의 아름다움을 자식을 낳은 다른 어머니들보다 더 오래 유지할 수 있었을 것이라는 점입니다. 끝으로, 사래는 127세까지 살았으므로(창 23:1) 65세 때에는 인생의 절정기, 즉 오늘날로 말하자면 30-40대에 속하는 여인으로서 완숙完熟한 아름다움이 돋보였을 것이라는 점입니다. 사래의 아름다움이 스스로 가꾼 것이든 타고난 것이든 아니면 하나님의 초자연적인 간섭으로 형성된 것이든지 간에 사래는 65세의 나이에도 "심히 아리따움을"(14절) 유지하고 있었던 것은 성경이 그렇게 말씀하므로 사실입니다.

이렇듯 아브람은 사래의 아리따움으로 인해 애굽에서 생길 일을 미리 내다보았습니다. 그러나 그는 자기 목숨을 보존하기 위해 하나님의 보호하심과 돌보심을 의지하지 않고 오히려 자신의 머리에서 아이디어(idea)를 짜냅니다. 이렇게 해서 그가 세운 비열卑劣한 계책이 무엇인지를 알려주는 구절은 어디입니까? (　　　절)

3 창세기 12장 10-20절 〈2〉

(　　월　　일 _ 읽음)

바로 왕은 사래를 아브람의 여동생으로 알고 후궁으로 취하였고 아브람에게 후한 선물을 주었습니다. 사실 사래는 아브람의 이복누이로서 그의 처가 되었습니다(창 20:12). 그러나 아브람은 자기 목숨의 보존을 위해 사래가 자신의 처라는 사실은 감추었습니다. 이로써 그는 처를 담보로 삼아 자신의 목숨을 건지려고 그녀를 희생시킨 것입니다.

아브람의 이런 행위가 그 당시에는 용납될 수 있는 일이라 할지라도 이것은 하나님의 놀라운 약속을 받은 사람으로서 행할 수 없는 일이었습니다. 사실 아브람이 취할 바람직한, 아니 반드시 그렇게 했어야 할 행동은 기근이 들어도 애굽으로 내려가지 않고 가나안 땅에 그대로 남아 있는 것이었습니다. 가나안은 하나님께서 주리라 약속하신 땅이며 따라서 하나님께서 아브람에 대해 모든 책임을 지실 것이기 때문입니다. 그러면 아브람은 기근 가운데서도 하나님께서 자기와 자기 가족을 살려 나가시는 놀라운 은혜를 체험할 수 있었을 것입니다. 일은 이렇게 꼬여서 하나님의 약속이 무산無産될 위기에 놓이게 되었습니다.

성경이 도덕적道德的인 관점에서 이해하도록 쓰여진 것이라면 우리는 바로에게 큰 재앙을 내리신 하나님의 행동을 도무지 이해할 수 없게 됩니다. 사실 아브람이 비열했으며 모든 문제의 근원입니다. 반면에 바로 왕의 행위는 신사다웠으며 큰 나라의 왕다운 태도를 보였습니다. 그러나 하나님께서는 이 일에 관한 한 악한 아브람에게는 한마디 싫은 소리도 하시지 않은 채, 아브람보다는 정당하고 신사다운 바로 왕에게만 큰 재앙을 내리셨습니다. 그렇다면 결국 이 본문에서 하나님은 도덕적 기준 없이 억울한 사람에게 벌주는 분으로 드러난 셈입니다. 따라서 성경을 도덕적 관점으로 보아서는 안 됩니다.

오히려 이 본문에서 기록자는 아브람이 자신의 잘못으로 하나님의 약속을 무산시킬 만한 최악의 상황을 만들어 놓아도 하나님께서는 자신의 약속(이 경우에는 '씨'에 대한 약속)을 이루시기 위해 일하신다는 사실을 드러내려고 한 것입니다. 이처럼 하나님께서 자신의 약속을 이루어 가시려고 사래를 바로의 왕궁에서 건져내시며 또한 아브람의 목숨도 안전하게 하시려고 사용하신 효과적인 방법이 무엇인지를 알려주는 구절은 어디입니까? (　　　절)

4 창세기 13장 1-13절 〈1〉

(　　월　　일 _ 읽음)

기적적으로 아브람은 애굽 왕에게서 아내를 되찾았습니다. 게다가 왕을 속인 죄로 인하여서도 아무런 해코지를 당하지 않았습니다. 자기에게 속한 모든 소유도 전혀 축나지 않았습니다. 오히려 그의 소유는 더욱 많아졌습니다. 이 모든 일은 하나님의 은혜로운 간섭이 없었다면 도저히 있을 수 없는 일이었습니다. 하나님께서 주시기로 약속한 땅으로 다시 돌아온 아브람은 자기와 사래 그리고 온 가족을 위험에서 건져내고 보호해 주신 여호와 하나님을 경배하였는데, 이 사실을 알려 주고 있는 구절은 어디입니까? (　　　절)

옛날이나 지금이나, 동양이나 서양이나 어느 때 어디서든 사람들이 사는 곳에서는 때때로 많은 재물이 심한 다툼을 일으킵니다. 오랜 세월을 함께 생활해 온 피붙이들간에도 재물은 불화의 원인이 됩니다.

아브람과 그의 조카 롯은 고향인 갈대아 우르(Ur)에서 약 1,000km나 되는 먼 거리를 함께 여행하여 하란(Haran)에 이르렀습니다. 이들은 하란에서 살다가 다시 약 600km를 남쪽으로 내려와 가나안 땅에 정착하게 됩니다. 또다시 이들은 심한 기근을 피해 수백 km에 이르는 애굽까지 먼 거리를 왕복하여 가나안에 되돌아왔습니다. 이렇듯 이들은 긴 세월, 오랜 여행에서 생사고락을 함께 한 혈육이었습니다.

그러나 그들의 목자들간의 다툼이 혈육의 오랜 정을 위태롭게 만들고 있었습니다. 그러자 아브람은 애굽에서 하나님의 은혜를 체험한 사람답게 처신합니다. 하나님의 은혜가 자신의 유익과 목숨을 보존키 위해 자기 처를 궁지로 내몰았던 아브람을 다소간 변화시켜 놓은 것입니다. 아브람이 롯과의 관계에서 변화된 모습을 보여 주고 있는 잇따른 두 구절은 어디입니까? (　　　절과　　　절)

5 창세기 13장 1-13절 〈2〉

(　　월　　일 _ 읽음)

롯은 현실적으로 매우 유리한 선택을 합니다. 이른바 노른자위를 고릅니다. 롯은 자신의 코밑에 위치한 사해死海를 내려다봅니다. 강원도 인제에서 속초로 넘어가는 고개 미시령 마루에서 내려다보면 저 멀리 속초

시내와 동해東海가 한눈에 들어옵니다. 눈길을 조금만 당겨 보면 중간에, 햇빛에 눈부시게 빛나는 저수지가 가까이 보입니다. 그렇게 가까이 사해가 롯의 눈에 들어옵니다. 그 왼쪽에는 사해로 흘러드는 요단강 줄기가 보입니다. 그리고 사해死海 끝자락에 있는 작은 성읍인 소알까지 들판이 뻗쳐 있습니다[*New Bible Atlas* (IVP, 1985), pp.12-13에 있는 위성사진을 보고, 롯이 보암직했을 장면을 제시한 것입니다].

롯은 이 요단 들판을 목축지로서 적합하다고 판단하여 선택합니다. 잇利속에 밝은 선택입니다. 그러나 롯은 아름답고 풍요로운 주변 환경과 윤택한 생활을 즐길 수 있는 성읍의 이면裏面에는 하나님의 심판을 곧 부를 만큼 온통 죄악이 득실대고 있음을 볼 수 없었습니다. 롯이 거하게 된 성읍이 얼마나 악한지를 알려주는 구절은 어디입니까? (절)

6 창세기 13장 14-18절

(월   일 _ 읽음)

롯이 떠난 후에 아브람은 가나안 땅에 머무릅니다. 노른자위는 이제 롯이 차지하고 아브람은 흰자위만 갖고 있는 셈입니다. 겉보기로는 롯이 알맹이를 차지하여서 아브람에게는 빈껍데기만 남아 있는 것같이 보여도 아브람은 무엇보다도 중요한 것을 갖고 있었습니다. 그것은 다름 아니라 온 세상을 지으시고 다스리시며 말씀하신 바를 반드시 이루시는 하나님께서 주신 약속입니다. 그리고 이 하나님의 약속 안에는 하나님 자신께서 그 약속을 이루겠다는 내용까지도 포함되어 있었습니다. 하나님께서는 자신의 약속을 이루어 가실 때에 자기 백성의 연약한 부분까지도 고려하셔서 가장 지혜롭게 일하십니다. 하나님께선 또한 인격적으로 자기 백성들을 다루십니다. 이 모든 것들이 하나님의 성품에서 비롯되는 것입니다.

그래서 하나님께서는 아마도 의기소침해 있을 아브람에게 새로운 힘과 용기를 북돋우시려고 그에게 나타나셔서 자신의 약속을 확인시키십니다. 그러나 하나님께서 하시는 말씀은 전에 주신 약속을 단순히 되풀이하신 것이 아니었습니다. 전의 약속을 좀 더 구체적으로 그리고 자세히 알려 주십니다. 이것을 가리켜 조금 딱딱한 용어로 계시의 [점진적] 발전이라고 합니다. 하나님께서 자신과 자신의 일하심에 대해 전보다 더 밝혀 주셨기에 이런 면에서 발전이 있기 때문입니다.

예를 들면, 앞에서는(창 12:1-3) 하나님께서 아브람에게 땅을 주실 것이며 그에게 많은 후손이 있을 것임을 말씀하셨습니다. 이제 이에 덧붙여서 하나님께서는 땅을 주시되, 아브람에게 뿐만 아니라 그의 자손에게도, 영원히 주실 것이며 그 자손도 이루 헤아릴 수 없을 만큼 많을 것임을 말씀하십니다. 이와 같은 계시의 발전이 드러난 잇따른 두 구절은 어디입니까?
(　　　절과　　　절)

7 창세기 14장 1-16절

(　　월　　일 _ 읽음)

주전 2000년대라고 해서 가나안이 미개한 지역은 아니었습니다. 이 지역은 우리가 알고 있는 바대로 인류 문명의 4대 발상지發祥地에 해당하는 메소포타미아와 애굽의 중간에 위치하여 무역과 교통의 요충지 역할을 하였기 때문입니다. 특히 요단강 동쪽 지역은 사람들이 많이 살고 있던 지역이었습니다. 가나안 땅에서 무려 1,500km 이상 멀리 떨어진 곳에 위치한 엘람(Elam) 제국의 왕 그돌라오멜(Chedarlaomer)이 동맹국들의 군사들을 이끌고 사해 주변의 다섯 성읍을 정벌하러 원정遠征 왔던 것입니다. 이와 같은 원정의 직접적인 원인이 무엇이었는지를 알려주는 구절은 어디입니까? (　　　절)

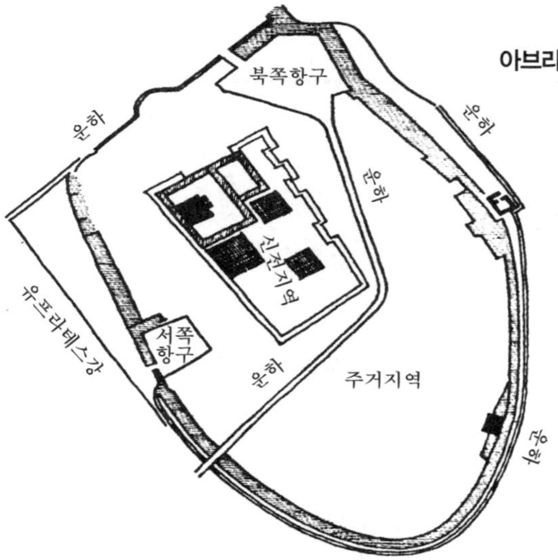

아브라함 시대의 갈대아 우르

메소포타미아 지역(이 지역의 대부분이 현재 이라크에 해당함)의 아래쪽에, 지금의 페르시아 만灣을 끼고 두 나라가 있었는데 하나는 수메르(Sumer) 제국이고 다른 하나는 엘람(Elam) 제국이었습니다. 아브람 당시에 그의 고향인 우르(Ur)는 수메르 제국의 수도首都였습니다. 이때 우르의 인구는 최소한 25만이 넘는 큰 도시였고 사람들은 주로 상업과 제조업에 종사하였답니다. 필요한 원료들은 멀리 인도印度에 이르기까지 먼 곳에서 선박으로 실어와 페르시아 만에 이르고 다시 유프라테스(Euphrates) 강을 거슬러 올라와서 우르에 있는 항구까지 운송하였다고 합니다[Joyce G. Baldwin, *The Message of Genesis 12–50* (IVP, 1986), p.23. 우르는, 유프라테스 강과 연결된 운하運河가 주위를 빙 돌아 흐르는 동시에 중앙을 가로질러 흐르고 있으며, 두 개의 항구를 갖고 있는 도시였습니다. M. F. Unger, *Archaeology and the Old Testament* (Zondervan, 1954), p.110].

한편, 엘람은 수메르 제국의 동쪽에 위치한 이웃 나라로서 이미 수천 리 떨어진 사해 주변의 다섯 성읍에서도 조공朝貢을 받을 만큼 강력한 제국이

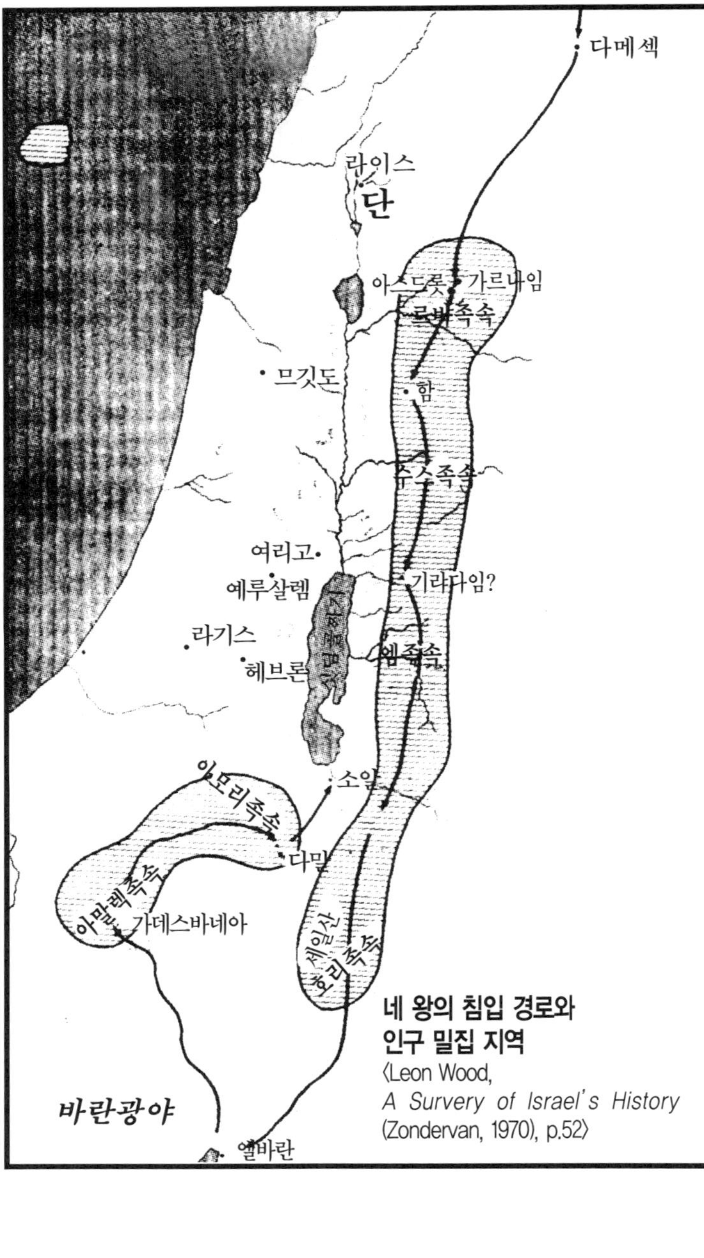

네 왕의 침입 경로와 인구 밀집 지역
〈Leon Wood,
A Survery of Israel's History
(Zondervan, 1970), p.52〉

었습니다. 그돌라오멜은 자신을 배반한 다섯 성읍을 혼쭐내려고 정벌군을 이끌고 아브람이 가나안까지 여행한 길을 따라 이곳까지 진격해 왔습니다. 그리고는 가나안 땅의 동쪽 지역을 칠판 위에서 아래로 줄을 쫙 내리긋듯이 북에서부터 남으로 파죽지세破竹之勢로 쳐내려왔습니다.

이에 대항한 사해 지역의 다섯 성읍의 왕들은 크게 패하고 맙니다. 그 결과 소돔 성에 살던 롯도 사로잡혀 가게 되었습니다. 이 소식을 들은 아브람은 롯을 구하려고 이른바 특공대를 조직하여 고국으로 돌아가는 적군들을 북쪽으로 200km 이상 추격하여 야밤에 기습하였습니다. 하나님의 은혜로 아브람은 큰 승리를 얻고 빼앗긴 모든 재물과 사람들과 조카 롯을 구출해 낼 수 있었다는 사실을 말하고 있는 구절은 어디입니까? (　　　절)

제 8 주
창세기 14-16장

1 창세기 14장 17-24절 〈1〉

(월 일 _ 읽음)

아브람이 거둔 큰 승리는 단순히 아브람이나 그와 동맹한 자들이 이루어 낸 군사적 또는 전략적 승리가 아니었습니다. 이것은 하나님께서 아브람에게 하신 약속대로 행하신 결과였습니다. 하나님께서는 이 일을 통해서 아브람의 이름을 창대케 하신 것입니다(창 12:2). 주변 나라들과 왕들에게 아브람을 위대한 인물로 돋보이게 하신 것입니다. 이로써 아브람은 다른 왕들이 결코 무시 못 할, 함부로 대할 수 없는 강력한 인물로 가나안 땅에서 확실하게 자리매김하게 된 것입니다. 하나님께서 아브람에게 승리를 주셨으며 이러한 사실을 아브람 자신도 인정하고 그 표시로 어떤 행동을 취했음을 알려주는 구절은 어디입니까? (절)

소돔 왕은 매우 악한 왕이었습니다. 이 사실은 "소돔 사람은 악하여 여호와 앞에 큰 죄인이었더라"라는 말씀(창 13:13)에서 알 수 있습니다. 왕은 절대적인 권력을 갖고 있었으므로 자국自國 백성의 도덕적 높낮이에 큰 책임이 있습니다. 바꿔 말하자면 만일 소돔 왕에게 다소 의로운 구석이 있었다면, 그는 물론 그의 통치를 받는 소돔 사람들이 머지않아 여호와의 심판을 받아 멸망해야 할 만큼(창 13:10) 큰 죄인이 될 수 없었을 것이며, 후에 드러나듯이 의인 열 명이 없어(참고. 창 18:32) 멸망에 이를 만큼 모든 사람들이 그렇게 악하지는 않았을 것이기 때문입니다.

왕은 모든 면에서 그 나라의 대표자입니다. 그러기에 소돔 백성이 저지르는 모든 악을 대표하는 이는 소돔 왕입니다. 엄밀히 말하자면 오히려 소돔 왕이 소돔의 온갖 악의 근원이라고 말할 수 있을 것입니다. 이러한 소돔 왕에게 빌미를 준다면 하나님께 돌아가야 마땅할 영광에 조금이라도 누累가 될까 봐 아브람이 소돔 왕의 제안에 대해 자신의 입장을 분명하게 밝힌 구절은 어디입니까? (절)

2 창세기 14장 17-24절 〈2〉

(월 일 _ 읽음)

하나님께서 구원의 은혜를 베푸셔서 아브람을 갈대아 우르에서 불러내지 않았다면 우리는 그의 존재 자체도 몰랐을 것입니다. 이처럼 아브람이 성경에 등장한 일은 예고되거나 예상된 일이 아니라 갑작스러운 것이었습니다. 이렇게 하나님께서 아브람을 불러내셔서 그의 생애를 통하여 역사하신 것은 자신이 어떠한 분이신지를 드러내시기 위함이었습니다. 멜기세덱의 갑작스런 등장도 같은 목적을 갖고 있습니다.

멜기세덱은 하나님께서 세우신 제사장으로서 여러 왕들을 쳐서 승리하고 돌아오는 아브람을 맞이하며 그를 축복합니다. 또한 아브람의 승리는 하나님의 능력으로 이루어진 것임을 상기시킵니다. 이로써 멜기세덱은 하나님께서 어떤 분이심을 크게 드러냅니다. 하나님은 하늘과 땅 그리고 그 안의 모든 것들을 창조하신 분이며 지극히 높으신 분이며, 인간에게 복을 주시는 분이심을 알려주는 구절은 어디입니까? (절)

하나님에 대한 믿음이란 적어도 두 가지 면에서 바로 서야 진정한 믿음으로 자라날 수 있습니다.

첫째, 하나님이 누구신지를 올바로 알아야 합니다. 사람은 하나님에 대하여 모든 것을 다 알 수 없습니다. 사람이 하나님에 대해 알 수 있는 최대치最大値는 하나님께서 자신의 말씀인 성경을 통해 드러내 주신 만큼입니다. 그러나 다 알지 못한다고 해서 그 지식이 그릇된 것은 아닙니다. 성경에 기초한 지식이라면 적은 양이라 할지라도 참된 지식이기 때문입니다.

요즈음은 하나님의 계심을 공공연하게 부인하는 사람들이 많은지라 하나님의 존재를 인정하기만 해도 괜찮은(?) 사람으로 보일 수도 있을 것입니다. 그러나 이 정도로는 하나님을 믿는 믿음을 가졌다고 말할 수 없습니다. 하나님을 대적하는 귀신(마귀)들도 "하나님은 한 분이신 줄을" 믿기 때문입니다(참고. 약 2:19). 하나님을 올바로 안다는 것의 최소치最少値는 하나님을 성경이 말한 바대로 온 세상을 지으신 전능하신 창조주로 아는 것입니다. 그리고 이러한 앎은 사실상 믿음에서 비롯된 것입니다. 이는 하나님께서 세상을 창조하실 때 그곳에서 창조를 목격한 사람은 아무도 없었으므로 사람이 하나님께서 창조주이심을 아는 것은 이 사실을 먼저 믿음으로 받아들인 결과로 나타나는 것이기 때문입니다.

둘째, 하나님을 아는 바대로 곧 전능하신 창조주로서 그분을 신뢰해야 합니다. 진정한 믿음이란 하나님께서 어떤 분이신지를 머리로만 아는 데서 그치는 것이 아닙니다. 그런 믿음은 움직이지 않는 동상銅像과 같은 것입니다. 모습은 사람일지라도 살아 있지 않은 조각품에 불과합니다. 하나님을 전능하신 창조주로 신뢰하는지는 손에 아무 것도 가진 것이 없을 때와, 이와는 정반대로 손에 뭐든지 다 갖고 있는 듯할 때에 특히 잘 드러납니다.

아브람은 승자勝者이므로 모든 전리품戰利品을 차지할 권리가 있습니다. 그런데도 소돔 왕은 마치 선심善心을 쓰는 듯이 아브람에게 "물품은 네가 취하라"고 제안합니다(21절). 아브람은 이 제안을 무 자르듯이 거절함으로써 스스로 승자의 권리, 즉 엄청난 재물을 포기합니다. 이러한 태도는 하나님이 어떤 분이신지를 확실히 알며 또한 그분을 신뢰하지 않고는 불가능한 것입니다. 아브람이 하나님을 어떤 분으로 믿고 있었는지를 알려주는 구절은 어디입니까? (　　　절)

3 창세기 15장 1-6절

(　　월　　일 _ 읽음)

아브람은 하나님께서 도우시는 은혜로 적敵의 큰 군대를 무찔렀으나 한편으로 그들의 보복을 두려워하지 않을 수 없었습니다. 아브람이 비록 이번 싸움에서 대승大勝을 거두었으나 하나님을 모르는 적군의 입장에서 보면 그것은 어쩌다가 생긴 일이요 소 뒷걸음질치다 쥐 잡은 일로 생각할 가능성이 많았습니다. 활과 칼을 주로 사용하는 재래식 전투에서 매우 적은 수의 군사로 대군을 물리친다는 것은 거의 불가능한 일이기 때문입니다. 따라서 그들은 아브람의 공격을 하룻강아지 범 무서운 줄 모르고 덤벼든 것으로 여길 것입니다. 그리고 버릇을 단단히 고쳐 주리라 벼르다가 빠른 시일 내에 다시 침공을 시도할 것입니다. 이런 사실을 뻔히 내다보는 아브람으로서는 두려워 할 수밖에 없었을 것입니다. 이런 상황을 아시는 하나님께서 친히 아브람에게 나타나 위로하시며 자신이 전처럼 그들을 막아 아브람을 지켜 주시겠다는 의도를 밝히신 구절은 어디입니까? (　　　절)

아브람은 하나님 자신이 '지극히 큰 상급'이시라는 핵심적인 진리를 놓치고 하나님께서 자신에게 '무엇을 주실 것인가?' 하는 주변적인 사항에 관심을 갖습니다. 아브람은 적지 않은 세월 동안 하나님의 약속이 이루어지길 기다려 왔습니다. 그러나 여전히 자식이 없었습니다. 아브람 시대에는 이미 양자養子에 관한 법이 있을 만큼 양자를 들여 가계家系를 잇는 일이 적지 않았습니다 [Joyce G. Baldwin, *The Message of Genesis 12–50* (IVP, 1986), p.50].

아브람은 하나님께 양자를 들여서라도 자신의 상속자를 세우겠노라고 제안합니다. 그러나 아브람은 하나님께서 일해 나가시는 방법을 알지 못했습니다. 하나님께서는 사람의 생각으로 이제 더 이상은 완전히 불가능하다고 판단되는 시점에서 일하실 수도 있습니다. 하나님께서 아브람으로 하여금 친히 자식을 낳게 하여 그를 아브람의 상속자로 세우실 것임을, 즉 하나님께서 자신의 약속대로 자신의 방법대로 반드시 이루어 가실 것임을 알려주는 구절은 어디입니까? (　　　절)

하나님께서는 인간의 연약함을 잘 알고 계시는 분이십니다. 하나님께서는 인간을 지으신 분이시기에 인간의 모든 것을 속속들이 아십니다. 사람은 행여 자기 자신을 모르는 일이 있을지언정 하나님께서는 그 은밀한 속내까지도 모르는 것이 결코 없으십니다. 하나님 앞에는 드러나지 않거나 감출 수 있는 것이 아무 것도 없습니다. 이렇게 인간의 마음을 정확히 아시는 하나님께서 아브람에게 약속에 대한 확신을 심어 주시려고 그를 이끌어 밤하늘을 보게 하십니다. 이로써, 이후로 아브람은 하늘의 별들을 볼 때마다 그분의 약속을 떠올리지 않을 수 없게 된 것입니다. 이와 같은 하나님의 자상한 배려로 말미암아 아브람은 하나님의 약속을 확신하게 되었습니다.

하지만 이처럼 약속을 믿는다는 것은 엄밀히 말해서 그렇게 약속하신 분을 믿는 것입니다. 다시 말해서 이것은 약속을 주신 분이 그 약속을 이행履行하실 능력을 갖고 계시며 또한 약속한 그대로 지키실 신실하신 분이심을 믿는 것입니다. 그러나 이렇게 하나님을 믿는 믿음 자체가 상賞 받을 만큼 훌륭한 일은 아닙니다. 사람이 창조주 하나님을 믿는 것은 당연한 일이며, 믿지 않는다면 오히려 약속된 내용을 누리지 못하는 큰 손해를 보는 것이기 때문입니다. 그런데도 하나님께서는 이렇게 당연한 믿음을 어여쁘게 보십니다. 이는 전적으로 하나님의 은혜입니다. 그리고 은혜로써 그 믿음을 의義로움으로 간주해 주십니다. 하나님의 이러한 은혜를 말하고 있는 구절은 어디입니까? (　　　절)

4 창세기 15장 7-21절 〈1〉

(　　월　　일 _ 읽음)

하나님께서는 일찍이 아브람에게 씨와 땅과 복에 대한 약속을 하셨습니다(창 12:1-3). 이중에서 씨(후손)에 관해서는 하나님께서 하늘의 별들을 확실한 표징으로 세워 자신의 약속을 재확인시켜 주셨습니다. 아브람은 땅에 관해서도 어떤 확실한 표징을 얻고 싶었습니다. 하나님께서 이러한 아브람의 마음을 아시고 어떤 의식儀式을 행하심으로써 확실한 표징을 주셨는데, 이 의식이 무엇인지를 알려주는 구절은 어디입니까? (　　　절)

이 의식은 여러 짐승들을 잡아서 마주 놓고 이 쪼갠 고기들 사이로 지나감으로써 쌍방간에 어떤 조약條約을 맺는 의식이었습니다. 아브람은 하나님께서 취하라고 명하신 짐승들을 가져옵니다. 그러나 그는 그 다음 지시가 없음에도 불구하고 그 짐승들을 죽여서 중간을 쪼개고 쪼갠 것을 마주 놓습니다. 그러나 아브람은 새들은 쪼개지 아니합니다. 이처럼 아브람이 거침없이 쪼갤 것이 무엇인지 알아서 쪼개고 쪼개지 아니할 것은 쪼개지 아니하며, 또한 쪼갠 것들을 어떻게 배치해야 할지를 잘 알고 행동한 사실을 통해서 우리는 이러한 의식이 아브람에게는 낯설지 않은 그 시대의 관습임을 알 수 있습니다. 아브람의 이러한 능숙한 행동을 묘사하고 있는 구절은 어디입니까? (　　　절)

5 창세기 15장 7-21절 〈2〉

(　　월　　일 _ 읽음)

비록 현재 아브람이 하나님께서 주시려는 땅에 들어와 살고는 있지만 이 땅이 자신의 소유가 되기까지는 긴 시간이 필요했습니다. 하나님께서 이 약속하신 땅을 가까운 시일 내에 아브람에게 기업基業으로 주실 것이 아니고 먼 훗날 그의 후손들에게 주실 것이기 때문입니다. 이렇게 하시는 까닭은 하나님 자신의 공의公義로우심 때문입니다.

하나님께서 전능하시다고 해서 자신의 즉흥적인 감정이나 기분대로 자신의 능력을 사용하시는 것은 아닙니다. 하나님께서는 지극히 선하시며 가장 이성적理性的이시며 무한히 지혜로우시고 완전하게 공의로우신 분이십니다. 그러시기에 사람들의 죄악에 대해서 오래 참으십니다. 이러한 하나님의 공의 때문에 긴 시간이 필요함을 암시한 구절은 어디입니까? (　　　절)

하나님께서는 아브람의 마음을 헤아리셔서 400년이라는 긴 세월 동안 아브람과 그의 후손들에게 어떠한 일이 일어날지에 대해 설명하십니다. 이것은 바꿔 말하자면 하나님께서는 아브람에게 자신이 앞으로 움직여 가실 역사에 대해 미리 브리핑(briefing) 하신 것입니다. 이처럼 하나님은 주도면밀周到綿密하신 분이십니다.

하나님께서 400년을 가리켜 4대四代라 말씀하신 것은 어떤 이들이 내세우는 주장처럼 기록자의 잘못이 아니라 아브람의 경우에는 가장 적합한 표현입니다. 왜냐하면 아브람은 이삭을 100세에 출산할 것이므로 이들간에 한 세대는 100년임을, 하나님께서 염두에 두셨기 때문입니다. 뿐만 아니라 하나님께서는 자신이 기업으로 주실 땅의 범위를 매우 구체적으로, 마치 토지대장土地臺帳을 떼어다 주시듯 제시하십니다. 땅의 범위를 말한 네 구절은 어디입니까? (　　　–　　　절)

6 창세기 15장 7-21절 〈3〉

(　　　월　　　일 _ 읽음)

두 나라의 왕들간에 맺는 조약(treaty)은 이른바 군신君臣 관계를 규정하는 계약契約이었습니다. 두 나라가 부딪치고 나면 약한 나라는 부득불 강한 나라를 종주국宗主國으로 섬겨야 하는데 그러면 상대편 왕은 주군(suzerain) 이쪽 왕은 신하(vassal)가 되는 것입니다. 이와 같은 입장을 확고히 하기 위해 주로 강자에 의해서 쌍방은 계약을 맺게 됩니다. 이것이 고대 근동에서 나라들간에 있었던 조약이었습니다. 조약을 맺을 때에는 의식儀式을 치르는데 이 방법 중 하나가 짐승을 잡아 쪼개서 마주 놓고 그 사이를 당사자 쌍방이 지나가는 것이었습니다. 이것은 만일 조약의 내용을 지키지 않을 경우에는 죽은 짐승처럼 자신도 죽거나 저주받을 것임을 다짐하는 상징적 행동이었습니다(참고. 렘 34:17–22).

그러나 하나님과 그의 백성간에 세워진 관계는 조약이나 계약이라 말하지 않습니다. 그 대신 언약(covenant)이라고 합니다. 이는 비록 의식을 치르는 방법은 그 시대의 것을 빌려온다 할지라도 근본적 성격에서 하나님의 언약은 조약이나 계약과 다르기 때문입니다. 무엇보다도 중요한 차이점은 고대 근동의 왕들간의 조약은 한쪽의 강요가 있다 할지라도 쌍방의(bilateral) 합의에 의해 수립되는 반면에, 하나님의 언약은 하나님 자신이 단독으로(unilateral) 수립하신다는 사실입니다. 또 하나 다른 점은 사실상 조약은 강자가 약자를 착취하는 내용을 골자骨子로 삼고 있으나, 언약은 하나님께서 상대에게 복을 베푸시려는 것이라는 점입니다.

그런데 아브람에게 세우신 하나님의 언약에서 독특한 점은 아브람은 쪼갠 고기들 사이로 지나가지 않고 오로지 하나님만 그리하셨다는 사실입니다. 이것은 하나님 자신이 아브람의 질문(8절)에 대해 확실한 답을 주시기 위함이었습니다. 하나님께서는 자신의 약속을 지키지 않는다면 인간적인 표현을 빌려 말하자면 자신이 죽음을 당하거나 저주를 받겠다고 맹세하신 것입니다. 즉 하나님께서 약속을 보증하기 위한 담보擔保물로 자신의 목숨을 내놓으신 것입니다. 이와 같은 자신의 확고한 의지를 알리시기 위하여 하나님께서는 아브람이 눈으로 분명하게 볼 수 있도록 가시적可視的인 물건을 사용하셔서 상징적인 일을 행하시는데 그것이 무엇인지 말한 구절은 어디입니까? (　　　절)

〈아브람과 그의 후손에게 가나안 땅을 주시겠다는 자신의 약속을 하나님께서는 신실하게 지키셨습니다. 그리고 이 약속이 갖는 실제적이며 상징적인 모든 의미를 성취하기 위해 하나님께서는 구약 시대 내내, 인간의 온갖 죄악에도 불구하고 신실하게 일해 오셨습니다. 그리고 마침내 자신의 독생자이신 예수 그리스도의 목숨을 내놓으신 것입니다. 이로써 가나안 땅이 상징하는 하나님의 나라는 아브라함의 진정한 후손, 즉 그분을 믿는 자들에게 안전하게 확보된 것입니다. 이토록 신실하신 하나님이 바로 그리스도 안에서 우리를 자신의 자녀요 백성으로 삼으시고, 그 결과 우리가 섬길 수 있게 된 우리 하나님이십니다. 창세기 15:7–21 말씀에 대한 자세한 설명은 김영철, 「여호와 신실하신 우리 하나님」(2), 여수룬, 1988, pp.123–42에서 읽어보시기 바랍니다.〉

7 창세기 16장 1-6절

(월 일 _ 읽음)

아브람이 가나안 땅에 거한 지 십 년이 지나도 후손에 대한 하나님의 약속이 이루어질 기미조차 보이지 않았습니다. 아브람은 여호와 하나님을 믿지만 그분께서 일해 나가시는 방법에 대한 이해는 아직도 충분하지 않았습니다. 그러자 아브라함은 “네 몸에서 날 자가 네 후사가 되리라”(창 15:4)라는 말씀의 의도를 제대로 알지 못하고 자기 수준에서 그 말씀을 이해하고 맙니다. 그래서 사래의 여종과의 관계를 통해서 낳을 자식이라 할지라도 ‘자신의 몸에서 난 자’로 볼 수 있다고 판단합니다. 그렇지 않고는 그가 사래의 제안에 동의할 수가 없었을 것입니다. 이와 같은 아브람의 동의를 언급한 구절은 어디입니까? (절)

사래의 제안은 하나님의 약속에서 자신이 배제된 것으로 생각한 데서 생겨난 것입니다. 이것은 애굽 왕의 손으로부터 하나님의 기적적인 간섭으로 구출된 사람으로서는 생각해서는 안 될 일이었습니다. 사래는 하나님의 신실하심을 믿지 못한 것입니다. ‘십년공부 도로 아미타불’이라는 속담처럼 사래의 믿음은 이제 그 기초가 흔들리고 만 것입니다.

사람이 자신의 시선을 하나님께 고정시키고 그분을 의지하다가도 자신이 간절히 바라는 사항 – 그것이 약속의 내용이라 할지라도 – 으로 시선을 돌릴 때는 믿음이 흔들리게 되는 것입니다. 마치 베드로가 “오라” 하신 예수님의 말씀에 의지하여 물 위를 걸어 가다가 바람을 보고 무서워하므로 바다에 빠지게 된 것처럼(마 14:28–31) 말입니다. 이처럼 불신, 의심 또는 오해에서 비롯된 행동은 심각한 부작용을 낳게 됩니다. 또한 이런 부작용은 악순환惡循環될 수도 있습니다.

사래의 그릇된 생각이 표현된 구절은 어디입니까? (절). [창세기 16장은, 아래의 대칭적인 얼개에서 볼 수 있듯이, 하나님의 약속을 받은 자가 그분의 약속에서 가장 멀리 떨어져 있는 상황을 보여 주고 있습니다. 이후로는 하나님께서 본격적으로 자신의 약속을 이루시기 위해 일해 나가시는 모습이 나타날 것입니다.]

아브라함 이야기의 얼개 (창세기 12 – 21장)

A. **약속**들이 제시됨	(12:1–9)
B. 애굽에서 일어난 **사라** 사건 〈 **씨** 〉	(12:10–20)
C. **롯**과 **그 땅** 〈 **소돔으로** 〉	(13장)
D. **아브라함**과 **나라들**	(14장)
E. **언약** – 맺음	(15장)
F. 하갈, 이스마엘, 아브라함	(16장)
E. **언약** – 확인	(17장)
D. **아브라함**과 **나라들**	(18장)
C. **롯**과 **소돔**, 고모라	(19장)
B. 그랄에서 일어난 **사라** 사건 〈 **씨** 〉	(20장)
A. **약속**(**씨**)이 성취됨	(21장)

〈Willem VanGemeren, *The Progress of Redemption*, Zondervan, 1988, p.111.]

제 9 주
창세기 16–17장

1 창세기 16장 7-16절

(월 일 _ 읽음)

하갈(Hagar)은 자신이 임신했음을 알고 여주인을 멸시하다가 학대를 받게 됩니다. 마침내 학대를 견디다 못해 도망친 그녀는 본능적으로 자신의 고국인 애굽을 향해 갑니다. 그녀는 애굽의 동편 접경 지역(창 25:18)인 술(Shur)로 향하는 길을 가고 있었습니다. 그곳으로 가려면 반드시 사막을 건너야 했습니다. 그런데 놀랍게도 여호와의 사자가 사막의 샘에서 애굽 사람 여종인 하갈에게 나타났습니다. [원문에서 '술 길 샘물'(7절)이라는 표현은, 술로 가는 길에서 식수를 얻을 수 있는 유일한 샘물임을 암시합니다. 참고. Joyce G. Baldwin, *The Message of Genesis 12-50*, IVP, 1986, p.59]. 이분은 하갈의 형편을 다 알고 계셨습니다. 이분은 여호와의 말씀을 전달하는 사자(messenger)로 나타나셨지만 실상은 인종이나 성별 또는 신분을 차별하지 않고 고통받는 자의 아픔을 돌아보시는 여호와 하나님 자신이셨습니다. 이러한 하나님이신 줄 하갈이 알았음을 말한 구절은 어디입니까? (절)

이와 같이 하나님께서 사람에게 나타나심은 자신의 어떠하심을 알리시기 위함입니다. 일반적으로 사람이 남에게 자신의 어떠함을 효과적으로 알리려면 자신이 어떠하다고 말로만 떠벌려서는 안 되고 행동으로 과연 그러함을 보여야 합니다. 하갈이 여호와께서 감찰하시는(돌아보시는) 하나님이신 줄 알게 된 것은 그녀에게 나타나서 그녀가 낳을 아들에 대해 말씀하며 적절한 충고를 주고 위로하신 하나님의 행동을 통해서였습니다.

그리고 여종인 하갈이 자신의 상전을 멸시하다가 쫓겨났다고 할지라도 근본적인 원인은 하나님의 방법이 아니라 인간적인 지략智略으로 자식을 얻으려 한 여주인에게 있었으므로 하나님께서 보시기에 하갈은 고통받는 약자였던 것입니다. 어쨌든 이렇게 해서 하갈은 아브람의 자식, 즉 그의 후손을 낳게 될 처지에 있었습니다. 따라서 하나님께서는 아브람의 후손에 대한 자신의 약속을 적자適者든지 서자庶子든지 차별 없이 신실하게 지키시려고 하십니다. 이러한 하나님의 신실하심이 드러난 구절은 어디입니까?
(　　　절)

2 창세기 17장 1-8절 〈1〉

(　　　월　　　일 _ 읽음)

하나님의 돌보심으로 이스마엘이 태어난 후 13년이 바람같이 지나갔습니다. 그동안 신실하신 하나님께서 아브람에게 베푸신 은혜가 적지 않았겠지만 이 점에 대해서 성경은 아무런 말도 하고 있지 않습니다. 그것은 기록자에게 관심의 대상이 아니기 때문입니다. 기록자는 시종일관 하나님께서 아브람에게 하신 약속을 어떻게 이루어 가시는지에 대해 초점을 맞추고 있습니다.

아브람이 99세 때에 하나님께서 그에게 다시 나타나셨습니다. 아브람이 예전에 사래의 말에 동의하여 취한 행동은 정확히 말해서 하나님의 전능하심을 실제적으로 믿지 못한 데서 나온 것이었습니다. 그러기에 그는 하나님의 초자연적인 간섭을 기다리지 못하고 사래와 더불어 자연적인 방법을 택하여 자기 힘으로 '자기 몸에서 날 자'를 만들어 낸 것입니다. 이스마엘의 존재가 하나님의 전능하심을 믿지 못했다는 증거인 셈입니다. 이러한 아브람에게 하나님께서 자신이 전능하신 하나님이심을 분명히 말씀하시며 앞으로는 하나님의 전능하심을 믿고 행동하기를 촉구하신 구절은 어디입니까? (　　　절)

하나님께서는 자신의 은혜로써 언약의 내용을 풍성한 복으로 채우고 그 언약을 사람에게 주시는 것입니다. 그러기에 언약의 내용을 결정하는 일에 인간이 간여干與할 부분은 티끌만치도 없습니다. 그것은 전적으로 하나님께서 정하시는 것입니다. 그리고 하나님께서는 자신의 기쁘신 뜻에 따라 자신이 택하신 사람에게 그 언약의 내용을 베풀어 주십니다. 따라서 언약은 철두철미 하나님의 언약입니다. 그래서 하나님께서는 내 언약이라는 표현을 자주 사용하십니다.

하나님께서 은혜로써 택하신 사람을 언약의 수혜자受惠者로 삼는 것을 성경에서는 보통 '언약을 맺는다' 또는 '언약을 세운다' 고 말합니다. 사람은 이와 같이 하나님의 언약에 포함되어야만 그분의 크신 은혜를 누릴 수 있습니다. 하나님께서 아브라함과 언약을 세우신 목적을 분명하게 언급한 두 구절은 어디입니까? (　　　절과　　　절)

3 창세기 17장 1-8절 〈2〉

(　　월　　일 _ 읽음)

이 본문에서 언약을 세운다는 표현은 세 경우(2, 4, 7절)가 조금씩 그 뜻에서 차이를 보입니다. "내가 내 언약을 …… 세워"(2절)의 직역直譯은 "내가 내 언약을 주리라"입니다. 이것은 풀어 말하자면 내 언약은 여전히 유효하므로 내가 내 언약의 내용을 이루어 주겠다는 뜻입니다. 그리고 "내가 너와 내 언약을 세우니"(4절)의 직역은 "내가, 보라! 내 언약이 너와 함께 있다"입니다. 여기서는 하나님 자신이 아브라함과 함께 계시다는 놀라운 사실을 말하고 있습니다. 이 엄청난 사실을 입증할 증거는 하나님의 언약이 아브라함에게 이미 주어졌다는 점입니다.

이미 창세기 15장에서 드러난 대로 하나님께서는 자신의 약속을 지키시기 위해 자기 목숨을 담보로 내놓으셨습니다. 그렇기에 그분의 약속은 곧 그분의 생명, 즉 그분 자신이라고 비유적으로 말할 수 있습니다. 그리고 하나님의 약속이란 언약의 내용입니다. 언약을 집에 비유한다면 약속이란 집안의 붙박이 가구에 해당합니다. 따라서 하나님께서 아브라함과 함께 계신다는 사실은 그분의 언약이 아브람에게 주어졌다는 것으로 표현될 수 있습니다.

마지막으로 "내가 내 언약을 나와 너와 네 대대 후손 사이에 세워서 영원한 언약을 삼고"(7절)라는 말씀은 직역과 거의 다를 바 없으나, 풀어 보자면 현재는 아브라함과 언약을 맺고 있으나 그의 후손들과도 계속 언약을 맺으셔서 이 언약이 영원토록 계속되게 하시겠다는 것입니다. 하나님은 언제나 하나님이시지만 어떤 특정인들에게 자신의 언약을 세우심으로써 그들과 특별한 관계, 즉 그들의 하나님이 되시는 것입니다. 그리고 이와 같이 하나님께서 언약을 세워 그들의 하나님이 되시는 것이 진정한 복입니다[이 복 외에 다른 복을 더 사모하는 신앙을 기복祈福 신앙이라 하며, 이런 신앙을 소유한 자는 토대가 잘못되었기에 자기의 변덕에 따라 신앙에 기복起伏이 많을 수밖에 없습니다].

하나님께서 그들의 하나님이 되실 뿐만 아니라 그들에게 영원히 거할 땅을 주시겠다고 재확인시켜 주신 구절은 어디입니까? (　　　절)

4 창세기 17장 1-8절 〈3〉

(　　월　　일 _ 읽음)

하나님께서 아브람에게 후손에 대한 약속을 거듭 확인시키면서 특별히 아브람이 그 약속을 잊지 못할 만한 일을 행하십니다. 이미 하나님께서는 땅의 티끌(창 13:16)과 하늘의 수많은 별들(창 15:5)에 빗대어 아브람의 자손이 많을 것임을 말씀하셨기에 그는 하나님의 약속을 생생히 기억할 수밖에 없었습니다. 낮에는 사람이나 동물이 움직일 때마다 일어나는 먼지를 보고, 밤에는 은하수처럼 밤하늘을 빽빽이 수놓은 별들을 보고 아브람은 하나님의 약속을 떠올리지 않을 수 없었을 것입니다. 그런데 이제 하나님께서는 아브람이 약속을 잊지 못할 장치를 한 가지 더 덧붙이십니다. 그 결과 다른 사람이 그를 부르거나 언급할 때마다 아브람은 하나님의 약속을 떠올

리게 될 것입니다. 이 장치가 무엇인지를 알려주는 구절은 어디입니까? (　　　절)

하나님께서 이름을 새로 지어 주시는 것은 단순히 더 좋은 이름으로 작명作名해 주시는 것이 아닙니다. 사람은 누구나 자식의 이름을 좋게, 즉 기원祈願이나 소망을 담아 짓습니다. 그래서 사람의 이름 치고(별명이 아니라면) 나쁜 것은 없습니다. 그러나 하나님께서 이름을 지어 주시는 것은 계시적인 의미를 담고 있습니다. 바꿔 말하자면 그것은 하나님께서 장차 행하실 일을 알려 주시는 것입니다.

하나님은 아브라함을 통해서 수많은 나라들이 생겨나게 하실 것입니다. 그러나 그 많은 후손들이 다 한 곳에 모여 살기에는 가나안 땅이 턱도 없이 비좁을 것입니다. 그렇다면 가나안 땅은 모든 나라들이 아니라 우선적으로 그 땅에 들어가 살게 될 이스라엘을 염두에 두고 말씀하신 땅임이 분명합니다. 하지만 이 땅은 하나님께서 언약을 통해 그의 백성된 자들을 위해 마련해 주실 땅이며, 하나님께서 그들의 하나님으로서 함께 거하실 땅이므로 예전의 에덴동산처럼 하나님 나라를 의미하는 땅입니다. 이것이 가나안 땅이 갖는 중요한 의미입니다. 따라서 하나님께서 장차 아브라함의 모든 후손, 즉 하나님의 백성에게 하나님 나라를 주실 것을 가나안 땅을 주시는 것으로써 상징하셨습니다. 이 땅을 영원한 기업으로 주실 것임을 말하고 있는 구절은 어디입니까? (　　　절)

5 창세기 17장 9-14절

(　　월　　일 _ 읽음)

하나님께서 자신의 언약을 단독으로(또는 일방적으로) 세우시지만 일단 세워지면 쌍방이 지켜야 할 것이 있습니다. 굵게 말해서 하나님은 약속을, 사람은 규정(stipulation)을 지켜야 합니다. 이처럼 약속과 규정이 언약의 내용을 이루고 있습니다. 그러나 약속과 규정은 구별되지만 분리될 수 없는, 마치 손바닥과 손등과 같은 관계에 있습니다. 그러기에 성경에서는 이 둘 중 어느 하나만을 가리키면서도 종종 그것을 언약이라고 표현합니다. 아브라함과 그 후손들이 대대로 지킬 언약(의 규정)은 할례인데 이것이 구체적으로 어떤 행위를 하는 것인지를 알려주는 구절은 어디입니까?
(　　　절)

언약의 규정을 시행하지 않는다는 것은 곧 언약을 배반하는 것을 의미합니다. 이것은 은혜로써 자신의 언약을 세우신 하나님을 거절하거나 거부하는 행위에 해당합니다. 그래서 언약의 배반자에게는 무서운 저주가 임하게 되는데, 아브라함과 세우신 언약을 배반한 자가 받아야 할 저주가 무엇인지를 알려주는 구절은 어디입니까? (　　　절)

하나님의 언약에는 차별이 없습니다. 하나님께서는 아브라함을 통해서 땅의 모든 민족을 복 주시려는 계획을 세우셨고 이것을 이루어가시는 방편이 언약입니다. 따라서 사람들이 하나님의 복을 누리려면 아브라함 언약이라는 우산 속으로 들어와야 합니다. 그리고 일단 이 우산 속으로 들어오면 아브라함의 직계 자손이 아닐지라도 누구나 인종과 신분과 성별의 차별 없이 언약의 복을 누릴 수 있습니다. 이와 같이 언약에는 차별이 없음을 알 수 있는 잇따른 두 구절은 어디입니까? (　　　절과　　　절)

6 창세기 17장 15-27절 〈1〉

(　　월　　일 _ 읽음)

하나님께서는 아브라함의 아내 이름을 '사라'로 고쳐 주신 후에 사라가 아들을 낳게 될 것임을 말씀하십니다. 사실 사라는 인간적으로는 도저히 자식을 낳을 수 없는 상황에 있었습니다. 그러기에 바로 이 시점에서 하나님께서 자신의 전능하심을 보이시려는 것이었습니다. 사라의 육체적 상황이 어떠함을 알려주는 구절은 어디입니까? (절)

하나님께서는 다음 해에 태어날 자식의 이름까지 알려 주십니다. 그리고 그가 아브라함의 언약을 이어갈 계승자가 될 것임을 말씀하십니다. 이처럼 하나님의 언약이 영원한 언약이라 할지라도 다음 계승자와 다시 언약을 맺는 일은 반복하게 되는 것입니다. 그러니까 언약의 내용은 변하지 않더라도 언약의 대표자는 대를 이어가며 바뀌게 되는 것입니다. 하나님께서 이삭을 아브라함 언약의 다음 계승자로 정하시고 그에게 다시 언약을 세울 것임을 말씀하신 구절은 어디입니까? (절)

7 창세기 17장 15-27절 〈1〉

(월   일 _ 읽음)

이스마엘도 아브라함의 아들입니다. 따라서 그도 아브라함 언약에 포함된 복을 누리게 됩니다. 그러나 그는 아브라함을 이어 언약의 계승자가 되지는 못합니다. 언약의 계승자는 하나님과 언약을 맺는 대표자로서 하나님께서 친히 정하시는 것입니다. 이렇게 정해진 언약 계승자가 하나님 앞에서 사람의 대표자로서 언약을 맺는 것입니다. 그리고 이 계승자의 계열에서 온 인류를 대표하여 하나님 앞에 서실 분이 나오실 것입니다. 그 분은 창세기 3:15에서 말씀하신 바대로 사탄의 머리를 상하게 할 '그 여인의 후손' 이신 예수 그리스도이십니다. 이스마엘도 아브라함에게 속했으므로 언약의 복을 누리게 될 것임을 알려주는 구절은 어디입니까? (절)

할례는 아브라함에게서 처음 실시된 것은 아니었습니다. 그것은 이미 아브라함 시대에 애굽과 가나안 땅에서 시행되던 관습이었습니다. 심지어는 여자들도 할례를 받는 경우가 있었다고 합니다. 그러나 이 할례에 하나님께서는 독특한 의미를 부여하신 것입니다. 즉 할례를 언약의 표징(11절)으로 행하게 하셔서 하나님 백성된 자임을 알리는 지울 수 없는 표시로 삼으신 것입니다. 그래서 아브라함은 하나님께서 아브라함과 모든 말씀을 마치고 떠나시자 곧바로 하나님의 말씀대로 자기 집에 거하는 모든 자들을 차별 없이 모아서 할례를 받게 합니다. 아브라함 집에 속한 남자는 한 사람도 빠짐없이 양피를 베어냄으로써 언약(의 규정)을 정확하게 시행하였습니다. 아브라함도 할례를 받았음을 알 수 있는 두 구절은 어디입니까?

(　　　　절과　　　　절)

제 10 주

창세기 18-19장

1 창세기 18장 1-15절

(　　월　　일 _ 읽음)

유목민들의 장막은 일반적으로 염소 가죽으로 되어 있는데 이는 밤에 기온이 많이 떨어질 때 장막 안의 온도를 유지하기 위함이라고 합니다. 그리고 낮에는 장막 문으로 사용하는 가죽을 들어올려서 차양遮陽처럼 사용하여 뜨거운 햇빛을 막았답니다. 그러면 이 장막 문 앞에 그늘이 드리워져서 사람들이 이 그늘에 앉아 더위를 피했다고 합니다[John H. Walton, Victor H. Matthews and Mark W. Chavalas, *The IVP Bible Background Commentary: Old Testament*, IVP, 2000, p.50].

아브라함은 장막 문에 앉아 있다가 세 명의 사람들을 보게 됩니다. 이들 중 한 분은 여호와이셨습니다. 여호와 하나님께서 두 명의 천사들을 데리시고 사람의 모습으로 아브라함 앞에 나타나신 것입니다. 이들 중 한 분이 여호와이심을 우리가 분명하게 알 수 있는 두 구절은 어디입니까?
(　　　절과　　　절)

"사라에게 아들이 있으리라"는 여호와의 말씀을 장막 문에서 듣고 사라는 웃었습니다. 그녀는 기뻐서가 아니라 어이없어서 웃은 것이었습니다. 그녀는 자신과 남편의 육체적 상황을 너무나도 잘 알고 있었기 때문입니다. 그러나 사라의 웃음의 의미를 아신 여호와께서 아브라함과 사라를 추궁하자 그녀는 두려움 때문에 웃었던 사실을 부인합니다. 그러나 여호와 앞에 드러나지 않는 것은 아무 것도 없었습니다. 사라가 웃은 것은 근본적으로 하나님의 전능하심을 믿지 못한 데서 비롯된 것임을 암시하는 구절은 어디입니까? (　　　절)

2 창세기 18장 16-21절

(월 일 _ 읽음)

여호와께서 이 땅에 내려오신 목적은 두 가지였습니다. 하나는 사라가 아들을 낳을 것임을 아브라함에게 말씀해 주시기 위함이었고, 다른 하나는 소돔과 고모라의 죄악 상태를 친히 보시기 위함이었습니다. 하나님께서는 마구잡이로 심판하는 분이 아니십니다. 말言이 이 사람 저 사람 옮겨 다니면 대부분 알맹이는 왜곡되고 껍질만 두꺼워지게 마련입니다. 그래서 건너 들은 말은 정확한 판단 자료로 삼기에는 부적절한 경우가 많습니다. 그런데도 사람들은 흔히 건너 들은 말만 듣고서 남을 쉽게 판단하고 심지어는 정죄定罪하기도 합니다. 그러나 하나님께서는 인간적인 표현을 쓰자면 귀로만 듣고 판단하시는 것이 아니라 자신의 눈으로 직접 확인하고 나서 심판하실지를 결정하는 분입니다. 이처럼 하나님께서는 공정公正하고 공평公平하게 심판하는 분임을 알려주는 구절은 어디입니까? (절)

하나님께서 아브라함과 언약을 세우신 것은 하나님께서 그와 그의 후손들에게 그들의 하나님이 되셔서 그들이 하나님 백성이요 자녀된 복을 누리도록 하기 위함입니다. 그러기에 기독교는 다른 종교와는 달리 신神에게 무엇을 간구해서 얻는 것을 복의 핵심으로 여기지 않습니다. 하나님 백성이 받을 복은 근본적으로 하나님과 그들의 관계, 즉 하나님과의 사귐을 통해서 누리도록 되어 있기 때문입니다. 이와 같은 사귐은 하나님과 사람간의 사귐이므로 다른 방법을 통해서가 아니라 오직 하나님의 말씀을 지켜 행함으로써 유지되며 또한 깊어지는 것입니다. 하나님께서 자기 백성과 대대로 이런 사귐을 갖기 위해서 아브라함을 택하신 것임을 암시한 구절은 어디입니까?
(절)

3 창세기 18장 22-33절

(월 일 _ 읽음)

여호와께서 소돔과 고모라를 멸망시키려 하심을 알게 된 아브라함은 여러 차례 용서를 간구합니다. 그러나 아브라함의 간구에서 하나님에 대한 그의 이해가 아직도 많이 부족함이 드러납니다. 이미 여호와 하나님께서는 하늘에서 "소돔과 고모라에 대한 부르짖음"을 들으시고 "죄악이 심히 중하"다는 사실을 아셨지만(창 18:20), 친히 그 성들의 죄악 상태를 확인하려고 이 땅에 내려오신 것입니다. 이는 하나님께서 심판을 공의롭게 베풀기 위함이었습니다. 그런데도 아브라함은 그러하신 하나님께 공의로운 심판을 간청하고 있습니다. 그는 하나님께서 온 세상을 심판하는 분이심은 알았으나, 공의로운 심판자이심에 대한 이해는 다소 부족하였습니다. 이렇게 아브라함의 이해가 부족했음을 보여 주는 구절은 어디입니까?
(절)

아브라함은 온 세상의 심판자이신 위대하신 여호와 앞에서 자신이 얼마나 하찮은 존재인지를 잘 알고 있었습니다. 그래서 자신을 가리켜 "티끌과 같은 나"(원문은, "나는 티끌이며 재灰입니다")라고 말합니다. 아브라함은 여섯 번이나 간청하면서 의인 오십 명에서 열 명까지 그 수를 낮추게 됩니다. 사실 소돔과 고모라는 이미 죄악의 물결에 잠겨 버린 성읍이었으므로, 결국 후에 드러난 바대로 롯의 가족 외에는 [절대적 의미에서가 아니라 일반적인 의미에서] 의인이라고 할 만한 사람이 없었습니다.

아브라함은 스스로도 하나님께 거듭 말을 바꾸는 것을 심히 죄송스럽게 여길 만큼 끈질기게 간청합니다. 그러나 하나님께서는 이러한 끈질긴 간청을 성가시게 여기시기는커녕 싫은 내색조차 보이지 않고 매번 흔쾌하게 허락하십니다. 이러한 하나님의 모습에서 우리는 하나님이야말로 진실로 자비로우신 분임을 보게 됩니다. 게다가 하나님께서는 아브라함의 이해와는 달리 참으로 공의로우며 용서하기를 기뻐하는 분이시라는 사실도 분명하게 드러납니다. 하나님께서는 아브라함이 더 이상 간청할 수 없을 때까지 기꺼이 그의 청을 들어주시는데 그의 마지막 간청과 이에 대한 대답을 알려주는 구절은 어디입니까? (　　　절)

4 창세기 19장 1-11절

(　　월　　일 _ 읽음)

이 본문은 롯의 행동과 소돔 사람들의 행동을 대조對照하고 있습니다. 롯은 길손 대접하기를 잘 할 뿐만 아니라 자기가 맞이한 손님을 철저히 보호하려는 데서 드러난 바대로 의로운 사람이었습니다. 반면에 소돔 사람들은 모두, 하나도 예외 없이 악한 사람들이었습니다. 그들은 롯의 집을 에워싸고 길손들을 내놓으라고 위협하였습니다. 이들이 이런 위협을 가하는 이유나 목적이 무엇인지를 알려주는 구절은 어디입니까? (　　　절)

소돔 사람들은 롯을 찾아온 손님들을 상관하려고 하였습니다. 이것은 단순히 어떤 일에 간섭하려는 행동이 아닙니다. 이것이 어떠한 행동인지를 잘 아는 롯은 자신의 처녀 딸 둘을 희생물로 내놓고서라도 그 일을 막기 원했습니다. 이 행동이 그토록 심한 악행이라는 사실은 "이런 악을 행치 말라"(7절)라는 롯의 말에서도 잘 드러납니다. "상관하리라"(5절)라는 말은 원문에서는 '안다' 는 말로서 성적性的 관계를 갖는 것을 뜻합니다.

소돔 사람들은 젊은이에서 늙은이에 이르기까지 누구나 롯의 집으로 몰려왔습니다. 그리고는 마치 여러 날 우리에 갇혀 굶주린 사자들처럼, 낯선 남자 손님들에게 달려들려고 하는 것입니다. 그들에게 강제적으로 성적 폭행을 가하려는 것이었습니다. 이처럼 세기말적世紀末的인 증상이 이미 소돔 사람들에게 나타났던 것입니다. 그것은 "남자가 남자로 더불어 부끄러운 일을 행”(롬 1:27)하려는 일로 하나님의 심판을 재촉하는 행위였습니다.

따라서 본문은 하나님께서 이와 같이 극악무도極惡無道한 자들에게 반드시 자신의 공의公義를 나타내셔야만 하며, 이 공의는 심판으로 표현될 수밖에 없다는 사실을 드러내 주는 것입니다. 소돔 사람들은 자신들의 악행을 저지하는 롯을 미워하여 오히려 해치려고 할 만큼 매우 악했다는 사실을 보여 주는 구절은 어디입니까? (　　　절)

5 창세기 19장 12-22절 〈1〉

(　　월　　일 _ 읽음)

여호와로부터 보내심을 받은 천사들은 여호와께서 들으신 큰 부르짖음이 과연 사실로 드러나면 그 성읍들에 심판을 내릴 권한을 위임받고 파견되었습니다. 이들은 롯의 집에서 겪은 경험을 통해 소돔 사람들의 악함을 직접 목격하였습니다. 이로써 하나님의 귀에 들린 부르짖음이 사실임이 드러난 것입니다.

홍수 때에 세상이 모두 하나님의 심판을 받게 된 것은 어느 한 구석도 죄로 물들지 않은 곳이 없었기 때문이었습니다. 하나님께서는 노아 때의 세상이 어떠함을 보셨습니다. 즉 “여호와께서 사람의 죄악이 세상에 관영함과 그 마음의 생각의 모든 계획이 항상 악할 뿐임을 보”신 것입니다(창 6:5). 이처럼 하나님의 심판은 여백餘白이 없이 온통 죄로 다 물들어야 비로소 임하는 것입니다. 그때까지는 하나님께서 길이 참으시는데 이는 그분의 긍휼하심과 인자하심 때문입니다.

하나님께서 아브라함에게 가나안 땅을 사백 년 후에나 주시려는 것도 같은 이유에서였습니다(창 15:16). 그러나 소돔은 이미 심판 받아야 마땅할 수위水位에 이르렀습니다. 소돔 백성들은 하나도 예외 없이 죄악에 깊이 빠져 있었기 때문입니다. 천사들이 여호와 하나님께서 소돔과 고모라를 심판하

시기로 정하셨다는 사실을 알려 준 구절은 어디입니까? (　　　절)

사람이 하나님의 구원하시는 은혜를 입어 멸망을 받지 않으려면 그분의 말씀을 믿고 받아들여야 합니다. 기회가 주어졌음에도 불구하고 하나님의 말씀을 가볍게 여기거나 거절함으로써 그분의 말씀을 따르지 아니하면 결국 그 사람은 멸망에 이를 수밖에 없습니다. 롯을 통해서 하나님의 은혜를 입을 기회를 가졌음에도 불구하고 롯이 전한 하나님의 말씀을 믿지 않아서 멸망하게 된 사람들이 누구인지 알 수 있는 구절은 어디입니까? (　　　절)

6 창세기 19장 12-22절 〈2〉

(　　월　　일 _ 읽음)

소돔을 떠나지 않으려는 출가한 딸들 가족 때문에 롯은 안타까움에 소돔 성을 떠나기를 지체합니다. 심판의 시각이 코앞에 닥쳤습니다. 하나님께서 롯과 그 가족에게 큰 은혜를 베푸셔서 생명을 건져 주시려 하나 이들은 머뭇거리고 있었습니다. 그러자 하나님의 사자들이 롯의 가족을 강권하여 성 밖으로 이끌어 내십니다. 만일 이렇게 하지 않으면 이들 역시 소돔 "성의 죄악 중에 함께 멸망"(15절)하는 운명에 놓였을 것입니다.

하나님의 은혜는 하나님의 정하신 방법에 따라 주어지는 것입니다. 심판의 한복판에 머물러 서서 떠나기를 거절하면서 하나님께서 주시는 구원의 은혜를 누릴 수는 없습니다. 이 경우에 하나님의 은혜는 멸망 받을 소돔성에서 떠나 도망침으로써 누릴 수 있도록 정해졌습니다. 천사들이 그들을 성 밖으로 이끌어 내어 도망치게 한 것은 여호와께서 롯에게 베푸신 인자하심이었다는 사실을 말하고 있는 구절은 어디입니까? (　　　절)

롯도 자신의 생명이 구원받은 것은 하나님의 크신 은혜와 인자하심 때문임을 잘 알고 있었습니다. 그러나 산까지 도망하는 동안에 심판의 재앙에 노출될까 두려워 다시 한 번 하나님의 크신 은혜에 매달립니다. 결국 롯의 간청으로 인하여 하나님께서는 소돔 주변의 작은 성읍인 소알(Zoar)을 멸망시키지 않으시겠다고 약속하셨습니다. 하나님께서는 참으로 인자하심이 크셔서 롯이 소알까지 안전하게 도망칠 때까지 소돔의 심판을 미루고 계셨음을 암시하는 구절은 어디입니까? (　　　절)

7 창세기 19장 23-38절

(　　월　　일 _ 읽음)

하나님께서 천사들을 통해 전하신 경고를 무시하고 롯의 아내는 도망치다가 뒤를 돌아보았습니다. 그 결과 그녀는 소금 기둥으로 변하고 말았습니다. 소돔과 고모라에 비같이 내리는 유황과 불로 인하여 "그 성들과 온 들과 성에 거하는 모든 백성과 땅에 난 것"들 모두가 멸망을 당하였습니다(25절). 이만큼 심판은 엄중하였습니다. 만일 어떤 사람이 심판으로 인하여 소금 기둥으로 변할 위치에 있었다면 사실 뒤를 돌아보거나 아니 보거나 결과는 마찬가지입니다. 그런데도 뒤를 돌아 본 사람만 소금 기둥이 되었다는 것은 그의 위치 때문이 아닙니다. 그것은 '돌아보지 말라' 는 하나님의 말씀을 가볍게 여겼기 때문입니다. 바꿔 말하자면 하나님의 말씀을 끝까지 그대로 따라야 하나님의 은혜를 누릴 수 있습니다.

예수님께서는 이 사건을 들어 이렇게 경고하셨습니다. "롯이 소돔에서 나가던 날에 하늘로서 불과 유황이 비 오듯 하여 저희를 멸하였느니라. 인자의 나타나는 날에도 이러하리라. …… 이와 같이 뒤로 돌이키지 말 것이니라. 롯의 처를 생각하라. 무릇 자기 목숨을 보존하고자 하는 자는 잃을 것이요 잃는 자는 살리리라"(눅 17:29-33). 하나님께서 소돔과 고모라에 엄중한 심판을 가하시는 중에도 롯에게 구원의 은혜를 베푸시고 큰 인자를 더하신 까닭은 사실상 아브라함을 기억하고 그와 맺으신 언약을 염두에 두셨기 때문임을 암시하는 구절은 어디입니까? (절)

소알 성으로 도망친 롯과 두 딸은 심판에 대한 두려움 때문에 다시 산속의 동굴에 거하게 됩니다. 소돔에서 자라난 사람들인지라 딸들은 순리順理에 맞지 않는 방법을 짜내어 자신들의 후손을 만들어 냅니다. 이렇게 해서 두 딸들의 자식들은 모압(Moab) 족속과 암몬(Ammon) 족속의 시조始祖가 됩니다. 이 볼썽사나운 일에 아버지 롯은 책임이 없음을 기록자가 암시한 두 구절은 어디입니까? (절과 절)

제 11 주
창세기 20-21장

1 창세기 20장 1-7절

(월 일 _ 읽음)

"사람에게는 과실이 있는 법이며 이를 용서하심이 신의 마음이라"(To err is human, to forgive divine.)는 말이 있습니다. 아브라함은 이십여 년 전에 애굽에 내려가서 자신의 아내를 동생이라 속임으로써 어려움을 겪게 되었습니다. 그러자 이런 아브라함의 잘못에도 불구하고 하나님께서 그 일에 간섭하고 보호하셔서 전화위복轉禍爲福의 결과가 있었습니다(창 12:10-20). 사람이 이런 뼈아픈 경험을 하게 되면 똑같은 실수는 더 이상 되풀이하지 않을 것 같은데 삶이란 꼭 그렇지만은 않은 듯합니다.

아브라함은 또 다시 거짓말로써 사라를 위태롭게 만들고 맙니다. 다른 사람도 아닌 아브라함이, 하나님의 특별하신 은혜를 독차지하다시피 한 그가 이럴 수는 없었습니다. 그러나 그는 같은 실수를 되풀이합니다. 하나님의 철저한 보호하심을 신뢰하지 못한 결과입니다.

어쨌든 하나님께서는 자신의 약속을 신실히 지키시려고 다시 아브라함이 꼬아놓은 일에 간섭하십니다. 특히 주목할 것은 하나님께서 아비멜렉 왕에게 죽이시고 살리시는 일이 아브라함에게 달려 있다고 말씀하셨다는 점입니다. 이것은 과연 하나님께서 약속하신 바대로(창 12:2-3) 땅의 모든 민족들이 복을 받느냐, 저주를 받느냐가 아브라함에게 달려 있음을 암시하신 것입니다. 이처럼 하나님께서 아비멜렉 왕에게 아브라함을 특별한 인물로 제시하신 구절은 어디입니까? (절)

2 창세기 20장 8-18절 〈1〉

(월 일 _ 읽음)

아브라함의 이기적인 계산과 하나님에 대한 연약한 믿음 때문에 아비멜렉 왕의 집안 전체가 죽음의 늪 속에 빠질 뻔했습니다. 나만 생각하다가 남에게 엄청난 해악을 끼칠 뻔한 것입니다. 이 일로 아브라함은 아비멜렉에게 불려가서 심한 질책을 듣게 됩니다. 놀랍게도 아브라함이 아비멜렉에게 자신의 행동을 변명하는 가운데서 드러난 사실은 그가 자신의 안전을 위해 거짓을 행하기로 사라와 약속을 하고 다녔다는 점입니다. 설사 그렇다고 할지라도 갈대아 우르를 떠나온 지 사반四半 세기나 되는 이 시점에서 아브라함은 하나님을 철저히 의지하는 모습을 확연하게 보여야 마땅할 것입니다. 그런데도 그는 여전히 자신의 안전은 자신이 책임진다는 식으로 행동하였던 것입니다. 이것은 책임감 있는 행동이 아니라 오히려 하나님을 불신하는 태도입니다. 이와 같이 아브라함의 인간적인 잔머리에서 나온 생각을 알려주는 구절은 어디입니까? (절)

3 창세기 20장 8-18절 〈2〉

(월   일 _ 읽음)

은 천 개는 은銀 동전 천 개를 뜻하는 것이 아닙니다. 이것은 1,000세겔(shekel) 무게의 은을 뜻합니다. 지금의 도량형으로 환산하면 약 12kg이며, 그 가치는 품꾼 한 사람이 평생 벌어야 할 정도의 큰 액수에 해당한다고 합니다. 어떤 고대 문헌에서는 이 엄청난 액수는 신神들이 지불하는 신부 몸값이었다고 합니다[*The IVP Bible Background Commentary: Old Testament*, p.52]. 어쨌든 왕이 이렇게 많은 재물을 아브라함에게 준 것은 사라가 그만한 값어치가 있음을, 바꿔 말하자면 더럽힘을 입지 않았다는 사실을 다른 사람들에게 입증하고자 함이었습니다. 왕의 이러한 의도를 알 수 있는 구절은 어디입니까? (절)

하나님께서는 아브라함의 탁월함이나 인간적 됨됨이를 보시고 그를 택하셔서 복의 근원이 되게 하신 것이 아닙니다. 아브라함이 하나님의 선택을 입고 그분의 약속을 받고 언약의 대표자가 된 것은 전적으로 하나님 자신의 뜻이며 은혜에 의한 것이었습니다. 그러기에 아브라함의 치명적인 실수마저도 하나님 자신께서 약속하신 것을 이루어 가시는 데 방해물이 될 수 없습니다. 하나님께서는 아브라함을 복의 근원으로 삼으셨습니다. 따라서 아브라함이 기도하자 하나님께서는 아비멜렉의 집에 자비를 베푸셨습니다. 이 사실을 알려주는 구절은 어디입니까? (　　　절)

4 창세기 21장 1-7절

(　　월　　일 _ 읽음)

인간적으로 생산이 완전히 불가능한 사라가 아기를 잉태하고 마침내 아들을 낳았습니다. 오랜 세월 기다려 온 약속이 이루어진 것입니다. 두 차례나 아브라함의 미련한 불신 때문에 사라에게 위기가 있었습니다. 또한 아브라함과 사라는 기다림에 지쳐서 딴 짓을 하기도 하였습니다. 만일 하나님께서 그들 하는 대로 내버려두셨다면 이와 같은 약속의 성취는 불가능하였을 것입니다. 그러나 하나님께서는 자신이 말씀하신 약속을 잊지 않으셨을 뿐만 아니라 이 약속을 이루어 주시려고 은혜와 신실함으로 행하셨습니다. 과연 "하나님은 인생이 아니시니 식언食言치 않으시고 인자人子가 아니시니 후회가 없으시도다. 어찌 그 말씀하신 바를 행치 않으시며 하신 말씀을 실행치 않으시랴?"(민 23:19)는 말씀의 의미가 우리의 마음에 와 닿습니다. 하나님께서 자신의 약속을 이루시려고 사라를 찾아 오셨으며 말씀하신 대로 행하셨다는 사실을 말하고 있는 구절은 어디입니까?
(　　　절)

자신의 처지와 상황을 알기에 하나님의 약속을 반신반의半信半疑하던 사라는 마침내 아들을 낳자 이 일이 참으로 하나님께서 행하신 일임을 고백합니다. 인간이라면 그 누구도 상상조차 하지 못할 일을 하나님께서 행하셨다고 고백합니다. 자신의 기쁨이 얼마나 큰지를 표현합니다. 인간의 삶에 진정한 기쁨을 주시고 마음에 웃음을 주실 수 있는 분은 오직 하나님뿐이심을 드러냅니다. 이와 같이 기쁨에 벅찬 사라가 간접적으로 하나님을 찬양한 잇따른 두 구절은 어디입니까? (　　　절과　　　절)

5 창세기 21장 8-13절

(　　월　　일 _ 읽음)

아브라함이 이삭을 낳을 때 이스마엘의 나이는 14세였습니다. 일반적으로 동양東洋에서는 아기가 3세쯤 되어야 젖을 뗀다고 합니다. 따라서 이삭이 젖을 뗄 때는 이스마엘이 17세쯤 되었을 것입니다. 이즈음 공교롭게도 사라는 못 볼 것을 보고 말았습니다. 그것은 이스마엘이 어린 이삭을 희롱하는 장면이었습니다. 어떤 학자는 희롱한 것이 아니라 단순히 함께 놀았던 것이라고 이해하기도 합니다[*The Wycliffe Bible Commentary*, Moody, 1962, p.26]. 그렇다면 사라는 "애굽 여인 하갈의 소생"이 자기의 아들과 함께 노는 것 자체를 못 참을 만큼 강한 질투를 내보인 것입니다. 어쨌든 사라는 이 일을 기화奇貨로 삼아 장차 생길 수 있는 불화不和의 씨앗을 확실하게 제거하려고 합니다. 그래서 아브라함에게 극단적인 조치를 요구합니다. 이 일로 인하여 아브라함은 깊은 고민에 빠지게 됩니다. 하나님께서는 늘 그래오셨듯이 아브라함이 난감한 처지에 놓이자 그를 위로하시며 해결책을 제시하셨습니다. 하나님의 해결책이 무엇인지 알 수 있는 구절은 어디입니까? (　　　절)

하나님께서 아브라함에게 사라의 요구를 다 들어주라고 말씀하셨다는 것이 곧 사라의 요구가 모두 정당했음을 의미하지는 않습니다. 그녀는 몰인정하였습니다. 그녀는 또 다시 자기의 방법으로 하나님의 약속을 이루려 하였습니다. 이것은 사라의 잘못입니다. 하갈이 사라의 학대를 견디다 못해 도망쳤다가 다시 아브라함에게로 돌아와서 사라를 상전으로 모시고 이제껏 살아 온 것은 하나님의 말씀(창 16:9)에 순종한 것이었습니다. 이 사실을 인정한다면 사라는 하갈을 다시 내쫓는 모진 짓은 하지 말아야 할 것입니다.

'이스마엘이 이삭과 함께 기업을 얻지 못하리라' 는 사라의 말은 하나님의 약속에 근거한 말이기에 정당하였습니다. 그러나 사라는 하나님께서 이 약속을 자신의 지혜로우시고 자비로우신 방법으로 이루어 가시도록 기다려야 했습니다. 사라는 서두른 것입니다. 어쨌든 사라와 하갈 사이에 이러한 갈등과 반목反目이 골깊은 것임을 아시는 하나님께서는 둘 다를 위하여 아브라함으로 하여금 둘을 갈라지게 하는 방법을 택하도록 하셨습니다. 하나님께서는 자신의 약속에 신실하신 분이십니다. 그분은 아브라함에게 이스마엘도 그의 자식임을 인정하시고 그에게 복 주실 것임을 약속하심으로써 그의 깊은 근심을 덜어내신 것입니다. 이와 같이 아브라함을 위로하는 하나님의 말씀이 나타난 구절은 어디입니까? (절)

6 창세기 21장 14-21절

(월   일 _ 읽음)

쫓겨난 하갈과 그의 아들 이스마엘은 물이 떨어지자 삶과 죽음의 갈림길에 놓이게 되었습니다. 아들의 생명이 꺼져 가는 모습을 차마 보지 못하는 어미의 심정은 자신의 가슴을 찢는 아픔보다 고통스러웠을 것입니다. 이 절박한 순간, 사람의 힘으로는 아무 것도 할 수 없는 순간에 전에 그러하셨듯이 하나님의 손길이 하갈에게 미쳤습니다. 하나님께서 아이의 부르짖음을 들으셨던 것입니다. 하나님께서 이들이 살 수 있는 길을 주셨는

데 이것이 무엇인지 알려주는 구절은 어디입니까? (　　　절)

하나님께서 하갈에게 전에 하신 약속을(창 16:10) 재확인시켜 주면서 그녀를 위로하셨습니다. 하나님께서는 같은 약속을 아브라함에게도 하셨습니다(창 17:20). 이처럼 하갈과 아브라함에게 거듭 약속하신 바대로 하나님께서는 이스마엘로 큰 민족을 이루게 하실 것(참고. 창 17:20)이기에 그를 살려 주셨을 뿐만 아니라, 또한 그에게 특별한 은혜를 베푸셨습니다. 이 은혜가 무엇인지 알 수 있는 구절은 어디입니까? (　　　절)

7 창세기 21장 22-34절

(　　월　　일 _ 읽음)

아비멜렉의 허락(창 20:15)을 받아 아브라함은 블레셋 족속의 땅에서 살았습니다. 아브라함이 그 땅에서 사는 동안 그는 아비멜렉에게 관심의 대상이었습니다. 아비멜렉과 그의 신하들은 아브라함을 주시하고 있었습니다. 이들이 아브라함을 계속 관찰해 온 결과 이들은 중요한 사실을 하나 발견하였는데, 그것이 무엇인지 알 수 있는 구절은 어디입니까?
(　　　절)

하나님께서 아브라함에게 베푸시는 은혜는 실로 풍성하였습니다. 아브라함이 무슨 일을 하든지 하나님께서 그와 함께 하셔서 모든 일을 형통하게 하셨습니다. 이 사실이 하나님을 믿지 않는 이방인들의 눈에도 확연하게 보였던 것입니다. 그래서 아비멜렉 왕은 아브라함과 이른바 우호友好 관계를 맺음으로써 자기 나라의 이익을 도모하고자 하였습니다. 이 과정에서 아비멜렉은 이전에 아브라함이 자기를 속였으나 자신은 오히려 후대厚待하였다는 사실을 강조합니다. 아브라함과 아비멜렉 사이에 우호 조약條約이 체결

되었음을 말하는 구절은 어디입니까? (절)

아브라함과 늘 함께 계시는 하나님은 참으로 전능하신 분이기에 모든 일을 형통하게 이루셨습니다. 그리고 이것이 아브라함의 실제적인 삶에서 드러났기에 아비멜렉과 그의 신하들은 그 사실을 볼 수 있었으며 따라서 아브라함을 무시하거나 얕볼 수가 없었습니다. 한편 아브라함은 자신의 삶속에서 강하게 역사하시는 전능하신 하나님을 체험하면서 하나님에 대한 이해가 깊어졌습니다. 아브라함이 하나님에 대해 새롭게 이해한 내용이 무엇인지를 알 수 있는 구절은 어디입니까? (절)

제 12 주
창세기 22장

1 창세기 22장 1-8절 〈1〉

(월 일 _ 읽음)

하나님께서 아브라함을 시험하십니다. 이 시험은 사람이 감당하기에는 너무도 벅찬 것이었습니다. 아들을, 그것도 백세에 낳은 아들인 이삭을 번제(불로 제물을 태워 드리는 제사)로 하나님께 바치라는 시험이기 때문입니다. 아브라함의 입장에서 돌이켜 생각해보면 하나님께서는 아브라함으로 하여금 참으로 오랜 세월을 기다리게 하셨습니다. 하나님께서는 아브라함에게 그렇게 간절히 기다리던 아들을 주지 않으시다가 인간의 힘으로는 도저히 생산이 불가능한 나이에 이르자 비로소 자식을 낳게 하셨습니다. 그런데 이제는 그 자식을 하나님에게 바치라고 하시는 것입니다. 하나님이시라 할지라도 이런 말씀은 너무한 듯싶습니다. 이것은 마른하늘에 날벼락 치는 일과 마찬가지일 것입니다.

그러나 바로 이 시점에서 하나님에 대한 신뢰가 필요한 것입니다. 당연하거나 합리적인 말씀은 누구나 그다지 어렵지 않게 받아들일 수 있습니다. 하지만 용납할 수 없는 내용을 받아들이려는 데는 반드시 그런 말씀을 하신 분에 대한 신뢰가 필요한 것입니다. 받아들이려는 자가 하나님께서 이처럼 겉보기에는 전혀 말도 안 되는 듯한 말씀을 하실 때에는 그럴 만한 충분한 이유나 목적이 있을 것이라는 점과, 그분의 말씀에 순종하면 그분께서 선한 뜻대로 이루실 것이라는 사실을 믿고 그분에게 모든 것을 맡기는 것, 바로 이것이 하나님에 대한 신뢰입니다. 아브라함이 하나님을 신뢰하여 그분의 말씀에 따르기 시작했음을 알려주는 구절은 어디입니까? (절)

'아들을 번제로 드리라' 는 하나님의 말씀은 위압적인 분위기로 또는 거절할 수 없는 군대軍隊식 명령으로 주어진 것은 아니었습니다. 이것은 (원문에 따르면) 오히려 부탁의 말씀이었습니다. 그러나 이것이 부탁이라 할지라도 아브라함을 심히 곤혹스럽게 만들었습니다. 이것은 "차라리 제가 대신 죽겠습니다"라고 말할지언정 도저히 그대로 시행할 수 없는 일이었습니다. 따라서 아브라함이 마땅히 거절해야 할 일이었습니다. 그러나 그런 황당한 부탁을 하신 분이 다름 아닌 하나님 자신이셨기 때문에 아브라함은 심한 갈등의 소용돌이 속에 빠졌습니다.

빛은 어두운 데서라야 그 밝음을 환히 드러내듯이 신앙도 삶의 막다른 골목에서 그 진실된 빛을 비춰게 됩니다. 아브라함은 이전에 하나님께서 하신 약속(창 17:19, 21; 21:12)보다 하나님 자신을 신뢰하기로 결단하였습니다. 아브라함의 눈에 하나님의 이전 약속과 현재의 부탁은 서로 모순되는 듯이 보이나 하나님 자신께서 그 모순을 해결하시리라 믿었습니다. 이와 같은 아브라함의 믿음은 아들의 질문에 대한 대답에서도 드러나는데 그 대답이 무엇인지 알 수 있는 구절은 어디입니까? (　　　절)

2 창세기 22장 1-8절 〈2〉

(　　월　　일 _ 읽음)

하나님께서는 아브라함에게 "내가 그(이삭)와 내 언약을 세우리니 그의 후손에게 영원한 언약이 되리라"(창 17:19), "내 언약은 내가 명년 이 기한에 사라가 네게 낳을 이삭과 세우리라"(창 17:21)고 말씀하셨습니다. 이 약속은 한마디로 하나님께서 아브라함과 맺은 언약을 이을 계승자로 삼으겠다는 것입니다. 이 약속에 근거하여 하나님께서 자신이 아브라함에게 약속하신 내용(창 12:2–3)을 이삭에게 주실 것입니다. 다시 말하자면 하나님께서 이삭에게 많은 후손을 주시며, 땅을 기업으로 주시며, 복을 주실 것입니다. 그런데 이런 일들이 하나도 이루어지지 않은 상태에서 하나님께서는 아브라함에게 이삭을 번제로 바치라고 말씀하신 것입니다.

이삭이 죽으면 하나님의 약속은 하나도 이루어질 수 없는데 어찌 하나님께서는 이삭을 바치라고 하시는가? 이 질문이 아브라함을 번민케 만드는 물음입니다. 이삭을 죽이고도 하나님께서는 자신의 약속을 이루어주실 수 있는가? 아니면 하나님께서 자신의 약속을 걷어들이고 지키시지 않겠다는 것인가? 이런 상황에 처하면 사람은 이제껏 살아온 자신의 삶을 돌아보며 해답의 실마리를 찾아보려고 합니다.

아브라함도 지난날을 돌아봅니다. 하나님께서 자기 약속을 어기신 적이 한 번도 없으십니다. 하나님은 언제나 신실하셨고 말씀하신 대로 이루셨습니다. 그러기에 아브라함으로서는 하나님께서 아직 이루어지지 않은 약속까지도 반드시 지키실 것이라고 생각할 수밖에 없습니다. 따라서 아브라함은 이삭을 제물로 바쳐도 하나님께서 다시 살려 주시리라 확신하였습니다(히 11:19 – "저[아브라함]가 하나님이 능히 죽은 자 가운데서 다시 살리실 줄로 생각한지라). 이러한 확신이 있었기에 그는 사환들에게 하나님을 경배한 후에 아이와 함께 돌아오겠다고 말할 수 있었습니다. 이와 같은 아브라함의 말이 어디에 있습니까? (절)

분명히 말하자면 성경 본문에서는 아브라함의 번민이나 갈등에 대해 전혀 언급하고 있지 않습니다. 그 까닭은 아브라함이 철鐵심장을 가졌거나 이 세상의 문제, 심지어 자식의 문제에 대해서도 모든 것을 초월超越하였기에 전혀 번민이나 갈등을 하지 않아서 그런 것이 아니라 그의 번민이나 갈등의 과정을 본문의 강조점이나 초점으로 삼고 있지 않기 때문입니다. 그 대신 본문은 아브라함이 어떻게 그 갈등을 해결하였는지에 대해 말하고 있습니다.

아브라함은 모리아(Moriah) 산기슭까지 동행한 사환들에게 "너희는 나귀와 함께 여기서 기다리라"고 하면서 계속해서 이렇게 말합니다. "나와 이 아이, <u>우리가</u> 거기까지 가서 <u>우리가</u> 경배하고, <u>우리가</u> 너희에게로 돌아오겠노라"(5절 직역). 이것은 자신과 아이가 함께 가서 하나님을 경배하고 함께 돌아오리라는 확신에 찬 의지를 보여주는 말입니다. 이와 같은 확신을 가졌기에 아브라함은 하나님께서 지시하신 곳에 이르러 망설임 없이 믿음대로 행동합니다. 이러한 아브라함의 행동을 묘사한 잇따른 두 구절은 어디입

니까? (　　　　절과　　　　절)

3 창세기 22장 1-14절 〈1〉

(　　　월　　　일 _ 읽음)

인간적인 표현을 하나님께 사용하자면 이제 다급해지신 분은 하나님이십니다. 주사위가 하나님에게로 넘어갔습니다. 하나님께서 다시 살리시리라는 확신을 갖고 자기 아들을 칼로 잡아 죽이려 하는 아브라함을 보시고 하나님은 깜짝 놀라셨습니다. 사실 하나님의 의도는 이삭을 죽음에 이르게 하는 것이 아니었습니다. 그래서 아브라함의 행동을 막으려 하십니다. 이삭이 죽으면 살려내실 수가 없기 때문이 아니라, 굳이 이삭을 죽여야 할 이유나 의도를 갖고 계시지 않기 때문입니다. 하나님께서 천사를 보내어 아브라함의 행동을 급히 저지沮止하신 내용이 담긴 잇따른 두 구절은 어디입니까? (　　　　절과　　　　절)

여호와 하나님께서 아브라함에게 이삭을 번제로 드리라고 말씀하실 때 "네 아들 네 사랑하는 독자" 이삭(2절)이라고 호칭하십니다. 12절과 16절에서 말씀하실 때에도 "네 아들 네 독자"라는 표현을 사용하십니다. 이것은 하나님께서 아브라함이 자식에 대해 가진 인간적인 애정만을 간파하셨기에 사용하셨다고 보기는 힘든 표현입니다. 창세기 12-21장까지 문맥을 살펴보면 이삭은 아브라함이 100세에 얻은 아들이기에 귀하고 사랑스러웠다고 하기보다는 하나님께서 아브라함에게 주신 놀라운 구원의 약속과 복을 이룰 수 있는 유일한 통로이었기 때문에 그러했습니다.

엄밀히 말하자면 이삭은 아브라함의 독자獨子가 아닙니다. 아브라함에게는 '이스마엘' 이라는 다른 아들이 있습니다. 그러나 구원 약속을 이어갈 상속자라는 점에서 이삭은 아브라함의 유일한 아들입니다. 따라서 "네 아들 네 독자"를 바치라는 하나님의 요구는 아브라함에게 너무 모순적인 말씀으로 들릴 수밖에 없습니다. 다시 말해서 하나님께서 아브라함에게 약속하신 구원 계획을 이루실 유일한 방편으로 주신 이삭을 도로 가져가시겠다는 것은 하나님편에서 구원 계획을 포기하겠다고 선언하시는 것으로 아브라함이 이해할 수밖에 없는 상황이기 때문입니다. 이 지점에서 아브라함의 갈등이 나타날 수밖에 없습니다.

하나님께서 약속하신 구원의 유일한 방편이 없어져도, 하나님께서는 구원 계획을 약속하신 대로 이루어 가실 것을 믿어야 하는가? 아닌가? 바꿔 말하면 눈에 보이는 구원의 방편을 믿어야 하는가? 아니면 구원을 약속하신 하나님 그분 자신을 믿어야 하는가? 바로 이것이 아브라함의 고민이며 갈등이었습니다. 그러나 위에서 말씀드린 바대로 아브라함은 자기 갈등의 해결점을 찾았습니다. 그래서 아브라함은 자신의 독자 이삭을 데리고 지시한 곳으로 가서 그를 잡아 드리려한 것입니다. 이로써 아브라함은 하나님의 시험을 통과한 셈입니다. 그래서 하나님은 아브라함에 대해 매우 만족해하십니다. 하나님께서 자신의 만족스러움을 표현하신 말씀이 나타난 구절은 어디입니까? (　　　절)

4 창세기 22장 1-14절 〈2〉

(　　월　　일 _ 읽음)

하나님께서는 아브라함의 무엇을 시험하시려고 "네 아들 네 사랑하는 독자 이삭을 …… 번제로 드리라"고 하셨습니까? 얼핏보면 그것은 아브라함의 순종입니다. 그러나 이것은 마치 리트머스 시험지의 색깔을 보고 산성인지 알칼리성인지를 구분하는 것과 같은 시험은 아닙니다. 다시 말해서 아브라함이 순종할 수 있느냐 없느냐의 가부可否를 확인하기 위한 시험은 아니었습니다. 이 시험은 어느 정도까지 순종할 수 있는가? 즉 순종의 용량容量을 재기 위한 시험이었습니다. 이런 시험이 필요한 까닭은 하나님께서 구원 계시를 전개展開하실 때 새로운 계시를 주시기 위하여 계시를 받는 사람의 순종의 용량, 즉 믿음의 크기를 발판으로 삼으시기 때문이라고 말할 수 있겠습니다.

이와 같은 시험의 성격 때문에 하나님께서는 절대복종을 요구하는 군대軍隊식 명령을 내리시지 않고 오히려 부탁에 가깝게 "…… 부디 번제로 드리기 바란다(영어로 말하자면, Please!)"고 말씀하셨습니다. 더욱이 하나님께서는 이삭을 번제로 드릴 기한을 말씀하지 않으셨습니다. 다만 장소를 말씀하셨는데 그곳도 며칠의 여행을 필요로 하는 먼 곳을 지정하셨습니다. 이렇게 하나님께서는 아브라함에게 생각할 여지를 많이 주셨습니다. 하나님께서는 아브라함이 순종의 용량을 재는 시험을 흡족하게 통과하면 그에게 새로운 사실을 가르쳐 주시려고 의도하셨습니다. 그러기에 하나님께서는 아브라함의 행동을 저지하시고 만족함을 표현하신 후에 자신의 의도에 따라 새로운 사실을 계시啓示하시려고 교육용 재료를 준비하셨습니다. 이 재료가 무엇이며 그것을 알 수 있는 구절은 어디입니까? (　　　절)(　　　절)

아브라함 당시에 하나님께 번제를 드릴 때 사용하는 일반적인 제물祭物은 양羊이었습니다. 번제의 제물이 무엇인지는 이삭도 잘 알고 있었습니다. 그러기에 제물 없이 불과 칼과 나무만을 갖고 가는 아버지에게 이삭은 "번제할 어린 양은 어디 있나이까?"(7절) 하고 물었습니다. 이에 아버지는 "아들아 번제할 어린 양은 하나님이 자기를 위하여 친히 준비하시리라"고 대답했지만 사실 이번 경우에는 양羊이 아니라 인간人間 그것도 자기 아들, 사랑하는 독자 이삭을 자기 손으로 잡아 제물로 드려야 한다는 슬픔에 복받치는 고통을 억누르고 있었을 것입니다.

그러나 하나님의 간섭하심 이후에 아브라함은 수풀에 뿔이 걸린 수양을 발견합니다. 하나님께서 이삭을 죽이려 하심이 아니라 과연 "네 아들 네 독자"라도 아끼지 아니 하는가를 아시기 위하여 자신을 시험하셨다는 사실을 깨닫습니다. 그리고 이미 하나님께서 번제에 쓸 제물로 수양을 준비해 놓으셨음도 보게 됩니다. 궁극적으로 하나님께서는 이번 시험을 통해서 아브라함에게 사람 대신에 짐승을 제물로 받으신다는 사실, 즉 대속代贖의 원리를 가르쳐주신 것입니다. [아브라함이 전에도 제물로서 양을 사용해왔다 할지라도 그것이 하나님께서 사람 대신에 받으시는 제물이라는 사실은 여기서 처음으로 계시된 가르침입니다.]

이와 같은 하나님의 가르침에 대해 아브라함의 이해가 희미하거나 미약했다 할지라도, 아브라함은 하나님께서 준비해 놓으신 수양을 가져다가 자기 아들 대신에 하나님께 번제로 드렸습니다. 이로써 아브라함은 하나님께 아들을 제물로 드린 것입니다. 아브라함이 바친 수양이 아들을 대신한 제물이라는 사실을 말한 구절은 어디입니까? (절)

5 창세기 22장 9-14절 〈1〉

(월   일 _ 읽음)

"번제할 어린 양은 어디 있나이까?"라는 아들의 질문에 아브라함은 "하나님이 자기를 위하여 친히 준비하시리라"고 대답합니다. 아브라함은 곤혹스러운 질문을 던진 아들에게 "이번에는 양이 아니라 사람, 즉 너를 제물로 드릴 것이다"라고 직접적으로 대답할 수 없습니다. 그러나 그렇다고 거짓으로 대답할 수도 없습니다. 사실 아브라함은 '하나님께서 지정하신 제물'인 이삭을 바치려고 데려온 것입니다. 따라서 "하나님께서 자기를 위해 친히 준비하시리라"는 아브라함의 대답은 사실에서 벗어난 것은 아닙니다. 아브라함은 사실을 말하되 간접적으로 대답한 셈입니다.

그런데 아브라함이 아들에게 대답할 때 이번에 쓰일 제물이 자기 아들임을 분명히 알고 있으면서도 하나님께서 친히 준비하실 제물을 '양'이라고 말하였습니다. 이 점은 엄격히 따지자면 거짓을 말한 것입니다. 바로 이 부분에서 인간적인 표현을 쓰자면 하나님께서 부담負擔을 가지셨을 것입니다. 하나님으로서는 하나님을 신뢰하고 기꺼이 자기 아들을 내놓는 아브라함을 그 아들의 눈에 거짓말쟁이로 보이게 해서는 안 될 것이기 때문입니다. 그래서 하나님의 준비하심은 확실하였습니다. 하나님께서 번제물로 '양'을 준비하셨습니다. 이러한 하나님의 준비를 말한 구절은 어디입니까?
(　　　절)

이런 놀라운 경험을 하게 된 아브라함은 후에 그곳의 이름을 '여호와 이레' 라고 하였습니다. 이 말은 히브리어로 '여호와께서 공급하신다' 는 뜻입니다. 아브라함은 과연 자신이 한 말대로 하나님께서 번제에 필요한 제물인 양羊을 공급供給해 주심을 경험하였습니다. 이로써 그는 자기 아들을 죽이지 않게 되었습니다. 훗날 사람들도 아브라함이 겪은 이 놀라운 일을 알게 됩니다. 그래서 그 이후로 사람들은 하나님께서 자기를 신뢰하여 순종하는 자들에게 반드시 필요한 것들을 공급해 주신다는 뜻으로 무엇이라고 표현하였는데, 그 무엇을 알려주는 구절은 어디입니까? (　　　절)

6 창세기 22장 9-14절 〈2〉

(　　월　　일 _ 읽음)

하나님은 시험을 통해 과연 아브라함이 하나님 자신을 신뢰하는가 아니면 하나님께서 약속의 보증으로 주신 대상對象을 믿는가를 알아보시려 하셨습니다. 즉 이 시험은 눈에 보이지 않는 하나님을 믿는가 아니면 눈에 보이는 수단手段을 믿는가를 알아보려는 것입니다. 우리에게 적용하여 쉽게 말하자면 "내가 네 일생을 책임지겠다!"라고 말씀하신 하나님 자신을 믿는가? 아니면 우리에게 주신 물질을 믿는가? 하는 문제입니다.

예수님께서 말씀하시기를, "너희가 하나님과 재물을 겸하여 섬기지 못하느니라"라고 하셨듯이(마 6:24) 하나님의 백성인 우리는 우리 자신이 힘써 일해서 얻은 정당한 재물이라 할지라도 그 재물을 의지해서 우리의 삶을 계획하고 유지해가는 것이 아니라, 우리 삶을 책임지신다고 약속하신 하나님 자신을 신뢰하고 살아가는 것입니다. 이 둘중 어느 것을 의지하느냐는 얼른 보면 비슷한 것 같으나 실상은 전혀 다릅니다. 하나는 재물을, 다른 하나는 하나님을 의지하는 것이기 때문입니다.

아브라함의 경우 하나님께서는 아브라함에게 믿음의 본질이 무엇인지를 확실히 보이기를 요구하셨습니다. 즉 이삭이냐 하나님이냐를 선택하게 하신 것입니다. 이 시험에서 아브라함은 합격합니다. 아브라함은 하나님의 약속을 이룰 수 있는 유일한 수단인 이삭일지라도 움켜쥐지 않고 내놓았습니다. 하나님 자신을 믿었기 때문입니다. 이로써 아브라함의 믿음은 참된 것임을 입증하였습니다. 이러한 아브라함의 진실된 믿음에 하나님께서 크게 만족하셨음을 알 수 있는 구절은 어디입니까? (　　　절)

참 믿음에는 이에 걸맞는 행동이 따르게 마련입니다. 그래서 후에 신약성경에서는 이와 같은 아브라함의 참된 믿음에 대해 이렇게 말합니다. "우리 조상 아브라함이 자기 아들 이삭을 제단에 바침으로써 행함으로 의롭게 된 것이 아닙니까? 당신이 보는 대로 믿음이 그의 행함과 함께 작용을 한 것입니다. 그러므로 행함으로 믿음이 완전하게 되었습니다. 그래서 '아브라함이 하나님을 믿으니 하나님께서 이것을 아브라함의 의로움으로 여기셨다' 한 성경 말씀이 이루어졌고, 또 사람들이 그를 하나님의 벗이라고 불렀습니다"(약 2:21-23, 표준새번역).

사람이 하나님을 신뢰하면 자신에게 있는 것을 움켜잡지 않습니다. 그 대신 주님께서 원하신다면 무엇이든지 기꺼이 내놓습니다. 설령 하나님께서 원하는 것이 자기 생명이라 할지라도 감사하게 내놓을 수 있습니다. 이것이 성숙한 믿음이며 주님에 대한 사랑입니다. 하나님께서 이미 이런 사랑을 우리에게 보이셨습니다. 하나님 자신의 독생자를 우리 위해 내어주셔서 죽게 하셨기 때문입니다. 우리 주님이신 예수 그리스도께서도 이미 그런 사랑을 우리에게 보이셨습니다. 자원自願하여 이땅에 오셔서 우리 죄인들을 대신하여 십자가에서 죽으셨기 때문입니다.

이러한 사실을 사도 바울은 이렇게 말합니다. "우리가 아직 죄인으로 있을 때에, 그리스도께서는 우리를 위하여 죽으심으로써, 하나님께서 우리에게 주시는 사랑을 나타내셨습니다"(롬 5:8, 표준새번역). 우리 믿음의 조상인 아브라함은 이처럼 하나님께서 원하시는 것은 아끼지 않고 그분께 내어놓았다는 사실을 하나님께서 친히 인정하신 구절은 어디입니까? (　　　절)

7 창세기 22장 15-24절 〈1〉

(　　월　　일 _ 읽음)

하나님께서 아브라함의 참된 믿음을 보시고 흡족해 하십니다. 하나님께서 다시 천사를 통하여 큰 복을 주시리라 말씀하십니다. 사실 이러한 하나님의 복은 이미 전에 하나님께서 약속하신 것입니다(창 12:2-3; 13:14-17; 15:1, 14, 18; 17:2-8; 18:18-19). 이러한 복에 대한 약속은 전적으로 하나님 자신의 은혜에서 나온 것입니다. 그런데도 하나님께서는 아브라함의 믿음에 흡족하시기에 마치 이 큰 복이 아브라함의 순종에서 비롯된 것처럼 표현하십니다. 이와 같은 표현이 나타난 두 구절은 어디입니까?
(　　　절과　　　절)

하나님께서 은혜로 아브라함을 택하셔서 믿음의 조상으로 되게 하신 것은 아브라함과 그의 혈통적인 후손들만 복 주시려 함이 아닙니다. 하나님의 관심은 세상 전체에 있습니다. 첫 사람이 죄로 인해 타락함으로써 하나님과 원수 되었고 이로 인해 하나님의 복을 전혀 누릴 수 없는 저주詛呪의 상황에 놓이게 되었습니다. 이와 같이 사람과 모든 피조물이 겪는 저주와 불행을 안타깝게 여기시고 하나님께서는 다시 긍휼을 베푸셔서 원래 의도하셨던 복된 상태로 회복시키려고 하십니다.

그러나 사람이 하나님께서 은혜로 주시는 복된 상태로 회복되려면 반드시 하나님을 신뢰하는 믿음이 필요합니다. 그러기에 하나님께서는 아브라함을 택하셔서 그의 행동을 통하여 믿음의 본질이 어떠한 것인지를 보여 주셨습니다. 이는 아브라함의 믿음과 같은 참 믿음을 갖는 자들에게는 그에게 주신 것과 같은 은혜를 베푸시려 하심입니다. 따라서 사람이 하나님께서 은혜로 주시는 복, 즉 구원救援을 얻으려면 반드시 하나님께서 아브라함을 통해 보내시리라고 약속하신 씨(후손)를 믿어야 합니다.

이 '씨'에 대하여 사도 바울은 이렇게 말합니다. "이 약속들은 아브라함과 그 자손에게 말씀하신 것인데 여럿을 가리켜 그 자손[씨]들이라 하지 아니 하시고 오직 하나를 가리켜 네 자손[씨]라 하셨으니 곧 그리스도라"(갈 3:16). 이 세상의 모든 사람들이 하나님의 복을 받을 수 있는 유일한 길은 오직 그리스도에게만 있음을 암시한 구절은 어디입니까? (　　　절)

제 13 주
창세기 22-24장

1 창세기 22장 15-24절 〈2〉

(월 일 _ 읽음)

하나님께서 이미 아브라함에게 '네 씨가 많으리라'는 복을 약속하셨습니다. 그리고 이렇게 아브라함 자손이 번성할 것에 대해 하나님께서는 비유적인 표현을 사용하셔서 "내가 네 자손으로 땅의 티끌 같게 하리니"라고 말씀하셨으며(창 13:6), 또한 '네 자손이 하늘의 별과 같으리라'고 약속하셨습니다(창 15:5). 그리고 여기서 다시 하나님께서는 '땅의 티끌'이나 '하늘의 별' 대신에 또 다른 표현을 사용하셔서 아브라함의 후손이 많을 것임을 약속하시는데 그 표현은 무엇이며 어느 구절에서 알 수 있습니까?
(절)(절)

이처럼 하나님께서 아브라함에게 그의 후손이 많을 것에 대하여 땅과 하늘과 바다를 모두 활용한 비유적인 표현을 사용하셨기에 아브라함은 어느 곳에 있든지 하나님의 약속을 떠올리지 않을 수 없었을 것입니다. 이렇게 하나님께서는 아브라함으로 하여금 하나님의 약속을 기억하며 살도록 은혜를 베푸셨습니다. 그리고 하나님께서는 이미 아브라함에게 '크고 강한 나라'가 될 것이라고 말씀하셨습니다만(창 18:18), 특히 여기서는 하나님께서 '씨'에 대해 말씀하시면서 아브라함의 씨가 매우 강성强盛하여 그 원수를 정복하고 승리하리라고 약속하십니다. 이 약속이 담긴 구절은 어디입니까? (절)

2 창세기 22장 15-24절 〈3〉

(월 일 _ 읽음)

가끔 성경에는 기록자가 독자讀者들로 하여금 뒤에 전개될 이야기를 잘 이해하도록 하려고 필요한 정보들을 알려주는 경우가 있습니다.

예를 들면, 창세기 11:27에서 아브라함의 형제들의 이름을 말하면서 그중 한 형제의 아들 이름까지 알려줍니다. 후에 창세기 13-14장에서 아브라함의 형의 아들인 '롯'(Lot)이 아브라함의 삶속에 끼어 들어오기 때문입니다.

또한 창세기 11:29에는 아브라함의 형제인 나홀(Nahor)과 그의 아내인 밀가(Milcah)에 대해 알려줍니다. 이 두 사람이 오늘 본문에서 다시 등장하게 되는데, 이는 이 부부의 자식 중 브두엘(Bethuel)이 장차 아브라함의 며느리가 될 리브가(Rebekah)의 아버지이기 때문입니다. 이처럼 기록자는 아브라함의 생애와 연관이 있는 사람들을 미리 소개함으로써 아브라함 이야기를 잘 이해하도록 도와줍니다. 이와 같은 정보를 담고 있는 잇따른 다섯 구절 중에서 아브라함과 연관된 네 사람을 모두 말하고 있는 곳은 어디입니까?
(　　　절)

하나님께서는 일찍이 아브라함에게 약속하시기를 "땅의 모든 족속이 너를 인하여 복을 얻을 것"이라고 하셨습니다(창 12:3). 만일 이 약속이 아브라함 본인本人만을 통하여 땅의 모든 족속이 복을 얻게 된다는 뜻이라면 이해하거나 받아들이기 매우 힘들 것입니다. 이는 아브라함이 땅의 모든 족속으로 하여금 하나님의 복을 얻게 하려면 이 세상에 존재하는 모든 사람들을 만나거나 또는 만날 때까지 오래 살아야 하기 때문입니다.

그러나 아브라함은 현대처럼 개인個人중심적인 사고가 일반화된 사회가 아니라, 가문家門이나 족속族屬 중심적인 사고가 자연스러운 사회에서 살았습니다. 따라서 그는 '너를 인하여' 라는 말씀을 자연스럽게 최소한 가족家族 중심으로 넓게 이해하였을 것이 분명합니다. 이 사실은 하나님께서 '너를 인하여' 대신에 '네 씨로 말미암아' 라고 그 표현을 바꾸어 말씀하셨음에도 아브라함이 전혀 아무런 질문이나 의문疑問을 제기하지 않은 데서 드러납니다.

이제까지 예를 보면, 아브라함은 하나님의 약속을 믿고 나름대로 오래 기다렸으나 '씨' 에 대한 약속이 이루어지지 않자 하나님께 이렇게 질문합니다. "주 여호와여 무엇을 내게 주시렵니까? 나는 무자無子하오니 나의 상속자는 이 다메섹 [사람] 엘리에셀(Eliezer)입니다. 주께서 내게 씨를 아니 주셨으니 내 집에서 기른 자가 나의 후사後嗣가 될 것입니다"(창 15:2-3). 뿐만 아니라 아브라함은 '땅'에 대한 약속에 대해서도 이렇게 질문합니다. "주 여호와여, 내가 이 땅으로 업을 삼을 줄 무엇으로 알 수 있습니까?"(창 15:8). 그러나 아브라함은 적어도 '복'에 대한 약속에 관해서는 '너'가 아니라 '네 씨'로 그 표현이 바뀌었음에도 불구하고 아무런 질문도 하지 않습니다. 이는 그가 '너로 인하여'라는 표현에 대해서 충분한 이해를 갖고 있었다는 사실을 나타내는 것입니다.

하나님께서 아브라함의 씨를 통해 천하만민을 복 주려는 계획은 마침내 그의 씨인 예수 그리스도에게서 온전히 성취됩니다(참고. 갈 3:16). 이처럼 하나님께서 아브라함의 자손인 그리스도를 통하여 천하만민天下萬民을 복 주시려고 계획하셨다는 사실을 암시한 구절은 어디입니까? (　　　절)

3 창세기 23장 1-9절

(　　월　　일 _ 읽음)

사람은 자기 자신의 뜻이나 결정으로 이땅에 오는 것이 아닙니다. 하나님께서 부모를 통하여 그 사람을 이땅에 보내기로 정하셨기에 태어나는 것입니다. 모든 사람은 하나님의 정定하심에 따라 이땅에 와서 살다가, 하나님께서 부르시면 다시 하나님 앞으로 돌아갑니다. 그러나 하나님께서 사람을 이 세상에 보내심은 제멋대로 살라고 하심이 아니라, 맡기신 소명召命을 하나님의 뜻대로 잘 감당하며 살다가 오라고 그리하신 것입니다. 그러므로 누구든지 하나님 앞으로 되돌아간 사람은 그분 앞에서 자신의 일생을 회계會計해야 합니다. 그리고 하나님의 평가에 따라 그 사람의 영원한 운명이 결정됩니다.

아브라함과 일생을 함께 했던 아내 사라(Sarah)가 죽었습니다. 하나님의 말씀인 성경은 사라의 삶에 대해 두 가지 평가를 내립니다. 첫 번째 평가는 "믿음으로 사라 자신도 나이 늙어 단산斷産하였으나 잉태하는 힘을 얻었으니 이는 약속하신 이를 미쁘신 줄 앎이라"(히 11:11)는 말씀입니다. 즉 사라는 하나님을 신실한 분으로 믿는 믿음의 사람이었다는 평가입니다. 두 번째 평가는 "사라가 아브라함을 주라 칭하여 복종"하였다(벧전 3:6)는 말씀입니다. 사라는 남편을 주인으로 여겨 복종하는 삶을 살았다는 평가입니다. 이 두 가지 평가를 묶자면 사라는 진정한 믿음, 즉 행함이 있는 믿음을 산 여인이었습니다.

믿음의 반려자伴侶者를 잃은 아브라함의 슬픔은 매우 컸습니다. 그러나 슬퍼하고 있을 수만은 없어서 아내를 묻을 매장지를 구하려 합니다. 하나님께서 가나안 땅 전체를 아브라함에게 주신다고 약속하셨고 그 약속은 반드시 이루어질 것이지만 아직 아브라함 자신에게는 한 뼘의 땅조차도 없었습니다. 그래서 그는 자신이 거주하던 지역 사람들에게서 매장지를 매입해야만 했습니다. 그 당시 아브라함은 헷 족속(히타이트 족, Hittites)의 땅에 거주하고 있었습니다. 이 족속이 아브라함을 어떠한 사람으로 평가하고 있었는지를 알 수 있는 구절은 어디입니까? (　　　절)

아브라함은 나그네처럼 남의 땅에서 사는 자였습니다. 그러나 그는 하나님의 약속을 믿고 하나님을 바라보며 살아갑니다. 이 사실을 성경은 이렇게 말합니다. "이들[아브라함과 사라]은 모두 믿음으로 살다가 죽었습니다. 그들은 약속된 것을 받지는 못하였지만, 그것을 멀리서 보고 환영하며 또 땅에서는 손(님)과 나그네로 있다는 것을 인정하였습니다. 그들은 이렇게 말함으로써, 자기네가 본향을 찾고 있다는 것을 분명히 밝혔습니다. 그들이 떠나온 곳을 생각하고 있었다면 돌아갈 기회가 있었을 것입니다. 그러나 실상 그들은 더 좋은 것을 갈망하고 있었습니다. 그것은 곧 하늘 나라였습니다. 그래서 하나님께서는 그들의 하나님이라고 불리는 것을 부끄러워하지 않으시고, 그들을 위하여 한 도시를 마련해 주셨습니다"(히브리서 11:13-16). 그러기에 아브라함은 헷 족속 가운데 사는 동안 그들의 눈에 하나님의 왕자

또는 제후諸侯처럼 보였습니다. 이 사실을 알려주는 구절은 어디입니까? (절)

4 창세기 23장 1-20절 〈1〉

(월 일 _ 읽음)

아브라함이 살던 시대의 장례 풍습은 우리처럼 시체를 땅에 묻는 매장埋葬이나 불로 태우는 화장火葬이 아니라 굴 속에 안치安置하는 것입니다. 따라서 아브라함은 아내의 매장지로 굴窟만 사려고 했습니다. 그러나 아브라함이 원하는 동굴을 소유한 사람은 이 기회에 아예 자기 밭을 팔아치우려고 합니다. 이 소유주의 속셈은 자기 밭을 사지 않으면 그 밭의 끝부분에 위치한 동굴도 팔지 않겠다는 것입니다. 이 소유주는 흥정에 능숙했습니다. 그는 자신의 속셈을 감추고 동굴은 물론 그 동굴이 속한 밭까지도 존경의 뜻으로 아브라함에게 거저 드리겠다고 말합니다. 이처럼 동굴의 소유주는 겉으로는 예의를 갖춰 공손하게 말하지만 실상은 아브라함의 급한 처지를 이용하여 자기 밭을 처분하겠다는 속셈을 감춘 것입니다. 소유주가 자신의 속셈을 감추고 아브라함에게 한 말의 내용을 알려준 구절은 어디입니까? (절)

동굴만 사겠다는 아브라함에게 동굴의 소유주는 밭까지 거저 드리겠다고 버팁니다. 이는 마치 방 하나만 월세月貰로 빌리자는 사람에게 집주인은 방이 무려 열 개나 되는 집 전체를 거저 빌려드리겠다고 고집함으로써 '울며 겨자 먹기' 식으로 집 전체를 빌릴 수밖에 없는 상황으로 내모는 것과 같습니다. 동굴의 소유주는 아브라함의 명성과 급한 처지를 교묘하게 이용해서 자기가 얻을 수 있는 이익을 최대치로 만들려고 하는 것입니다.

일찍이 아브라함은 감히 다른 왕들도 대항하지 못하던 강대한 연합 군대軍隊

를 쳐부수어 조카 롯(Lot)과 그 식구들을 구할 뿐만 아니라 함께 사로잡혀가던 소돔과 고모라 성城의 백성들을 구한 일이 있습니다(창 14:1-16). 이 일 이후로 아브라함은 유명해졌으며 존경받는 인물로 부각되었습니다. 아브라함이 이런 명성을 지닌 족장族長임을 익히 알기에 소유주는 동굴만 사겠다는 아브라함의 제안에 그러려면 아예 밭까지 다 통째로 드리겠다고 말합니다. 소유주로서는 그렇게 말해야 아브라함이 체면상 자신의 의견을 고집하기 힘들 뿐더러 덥석 밭까지 거저 받겠다는 태도는 더더구나 취할 수 없을 것임을 계산하였을 것입니다. 그러나 아브라함으로서는 거저 주겠다는 소유주의 말이 진심이라 할지라도, 그의 밭을 결코 거저 받을 수 없었을 것입니다. 체면 때문이 아니라 "이 땅을 너와 네 자손에게 주리라"고 말씀하신 하나님의 약속 때문입니다.

이 땅은 하나님의 약속대로 장차 자신의 땅이 될 것이기에 그 약속을 믿고 이 땅에 뿌리를 내리려면 무엇보다도 대대代代에 걸쳐 이어갈 매장지가 필요하기 때문입니다. 마치 우리나라에서 선산先山을 소중히 여기고 대대로 보존해가려는 풍습에서 볼 수 있듯이 어느 시대이든지 사람들은 조상들의 무덤이 있는 땅을 자신의 근거지로 삼고 살아가려 합니다. 이런 면에서 매장지를 확실하게 사서 장차 죽은 자들을 안치하는 장소로 정해두는 것이 아브라함으로서는 매우 중요하였습니다. 또한 만일 그러지 않을 경우 소유주인 에브론(Ephron)이 죽은 후에 그의 후손들이 다시 기증한 밭의 소유권을 주장할 경우 심한 분쟁이 생길 수 있기 때문입니다[참고. John H. Walton, Victor H. Matthews and Mark W. Chavalas, *The IVP Bible Background Commentary: Old Testament*, IVP, 2000, p.54].

뿐만 아니라 아브라함이 그 밭과 동굴을 거저 선물로 받는다면 어떤 의미에서 크게 신세를, 그것도 하나님을 섬기지 않는 이방인에게 지는 셈이 됩니다. 따라서 후에 상대방이 신앙상 결코 들어줄 수 없는 일을 요구해 올 때는 매우 곤란하고 심각한 상황이 생길 수도 있습니다. 이런 여러 가지 문제를 고려할 때 아브라함으로서는 당장 땅이 그만큼 필요하지는 않지만 다른 방도가 없는 한 이참에 확실하게 매장지를 사두는 것이 지혜로운 일일 것입니다. 이에 아브라함이 합당한 가격을 내고 그 밭을 사서 막벨라(Machpelah) 굴을 자기 소유의 매장지로 구입하겠다고 소유주에게 말한 내용이 기록된 구절은 어디입니까? (　　　절)

5 창세기 23장 1-20절 〈2〉

(　　월　　일 _ 읽음)

그런데 밭의 소유주인 에브론(Ephron)은 어째서 막벨라 동굴만 떼어서 팔려고 하지 않았습니까? 헷 족속의 법률(Hittite Laws, xxxvi-xxxix 조항)에서 그 이유를 찾을 수 있습니다. 이 법률에 따르면 토지 일부一部만 팔거나 상속하면 땅주인은 왕의 요구가 있으면 언제든지 시행해야 할 봉사奉事 의무를 짊어져야 합니다. 그러나 토지를 전부全部 팔거나 상속하면 땅주인은 그 의무에서 면제되고 새로이 그 토지를 사거나 상속받은 사람이 그 의무를 지게 됩니다[William W. Hallo and K. Lawson Younger, *Context of Scripture*, 3 volumes, Leiden; Boston: Brill, 2000, 2:111].

우리가 봉건封建 시대의 상황을 통해서 넉넉히 짐작할 수 있듯이 왕이 요구하는 것들은 만만치가 않은 일로 전쟁을 벌이거나 성읍을 건축할 때 또는 도로를 건설할 때 사람들을 동원하며 세금을 부담하는 일 등 여러 가지 힘든 일일 것입니다. 이런 까닭에 에브론은 이때에 아브라함에게 토지 전부를 팔아 넘기려고 하였을 것입니다. 어쨌든 새 지주地主가 되면 왕에 대한 고역苦役을 짊어진다 할지라도 시급히 매장지를 사야 하는 아브라함으로서는 어쩔 수 없이 에브론의 제안을 받아들일 수밖에 없었습니다. 아브라함이 여러 증인들이 보는 앞에서 에브론의 밭과 이에 딸린 모든 것을 구입하여 하나님께서 주시겠다고 약속하신 가나안 땅의 일부를 법적法的으로 소유하게 되었다는 사실을 알려준 잇따른 두 구절은 어디입니까?
(　　　절과　　　절)

땅주인 에브론은 상거래商去來에 능숙한 사람인 듯합니다. 막벨라 굴을 팔라고 제안한 아브라함에게 처음에 에브론은 동굴은 물론 밭까지 모두 드리겠다고 말합니다. 이 말의 뜻은 좋게 생각한다면 굳이 구입하실 것까지는 없고 마음껏 편한 대로 사용하시라는 의미일 수도 있고, 장삿속 입장을 취했다고 생각한다면 예의는 정중하지만 동굴만은 안 팔겠으니 살려면 밭까지도 다 구입하라는 의미일 것입니다. 그러나 에브론이 제안한 땅값을 보자면 그는 자신의 속셈을 가득 채우려는 마음을 정중한 예의 속에 감추고 있었습니다.

그는 땅값을 말합니다. 그리고는 "나와 당신 사이에 어찌 교계較計하리이까?"라고 말합니다. 여기서 '교계'란 '서로 견주어 살피다'는 뜻입니다. 그렇다면 그 말뜻은, 땅값은 이렇지만 나와 당신 사이에 땅값을 흥정하거나 비교해보지 않고 그냥 저렴하게 팔려고 한다는 것입니다. 그러나 "어찌 교계하리이까?"의 원문은 '그것(땅값)이 무엇이겠습니까?' 입니다. 따라서 에브론이 한 말의 정확한 뜻은 "땅값은 은銀 사백 세겔(shekel)이지만 나와 당신 사이에 그 액수가 뭐 그리 대단하겠습니까?"라는 것입니다. 사실 이것은 아예 흥정 자체를 막아버리는 수법입니다. 아브라함은 헷 족속이 인정하는 '하나님의 방백' 입니다. 그런데 만일 아브라함이 여러 사람들 앞에서 에브론이 제안한 땅값이 비싸다고 말한다면 아브라함은 쩨쩨한 사람으로 보일 수밖에 없는 상황으로 몰리게 되었기 때문입니다.

아브라함은 매장지로 동굴 하나면 충분합니다. 그런데 에브론이 밭 전체를 팔아 넘겨서 왕에 대한 엄청난 의무를 떠넘겼습니다. 아브라함의 입장에서는 밭 전체를 산다는 것이 이미 큰 대가를 치르는 셈입니다. 게다가 은 사백 세겔을 밭값으로 지불해야 합니다. 위에서 말한 헷 족속의 법률(178조항과 179조항)에 따르면 황소 한 마리의 가격은 은 10세겔이고 양 한 마리의 가격은 은 1세겔입니다(같은 책, 117쪽). 따라서 아브라함이 지불해야 하는 땅값은 황소로 치자면 40마리 가격이고 양으로 치자면 400마리 가격입니다. 물론 밭의 크기가 얼마나 되는지는 알 수 없지만 단지 매장지로서 동굴 하나면 필요한 사람이 (황소 한 마리를 500만원으로 계산한다면) 무려 2억 원과 이외에 막

대한 봉사 의무를 짊어진다는 것은 엄청난 희생입니다. 아브라함은 요샛말로 큰 바가지를 쓴 셈입니다.

그러나 그렇다고 할지라도 이제 아브라함은 하나님께서 주신 엄청난 부富로 인하여 땅값을 쉽게 지불할 수 있었고 이로써 하나님께서 약속한 땅을 비록 한 부분이지만 손에 넣을 수 있게 되었습니다. 헷 족속이 그 밭과 그 굴을 모두 아브라함의 소유로 정하였다는 사실을 말한 구절은 어디입니까? (　　　절)

6 창세기 24장 1-9절 〈1〉

(　　월　　일 _ 읽음)

아브라함의 아내 사라(Sarah)가 127세에 죽었을 때(창 23:1) 그의 나이는 136세였습니다. [흔히 아브라함과 그의 아내는 열 살 차이라고 합니다. 이는 하나님께서 아브라함에게 나타나셔서 이삭의 출생을 예고하실 때 아브라함이 한 말에 근거했기 때문인 듯합니다. "아브라함이 엎드리어 웃으며 심중에 이르기를 백세 된 사람이 어찌 자식을 낳을까? 사라는 구십 세니 어찌 생산하리요?"(창 17:7). 그러나 엄밀히 말하자면 하나님께서 아브라함에게 나타나신 때는 그가 99세일 때였습니다. 성경의 기록자가 "아브람의 구십 구 세 때에 여호와께서 아브람에게 나타나서"라고 말하고 있습니다(창 17:1). 이처럼 아브라함은 99세이지만 자신을 100세라 한 것은 적어도 자기 마음속으로는 자신을 '100세나 된 노인'이라고 생각하였기 때문입니다. 한편 이때에 아브라함은 자기 아내의 나이를 90세라고 했는데 이것이 정확한 나이일 수 있습니다. 그렇다면 아내의 나이의 끝수에 맞추어 자기 나이의 끝수도 자연스럽게 0으로 맞추어서 100세라고 했다고 볼 수 있습니다. 그러나 아브라함이 자신의 나이를 반올림하여 100세라고 하였듯이 자기 아내의 나이도 반올림하였을 가능성도 있습니다. 이 경우에 그의 아내의 나이는 '90세 안팎'일 것입니다. 따라서 어떤 쪽의 가능성이 더 높든지 간에 아브라함의 나이는 99세가 분명한 반면에 그 아내 나이는 90세라고 표현된 것 이외에 다른 단서를 얻을 수 없으므로

두 사람의 나이 차를 열 살 보다는 아홉 살로 보는 것이 타당할 것입니다.]

과연 하나님께서 예고하신 바대로 아브라함은 100세에 이삭(Isaac)을 낳았습니다(창 21:5). 사람의 생각으로는 도저히 불가능한 일을 하나님께서는 자신이 약속하신 바대로 이루셔서 무려 91세의 아내와 100세 된 남편에게서 아들이 출생토록 하셨습니다. 이렇게 하나님의 은혜로 출생한 이삭은 40세에 리브가(Rebekah)를 아내로 맞이합니다. 이때 아브라함의 나이는 140세입니다. 따라서 오늘 본문에서 "아브라함이 나이 많아 늙었다"(1절)고 표현된 이때는 그의 나이가 139세나 140세였을 것입니다. 아내가 죽은 지 3-4년이 지난 때입니다.

하나님께서 아브라함을 '갈대아 우르' 곧 그 당시 갈대아 민족이 살고 있던 성읍인 '우르'(Ur of the Chaldeans)에서 부르셔서 약속의 땅 '가나안'으로 불러들이실 때 이렇게 약속하셨습니다. "내가 너로 큰 나라(원문대로)를 이루고 네게 복을 주어 네 이름을 창대케 하리니"(창 12:2). 아브라함이 '우르'에서 출발하여 도중에 하란(Haran)에서 머물렀다가 그곳을 떠나 가나안 땅에 들어올 때 그의 나이가 75세였으니(창 12:4) 그 이후 수십 년 동안 하나님께서는 자신의 약속을 변함없이 신실하게 지켜오셨습니다. 이처럼 하나님께서 아브라함을 복 주시되 그의 삶의 모든 면에 복을 주셨다는 사실을 말한 구절은 어디입니까? (절)

아브라함은 하나님께서 말씀하신 약속의 핵심적인 내용(창 12:1-3)을 그저 암기하고 있던 것이 아니라 그렇게 약속하신 하나님의 의도와 목적을 잘 이해하고 있었습니다. 그러기에 그는 자기 아들을 자신이 살고 있던 땅의 여자와 혼인시키기를 원하지 않습니다. 아브라함은 자신이 하나님께서 주시는 복을 땅의 모든 족속에게 베푸는 복의 근원이 되며 또한 큰 나라를 이루려면(창 12:2-3) 그 구성원들이 하나님을 알고 믿는 자들로 이루어져야 함을 분명하게 인식하고 있었기 때문입니다.

아브라함이 지금 거주하고 있는 가나안 땅의 족속들은 하나님을 믿지 않는 이방인이었기에 그는 자기 종을 자기 족속에게로 보내어 하나님을 믿는 신앙을 가진 며느리감을 택해오도록 합니다. 이 일이 매우 중요한 것이기에 그는 이 일을 맡은 종으로 하여금 여호와 하나님을 가리켜 맹세하도록 하였다는 사실을 말한 구절은 어디입니까? (　　　절)

〈그리스도인이라 자처하면서도 불신자와 혼인하는 사람들 또는 자기 자녀를 불신자와 혼인시키는 부모들 그리고 주변 사람들에게 불신자와 혼인하면 어떠냐고 쉽게 말하며 권하는 사람들이 교회 안에 상당히 많습니다. 이러한 분들은 좁게는 하나님께서 가정을 세우신 목적이나 의도를 알지 못할 뿐만 아니라 넓게는 하나님께서 이루어가시는 '하나님 나라'에 대하여 아무런 관심을 갖고 있지 않은 것입니다. 그러기에 이런 분들은 '하나님의 뜻'을 우선 순위에 넣지 않습니다. 이들은 이미 모든 것을 자기가 원하는 대로 자기 방식대로 다 결정해놓고 더 이상 변경할 수 없을 상태에 가서야 마치 인심이나 쓰듯이 경건한 척하며 '하나님의 뜻'을 더듬어 보는 지적知的 유희遊戱를 시도할 뿐입니다.〉

7 창세기 24장 1-9절 〈2〉

(　　월　　일 _ 읽음)

아브라함의 말을 들은 종은 주인의 뜻을 충분히 이해합니다. 주인의 뜻은 며느리감의 제일 중요한, 양보할 수 없는 조건으로 여호와를 섬기는 여인이어야 한다는 것입니다. 그러나 종의 생각에 과연 주인의 뜻에 맞는 여인을 찾았다 할지라도 그 여인이 선뜻 자기 고향을 떠나 외국 땅인 이곳까지 따라오겠느냐 하는 문제가 떠오릅니다. 과연 그럴 경우에는 어떻게 해야 할 것인가? 그래서 종이 어찌해야 할지를 주인에게 묻는 물음이 있는 구절은 어디입니까? (　　　절)

종의 물음에 대해 아브라함의 대답은 단호하며 확실합니다. 아브라함은 거침없이 대답합니다. "내 아들을 데리고 그리로 돌아가지 말라!" 아들 그것도 백세에 얻은 아들의 혼사를 성사시키는 일은 매우 중요한 일입니다.

그러나 이보다 더 중요하고 결코 양보할 수 없는 일은 하나님께서 아브라함 자신을 불러내신 목적에 따라 사는 일입니다. 아브라함은 자신과 가족은 물론 족속族屬 전체의 삶에서 무엇을 우선적으로 지켜야 하는지를 분명하게 알고 있습니다.

하나님께서는 아브라함을 불러내시면서 지금 현재 아브라함이 거주하고 있는 땅을 아브라함의 후손에게 주신다고 약속하셨습니다. 따라서 아브라함의 아들과 그 자녀들이 살아야 할 곳은 '이 땅' 입니다. 그러기에 '이 땅' 에 와서 살고자 원치 않는 여인은 아무리 적합한 조건을 갖춘 여인이라 할지라도 아브라함의 며느리는 될 수 없습니다. 이와 같이 아브라함은 철저하게 하나님의 약속에 근거하여 아들의 혼인과 연관된 문제를 판단합니다.

이처럼 하나님을 신뢰하는 자는 언제나 하나님의 말씀에 근거하여 모든 일을 결정해야 합니다. 내가 중요하다고 생각하는 일은 내 방식으로 처리하고 그 외에 별로 중요하지 않은 일들만 겨우 하나님의 말씀에 비추어 처리하려고 해서는 안 됩니다. 내게 가장 중요해서 양보할 수 없다고 생각하는 문제를 하나님의 말씀에 비추어 판단하고 결정하는 것이 신앙인의 올바른 자세입니다. 종의 질문에 아브라함이 하나님의 말씀을 근거로 대답하였음을 알려주는 잇따른 세 구절은 어디입니까? (　　　-　　　절)

하나님께서는 말씀으로 자신의 뜻을 아브라함에게 알려 주시며 아브라함이 삶에서 번번이 실패할 때마다 나타나서 자신의 약속대로 신실하게 섭리하셔서 그의 삶을 인도해 오셨습니다. 이런 까닭에 이제 노년에 이른 아브라함의 신앙은 뿌리깊은 나무처럼 튼튼합니다. 아브라함은 하나님께서 자신을 불러내어 하나님의 백성으로 삼으셨으니 약속하신 대로 자신과 후손 전체의 삶을 책임지시고 이끌어 가실 것임을 확신하고 있습니다.

하나님께서 아브라함에게 후손을 주시겠다고 약속하신 것은 곧 후손의 혼인도 책임지심을 보장하는 것입니다. 아내 없이 후손을 이어갈 수 없기 때문입니다. 또한 하나님께서 대대로 이어갈 기업基業으로 '이 땅' 을 주시겠다고 약속하심은 분명코 '이 땅' 에서 자기 아들과 함께 살아갈 아내도 마련해 주실 것임을 보장하는 것입니다. 그러기에 아브라함은 자신의 종에게 '하나님께서 자신의 사자使者를 먼저 보내어' 필요한 일들을 준비하실 것이라고 담대하게 말할 수 있었습니다. 이처럼 아브라함의 담대한 마음이 나타난 구절은 어디입니까? (　　　절)

우리말에 '가슴에 손을 얹고 생각해보라' 고 합니다. 생각은 머리로 하지만 '머리에 손을 얹고 생각해보라' 고 말하지 않습니다. 따라서 앞의 말은 머리로만 생각하지 말고 마음으로 진지하게 생각해보라는 의미일 것입니다. 아브라함 시대에 맹세할 때는 신성한 대상을 손으로 붙잡거나 접촉하고 맹세하는 것이 관습이었으므로 아브라함은 종의 손을 자신의 환도뼈(넓적다리뼈) 아래에 넣고 맹세하도록 하였습니다. 이렇게 손을 넣으면 십중팔구 생식기에 접촉되는데 이는 생명을 만드는 생식기가 신성한 것으로 간주되었기 때문이라고 합니다[G. Wenham, *WBC: Genesis 16–50*, Word Books, 1994, p.141]. 종이 아브라함의 요구대로 그에게 맹세한 사실을 말한 구절은 어디입니까? (　　　절)

제 14 주
창세기 24장

1 창세기 24장 10-21절 〈1〉

(월 일 _ 읽음)

아브라함은 자기 아들 이삭(Isaac)의 혼인婚姻을 위해 한 늙은 종을 부릅니다. 이 종은 아브라함이 자기 집의 모든 소유를 맡아 관리하도록 맡길 만큼 경험이 많을 뿐더러 신뢰하는 자였습니다. 이 늙은 종에게 아브라함은 아들의 신부新婦를 택해오는 특별한 임무를 맡깁니다. 주인의 아들의 혼인을 책임지게 된 종은 주인의 고향으로 떠납니다. 그 거리는 대략 600km나 되는 먼 길입니다. 이 종은 낙타 열 필과 주인이 주신 좋은 것들을 모두 갖고 길을 떠납니다. 그의 목적지는 메소포타미아입니다.

〈정확히 말해서 '메소포타미아'에 해당하는 히브리어는 '아람 나하라임'(Aram Naharaim)이며 이것은 직역하면 '두 강江의 아람'이라는 뜻입니다. 두 강江, 즉 티그리스(Tigris) 강과 유프라테스(Euphrates) 강을 끼고 있는 아람(Aram) 땅을 가리킵니다. 이곳은 오늘날 북서北西 메소포타미아 지역에 해당합니다. 따라서 우리말 성경에서는 아예 메소포타미아(Mesopotamia)로 표현하였습니다. 이곳에 아브라함의 형제인 나홀(Nahor)이 터를 잡아 살고 있었습니다. 오래 전 아브라함과 그의 형제 나홀이 아버지 데라(Terah)를 따라 갈대아 우르(Ur)에서 떠나 가나안 땅으로 오려다가 도중에 하란(Haran)에서 머물러 앉았습니다(참고. 창세기 11:31-32). 그후 아브라함은 하나님의 불러내심으로 가나안 땅에 이르게 되었으나(창세기 12:1-4) 아버지 데라와 나홀은 하란에서 그대로 뿌리를 내리고 삽니다. 그러다가 데라는 불과 4-5년 전에 (데라가 아브라함을 70세에 낳고 205세에 죽었으니 아브라함이 135세일 때였습니다) 죽고, 이제 나홀이 족속 전체의 어른이 되었기에 하란을 '나홀의 성城'이라고 칭할 만합니다.〉

아브라함의 종은 나홀의 성城인 하란(Haran)에 도착하자 성 밖 우물곁에서 한숨 돌립니다. 주인의 며느리감을 찾기 위해 먼 길을 왔지만 막상 주인이 원하는 조건을 갖춘 여인을 찾는다는 것은 물론 서울에서 김서방 찾는 일보다는 어렵지 않다고 할지라도 그리 만만한 일은 아닐 것입니다. 그래서 이 종은 하나님께 도우심을 구합니다. 이 종이 기도한 내용이 무엇인지 알

려주는 잇따른 세 구절은 어디입니까? (　　　 - 　　　절)

종은 기도합니다. 얼른 보면 우리말의 "오늘날 나로 순적順適히 만나게 하사"라는 표현 때문에 종이 '어려움 없이 순조롭게 만나게' 해달라고 기도한 것처럼 보입니다. 그러나 이 표현에 해당하는 원문을 직역直譯하면 '제발 오늘 내 앞에 성공을 주시옵소서!' 입니다. 바꿔 말하자면 이것은 오늘 꼭 주인의 며느리감을 만나게 해달라는 뜻입니다. 즉 종은 오늘 만나게 해주심으로써 하나님께서 종의 주인인 아브라함에게 '이제까지 베풀어 오신 변함없는 언약적인 사랑' 을 또다시 베풀어주십사 하고 기도한 것입니다.

이 종은 오랜 세월 아브라함의 집에서 살면서 하나님께서 아브라함에게 얼마나 큰 사랑을 변함없이 신실하게 베풀어 오셨다는 사실을 목도하였습니다. 그리고 그러한 하나님의 사랑은 아브라함에게 세우신 언약에 근거하여 베푸시는 것이라는 사실도 알았습니다. 그러기에 종은 도움이 절대적으로 필요한 이 순간 아브라함의 하나님에게 '아브라함을 위해서 언약적인 신실한 사랑(covenantal loving-kindness)을 베풀어주십시오' 라고 간구하게 된 것입니다. 우리말 성경에서는 이 독특한 말을 달리 표현하기가 어려워서 단지 '은혜' 라고 표현했습니다만, 이에 해당하는 원문은 '헤쎄드' 로서 하나님께서 언약 때문에 베푸시는 신실한 사랑을 뜻하는 말입니다. 이처럼 아브라함의 종이 자기 주인을 위해 그의 며느리감과 만남을 성사成事시켜달라고 하나님께 간구하였음을 알려주는 구절은 어디입니까? (　　　절)

2 창세기 24장 10-21절 〈2〉

(　　월　　일 _ 읽음)

아브라함의 종은 구체적으로 기도합니다. 외모를 보고서는 알맞은 며느리감을 구할 수가 없습니다. 그 사람의 인품을 보아야 합니다. 그리고 인품은 꾸미지 않은 자연스러운 상황에서 정확하게 드러나게 됩니다. 이 종은 늙은 사람이라 살아온 경험이 많기에 어떻게 알맞은 사람을 찾을 수 있는지를 알고 있었습니다.

그래서 그는 성 안의 많은 여인들이 물 길러 나오는 우물가를 면접 장소로 택했습니다. 성 밖에 있는 우물가이기에 자연스럽게 오가는 사람들이 접근하기도 쉬운 장소입니다. 인품을 파악하기 위한 것이기에 종은 자신이 먼저 말을 건네면 여인이 어떻게 응답하는가를 보고 결정하기로 합니다. 물을 청하는 길손에게 물을 기꺼이 줄 뿐만 아니라, 길손이 데리고 온 짐승들의 목마름까지도 먼저 챙길 줄 아는 여인이라면 친절하고 자상하며 지혜로운 여인임이 분명할 것입니다. 그러나 "사람이 마음으로 자기의 길을 계획할지라도 그 걸음을 인도하는 자는 여호와"(잠 16:9)이십니다.

종은 오랜 삶의 경험을 통해서 또한 무엇보다도 아브라함의 삶을 보고서 모든 일을 이루어가시는 분은 여호와 하나님이심을 잘 알았습니다. 따라서 종은 위와 같은 대면對面 과정을 설정해 두고 이 조건에 맞는 여인이라면 하나님께서 미리 아브라함의 아들 이삭을 위해 정해주신 여인으로 받아들일 것이라고 말하면서, 자신이 예상한 일이 일어나게 해주시기를 간구합니다. 종의 간구가 채 끝나기도 전에 하나님께서는 이 간구에 응답하기 시작하시는데 이와 같은 응답 장면이 시작되는 구절은 어디입니까? (절)

하나님은 이미 이삭의 부인감을 점찍어 두셨습니다. 그래서 하나님께서는 종의 간구의 말이 채 끝나기도 전에 준비해둔 여인을 종 앞에 나아가 면접을 보게 하십니다. 아브라함은 자기 종을 보내기 전에 이렇게 말했습니다. "그(하나님)가 그(의) 사자를 네 앞서 보내실지라"(7절). 과연 하나님께서는 그러셨습니다. 그러기에 하나님께서는 종이 나홀의 성에 이르자 정확히 때를 맞추셔서, 또한 그 종이 간구한 조건에 맞는 여인을 우물가로 내보내셨습니다. 한 치의 오차誤差도 없이 정확한 때, 정확한 장소, 충분한 조건을 갖춘 여인이 종의 눈에 띄게 하신 것입니다.

종은 자연스럽게 외모와 행동거지를 살펴봅니다. 종이 보기에 겉으로는 나무랄 데 없는 여인입니다. 이제는 여인의 인품을 살펴 볼 차례입니다. 종이 항아리에 물을 채워가지고 오는 여인에게 말을 겁니다. 놀랍게도 자신이 염두에 두고 하나님께 간구한 일들이 정확하게 발생합니다. 여인이 물을 청한 길손인 자신에게 물을 줄 뿐만 아니라 자기가 우물곁에 꿇려놓은 열 필의 낙타에게도 배불리 물을 먹입니다. 그러나 이 여인이 과연 하나님께서 정해주신 여인일지 신중하게 결정해야 하기에 종은 여인이 일하는 모습과 태도를 계속 말없이 주의 깊게 살펴봅니다. 종이 이렇게 말없이 여인을 살펴본 목적이 무엇인지를 알려주는 구절은 어디입니까? (　　　절)

3 창세기 24장 21-27절 〈1〉

(　　월　　일 _ 읽음)

아브라함의 종은 말없이 여인이 부지런히 낙타들에게 물을 길어 먹이고 있는 모습을 바라봅니다. 어깨에 멜 수 있는 크기 정도의 물 항아리로 열 필이나 되는 낙타를 배불리 먹이는 데는 당연히 적지 않은 시간이 걸릴 것입니다. 이 시간 동안 종은 과연 아브라함의 하나님께서 자신을 형통하게 하신 것인지를 알고자 깊이 생각합니다. 어느새 여인이 모든 낙타에게 배불리 물을 마시게 하는 일을 마치자, 노인이 감사의 표현으로 큰 선물을 주었다고 말한 구절은 어디입니까? (　　　절)

쉽게 생각하면 아브라함의 종이 기도한 대로(13, 14절) 이루어졌습니다. 그렇다면 이 종의 눈앞에서 낙타에게 먹일 물을 긷고 있는 이 여인은 하나님께서 정해준 여인입니다. 그런데 이 노인은 무엇을 더 신중하게 생각하고 있는 것입니까? 노인의 기도 내용 자체에서는 표현되지 않았지만 그의 간구에 전제前提가 되는 것은 아브라함의 뜻입니다. 이 노인은 단지 친절하고 부지런하며 아리따운 여인을 구하러 이곳에 온 것이 아니라 아브라함의 며느리감으로서 하나님을 섬기는 여인을 찾으러 온 것입니다. 눈앞의 여인에게 일차 면접에서는 우수한 점수를 줄 수 있지만 정작 중요한 것은 그녀의 신앙을 보는 이차 면접입니다. 그러기에 이 노인은 신중하게 하나님께서 자신의 길을 형통케 하셨는지를 생각해 볼 수밖에 없습니다.

〈21절의 '평탄한 길'이라는 표현 때문에 하나님께서 인도하시면 우리가 '어려움이 없는 쉬운 길'을 갈 것이라고 생각하기 쉽습니다. 그러나 이런 생각은 성경의 가르침에 맞는 생각이 아닙니다. 21절을 원문原文의 순서대로 직역하면, "그리고 그 사람은 그녀를 주목하고 있었다. 말없이. 여호와께서 자신의 길을 형통하게 하셨는지 아닌지를 알기 위하여"입니다. 성경적 관점에서 '형통하다'는 말의 뜻은 '하나님께서 자신의 뜻에 맞게 일을 이루어가시다'라는 의미이지 '어려운 일 없이 모든 일이 잘 되게 하시다'는 뜻이 아닙니다. 이 예例로서, 요셉이 형들의 미움으로 외국에 노예로 팔려서 시위대장의 집에 있게 되었을 때에 성경은 '그가 형통하였다'고 하였고 또한 요셉이 누명을 쓰고 감옥에 갇혀 있을 때에도 "여호와께서 그의 범사에 형통케 하셨더라"고 말합니다(창 39:2, 23). 이 모든 일이 요셉 개인에게는 말할 수 없이 억울한 비극悲劇이지만 결국 이 일로 야곱과 그의 가족 전체가 기근饑饉에서 생명을 건질 수 있었을 뿐만 아니라 이스라엘 백성이 하나님의 나라로서 세워질 토대가 마련되기 때문에, 성경은 '형통하다'라는 표현을 사용한 것입니다.〉

하나님께서 형통하게 하셨다면 이 노인으로서는 자신이 아브라함의 형제인 나홀(Nahor)의 성城에 왔으니 하나님께서 그 친족親族 중 한 사람을 만날 수 있게 인도하실 것이라는 기대를 갖는 것이 자연스러울 것입니다. 그래서 노인은 여인에게 누구의 딸인지를 묻습니다. 이 물음은 어디에 있습니까? (　　　절)

4 창세기 24장 21-27절 〈2〉

(　　월　　일 _ 읽음)

노인은 일단 자신이 하나님께 기도한 내용에 일치하는, 정확히 말하자면 더 풍성하게 성취되어 적어도 외적인 면으로는 완벽하게 적합한 이 여인에게 수고에 대해 감사의 마음을 표현합니다. 노인이 준 선물은 두 가지입니다. 하나는 그 무게[우리말 성경의 '중重'은 '무게'라는 뜻입니다]가 반半 세겔(shekel)에 해당하는 [1세겔은 약 11.5그램이므로 0.5세겔은 약 6그램에 해당하며 한 돈 반이 조금 넘음] 금 고리, 즉 금으로 만든 코고리(47절)이며, 다른 하나는 무게가 10세겔[약 115그램이며 서른 돈에 해당함]인 금으로 만든 손목고리 한 쌍입니다. 이것은 수고의 대가로만 계산하자면 심히 큰 선물입니다. 저녁에 물 길러 나와서 길게 잡아 한두 시간 일한 대가로 [금 한 돈을 10만원으로 계산한다면] 약 300만 원 정도의 대가를 받았기 때문입니다. 그러기에 이 선물은 노인이 보기에 아직 확정되진 않았지만 적어도 아브라함의 며느리감으로 가장 유력한 여인에게 수고의 대가를 빌미로 노인이 드리는 첫 예물이라고 할 만합니다.

그리고 노인은 이 여인이 과연 하나님께서 "이삭(Isaac)을 위하여 정하신 자"(14절)인지를 확실하게 알고 싶었습니다. 그러려면 이 여인의 가족에 대해 알아보아야 합니다. 또한 날이 저물었으니 머물 곳도 필요합니다. 그러나 이왕이면 이토록 친절하고 아리따우며 적어도 외견상으로는 이삭의 아내감으로 가장 적합해 보이는 이 여인의 집에 머물기를 바랐습니다. 그래서 노인은 여인에게 두 가지를 질문하는데 그 질문이 무엇인지 알 수 있는 구절은 어디입니까? (　　　절)

노인은 이 젊은 여인의 대답을 듣자 절로 여호와 하나님께 대한 감사가 마음속에서 솟구칩니다. 여인의 대답에서 그녀의 신분을 알게 된 순간, 노인은 과연 하나님께서 형통케 하셨다는 사실을 확인하게 되었기 때문입니다. 게다가 여인의 말에 의하면 그녀의 집에는 머물 수 있는 조건이 완벽하게 갖춰져 있었습니다. 그곳에 머물면 그녀의 집안 어른들과 혼사婚事에 대한 논의도 편리하고 자연스럽게 나눌 수 있을 것입니다. 여호와 하나님의 인도하심이 어찌 이렇게도 절묘할 수 있는지 노인은 그저 머리가 숙여집니다. 그래서 여호와를 경배하며 그분을 찬양하는데 이 사실을 말한 잇따른 두 구절은 어디입니까? (　　　절과　　　절)

5 창세기 24장 23-33절 〈1〉

(월 일 _ 읽음)

노인은 아브라함의 집 모든 소유를 맡은 사람이며 오랫동안 그의 집에서 살아왔기에 당연히 아브라함의 신임이 두터운 사람일 것입니다. 이 노인에게 아브라함이 자신의 고향 족속에게로 가서 이삭의 신부를 구하라고 했을 때에는(4절) 적어도 아브라함의 고향이 어디이며 그 족속에 속한 사람들을 알려주었음이 분명합니다. 그러기에 이 노인은 여인의 입에서 '밀가' (Milkah)라는 말을 듣고서 그가 아브라함의 형제임을 알 수 있었습니다. 그래서 이 노인이 여호와께서 자신을 인도하여 단번에 자신이 원하는 집, 즉 "내 주인의 동생 집에 이르게" 하신 사실을 알고 하나님의 놀라운 은혜를 찬송할 수 있었습니다. 그가 이렇게 찬송한 구절은 어디입니까?
(절)

노인은 오랫동안 아브라함의 집에 살면서 아브라함의 하나님이신 여호와께서 아브라함에게 어떻게 행하셨는지를 잘 볼 수 있었습니다. 여호와께서는 일찍이 아브라함을 우상의 도시에서 불러내셔서 그를 자기 백성 삼으시고 그의 하나님 되시려고 그와 언약을 맺으셨습니다. 이처럼 여호와께서 아브라함을 택하셔서 자기 백성 삼으신 것은 그를 통해 땅의 모든 민족에게 복 주시려는 계획을 갖고 계시기 때문입니다. 그러기에 여호와께서는 아브라함에게 이 언약에 근거한 사랑을 끊임없이 베푸셨습니다. 즉 여호와께서는 아브라함의 하나님이 되셔서 그에게 약속하신 바대로 신실하게 대해 오셨습니다.

이 노인이 이러한 위대하신 하나님의 언약을 충분하리만큼 잘 이해했다고 할 수는 없겠지만, 적어도 그는 여호와께서 끊임없이 아브라함에게 인자를 베푸셨으며 그러한 여호와의 신실하심 때문에 자기 자신도 원하는 곳까지 확실하게 인도 받을 수 있었다는 사실만은 분명히 알았습니다. 이와 같

은 노인의 이해가 나타난 구절은 어디입니까? (절)

6 창세기 24장 23-33절 〈2〉

(월   일 _ 읽음)

노인이 긴 여정旅程을 형통하게 인도하신 여호와 하나님의 크고 놀라운 은혜에 감사하여 여호와께 경배하며 찬양하는 동안, 소녀는 집으로 달려가서 자신에게 일어난 일을 알립니다. 이 소녀에게는 오라비가 있었는데 그는 재물財物을 꽤나 밝히며 약삭빠른 사람입니다. 노인이 많은 재물을 갖고 왔음을 알고 입안의 혀처럼 굽니다. 재빠르게 손님 맞을 채비를 하고 손님이 도착하자 손수 나서서 필요한 일들을 도맡아 처리합니다. 심지어 노인을 따라온 하인들의 발 씻을 물까지 내어줍니다. 그가 급히 우물가로 나아가 노인을 맞이한 이유를 드러낸 구절은 어디입니까? (절)

아브라함의 종의 눈에 든 여인, 하나님께서 이삭의 아내로 정해 놓으신 여인의 이름은 리브가(Rebekah)입니다. 그리고 리브가의 오라비 이름은 라반(Laban)입니다. 이로부터 약 100년 후에 라반은 이 여동생의 아들인 야곱(Jacob)을 만나게 됩니다. 그러나 이후의 성경말씀에서 알 수 있듯이 라반은 야곱을 속여 두 딸을 한꺼번에 야곱의 아내로 주고 그 대가로 그를 종처럼 14년간이나 부립니다. 이러한 라반의 모습, 즉 재물을 심히 밝히며 약삭빠르게 살아가는 모습은 그가 이미 젊었을 때부터 드러납니다.

〈노인들이 삶을 어떤 자세로 사느냐는 그들이 젊었을 때부터 어떤 습관을 익혀왔느냐에 따라 달라집니다. 사람이 나이 들었을 때 보이는 삶의 자세는 그가 평생 익혀온 습관의 결정체이기 때문입니다. 사람은 성숙하지 않으면 나이가 들수록 자기 단점을 더 많이 드러내게 됩니다. 그러기에 젊었을 때부터 하나님 앞에서 그분의 말씀대로 사는 습관을 익혀야 합니다. 자신을 절제하고 욕심을 버리기에 애쓰며 남을 섬기는 일에 힘써야 합니다. 그래야 나이 들수록 그리스도를 더 많이 닮게 됩니다. 믿음을 가졌다 하는 이가 노인이 되어 어떻게 사는지를 보면 그 믿음의 성숙 여부가 자연히 보입니다. 나이가 들어 이제까지 주님께서 나를 어떻게 인도하시고 책임져 오셨는지를 돌아본다면 재물은 집착할 대상이 아니라 주님의 뜻에 따라 나눠줄 물건임을 알 수 있습니다. 그런데도 주님을 믿는다 하면서 나이 들어서도 재물에 집착한다면 그것은 그의 믿음에 커다란 구멍이 뚫려있다는 사실을 드러내는 것이며 자신의 주인이신 주님보다 눈에 보이는 재물에 마음을 두고 있으니 이것만큼 배신적이며 추한 행위는 없을 것입니다.〉

계산적인 라반은 아브라함의 종을 맞이할 때 예의와 격식을 갖춰 말합니다. 물론 만나러 가기 이전에 손님을 맞을 준비까지도 철저히 해두었습니다. 손님을 모시고 와서는 손수 모든 일을 도맡아 합니다. 사람의 눈에 들고자 무진 애를 씁니다. 반면에 아브라함의 종은 자기가 맡은 임무를 수행하는 것이 우선입니다. 노인이 코앞에 차려놓은 음식도 마다하고 먼저 자신의 책임을 다 하려는 모습을 보여준 구절은 어디입니까? (　　　절)

7 창세기 24장 34-49절 〈1〉

(　　월　　일 _ 읽음)

아브라함의 종은 리브가의 집안 어른들에게 그간의 일에 대해서 자세하게 설명합니다. 지금 이 종은 리브가의 집안 어른들에게 혼인 승낙을 얻어내려고 그들을 설득하는 중입니다. 그러나 종은 달콤한 말로 그들을 꼬이는 것이 아니라 자신이 평생 보아온 사실들을 확신 있게 제시합니다. 어른들에게는 무엇보다도 리브가의 신랑감이 누구인지에 대해 궁금할 것입니다. 아브라함에 대해서는 나홀에게서 어느 정도 전해들은 바가 있을 것이지만 신랑감인 이삭에 대해서는 전혀 아는 바가 없기 때문입니다. 따라서 종은 그들의 당연한 마음을 헤아려 이삭에 대해 설명합니다. 이 종이 이삭을 가리켜, 하나님께서 아브라함에게 주신 엄청난 부富를 상속받은 아들

이라고 소개한 구절은 어디입니까? (　　　절)

종은 이삭의 신부를 인근隣近에서 구하지 아니하고 이렇게 먼 타국에까지 와서 구하려고 하는 이유를 설명해야만 합니다. 그렇지 않으면 어떤 부모도 평생 처음 보는 사람에게 귀한 자식을 내어줄 리 없으며 더더구나 천리 길이 훨씬 넘는 곳으로 딸을 시집보낼 리 없기 때문입니다. 종이 이처럼 먼 곳까지 오게 된 이유를 상세히 설명한 잇따른 다섯 구절은 어디입니까? (　　　-　　　절)

이 노인은 리브가의 집안 어른들에게 먼저 자신을 소개합니다. 그런데 그는 자신에 대하여 당연한 일이지만 어떤 면에서는 특이하다고 할 만큼 간단하게 소개합니다. 일반적으로 중요한 일을 맡은 사람에게는 어떻게든 자신을 드러내고 싶어하는 심리心理가 크게 작용할 법한데 오히려 노인은 자신을 숨기다시피 합니다. 따라서 기회가 주어지면 자신을 가급적 확실하게 부각시켜야 한다고 생각하는 사람들에게는 이 노인이 매우 수줍거나 소극적인 사람처럼 보일지도 모릅니다. 그러나 노인이 자신에 대한 소개 외에는 모든 필요한 말들을 거침없이 솔직하게 다 진술하고 있다는 사실을 우리가 볼 때 그는 결코 수줍거나 소극적인 사람은 아닙니다. 따라서 이 노인이 자신을 거의 드러내지 않는 것은 자신이 말하려는 진술의 핵심을 부각시키려고 불필요한 언급은 피하려는 목적 때문이라고 보아야 합니다.

노인이 보인 진술의 핵심은 자신의 주인 아브라함과 그의 하나님 여호와의 관계입니다. 이로써 이 노인은 아브라함이 추구한 것은 하나님의 뜻이며 마침내 이 자리에까지 이르게 된 것도 하나님의 직접적인 인도하심에 의한 것임을 강조한 것입니다. 따라서 듣는 사람들의 입장에서 보면 이 모든 일이 하나님에게서 나왔으니 하나님의 뜻대로 이루어질 수밖에 없는 것이며 자신들로서는 도저히 거부하거나 항거할 수 없는 일이라고 생각할 수밖에 없었을 것입니다. 노인이 심지어 자기 이름조차 밝히지 않고 자신을 간단하게 소개한 구절은 어디입니까? (　　　절)

제 15 주
창세기 24-25장

1 창세기 24장 34-49절 〈2〉

(월 일 _ 읽음)

노인은 리브가의 집안 어른들에게 혼인 허락을 얻어내기 위하여 화법話法 상의 기술을 사용합니다. 이것은 말을 전하는 자가 중간에서 말한 사람의 의도를 왜곡시키지 않은 채 자기 재량을 최대한 발휘하여 듣는 자에게 전달해야 할 내용을 더 설득력 있게 제시하거나 압박하기 위해서 사용하는 방법입니다. 간단한 예를 들면, 아버지가 늦게까지 들어오지 않고 있는 첫째 아들에게 화가 나서 둘째 아들에게 이렇게 말씀합니다. "애야, 네 형은 왜 여태 집에 안 들어오고 있냐? 연락 좀 해봐라." 둘째 아들이 형에게 전화를 걸어 이렇게 말합니다. "형, 어디 있어? 아버지가 형이 아직도 안 들어왔다고 화가 나셨어. 빨리 들어오지 않으면 혼날걸." 이처럼 둘째가 아버지의 말씀을 의도는 바꾸지 않은 채 다르게(밑줄 친 부분) 전달하고 있는데 바로 이것이 이른바 화법상의 기술입니다. 아브라함은 늙은 종에게 "만일 여자가 너를 좇아오고자 아니 하면 나의 이 맹세가 너와 상관이 없다"고 말했습니다(8절). 그러나 이 종은 화법 기술을 발휘하여 위 밑줄친 부분을 바꿔서 듣는 사람들에게 부담負擔을 줍니다. 노인은 위의 밑줄친 표현을 어떻게 바꾸었으며 그 구절은 어디입니까? ( )(절)

하나님께서는 자기와 언약을 맺은 자에게 변치 않고 넘치는 사랑과 은혜를 베푸십니다. 종은 이 놀라운 사실을 아브라함의 집에서 오랫동안 목격하였습니다. 그러기에 노인은 자신이 찾던 여인을 만나자 여호와 하나님께서 아브라함에게 쉬지 않고 '인자와 성실'로 대해 오셨다고 고백하며 찬송합니다(27절). ['인자와 성실'이라는 표현은 하나님께서 자신의 언약에 근거하여 자기 백성에게 베푸시는 사랑과 은혜를 뜻하는 말입니다.]

이제 노인은 하나님께서 아브라함에게 행하신 일들을 쭉 진술한 후에 듣는 이들에게 이렇게 당당하게 요청합니다. "하나님께서는 내 주인 아브라함에게 늘 인자와 성실로 대해오셨습니다. 당신들도 하나님께서 그러하셨듯이 내 주인을 그렇게 대우하셔서 이 혼인을 허락하시기 바랍니다." 이러한 요청의 내용이 나타난 구절은 어디입니까? (절)

2 창세기 24장 50-61절 〈1〉

(월   일 _ 읽음)

리브가의 집안 어른들은 아브라함의 종이 한 말을 잘 들었습니다. 끝까지 듣고 난 후 이들은 하나님께서 그러하셨듯이 인자와 진실로 아브라함을 대접하라고 당당하게 요청하는 종에게 '아니라' 고 대답하기는커녕 '좀 더 시간을 두고 생각해보자' 고 대답할 여지도 없었습니다. 하나부터 열까지 하나님께서 뜻하신 대로 하나님의 인도하심에 따라 모든 일이 진행되어 이곳에 이르렀다고 노인이 말했고 게다가 그의 말에는 진실과 감사함이 가득 차 있음을 충분히 느끼는 마당에, 그래도 명색이 하나님을 섬긴다는 사람들로서 딱히 달리 말할 도리는 없었을 것입니다. 리브가의 오라비와 아버지가 노인의 말을 듣고 이 모든 일이 여호와에게서 나온 일인 줄 인정하고 혼인을 허락한 구절은 어디입니까? (절)

리브가의 집안 두 어른은 아브라함의 종의 긴 진술을 듣고 난 후 "우리는 가부可否를 말할 수 없노라"고 말합니다. 여기서 가부를 말할 수 없다는 뜻은 허락해야 할지 말아야 할지를 정할 수 없다는 의미가 아닙니다. 왜냐하면 바로 그 다음 구절에서 두 사람은 '리브가를 데리고 가서 그대의 주인의 아들의 아내가 되게 하라' 고 허락했기 때문입니다. 원문에 따르면 위의 '가부' 란 '좋고 나쁨' 을 뜻합니다. 따라서 그들의 생각을 풀어 말하자면 이렇습니다. "우리는 이 일에 대해서 좋다 나쁘다 할 수 없고 다만 이 모든 일이 하나님에게서 말미암았고 하나님께서 정하셨으니 그분의 뜻대로 할 도리밖에 없다고 생각한다." 그러기에 이들은 아무런 이의異議를 제기하거나 다른 조건을 달지 아니하고 즉석에서 허락하게 된 것입니다.

〈이처럼 하나님에게서 난 일임이 분명하다면 그대로, 이왕이면 기쁘게 순종하는 사람이 지혜롭습니다. 또한 하나님께서 말씀하신 일이 분명하다면 즉시 즐거운 마음으로 따르는 사람이 하나님을 기쁘시게 하는 사람입니다. 그럴진대 하나님 말씀인 성경의 가르침을 분명히 알면서 억지로라도 행하기는커녕 전혀 실행하지 않는 사람은 어떻다고 말해야 하겠습니까?〉 이 두 사람이 리브가에게 일어난 일이 전적으로 여호와께로 말미암았으며 그분의 정하신 대로 이루어진 일이라고 생각했음을 보여주는 잇따른 두 구절은 어디입니까? (　　　절과　　　절)

3 창세기 24장 50-61절 〈2〉

(　　월　　일 _ 읽음)

노인은 아브라함의 하나님 여호와께서 모든 길에서 형통케 하시고 사자使者를 통하여 자기를 인도하셔서 순조롭게 이삭의 신부를 만나게 하시자 크게 감격하여 우물가에서 하나님을 경배하고 그분을 찬양하였습니다. 이렇게 한 고비를 넘기고 나서 노인은 이제 또다시 어려운 관문關門앞에 섰습니다. 그것은 신부의 집안 어른들에게 혼인 허락을 얻는 일입니다. 그러나 이 관문도 단숨에 통과했습니다. 남들의 눈에는 이런 일이 우연偶然이나 운 좋은 일이라 보일지는 몰라도 적어도 이 노인의 눈에는 이것이 전적으로 하나님의 크신 은혜로써만 가능한 일임을 알았습니다. 이는 집안 어른 두 사람이 혼인을 허락한 까닭이 노인이나 아브라함 또는 이삭의 어떤 인간적인 장점을 보아서가 아니라, 그들 두 사람의 표현대로 이 모든 일이 생기게 하신 여호와 하나님에게 있기 때문입니다.

이처럼 하나님께서는 자기를 믿고 의지하는 모든 자들에게 반드시 형통한 길을 열어주십니다. 그러나 이 길은 언제나 사람이 원하는 대로 이루어지는 형통亨通의 길은 아닙니다. 이 길은 하나님께서 자신의 약속을 이루시고 자기 뜻에 맞게 나아가도록 자기 백성을 이끌어 가시는 형통한 길입니다. 노인이 또다시 하나님의 넘치는 인자하심으로 관문을 넘게 되었음을 알고 즉시 어떤 행동을 하였는지를 알려주는 구절은 어디입니까? (　　　절)

노인은 리브가의 집안 어른들로부터 혼인 승낙을 얻자마자 하나님의 은혜에 감사하여 하나님을 경배합니다. 그리고는 가지고 온 많은 선물들을 신부에게 주고 또한 그 모친과 오라비에게 줍니다. 노인과 함께 따라온 하인들은 모처럼 단잠을 잤습니다. 맡겨진 모든 일을 다 마치고 난 후에 맛보는 잠이야말로 달콤하기 이를 데 없을 것입니다. 그런데 바로 다음날 아침 신부의 집안 어른들은 황당한 처지에 놓이게 됩니다. 신부의 어머니로서는 이제 떠나보내면 평생 다시 만날 기약이 없는 딸과 마지막 정을 나누기에는 아마 여러 날이라도 부족할 것입니다. 그런데 이 노인은 혼인 승낙을 받은 다음날 신부를 데리고 떠나겠노라고 허락을 구합니다. 신부의 모친과 오라비는 노인의 요청을 거절합니다. 이들이 거절하는 이유가 무엇인지 알려준 구절은 어디입니까? (　　　절)

4 창세기 24장 50-61절 〈3〉

(　　월　　일 _ 읽음)

신부의 어머니는 적어도 열흘은 딸과 함께 있어야 한다고 말합니다. 이에 노인은 자신이 바로 떠나야 하는 이유로 하나님의 인도하심을 제시합니다. 노인의 말에 의하면 여호와 하나님께서 이렇게 형통한 길을 주셔서 모든 일을 일사천리一瀉千里로 이루어지게 하신 데에는 그만한 이유가 있다는 것입니다. 일이 순조롭게 빨리 성사되었으니 남은 시간을 여유 있게 보내다가 천천히 되돌아가라고 하심이 아니라 이와는 반대로 가급적 빨리 아브라함에게로 돌아가도록 하시기 위함이라고 노인은 이해한 것입니다.

노인은 이미 먼 길을 여행하였으므로 여행의 피곤도 채 풀리기 전에 온 길을 되짚어 가는 일이 결코 쉽거나 달가운 일은 아닙니다. 그런데도 노인은 자기 편리한 대로 하나님의 섭리를 이해하려 하지 않고 자신을 보낸 아브라함의 입장에서 이해하였습니다. 노인이 이미 몇 차례 말한 바대로 하나님께서 이 노인에게 형통한 길을 주심은 아브라함에게 인자와 성실을 베푸신 것입니다. 따라서 하나님의 섭리는 아브라함을 위한 것입니다. 그러기에 노인은 자신을 보내고 나서 가급적 빨리 일을 마치고 돌아오기를 바라는 주인의 마음을 헤아렸던 것입니다. 이 노인은 인간적으로 말하자면 매우 충성스러운 일꾼입니다. 노인이 빨리 돌아가야 하는 이유를 말한 구절은 어디입니까? (　　　절)

하나님의 섭리攝理의 의미를 이해하고 자기 주인의 마음을 헤아리는 속 깊고 지혜로운 이 나이 많은 종의 말을 신부의 집안 어른들은 무엇이라 반박할 수가 없었습니다. 그러기에 최종 결정을 리브가 자신에게 맡기기로 합니다. 이들의 마음은 리브가와 함께 조금이라도 더 있고 싶어했습니다. 또한 이들은 리브가도 자기들의 마음과 같아서 얼마간이라도 더 있다가 가겠다고 대답하리라고 생각했을 것입니다. 이들은 신부 당사자를 부릅니다. 집안 어른들이 묻는 질문에 대한 리브가의 대답은 딱부러졌습니다.

귀를 의심할 만큼 자신들의 기대와는 다른 대답이 리브가의 입에서 튀어나왔습니다. 어차피 가야 할 길이라면 주저하거나 미룬다고 달라질 것은 없습니다. 리브가도 노인의 진술陳述을 통해서 자신의 앞날을 하나님께서 정해놓으시고 인도하시리라는 사실을 충분히 인식했을 것입니다. 그렇지 않고서야 가족의 마음을 전혀 아랑곳하지 않는 사람처럼 그렇게 매몰스럽게 칼로 끊듯 대답했을 리는 없을 것입니다. 이제 가족의 이별이 코앞에 이르렀습니다. 누이의 앞날을 오라비가 축복합니다. 오라비의 축복이 담긴 구절은 어디입니까? (　　　절)

5 창세기 24장 62-67절

(월 일 _ 읽음)

리브가가 아브라함의 종을 따라 가나안 땅으로 가고 있을 때 이삭은 그 땅의 남쪽 지방에 거주하고 있었습니다. 아브라함의 가족은 농사일이 아니라 목축일을 주로 하기 때문에 목초지를 따라 이동하며 살았습니다. 아브라함이 자기 종을 하란(Haran)으로 떠나보낼 당시에 이삭은 아마 헤브론(Hebron) 지역에 거주하였으나 그후에 더 남쪽으로 이동하였습니다. 이 남쪽 지방, 즉 네게브(Negev)라는 광야廣野 지역에 샘물이 있었는데 이 샘물의 이름이 '브엘라해로이'(Beer Lahai Roi)입니다. 이삭이 태어나기 14년 전, 즉 본문의 시점時點으로부터 54년 전에 다음과 같은 일이 있었습니다.

아브라함의 여종인 하갈(Hagar)이 아브라함으로 인하여 임신하자 자기 여주인, 즉 아브라함의 아내 사라(Sarah)를 멸시하였습니다. 그러자 사라는 남편의 허락을 받아 자기 여종 하갈을 학대하였고 이 학대를 견디지 못한 여종은 그 집에서 도망쳐 나왔습니다. 이 여종은 애굽 사람인지라 아마도 자기 나라인 애굽으로 가려고 했을 것이고 그러려면 이 광야 지역을 지나가야 했습니다. 그런데 여호와의 사자使者가 이 광야의 샘물 곁에서 하갈에게 나타나셨습니다. 그리고 심한 학대를 받아 도망치는 하갈을 위로하며 그녀가 낳을 아들에 대해서도 말씀하셨습니다. 그래서 하갈은 하나님을 만나게 된 장소인 이 샘물의 이름을 '브엘[우물] 라해로이'라 하였는데 이는 '나를 [돌아]보시는, 살아계신 분[하나님]의 우물'이라는 뜻입니다.

이삭이 리브가를 처음 만나는 날, 그는 그 샘물 근처에서 왔습니다. 그리고 저녁 때 들에 나가 생각에 잠겨 있다가 약대들이 다가오는 것을 보게 됩니다. 역시 리브가도 상대방을 보았습니다. 그곳은 들판이라 시야視野가 트였기에 리브가는 저 멀리 들에서 걷다가 약대들을 향해서 다가오는 사람을 보게 됩니다. 직감적으로 리브가는 다가오는 남자가 자기 신랑이 될 사람인 줄 알았겠지만, 그러나 확인이 필요하기에 노인에게 다가오는 이가 누구냐고 묻습니다. 예상대로 그가 이삭이라면 리브가는 마땅히 그 당시 풍습대로 남편될 사람에게 합당한 예를 갖추고 그를 맞이해야 하기 때문입니다. 이처럼 리브가가 약대에서 내려 어떤 예를 갖추었는지를 알려주는 구절은 어디입니까? (절)

신부는 남편될 사람 앞에서 베일(veil)로 얼굴을 가립니다. 그리고 혼인을 한 후 남편이 첫날밤을 함께 지내게 될 때 비로소 얼굴을 가린 베일을 벗기게 됩니다. 신부를 만난 이삭은 먼저 종으로부터 그동안 있었던 놀라운 일, 즉 하나님께서 모든 길을 형통케 하신 섭리에 대해 듣습니다. 이삭은 베일로 가려서 정확히 상대방의 얼굴을 볼 수는 없지만 지금 자기 앞에 서 있는 이 여인이 하나님께서 이삭 자신을 위해 미리 정해 놓으신 신부新婦라는 사실을 알게 됩니다. 가슴 벅찬 만남입니다.

지난 삼 년간 이삭은 어머니를 잃은 슬픔에서 쉽게 벗어날 수 없었습니다. 그의 어머니가 평생 바라던 아들을 낳지 못하다가 구십 세가 되서야 하나님의 놀라운 은혜로 아들을 얻게 되었으니 그녀가 아들에게 쏟은 사랑은 여느 어머니들보다 훨씬 진하고 강했었을 것입니다. 그와 같은 어머니의 사랑을 가득 받다가 어머니를 잃은 이삭으로서는 오랫동안 슬픔에서 헤어날 수 없는 것도 당연한 일입니다. 그 무엇도, 어느 누구도 이삭의 마음을 기쁨으로 채울 수 없었습니다. 그렇게 지낸 세월이 삼 년입니다.

어머니 사라에게 은혜를 주셔서 이삭을 태어나게 하신 하나님께서 이제 이삭을 위해 미리 정해두신 신부를 아브라함의 종을 통해 이삭의 눈앞에 데려오셨습니다. 하나님께서 이삭의 깊고 오래된 슬픔을 새 사람을 통해 치유하시는 은혜를 베푸시려 합니다. 사람이 깊은 슬픔에 빠지면 자신이 도무지 그 슬픔의 늪에서 빠져나올 수 없을 것같이 느끼게 되지만 하나님은 어떠한 슬픔이라도 능히 치유하시고 새로운 기쁨을 주십니다. 하나님은 위로의 하나님이십니다. 이삭은 이렇게 하나님께로부터 임하는 위로를 신부를 통하여 가득 얻고 활기찬 소망의 삶을 살 수 있게 되는데 이런 사실을 암시한 구절은 어디입니까? (절)

6 창세기 25장 1-11절

(월 일 _ 읽음)

창세기 후반부(창 11:27-50:26)는 세 개의 이야기와 이야기 사이에 집어넣은 두 개의 계보系譜로 구성되어 있습니다. 다시 말하면 창세기 후반부는 (1) 아브라함 이야기(창 11:27-25:11), (2) 이삭 이야기(창 25:19-35:29), (3) 야곱 이야기(창 37:2-50:26)와 더불어, 첫째 이야기 다음에 이스마엘(Ishmael)의 계보(창 25:12-18), 둘째 이야기 다음에 에서(Esau)의 계보(창 36:1-37:1)가 들어 있는 구조입니다. 창세기 24장은 아브라함의 아들인 이삭이 리브가를 만나 그녀와 혼인한 내용을 기록하고 있습니다. 이로써 이삭이 아브라함의 상속자임을 확실하게 드러내었습니다. 그리고 오늘 본문에서는 아브라함의 말년의 생활과 그의 죽음을 기록함으로써 아브라함에 관한 이야기를 마무리짓습니다.

아브라함은 평생을 해로偕老한 아내 사라(Sarah)가 죽은 이후에 그두라(Keturah)라는 후처後妻를 얻어 여러 자식들을 낳았습니다. 이들도 아브라함의 자식이기는 하지만 하나님께서 아브라함과 맺으신 언약을 이어갈 언약의 계승자繼承者는 아닙니다. 언약의 계승자는 하나님께서 이삭으로 이미 정해놓으셨습니다. 그러기에 아브라함은 후처에게서 난 여러 자식들에게 재물을 나눠주고 각기 일가一家를 이루어 살도록 멀리 떠나게 하였습니다. 이로써 분쟁의 여지를 없앤 것입니다. 그러나 아브라함이 이삭에게는 자신의 모든 소유를 다 주어서 언약의 계승자임을 확실히 하였다는 사실을 알려준 구절은 어디입니까? (절)

아브라함은 하나님의 은혜로 택하심을 받아 그분의 말씀을 좇아 자기 고향 갈대아 우르(Ur)를 떠나 이곳 가나안 땅에 와서 살았습니다. 가나안 땅으로 오던 도중에 하란(Haran)에서 얼마간 머물다가 다시 하나님의 말씀을 듣고 그곳을 떠나 가나안 땅으로 들어온 때가 75세였습니다(창 12:4). 이제 아브라함은 하나님의 마지막 부르심을 받아 오래 전 자신을 택하신 그 은혜로우신 하나님께로 나아가 그분을 친히 만나 뵙게 됩니다. 이때 나이가 175세이니 가나안 땅에서 100년을 살았던 셈입니다.

엄밀히 말해서 아브라함의 삶은 그 자체가 복이었습니다. 하나님을 배우고 그분과 동행하며 그분 앞에서 살았고 그분의 능력과 돌보심과 인도하심을 조금도 부족함 없이 가득 누린 삶을 살았기 때문입니다. 아브라함은 자신의 연약함과 미숙한 믿음 때문에 아내도 잃을 뻔하였고, 약속의 땅 가나안에서 긴 세월을 살면서 어려움을 적잖이 겪었지만 언제나 아브라함과 함께 하시는 하나님의 은혜로 모든 곤경을 극복하고 이겨낼 수 있었습니다. 마침내 하나님께서는 은혜로써 아브라함을 믿음의 조상으로 구원역사 속에 우뚝 세우셨고, 그는 백세에 얻은 자신의 독생자를 기꺼이 하나님께 제물로 바칠 만큼 성숙한 믿음의 소유자가 되었음을 보여서 하나님을 기쁘시게 하였습니다. 이것이 모두 하나님의 은혜로 이루어진 일입니다.

후에 히브리서의 기록자는 아브라함에 대해서 비교적 길게 다음과 같이 말합니다. "믿음으로 아브라함은 부르심을 받았을 때에 순종하여 장래 기업으로 받을 땅에 나갈 새 갈 바를 알지 못하고 나갔으며 믿음으로 저가 외방에 있는 것같이 약속하신 땅에 우거하여 동일한 약속을 유업으로 함께 받은 이삭과 야곱으로 더불어 장막에 거하였으니 이는 하나님의 경영하시고 지으실 터가 있는 성을 바랐음이니라. 믿음으로 사라 자신도 나이 늙어 단산하였으나 잉태하는 힘을 얻었으니 이는 약속하신 이를 미쁘신 줄 앎이라. 이러므로 죽은 자와 방불한 한 사람으로 말미암아 하늘에 허다한 별과 또 해변의 무수한 모래와 같이 많이 생육하였느니라. 이 사람들은 다 믿음을 따라 죽었으며 약속을 받지 못하였으되 그것들을 멀리서 보고 환영하며 또 땅에서는 외국인과 나그네로라 증거하였으니 이같이 말하는 자들은 본향 찾는 것을 나타냄이라. 저희가 나온 바 본향을 생각하였다면 돌아갈 기회가 있었으려니와 저희가 이제는 더 나은 본향을 사모하니 곧 하늘에 있는 것이라. 그러므로 하나님이 저희 하나님이라 일컬음 받으심을 부끄러워 아니하시고 저희를 위하여 한 성을 예비하셨느니라. 아브라함은 시험을 받을 때에 믿음으로 이삭을 드렸으니 저는 약속을 받은 자로되 그 독생자를 드렸느니라. 저에게 이미 말씀하시기를 네 자손이라 칭할 자는 이삭으로 말미암으리라 하셨으니 저가 하나님이 능히 죽은 자 가운데서 다시 살리실 줄로 생각한지라. 비유컨대 죽은 자 가운데서 도로 받은 것이니라"(히 11:8-19, 밑줄은 필자의 것임).

이렇듯 아브라함은 이땅에서 복된 삶을 살다가 복의 근원이신 하나님에게로 갔습니다. 그의 육체는 약 40년 전에 사놓은 땅, 이미 아내 사라의 육체가 묻혀 있는 그곳에 매장埋葬됩니다. 아브라함이, 그 이전에 이땅에서 하나님을 섬기며 살다가 이제는 하나님 앞에서 영원한 삶을 살아가고 있는 수많은 믿음의 사람들에게로 돌아갔다는 사실을 암시한 구절은 어디입니까?
(　　　절)

7 창세기 25장 7-18절

(　　월　　일 _ 읽음)

하나님께서 아브라함에게 하신 약속은 일시적인 것이 아니었습니다. 이 약속은 온전히 이루어질 때까지 계속 유효한 것입니다. 하나님은 신실하셔서 자신이 하신 약속의 말씀을 반드시 지키실 뿐 아니라 능히 그 약속을 이루실 만큼 전능하신 분이십니다. 하나님께서는 아브라함에게 언약을 세우시고 땅과 씨(후손)와 복을 약속하셨습니다. 하나님께서 약속하신 복은 아브라함과 그의 후손뿐만 아니라 그들을 통해서 세상 모든 족속들에게 임할 전全우주적인 복입니다.

〈하나님께서 약속하신 이 우주적宇宙的인 복은 인간이 범한 죄악의 결과로서 세상에 미친 저주를 없애고 하나님의 복을 온전히 향유享有할 수 있는, 그래서 하나님께서 맨 처음 에덴에 사람을 살게 하실 때 계획하셨던 복된 삶을 누리는 상태에 이르게 하는 것입니다. 즉 이것은 하나님과 함께 영원히 사는 삶을 누리는 복입니다. 그러기에 이것은 오직 예수 그리스도를 통해서만 이루어질 수 있는 복입니다. 그러나 그리스도께서 이땅에 처음 오실 때까지 하나님께서는 자기 백성으로 하여금 자신이 약속하신 복의 본질을 부분적으로나마 누리게 하십니다. 그리스도께서 오신 이후로는 그 복의 본질을 훨씬 더 진하고 넉넉하게 누리게 하십니다. 그리고 그리스도께서 장차 다시 오시면 하나님의 모든 백성은 그 복의 본질을 완전히 누리며 영원한 삶을 살게 되는 것입니다.〉

하나님께서 아브라함에게 약속하신 바대로 그가 죽은 이후에도 변함없이 그의 아들 이삭에게 복을 주셨다는 사실을 말한 구절은 어디입니까?
(　　　절)

창세기의 전반부(창 1:1–11:26)에서는 두 개의 계보(창 5:1–6:8, 창 11:10–26)가 이야기들 사이에 끼어서 아담(Adam)에서 아브라함(Abraham)까지를 잇는 다리의 역할을 하였습니다. 그러나 후반부의 세 가지 이야기는 하나님의 언약과 이 언약의 계승자에게 집중됩니다. 따라서 이 언약의 계승자가 아닌 사람을 제외시키기 위하여 계보를 사용합니다. 다시 말하자면 후반부에서 계보系譜는 진행되는 이야기의 큰 흐름에서 언약의 계승자가 아닌 사람을 제외시키는 장치로 바뀐 셈입니다.

이삭이 아브라함 언약의 계승자입니다. 따라서 아브라함이 이삭보다 먼저 낳은 아들인 이스마엘은 계보를 통해 이야기의 본류本流에서 제외됩니다. 그래서 12절부터 이스마엘의 계보를 언급합니다. 그러나 이렇게 계보로 처리된다고 해서 그들이 하나님께서 약속하신 복에서 제외되는 것은 아닙니다. 다만 제외된 자와 그 계열은 하나님께서 약속하신 우주적인 복을 가져올 분, 즉 하나님의 언약을 성취할 분이 나오실 계열이 아니라는 뜻입니다.

일찍이 하나님께서 이삭의 출생을 예고하실 때 아브라함은 하나님께 이렇게 말씀드렸습니다. "아브라함이 엎드리어 웃으며 심중에 이르되 백세된 사람이 어찌 자식을 낳을까? 사라는 구십 세니 어찌 생산하리요 하고 아브라함이 이에 하나님께 고하되 이스마엘이나 하나님 앞에 살기를 원하나이다"(창 17:17–18). 그러자 하나님께서는 다음과 같이 대답하셨습니다. "아니라. 네 아내 사라가 정녕 네게 아들을 낳으리니 너는 그 이름을 이삭이라 하라. 내가 그와 내 언약을 세우리니 그의 후손에게 영원한 언약이 되리라. 이스마엘에게 이르러는 내가 네 말을 들었나니 내가 그에게 복을 주어 생육이 중다하여 그로 크게 번성케 할지라. 그가 열두 방백을 낳으리니 내가 그로 큰 나라가 되게 하려니와"(창 17:19-20). 과연 하나님께서 아브라함에게 말씀하신 바대로 이스마엘에게 복을 주시고 그 약속을 이루어주셨다는 사실을 알려주는 구절은 어디입니까? (절)

제 16 주
창세기 25장

1 창세기 25장 19-26절 〈1〉

(　　월　　일 _ 읽음)

이제 창세기 후반부의 두 번째 이야기가 본격적으로 시작됩니다. 이 이야기는 아브라함 언약의 계승자인 이삭(Isaac)의 이야기입니다. 이미 앞에서 말씀드린 바대로 히브리어 성경에서는 이야기이든 계보이든 항상 같은 표현으로 시작되기에 이 표현을 보고 새로운 문단文段을 쉽게 알 수 있습니다. 그 표현은 '엘레 톨레도트' ['얼레 도토리'로 생각하시면 기억에 도움이 될 듯합니다] 로서 그 뜻은 '～의 역사歷史는 이러하니라' 입니다.

그러나 여기서 '역사'에 해당하는 '톨레도트'라는 낱말은 복합적複合的인 의미를 갖고 있기에 우리말에서는 내용 전체에 맞게 풀어서 여러 가지로 번역하였습니다. 그 결과 우리말 성경에서는 새로운 문단을 쉽게 알기가 좀 어려운 것입니다. 다행히 이 두 번째 이야기와 그 앞에 나오는 계보의 시작 구절에서는(19절과 12절, 그러나 12절에서는 문장순서가 뒤바뀜) '엘레 톨레도트'를 모두 '～의 후예後裔는 이러하니라'로 표현하였습니다.

어쨌든 이삭의 이야기는 그가 누구의 아들인지와 그가 혼인할 때 나이가 40세였다는 사실을 말하는 것으로 시작합니다. 그리고 후에 진행될 내용과 연관이 깊기에 그 아내의 가족과 연관된 사실을 언급합니다. 그러나 아브라함이 그러했듯이(창 11:30) 이삭의 혼인 생활은 처음부터 어려운 문제를 안고 시작하게 됩니다. 이 문제가 무엇인지를 알 수 있는 구절은 어디입니까?
(　　　절)

오늘날에야 자식이 없는 것이 생각하기에 따라서 심각한 문제가 아닐 수도 있겠지만 아브라함과 이삭의 시대에는 전혀 그렇지 않았습니다. 더구나 자식은 하나님의 약속에 포함된 내용이기에 이삭으로서는 포기하고 지나갈 문제가 아니었습니다.

〈오래 전에 이삭은 놀라운 일을 경험하였습니다. 이삭은 아버지와 며칠을 여행하여 어떤 산에 올라가고 있었습니다. 이삭은 제사에 쓸 나무를 지고, 아버지는 불과 칼을 들고 올라갔습니다. 그런데 이삭이 생각하기에, 제사에 꼭 필요한 물건이 없었습니다. 그래서 아버지께 물었습니다. "아버지, 불과 나무는 있는데 번제할 어린 양은 어디 있습니까?" 그러자 아버지는 이렇게 대답하셨습니다. "아들아, 번제할 어린 양은 하나님이 자기를 위하여 친히 준비하실 것이다." 이삭으로는 되물어볼 여지가 없었습니다. 하나님께서 친히 준비하신다는데 어찌 감히 누가 이 말씀에 토를 달 수 있겠습니까? 여기에 토를 다는 것은 곧 하나님의 능력을 믿지 않는 것이거나 그렇게 말씀하신 아버지를 못 믿는 셈이 되기 때문입니다. 따라서 이와 같은 아버지의 대답에 이삭은 더 이상 할 말이 없었습니다. 이 질문과 대답 이후로 부자간에는 거북한 침묵이 계속되었습니다. 그런데 하나님께서 지시한 곳에 이르러 제단을 쌓고 나무를 벌여놓은 후에 아버지는 전혀 예상치 못한 행동을 하셨습니다. 아버지는 이삭을 갑자기 결박하여 벌여놓은 나무 위에 올려놓고 칼을 들어 치려고 하셨습니다. 분명히 아버지께서는 제사할 어린 양을 하나님께서 친히 준비하시리라고 말씀하셨는데, 돌연히 이삭을 어린 양인양 잡아죽이시려는 것입니다. 이 찰나에, 이삭의 생명이 땅에 막 떨어지려는 순간에 하늘에서 다급하게 아버지의 이름을 부르는 소리가 들렸습니다. 그리고는 이어서 여호와의 사자가 아버지에게 말씀하셨습니다. 이 말씀을 듣고 난 아버지는 이삭을 겨냥하여 쳐들었던 칼을 내리고 사방을 둘러보셨습니다. 아버지의 뒤쪽에는 정말 하나님께서 친히 준비하신 양 한 마리가 뿔이 수풀에 걸려 꼼짝 못하고 있었습니다. 아버지는 아들의 결박을 풀고 그 양을 가져다가 하나님께 제사를 드렸습니다. 그러고 나자 하늘에서 또 다시 아버지를 부르는 음성이 있었고 여호와 하나님께서 말씀하셨습니다. 이삭도 그 말씀의 내용을 분명히 들었습니다. "…… 네 씨로 크게 성하여 하늘의 별과 같고 바닷가의 모래와 같게 하리니 …… 네 씨로 말미암아 천아 만민이 복을 얻으리니"(창 22:17-18).〉

이삭이 하나님과 그분의 약속을 믿기에 아내를 위하여 한 일이 무엇인지 알려준 구절은 어디입니까? (　　　절)

2 창세기 25장 19-26절 〈2〉

(월 일 _ 읽음)

하나님께 드리는 기도는 반드시 진실되고 간절해야 합니다. 그렇지 않으면 하나님은 그 기도를 아예 듣지 않으십니다. 진실함과 간절함이 없는 기도는 가증可憎하기에 오히려 하나님의 부아를 돋울 뿐입니다. 여호와 하나님은 진실함과 간절함이 있는 기도라야 외면하시지 않고 경청傾聽하십니다. 그러나 하나님께서 경청하신다고 해서 그 기도에 담긴 요청대로 다 이루어주시는 것은 아닙니다.

하나님은 사람이 요구만 하면 무엇이든지 다 들어주는 만능萬能 기계가 아니십니다. 그분은 민원民願이 들어오면 발 벗고 나서서 가급적 모든 민원을 해결해주려는 애쓰는 민원창구의 모범적인 직원이 아니십니다. 그분은 무엇이든지 해결해주는 해결사도 아니십니다. 그러기에 기도를 만능열쇠처럼 여기는 사람들은 하나님께 기도할 때에 자기 기도로써 하나님을 자기 마음대로 움직일 수 있다고 믿는 교만하고 무례한 생각을 버려야 합니다. 이는 마치 아이가 부모를, 종이 주인을 자기 마음대로 조종하려는 방자放恣한 어리석음이기 때문입니다.

하나님은 창조주이시고 인간은 그의 피조물입니다. 하나님은 우리의 아버지이시고 우리는 그분의 자녀입니다. 하나님은 우리의 왕이며 주인이시고 우리는 그분의 백성이며 종입니다. 그러기에 우리가 기도할 때는 항상 그분의 뜻을 먼저 생각해야 합니다. 바꿔 말하자면 내가 간구하려는 내용이 그분의 뜻에 어긋남이 없는가를 잘 살피고 아뢰어야 합니다. 간추리면, 하나님께서 경청하시고 이루어주시는 기도는 진실하고 간절한 마음으로 그분의 뜻에 맞게 간구하는 기도입니다. 이삭의 기도는 그러한 기도였습니다.

이삭은 하나님을 믿고 하나님께서 약속하신 내용에 맞게 간절하게 기도하였습니다. 그러기에 하나님께서는 이삭의 기도에 응답하셨습니다. 그러나 하나님의 응답은 이삭이 기도하자마자 즉각 이루어지진 않았습니다. 이

삭의 간구가 거의 20년 후에야 응답되었다는 사실을 알 수 있는 구절은 어디입니까? (　　　절)

〈엄밀히 말해서 사람이 요구하는 대로 다 들어주는 신神이라면 믿을 가치가 없습니다. 그런 신은 인간의 하수인下手人에 불과하기 때문입니다. 인간에게 아첨하는 신神도 믿을 가치가 없습니다. 아첨이란 무엇인가 자신에게 부족한 것이 있기에 남에게 빌붙어서 얻으려는 수단이기에, 스스로 충족할 수 없어서 인간에게 아첨하는 신은 신답지 못합니다. 믿을 가치가 없습니다. 인간의 뇌물을 좋아하는 신도 신이 아닙니다. 뇌물을 좋아함은 타락했다는 증거입니다. 인간처럼 타락한 신은 언급할 가치조차 없습니다. 오직 자신의 완전한 뜻대로 모든 것을 이루어가는 신이라야만 믿을 수 있는 진정한 신입니다. 이와 같은 신神은 온 우주에 단 한 분뿐이신 여호와 하나님이십니다. 이분은 말씀으로 온 세상을 창조하시고 절대적인 공의公義와 사랑으로 인간과 만물과 역사歷史를 다스리는 위대하신 왕이십니다. 이토록 전능하신 왕께 인간이 삼가 한 말씀 아뢰는 것이 기도입니다. 따라서 왕의 은혜로써 이렇게 말씀을 아뢸 수 있다는 것 자체가 영광입니다. 그러기에 기도에 대한 응답 여부는 전적으로 완전히 지혜롭고 전능하신 하나님께서 판단하고 결정하실 일입니다. 우리는 그분께서 어떻게 결정하시든지 "성은聖恩이 망극罔極하옵나이다"라고 감사히 받을 뿐입니다. 우리가 왕 앞에 자신의 생각과 소원을 낱낱이 말씀드릴 수는 있으되 그분의 화를 돋울 만한 말을 한다거나 이래라 저래라는 식으로 우리 요구를 관철貫徹시키려는 태도는 크게 잘못된 것입니다. 하나님의 뜻에 대하여 무식無識하거나 교만驕慢한 사람들은 종종 하나님을 제 맘대로 주무르려고 합니다. 자신이 '주의 종'이라고 하면서 자신의 주인이신 하나님을 종처럼 부리려고 합니다. 간이 배 밖으로 나오지 않고는 감히 생각할 수 없는 짓들을 합니다.〉

이삭이 혼인한 지 19년 만에 드디어 그의 아내가 하나님의 은혜로 아이를 갖게 되었습니다. 이삭의 나이 59세에 아내가 임신을 하였으니 얼마나 감격스럽고 감사한 일이겠습니까? 그러나 출산이 가까워지면서 아내에게는 심한 고민이 생겼습니다. 이 고민이 얼마나 심각한지 정말 살맛이 나지 않을 정도로 절망적이었습니다. 그렇게 바라던 임신이었지만 차라리 임신하지 않았더라면 좋았겠다고 바랄 만큼이나 심각한 고민이 무엇인지를 알

려주는 구절은 어디입니까? (　　　절)

3 창세기 25장 22-28절 〈1〉

(　　월　　일 _ 읽음)

이 부부는 아기를 갖기를 간절히 바랐습니다. 일이 년도, 오륙 년도 아니고 무려 거의 이십 년 동안이나 하나님께서 자신의 약속대로 이루어주시리라는 기대와 소망의 불씨를 놓치지 않고 붙잡고 살아왔습니다. 혼인한 지 19년 만에 하나님의 응답으로 아기를 갖게 되었습니다. 그러나 아기를 갖게 된 기쁨도 오래 가지 못합니다. 아기가 엄마의 뱃속에서 다툼을 시작했기 때문입니다.

자신의 존재를 엄마에게 알리는 듯 약간의 발차기를 하는 것이 아닙니다. 그렇다면 아기를 가진 엄마의 기쁨이 줄지 않을 것입니다. 그러나 엄마는 '오히려 차라리 아기를 갖지 않았더라면' 이라고 바랄 만큼 심각한 고민에 빠졌습니다. 엄마가 느끼는 자극에 따라 판단하건대 뱃속의 아기들은 서로 치고 받으면서 거침없이 싸웠습니다. 동서고금東西古今을 막론하고 형제들 또는 자매들이란 모름지기 사이좋고 우애友愛 있어야 하는 법인데, 같은 뱃속에 있는 아기들이 서로를 치고 받으며 싸우는 일은 참으로 심각한 걱정거리가 아닐 수 없습니다.

그래서 엄마는 "이 같으면 내가 어찌 할꼬?"라고 말합니다. 우리말 성경에서 이 말은 '내가 어떻게 하면 좋을까?' 하고 약간 고민하는 느낌을 나타내는 표현처럼 보일 수 있습니다. 그러나 이 말의 원문原文이 주는 느낌은 더 강합니다. "내가 어찌 할꼬?"에 해당하는 원문은 순서대로 '왜', '이것', '나' 라는 세 낱말로만 이루어졌고 아무런 동사動詞가 없습니다. 따라서 이 문장文章에 대한 정확한 해석은 학자들간에 조금 다르지만 그 의미는 대체적으로 이렇습니다. "왜 나는 이것[이런 문제]을 갖게 되었는가?" 바꿔 말하자면, '왜 이런 일이 내게 일어났는가?' 라는 뜻입니다. 더 풀어 말하자면 '임신하지 않았다면 이런 일이 없었을 터인데 이 늦은 나이에 임신을 해서 이런 걱정스러운 일을 겪게 되었구나. 어째서 이런 일이 내게 일어났는가? 정말 어찌하면 좋겠는가?' 라는 의미입니다.

리브가가 자신의 심각한 걱정과 고민을 풀기 위해서 어떤 방법을 취했는지 알려주는 구절은 어디입니까? (　　　절)

이삭은 물론 리브가도 여호와 하나님을 섬기는 사람입니다. 하나님의 인도하심으로 그녀를 만나게 되었다는 아브라함의 종의 말을 듣고 그를 따라 선뜻, 한 번도 본 적이 없는 이삭과 혼인하려고 멀고 낯선 곳으로 올 수 있었던 것은 리브가의 탐험심이 아니라 그녀의 신앙 때문이었습니다. 혼인한 후 아이가 생기지 않자 이삭이 하나님께 간구하였습니다. 그러나 오랜 세월 기다릴 수 있었던 것은 단지 남편의 신앙 때문만이 아니라 리브가 자신의 신앙도 한몫을 했다고 보아야 합니다. 리브가 역시 자기 삶을 인도해오셨고 앞으로도 변함없이 책임지실 하나님에 대해 믿음과 소망을 가지지 않았다면 그런 긴 세월의 기다림은 어려울 것이기 때문입니다.

혼인한 지 20년이 거의 다 되어서야 오직 하나님의 능력과 신실함으로써만 후손을 가질 수 있음을 보이시려는 듯 하나님은 리브가로 하여금 잉태하게 하셨습니다. 이렇게 리브가는 임신하였습니다. 이런 사실을 아는 그녀로서는 누구에게 자신의 걱정과 고민에 대한 해답을 얻으려 하겠습니까? 당연히 자신에게 잉태의 은혜를 주신 여호와 하나님께 물어야 할 것입니다. 리브가가 여호와 앞으로 자신의 문제를 가져갔음을 알려주는 구절은 어디입니까? (　　　절)

4 창세기 25장 22-28절 〈2〉

(월 일 _ 읽음)

세상을 창조하시고 다스리시는 분은 여호와 하나님이십니다. 하나님은 크고 중대한 일만 주관하시고 사소하거나 개인적인 일들은 아래 사람들에게 맡기시는 분이 아닙니다. 하나님은 크고 작은 모든 일들을 세심하게 다루시며 자신의 기쁘신 뜻대로 주관하십니다. 특히 자기 자녀들의 일에 대해서는 더 자상한 관심을 기울이십니다. 하나님께서는 자신의 사랑하는 딸 리브가가 자기 앞에 갖고 나온 걱정과 고민을 절대 외면하시지 않았습니다. 오히려 하나님께서는 경청하시고 곧바로 응답하셨습니다. 응답도 물어본 질문의 범위를 훨씬 넘어서 리브가의 뱃속에 있는 아기들의 장래와 하나님의 계획까지 담긴 놀라운 것이었습니다. 그분의 응답을 말씀한 구절은 어디입니까? (절)

자기 뱃속에서 싸우는 쌍둥이 문제로 고민하다가 리브가는 '가서' 물었습니다. 리브가가 누구에게 갔느냐는 정확히 알 수는 없습니다. 본문이 말하지 않고 있기 때문입니다. 그러나 분명한 것은 리브가가 하나님에게 직접 간 것이 아니라 제 삼자를 통해서 자신의 고민거리에 대하여 하나님에게 물었다는 점입니다. 하나님의 백성은 언제든지 하나님에게 직접 기도할 수 있습니다. 그러나 리브가는 자기 고민거리에 대해 확실한 응답을 얻기 원했기에, 이를테면 구약시대 후반부에 활동하던 선지자들처럼, 하나님과 더 친밀하게 교통交通하며 그분의 뜻을 정확하게 전달받을 수 있는 위치에 있는 사람에게 간 것으로 보입니다.

〈그러나 오늘날은 하나님의 분명한 뜻을 알기 위해 제 삼자를 찾아가서는 안 됩니다. 왜냐하면 리브가의 시대와는 달리 하나님께서 자신의 뜻을 매우 분명하고 정확하게 자신의 말씀인 성경에 다 기록해 놓으셨기 때문입니다. 물론 성경말씀의 의미를 더욱 정확하고 분명하게 알기 위해서는 다른 사람의 도움을 얻을 수는 있지만, 제 삼자를 통해서 고민거리를 하나님께 전달하였던 리브가와 같이, 그런 방법으로 하나님의 뜻을 구해서는 안 됩니다. 하나님의 뜻을 분명히 알려면 성경말씀을 듣고 배우고 공부해야 합니다.〉

하나님은 리브가의 심정을 잘 아셨습니다. 그래서 그녀에게 매우 분명한 말씀으로 응답하셨습니다. 이 내용을 보면 리브가의 뱃속의 쌍둥이의 앞날이 어떠할 것인지 잘 드러납니다. 그러나 두 아이의 앞날이 그러할 것이라고 말씀하신 것은 하나님께서 그들의 앞날을 잘 내다보시기에 그리하신 것이 아니라, 하나님 자신께서 그들의 앞날을 그렇게 만들어 가실 것임을 선언하신 것입니다. 이처럼 하나님은 세상 만물과 모든 일을 다스리심은 물론이요 사람의 앞날까지도 자신의 기쁘신 뜻대로 정하십니다. 이러한 권한權限을 하나님의 주권主權이라고 합니다. 하나님의 주권(God's sovereignty)이 명백하게 드러난 구절은 어디입니까? (　　　절)

5 창세기 25장 23-28절

(　　월　　일 _ 읽음)

일반적으로 사람들은 하나님의 주권에 대해서 부정적否定的인 생각을 갖습니다. 이는 하나님이 어떠한 분이신지를 올바로 알지 못하기 때문에 갖게 되는 생각입니다. 사람은 자기 자신은 제 마음대로 모든 일을 하고 싶어하면서도 정작 남이 '자기 마음대로' 어떤 일을 결정한다는 것에 대해서는 매우 싫어합니다. 더구나 남의 결정이 나에게 영향을 미칠 때에는 더더욱 싫어합니다. 이런 맥락에서 사람은 하나님께서 나 자신의 운명이나 또는 앞날을 정해놓으셨다는 것에 대해 저항감을 갖게 됩니다. 그렇게 정해졌다면 자신의 수고와 노력은 무의미하고 자신의 자유는 빼앗긴 것이어서 결국 자신은 꼭두각시에 지나지 않는 인생을 살 수밖에 없을 것이라는 생각이 들기 때문일 것입니다.

그러나 엄밀히 말하자면 이러한 생각과 혐오嫌惡는 하나님에 대한 무지無

知와 오해에서 생겨난 것일 뿐입니다. 여러분은 만일 어떤 사람이 나 자신의 권리와 자유를 전혀 제한하지 않으며 동시에 나를 귀찮게 하지도 않고 그저 좋은 영향을 있게 하려 한다면 굳이 그 사람에 대해서 거부감을 갖거나 탓하려 하시겠습니까? 그러지 않을 것입니다. 오히려 사려 깊은 사람이라면 고마워할 것입니다. 하나님은 사람 가운데서 가장 선하고 신사답고 지혜로운 사람보다도 더 선하시고 더 신사답고 더 지혜로운 분이십니다. 그러시기에 하나님께서 자신의 권한을 자유롭게 사용하실 때 사람의 자유를 빼앗거나 침범하지 않으십니다. 또한 하나님께서는 자신의 선하고 기쁘신 뜻대로 자기 권한을 사용하시므로 그 권한의 행사에 악한 의도가 들어있거나 악한 방법을 사용하거나 악한 결과를 낳지 않습니다.

이런 절대적인 주권을 가지신 하나님께서는 쌍둥이 중에서 작은 자를 아브라함 언약의 계승자로 선택하셨습니다. 이와 같은 하나님의 선택은 사람의 행위에 따라 결정되지 않았습니다. 이것은 오직 하나님 자신의 단독적인 결정으로 이루어졌습니다. 그러기에 사람이 태어나서 '무슨 선이나 악을 행하기도 전에' (롬 9:11), 하나님께서 자신의 절대적인 주권으로 작은 자를 택하셨다는 사실을 암시한 구절은 어디입니까? (　　　절)

앞에서 설명한 바와 같이 하나님의 선택은 하나님의 주권에서 비롯되었습니다. 따라서 하나님의 선택의 첫 번째 특징은 주권적(sovereign)이라고 말할 수 있습니다. 그리고 하나님의 선택의 두 번째 특징은 특별하다(special)는 점입니다. 물론 선택을 받지 않은 개인이나 나라도 하나님께서 주시는 일반적인 복에서 제외되지 않습니다. 그들도 건강과 장수, 부유함과 번성을 누릴 수 있습니다. 그러나 하나님께서 선택한 개인이나 나라는 특별한 사랑과 돌봄을 받게 됩니다. 이는 마치 성숙한 어른이 어떤 아이에게나 친절하고 공평하지만 특별히 자기 자녀들에게 더 깊은 관심을 갖고 사랑을 베푸는 것과 마찬가지입니다. 이와 같은 하나님의 선택에서 나온 특별함은 개인이나 나라에 괄목할 만한 영향을 미칩니다.

이삭의 쌍둥이 아들들 중에서 하나님께서 야곱을 택하심으로, 그 이후의 역사에서 보는 바와 같이 야곱은 물론 그 후손인 이스라엘 민족은 선택받지 못한 에서와 그 후손인 에돔 민족과는 전혀 다른 운명을 갖게 됩니다. 그래서 하나님께서는 선택한 자와 그렇지 않은 자에 대한 자신의 특별한 관심을 돋보이게 하시려고 이렇게 대조적인 표현을 써서 말씀하십니다. "나 여호와가 말하노라. 에서는 야곱의 형이 아니냐? 그러나 내가 야곱을 사랑하였고 에서는 미워하였으며 그의 산들을 황무케 하였고 그의 산업을 광야의 시랑에게 붙였느니라"(말 1:2-3). 이처럼 하나님의 선택이 특별하다는 특징을 갖는 이유는 선택의 목적 때문입니다.

따라서 하나님의 선택의 세 번째 특징은 영적(spiritual)이라는 점입니다. 여기서 '영적' 이라는 표현은 하나님의 구원계획과 관련되었다는 뜻입니다. 하나님께서 어떤 사람을 선택하심은 그가 단지 이땅에서 하나님 없이 그저 번성하고 부유한 삶을 살게 하기 위함이 아니라, 하나님과 올바른 관계를 맺고 그분 안에서 참되고 복된 삶을 살게 하기 위함입니다. 그리고 이런 삶은 하나님께서 베푸시는 구원을 받아야 누리게 됩니다. 이런 의미에서 그분의 선택은 '육적' 이 아니라 '영적' 입니다.

하나님께서는 일찍이 아브라함을 통하여 땅의 모든 민족이 하나님의 복을 받게 될 것임을 약속하셨고(창 12:3) 이 약속은 예수 그리스도를 통하여 그분을 믿는 모든 자들에게 이루어집니다. 이 복을 누리게 하시려고 하나님께서는 사람들을 택하여 예수 그리스도 안으로 부르십니다. 그러나 사람들은 이와 같은 하나님의 선택과는 달리 자신의 기호나 편견에 따라 사랑할 대상을 선택하기에 불행의 씨앗을 심게 되기도 합니다. 이삭과 리브가는 안타깝게도 두 아들 중 한쪽을 심하게 편애(偏愛)하였습니다. 특히 이삭이 맏아들을 편애한 이유를 알려준 구절은 어디입니까? (　　　절)

6 창세기 25장 24-34절 〈1〉

(월 일 _ 읽음)

흔히 쌍둥이는 여러 면에서 닮았다고 생각되지만 리브가가 낳은 쌍둥이는 마치 다른 부모에게서 태어난 아이들처럼 모든 면에서 달랐습니다. 형은 마치 갖옷(짐승의 털가죽으로 만든 옷)을 입은 듯 온몸이 털투성이인 털보였습니다. 반면에 형의 발꿈치를 붙잡고 뒤따라 나온 아우는 매끈매끈하였습니다(창 27:11). 뿐만 아니라 아이들이 자라나면서 그 성격과 취미도 딴판이었습니다. 형은 매우 활동적이어서 바깥 생활을 즐기는 반면에 동생은 조용한 삶을 즐기므로 밖으로 나돌기보다는 집안에 있기를 좋아하였습니다. 이 쌍둥이의 다른 점들을 비교해주고 있는 잇따른 세 구절은 어디입니까? (- 절)

동생은 형의 발꿈치를 잡고 태어날 만큼 먼저 나가 형이 되려는 욕망이 강했습니다. 그러나 그 욕망을 이루지 못했습니다. 그러나 야곱은 이 욕망을 포기하지 않습니다. 비록 뱃속에 있을 때에는 본능적으로 먼저 태어나고자 애썼지만 자라나면서는 형으로서 갖는 권리가 무엇인지를 알게 되었을 터이고 따라서 그것에 더욱 집착하게 됩니다. 마침내 절호의 기회를 맞이하게 되었습니다. 사냥터에서 돌아와 심히 배고픈 형으로부터 자신이 꿈꾸던 것을 가로채는 일에 성공합니다. 동생이 그토록 탐내던 것이 무엇이었는지를 처음으로 알려준 구절은 어디입니까? (절)

7 창세기 25장 24-34절 〈2〉

(월 일 _ 읽음)

형이 가진 장자長子의 권리를 탐내온 아우가 마침내 자신의 계획을 이룰 때를 얻었습니다. 사냥을 즐기던 형은 들에서 돌아오자 심한 피곤함과 허기虛飢를 느낍니다. 마침 동생이 먹음직스럽게 팥죽을 쑤고 있었습니다. 형은 동생에게 팥죽을 좀 달라 합니다. 일반적으로 생각하자면 가족간에는 심하게 허기진 식구를 보면 미리 먹을 것을 내놓는 것이 정상이련만 이 두 형제 사이는 그렇지 않았습니다. 형의 배고픔을 빌미로 동생은 자신이 그토록 탐내던 것을 팔라고 제안합니다.

사실 장자의 권리權利란 눈에 보이지 않는 것일 뿐더러 문서文書로 기록되어 있는 것도 아닙니다. 그리고 장자가 자신의 권리를 판다고 해서 장자가 차자次子가 될 리는 없습니다. 따라서 이 권리는 상징성을 갖는 것입니다. 이처럼 장자의 권리가 상징적이지만 그렇다 할지라도 아우는 그것을 차지하기를 간절히 원했습니다. 쌍둥이가 모친의 뱃속에 있을 때에 "큰 자는 어린 자를 섬기리라"고 하신 하나님의 말씀에 걸맞게 아우는 자신의 외적 조건을 갖추기에 안달이 났습니다.

하나님의 약속은 그분께 맡기고 기다리면 이루어질 것인데, 아우는 자기 힘으로 필요한 모든 조건을 갖추기에 애를 썼습니다. 반면에 형은 자신에게 주어진 생득적生得的 권리를 너무 가볍게 여겼습니다. 형의 입장에서 보면 상징적 의미만 있는 장자의 권리는 실제적인 이익과 비교할 때 무의미하기 짝이 없는 것이었습니다. 마치 그것은 휴지조각에 불과하였습니다. 이처럼 형은 자신의 유익 그것도 팥죽 한 그릇을 위해 쉽사리 장자의 권리를 포기합니다. 형이 동생의 제안을 받고 어떤 판단에 근거하여 동생의 제안을 따르기로 하였는지를 알려주는 구절은 어디입니까? (절)

"내게 무엇이 유익한가?" 이것은 나 자신의 가치관에 따라 결정됩니다.

사람이 갖는 가치관에는 여러 수준이 있습니다. 그중 가장 낮은 것은 본능적本能的인 유익을 제일 중요하게 여기는 가치관입니다. 반면에 가장 높은 수준의 가치관은 하나님의 기준과 요구에 따라 중요도를 매기는, 바꿔 말하자면 하나님께서 가장 중요하게 생각하시는 순서를 그대로 따르는 가치관입니다. 어떤 사람은 돈이 최고라고 생각하여 자신의 인생을 온통 돈 벌고 번 돈을 자신을 위해 쓰는 일에 투자하며 삽니다. 이런 사람은 가장 낮은 가치관을 가진 사람입니다.

이런 사람은 하나님이 보시기에 '어리석은 자' 입니다(눅 12:20). 이런 수준의 가치관을 가진 사람들은 보이지 않는 것들에 대해서는 무관심할 수밖에 없습니다. 이들은 몇 푼의 돈을 위해서라면 무슨 일이라도 할 수 있습니다. 반면에 하나님의 뜻이나 요구에 대해서는 전혀 관심이 없습니다. 이들은 세상 사람들이 중요하게 여기는 일들을 위해 살아갑니다. 그러기에 이들에게는 먹는 것, 입는 것, 마시는 것이 가장 소중합니다. 이들은 하나님의 나라와 하나님의 의義를 추구하기는커녕 아예 관심조차 없습니다. 이런 사람들은 하나님의 은혜로 그 가치관이 바뀌지 않는 한 교회 생활도 그런 식으로 합니다. 이들이 예수님을 믿으려 하는 것도 사실은 자신들의 꿈을 이루기 위함이고 자신들이 추구하는 삶을 좀 더 빠르고 확실하게 이루기 위한 수단으로 택한 것일 뿐입니다.

에서(Esau)는 가장 낮은 가치관을 가진 자였습니다. 그는 떡과 팥죽 한 그릇에 자신의 소중한 권리인 장자의 권리를 팔아 넘겼습니다. 한 끼 굶는다고 죽지 않을 터인데 그는 자신의 권리를 한 끼 먹는 것보다도 못하게 여겼습니다. 하나님께서 주신 소중한 장자長子의 권리를 에서는 가볍게 여기고 무시하였던 것입니다. 이와 같은 에서의 잘못을 지적한 구절은 어디입니까? (　　　절)

제 17 주
창세기 26-27장

1 창세기 26장 1-11절 〈1〉

(월 일 _ 읽음)

이삭과 리브가가 혼인한 이후 이야기는 잠시 이 부부가 낳은 쌍둥이에게 집중되었다가(창 25장) 다시 이삭에게로 넘어옵니다. 이삭이 살던 가나안 땅에 흉년이 들었습니다. 이 흉년은 수십 년 전 아브라함 때에 있었던 흉년처럼 심각하였습니다. 그래서 이삭은 가나안을 떠나 애굽으로 가기 위해 움직입니다. 흉년의 원인은 가뭄입니다. 비가 오지 않으면 물이 부족하고 따라서 농사가 안 되며 목축을 할 수 없게 되고 과수果樹도 안 되므로 먹을 것이 부족하게 되어 사람살이가 매우 어려운 상황에 처하게 됩니다. 그래서 어쩔 수 없이 이삭은 가나안 땅을 벗어나 남쪽에 있는 애굽 나라로 가려고 합니다.

오래 전 자신의 아버지 아브라함도 심하게 흉년이 들자 애굽으로 내려갔습니다(창 12:10). 이삭뿐만 아니라 가나안 땅에 사는 사람들은 누구나 기근饑饉을 피하려면 비옥한 애굽으로 가야 한다고 생각할 것입니다. 지리적으로 판단하거나 기타 여건들을 살펴보아도 따뜻한 남쪽이 북쪽보다 나을 것이고 또한 남쪽의 애굽은 나일강으로 인하여 땅이 비옥한 곳이라고 알려져 있기 때문입니다. 더구나 이삭으로서는 자신의 아버지가 전에 애굽으로 내려갔었기에 더 자연스럽게 애굽행을 결정했을 것입니다.

애굽으로 내려가려면 수많은 가축들을 데리고 긴 여행을 해야 합니다. 이삭은 애굽으로 내려가는 도중에 '그랄' 지방에서 잠시 머물려 합니다. 그래서 그곳의 왕에게 잠시 체류 허가를 얻으려 한 듯이 보입니다. 그랄 지방은 가나안 땅에 속한 지역입니다. 그런데 이삭이 그랄에 머물고 있을 때에 하나님께서 이삭에게 나타나셔서 '애굽으로 내려가지 말라' 고 하십니다. '이 땅' 곧 가나안 땅, 인간적인 판단으로 보자면 흉년이 들어서 그대로 있다가는 굶어죽기 딱 알맞은 곳에 그대로 머물러 있으라고 하나님께서 말씀하신 것입니다.

바로 이 지점에서 인간의 판단과 하나님의 말씀이 부딪히게 됩니다. 그러기에 바로 이 지점에서 믿음이 요구됩니다. 나를 믿을 것인가? 하나님을 믿을 것인가? 눈에 빤히 보이는 것을 믿을 것인가? 아무 것도 보이지 않고 알 수도 없는 앞날을 하나님의 말씀대로 그분에게 맡겨볼 것인가? 이러한 상황에서 이삭이 어떤 결정을 내렸는지 알 수 있는 구절은 어디입니까?
(　　　절)

믿음에는 용기가 필요합니다. 그러나 이 용기는 '에이, 이판사판이다' 또는 '죽기 아니면 까무러치기다' 하고 만용蠻勇을 부려보는 행태가 아닙니다. 또한 이것은 깡이나 배짱과도 다릅니다. 이 용기는 내 삶을 하나님께 맡기는 용기입니다. 하나님의 말씀이기에 그분의 약속을 믿고 그대로 순종하는 용기입니다. 그대로 따라도 아무런 손해나 위험이 없을 때에 하나님께 순종하는 행위로는 그 사람의 진정한 믿음을 파악하기 어렵습니다. 인간의 생각이나 판단으로 보면 그대로 따랐다가는 엄청난 손해와 위험이 있을 뿐더러 심하면 죽을 수도 있다고 보이는 때에, 도저히 그대로 따라서는 안 될 것이라고 판단되는 때에 하나님의 말씀에 따르는 순종이라야 진정한 믿음에서 나온 것이라 할 수 있습니다.

하나님께서는 가나안 땅의 남쪽 지역으로 이동하여 애굽으로 내려갈 만반萬般의 채비를 갖추려는 이삭에게 나타나셔서 '내려가기를 멈추고 그냥 이곳에 남아 있어라' 고 말씀하십니다. 그리고 만일 이삭이 하나님의 말씀에 순종하면 어찌어찌 하시겠다고 약속하십니다. 그러나 이 약속이란 하나님께서 앞으로 행하실 일들에 대한 것이기에 현재 눈앞에 나타난 것은 전혀 없습니다.

만일 하나님께서 이삭이 보는 앞에서 당장 비라도 쏟아 부으시면서 약속을 하신다면 이삭은 하나님께서 가뭄을 해결해주시리라는 기대를 갖고 그분의 약속을 받아들일 수 있을 터인데, 이상하게도 하나님은 그런 식으로 약속을 주시지 않았습니다. "(네가) 이 땅에 거하라!"(3절 앞부분 직역)고 명령하십니다. "그러면 내가 너와 함께 하며 ……"라고 말씀하십니다. 하나님께서는 먼저 순종하므로 네 믿음을 보이라는 것입니다. 하나님께서 이삭에게 약속하신 내용이 무엇인지 알려주는 잇따른 두 구절은 어디입니까?
(　　　절과　　　절)

2 창세기 26장 1-11절 〈2〉

(　　월　　일 _ 읽음)

하나님께서 사람에게 주시는 복은 한마디로 '하나님께서 함께 하심'입니다. 이것이 가장 크고 중요하고 꼭 필요한 복입니다. 그러기에 하나님께서 이루시는 '하나님 나라'는 그 본질이 하나님께서 자기 자녀(백성)와 함께 사시며 그들을 은혜와 공의로 다스리시는 나라입니다. 따라서 하나님께서 함께 하시지 않으면 아무 것도 의미가 없습니다. 이런 본질을 잘 아는 사람은 다른 것을 원하지 않습니다.

훗날 이스라엘 백성이 시내 광야에서 하나님을 배신하고 송아지 우상을 섬기자 하나님께서 그들을 진멸하고자 하십니다. 그때 모세의 간청으로 하나님께서 백성 중 일부만 죽이십니다. 그리고 하나님께서는 자신이 약속하신 바대로 가나안 땅을 주리니 모세에게 그곳으로 백성들을 데려가라고 말씀하십니다(출 33:1,12). 그러자 모세는 '주께서 친히 가시지 않으시려면 그곳으로 올려 보내지 마시라'고 간청합니다(출 33:15). 이처럼 모세는 하나님께서 함께 하시지 않으면 그분께서 모든 것을 주신다 할지라도 그 모든 것이 헛되며 의미 없음을 알았던 것입니다.

거두절미하자면 하나님께서 우리에게 주신 구원은 '하나님께서 영원히 우리와 함께 하심으로써' 완성됩니다(계 21:3). 그러기에 우리가 하나님의 은혜로 예수님을 믿으면 성령 하나님께서 우리와 함께 하십니다. 이는 이렇게 하나님께서 우리와 함께 하심으로써 (1) 그것이 어떠한 삶인지를 이땅에서 누리면서 그 진가를 충분히 알아 (2) '영원히 함께 하심'에 대한 소망과 기대를 갖고 하나님을 더욱 바라고 의지하도록 하심입니다.

그러나 많은 그리스도인들이 이러한 본질에는 관심이 적습니다. 그저 하나님께서 자신들의 손에 쥐어주시는 것들에만 관심을 집중하고 그것이 복의 전부인 양 여기며 삽니다. 이런 태도는 모든 것을 다 가진 고아孤兒로 살기를 원하는 것과 다름없습니다. 반면에 하나님께서 함께 하심을 인정하고 아는 사람이라면 당연히 그분께 순종하는 삶을 살려고 힘쓰게 될 것입니다. 이런 삶을 사는 자들에게 '함께 하시는 하나님' 께서 사람이 이땅에서 살아가는데 필요한 복을 넘치게 주실 것입니다. 하나님께서 아브라함에게 큰 복을 주신 이유를 설명하신 구절은 어디입니까? (절)

이삭이 하나님의 말씀에 순종하여 애굽으로 내려가지 않고 가나안 땅에 그대로 남기로 결정하여 그랄에서 당분간 살게 됩니다. 그러자 하나님께서는 약속하신 바대로 이삭과 함께 하십니다. 이제 하나님께서 함께 하신다는 사실이 이삭의 삶에 어떻게 나타나는지 드러나기 시작합니다. 아내의 아름다움으로 이삭은 걱정과 두려움에 쌓였습니다. 낯선 곳에서 당할 수 있는 봉변逢變을 예상하기 때문입니다. 그래서 묘수를 찾았습니다. 오래 전 자신의 부친이 그러했듯이 아내를 누이라 속입니다. 그의 부친 아브라함이 똑같은 짓을 했다가 망신을 당합니다. 당시 하나님께서는 아브라함을 보호하고 위기에서 건져주셨습니다. 이와 같은 사실을 알진대 이삭은 마땅히 부친의 전철前轍을 밟지 말아야 했습니다. 아쉽게도 이삭은 하나님의 함께 하심을 충분히 신뢰하지 못합니다. 그러기에 꼼수를 부린 것입니다.

이삭의 거짓말은 곧 탄로납니다. 그곳에 오래 살다보니 자연히 긴장이 느슨해졌습니다. 조심해야 할 행동이 하필 그곳의 왕의 눈에 띄었습니다. 딱 걸렸습니다. 왕이 보니 이삭이 누이를 껴안고 부부 사이에나 가능한 매우 은밀하고 진한 몸짓을 나누고 있었습니다[우리말 성경에 '껴안다' 라고 함은 부부간의 애무愛撫를 부드럽게 표현한 것입니다]. 왕은 즉시 이삭을 불러 속인 사실에 대해 추궁합니다. 그리고 질책합니다. 그러나 바로 이 시점에서 '함께 하시는 하나님' 의 섭리가 나타납니다. 이삭이 꼼수를 부렸지만 하나님께서는 이삭이 두려워하던 일을 그곳 왕을 통해 한꺼번에 해결하십니다. 이 사실을 암시한 구절은 어디입니까? (　　　절)

3 창세기 26장 12-22절 〈1〉

(　　월　　일 _ 읽음)

이삭은 하나님의 말씀에 순종하여 애굽으로 내려가지 않고 가나안 땅에 그대로 머무릅니다. 이삭은 가나안 땅에 크게 든 기근을 피하여 떠나려 했던 것입니다. 그런데 이제는 기근이 심한 곳에 그대로 머물기로 마음먹었습니다. 이런 결정은 결코 쉬운 일이 아닙니다. 스스로 심한 고생을 하다가 죽기로 작정했거나 아니면 하나님의 말씀을 철석같이 믿었거나 이 두 가지 중 하나로만 그런 결정을 내릴 수 있습니다. 이삭은 후자 때문에 그렇게 결정하였습니다. 따라서 이제 이삭과 그의 식솔食率과 가축들이 죽고 사는 것은 하나님의 손에 달렸습니다. 좀 더 정확히 말하자면, 하나님께서 자신의 약속을 지키시느냐 아니냐에 달린 것입니다.

하나님은 자신의 말씀을 잊지 않으십니다. 하나님은 식언食言하시지 않습니다. 하나님께서는 자기 약속을 믿고 기근 든 땅에 그대로 눌러앉아 자신의 삶을 송두리째 하나님께 맡긴 이삭에게 풍년에도 누릴 수 없는 엄청난 복을 주십니다. 이삭은 하나님의 약속을 믿고 가뭄으로 갈라진 땅에 씨를 뿌렸습니다. 그 결과 이삭은 하나님께서 주신 복이 얼마나 놀라운지를 맛보게 되었음을 알려준 구절은 어디입니까? (　　　절)

하나님께서 가뭄에 갈라진 땅에 농사지은 이삭에게 백배나 풍성한 결실을 얻도록 복을 주셨습니다. 하나님께서는 이삭이 가나안 땅에 머무른 첫해에만 복을 주신 것이 아니었습니다. 가뭄이 계속되고 해가 거듭되어도 하나님의 복은 줄어들지 아니하고 더욱 넘쳤습니다. 가뭄이 극성을 부릴수록 하나님의 복도 흘러넘쳤습니다. 누가 보더라도 우연이라고 말할 수 없도록 하나님께서는 이삭에게 확실하게 집중적으로 복을 베푸셨습니다. 그래서 이삭은 마침내 엄청난 부자가 됩니다. 이삭은 그가 살고 있던 지역에서 제일가는 부자가 되었습니다. 따라서 그곳 사람들이 이삭을 시기하여 마침내 해코지를 하고 강제로 그곳에서 쫓아낼 정도로 하나님께서 이삭에게 복을 주셨다는 사실을 말한 잇따른 다섯 구절은 어디입니까?

(- 절)

4 창세기 26장 12-22절 〈2〉

(월 일 _ 읽음)

물은 언제나 필요하지만 특히 가물 때는 물을 확보하는 것이 더욱 중요합니다. 농사와 목축을 위해서는 물이 절대적으로 필요합니다. 이전에 이삭의 부친 아브라함이 이 지역 여러 곳에 파놓은 우물들을 이삭이 사용하고 있었습니다. 그런데 이삭이 크게 부유하게 됨을 시기한 주민들이 그 우물을 흙으로 메워버리고 이삭과 그 가족을 추방합니다.

이삭은 자신이 현재 거하는 곳이 블레셋 사람들의 지역이고 따라서 그들 왕의 암묵적暗默的인 허락하에 자신을 미워하고 방해하고 마침내 내쫓는 것임을(참고. 26-27절) 잘 알기에, 그들과 대항하여 싸울 힘이 있다 할지라도 그렇게 하는 것이 전혀 소용이 없고 오히려 위험하다는 사실을 파악하였습니다. 그래서 이삭은 그곳을 떠나 이전에 아브라함이 파놓은 다른 우물들이 있는 곳으로 옮겨갑니다. 그러나 그 우물들도 역시 오래 전에 블레셋 사람들이 흙으로 메워놓았습니다. 다시 우물들을 팠습니다. 하지만 우물을 판다고 곧바로 물이 나오지는 않았습니다.

이삭이 새로 거하게 된 골짜기 지역은 이른바 '와디'(wadi)입니다. 우기雨期 때에는 물이 흐르는 시내이지만 그 외에는 물이 말라서 그냥 시내였던 흔적만 남아 있는 지역입니다. 더욱이 이런 곳에서는 물이 곧 생명줄입니다. 땅을 파서 샘이 솟는 곳을 확보하지 못하면 이삭과 그의 가족과 많은 가축들은 심각한 상황에 이르게 됩니다.

하나님께서는 이삭이 안정된 지역에 살 때에만 그에게 복을 주시는 분이 아닙니다. 그분은 그에게 약속하신 바대로(3절) 이삭과 함께 계십니다. 이와 같이 급박한 상황에서 하나님께서는 또다시 이삭에게 함께 계심을 나타내십니다. 이삭의 종들이 그 마른 골짜기를 파서 샘 근원을 얻었습니다. 이제 이삭과 그에게 딸린 많은 식구와 가축들이 마실 수 있는 충분한 물을 확보하게 되었음을 알려준 구절은 어디입니까? (　　　절)

블레셋 사람들이 이삭을 시기하는 일은 이삭을 추방하는 데서 멈추지 않고 급기야 이삭에게서 우물을 빼앗는 데까지 발전합니다. 담 너머로 뻗어간 나무 가지에 감이 주렁주렁 열리자 그 담을 넘어온 감나무 가지와 감들은 자기 것이라 억지부리는 사람처럼 이삭이 판 우물에서 물이 나오자 그랄(Gerar) 지역의 목자들은 그 물이 자기네 것이라고 우깁니다. 이 일로 다툼이 벌어지자 이삭은 그 우물을 넘겨줍니다. 이삭은 다른 곳으로 옮겨 우물을 팝니다. 또 물이 나옵니다. 그러자 그랄의 목자들이 또 좇아와서 우물을 빼앗으려고 다툼을 일으킵니다.

그랄의 목자들, 즉 블레셋 사람들은 자신들이 이삭의 우물들을 모두 빼앗으면 이삭이 망할 줄 알았습니다. 그러나 그들은 우물이 아니라 하나님께서 이삭에게 물을 주고 계시다는 사실을 알지 못했습니다. 그들이 이삭을 지키시고 돌보시는 하나님을 가로막지 못하는 한 이삭은 번성할 것입니다. 천상천하天上天下에 감히 누가 하나님께서 하시는 일을 막을 수 있겠습니까? 이삭은 또 우물을 넘겨줍니다. 이삭은 물의 진정한 근원根源이 하나님이심을 알고 있었기 때문입니다.

이삭은 자리를 옮겨 다른 곳에 다시 우물을 팠습니다. 역시 물이 나옵니다. 더 이상 다툼이 일지 않았습니다. 우리가 다투고 욕심을 부리는 근본적인 이유는 우리를 살리시고 필요한 모든 것들을 공급하시는 분이 우리 하나님이시라는 사실을 마음속 깊이 깨닫고 있지 못하기 때문일 것입니다. 여호와 하나님께서 자신에게 넓은 장소와 물을 주셔서 이제 크게 번성할 수 있게 되었다고 이삭이 말한 구절은 어디입니까? (절)

5 창세기 26장 23-33절

(월   일 _ 읽음)

이삭은 얼마간 다툼 없는 평안한 생활을 하다가 브엘세바(Beersheba)라는 곳으로 옮겨갑니다. 브엘세바는 이전에 아브라함이 판 우물이 있는 곳입니다. 아브라함이 우물을 파고 우물을 판 증거로 블레셋 왕인 아비멜렉에게 암양 새끼 일곱을 주고 그 두 사람이 맹세하고 언약을 세웁니다. 그래서 그 우물을 '맹세의 우물' 이라는 뜻으로 '브엘(우물) 세바(맹세)' 라 하였는데(창 21:31) 그후 이것이 지명地名이 되었습니다.

아브라함이 죽은 후에 블레셋 사람들이 그 우물을 메웠습니다(창 26:18). 그래서 이삭은 이곳으로 오자마자 이 메운 우물을 다시 팠습니다. 오랫동안 파묻혔던 우물에서 과연 물이 다시 나올 수 있을지 알 수 없었습니다. 그러나 역시 하나님께서 이삭에게 물을 주셨습니다. 이삭은 종들에게서 우물에서 물을 얻었다는 소식을 듣자 이 우물에 옛 이름을 그대로 붙였습니다. 따라서 이 우물이 있는 성읍의 이름이 계속 '브엘세바' 로 남아있게 되었다는 사실을 말해주는 구절은 어디입니까? (절)

브엘세바는 전에 아브라함이 거하던 곳입니다. 이곳에 이삭이 다시 거주하러 왔습니다. 하나님께서 일찍이 아브라함에게 가나안 땅을 주리라 약속하셨지만 이 약속이 온전히 이루어질 때는 먼 훗날입니다. 현재 가나안 땅 전체에서 이삭에게 속한 땅이라고는 그의 부친 아브라함이 헷 사람 에브론에게 큰돈을 주고 매입한 막벨라 굴窟이 속한 밭밖에 없습니다(창 23:16-20).

이삭도 아브라함처럼 주업이 목축이기에 이곳저곳을 돌아다니면서 살 수밖에 없습니다. 그러기에 아직은 가나안 땅 전부가 남의 땅이고 낯선 곳입니다. 새로운 지역으로 갈 때마다 지역 주민들과의 마찰을 걱정하여 긴장할 수밖에 없습니다.

게다가 이삭이 거느린 사람들이란 군인軍人들이 아니라 겨우 가축들을 돌보고 지킬 정도로만 무장武裝한 목자들뿐입니다. 따라서 그랄에서 쫓겨나고 거듭해서 우물들을 빼앗긴 경험을 겪은 이삭으로서는 '브엘세바'에 이르자 다른 때보다 더 두려워할 수밖에 없습니다. 하나님께서 늘 함께 하심을 믿으며 생활속에서 그 증거를 본다 할지라도 사람은 직접 하나님을 경험하면 더 힘이 솟게 마련입니다. 하나님께서도 사람의 이와 같은 속성을 잘 알고 계셨습니다. 하나님께서 두려워하는 이삭에게 친히 나타나셔서 격려하신 구절은 어디입니까? (　　　절)

6 창세기 26장 23-35절

(　　월　　일 _ 읽음)

사람은 남을 위로하거나 격려하고 싶어도 상대방의 마음에 딱 들어맞게 그리하기가 쉽지 않습니다. 그러나 하나님께서는 언제나 사람을 완전하고 만족하게 위로하며 격려하십니다. 이삭은 가나안 땅에서 여러 날을 살았지만 여전히 그는 떠돌이에 불과합니다. 그에게는 자기 거처居處를 세우고 계속 머물러 살 만한 땅이 없었기 때문입니다.

물론 막벨라 굴窟이 속한 밭이 있습니다만(창 23:16-20), 목축을 생업으로 삼고 있는 이삭에게는 그 밭이 너무도 작고 부족합니다. 그래서 그는 목초지를 따라 떠돌아다녀야 합니다. 그러기에 새로운 지역으로 갈 때마다 긴장할 수밖에 없습니다. 게다가 그랄 사람들에게 험한 꼴을 당하고 양보함으로써 계속 밀려난 이삭에게는 새로운 지역으로 움직이는 일이 두려울 수밖에 없습니다. 이삭이 이렇게 두려움을 느낄 때 하나님께서 그에게 나타나셔서 약속을 주시며 새 힘을 불어 넣으셨음을 알 수 있는 구절은 어디입니까? (　　　절)

그랄 왕 아비멜렉은 이삭의 번성함을 시샘하고 미워하였습니다. 그래서 자기 백성들이 이삭을 괴롭히고 내쫓는 짓을 하는데도 적극적으로 막지 아니하고 모르는 척하였으며 오히려 뒤로는 이삭을 내쫓는 일을 거들었습니다. 그러나 이제 아비멜렉은 이삭을 단순히 시샘하거나 미워할 수가 없게 되었습니다. 이삭은 큰 두려움의 대상으로 바뀌었습니다. 아비멜렉은 이삭의 삶을 자세히 살펴본 결과 이삭과 함께 하는 분이 누구신지를 알았기 때문입니다. 그러기에 그런 이삭을 건드리면 자기에게 재앙이 미칠 것이 분명하다고 판단합니다. 이처럼 그는 정치적 수완手腕이 뛰어나고 판단이 빠른 왕인 듯합니다. 적으로 여기던 이삭을 찾아와 평화조약을 맺자고 제안합니다. 이에 이삭은 그와 평화조약을 맺습니다. 이로써 이삭은 불안정한 삶에 대한 두려움을 한시름 덜게 됩니다. 아비멜렉이 이삭에게서 분명히 알게 된 사실은 무엇이며 이삭을 어떤 사람으로 여겼는지 알 수 있는 잇따른 두 구절은 어디입니까? (　　　절과　　　절)

흉년을 피해 애굽으로 가려던 이삭을 여호와께서 가나안 땅에 그대로 머무르게 하셨습니다. 현실에 대한 자신의 판단을 제쳐두고 여호와의 말씀에 순종한 이삭에게 여호와께서는 다른 민족의 사람들이 미워하고 후에는 두려워할 만큼 엄청난 복을 주십니다. 그래서 이삭은 풍년일 때에도 거두기 힘든 풍성한 수확을 오히려 지독하게 가뭄이 든 흉년에 얻게 됩니다. 그 결과 이삭은 이루 말할 수 없는 거부巨富가 됩니다. 이렇듯 여호와 하나님을 전적으로 의지하고 그분의 말씀에 순종하는 자는 하나님의 복을 크게 받습니다. 반면에 자기 힘을 의지하고 자기 판단과 뜻대로 사는 자는 전혀 다른 삶을 삽니다. 이런 면에서 26장은 하나님을 의지한 이삭과 그렇지 않은 자를 대비對比 시킵니다. 이삭과 대비된 자의 삶을 묘사한 잇따른 두 구절은

어디입니까? (　　　　절과　　　　절)

7 창세기 27장 1-29절 〈1〉

(　　월　　일 _ 읽음)

이삭이 나이 많아 언제 죽을지를 모르게 되자 맏아들 에서(Esau)에게 축복하여 족장族長을 삼으려 합니다. 그러나 이것은 하나님의 뜻과는 다릅니다. 하나님께서는 둘째인 야곱(Jacob)을 족장으로 삼아 아브라함 언약의 계승자로 세우려는 계획을 갖고 계십니다. 이러한 하나님의 계획은 이미 그 쌍둥이 형제가 잉태되었을 때 부모에게 전달되었습니다(창 25:23).

그런데도 이삭은 맏아들에게 집착합니다(참고. 창 25:28, 27:1이하). 그래서 맏아들만을 따로 불러서 비밀리에 축복하려 합니다. 그러나 하나님의 뜻과 다른 길을 택한 사람은 결코 성공할 수 없습니다. 시작부터 이삭의 계획은 들키고 맙니다. 리브가(Rebekah)는 치밀한 작전을 세웁니다. 결국 이삭은 속아서 에서가 아니라 하나님의 정한 자에게 축복하는 장면을 보여준 잇따른 세 구절은 어디입니까? (　　　　-　　　　절)

제 18 주
창세기 27–28장

1 창세기 27장 1-29절 〈2〉

(　　월　　일 _ 읽음)

이삭 집안의 문제가 고스란히 드러납니다. 아버지 이삭은 큰 아들 에서를 편애합니다. 성경말씀(창 25:28)에 따르면, 이삭이 에서를 사랑하는 이유가 매우 단순합니다. 이삭은 에서가 사냥해온 고기를 좋아했기 때문입니다. 이른바 고기 맛에 푹 빠진 것입니다. 이번에도 이삭은 에서를 불러 '내가 죽기 전에 마음껏 네게 축복하도록 사냥하여 그 고기로 내가 즐기는 별미를 만들어 내가 먹도록 해 달라' 고 부탁합니다(3-4절). 간단히 말하자면, 내가 먼저 실컷 고기를 먹고 그 다음에 너를 마음껏 축복하겠다는 뜻입니다. 이처럼 이삭은 '즐기는 별미別味' 에 중독中毒 되어 있었습니다.

하나님께서 야곱을 언약의 다음 계승자로 이미 택하셨음을 알면서도(참고. 창 25:23), 이삭은 이 사실을 무시하고 자기 입맛을 만족시키는 맏아들을 다음 계승자로 세우려 합니다. 그러나 이러한 이삭의 계획은 성공할 수 없습니다. 하나님의 뜻과 다르기 때문입니다. 이삭은 오히려 자식에게 속고 맙니다. 이삭은 육체의 눈만 어두울(1절) 뿐만 아니라 마음의 눈마저도 어둡습니다. 결국 이삭은 자신의 의도와는 전혀 다르게 야곱에게 축복함으로 하나님의 뜻을 이룹니다. 이삭이 축복하기 직전에도 사냥한 고기를 먹는 일에 큰 관심을 보이고 있음을 알려준 구절은 어디입니까? (　　　절)

한편 어머니 리브가는 이삭과는 달리 하나님의 계획에 관심을 갖고 있습니다. 그러나 그녀는 그 계획(창 25:23)에 병적病的이라 할 만큼 지나치게 집착합니다. 하나님께서 자기 계획을 알려주시면 역시 그분께서 그 계획을 이루실 것입니다. 그러나 리브가는 자기 계략計略으로 하나님의 계획을 이루려 합니다. 그래서 남편의 생각을 엿들은 후 자기가 사랑하는(창 25:28) 야곱을 불러 축복을 가로챌 계략을 지시합니다. 야곱은 거절합니다. 아버지를 속이면 복은커녕 저주를 받을 것이라고 말합니다. 그러나 어머니는 야곱에게 자기 말에 따를 것을 종용합니다. 이렇듯 리브가가 축복을 가로채려고 남편을 속이고 또한 자식으로 하여금 아버지를 속이도록 한 것은 그녀가 하나님의 계획에 지나치게 집착한 까닭입니다.

하나님의 계획은 그분의 기쁘고 의로운 뜻에 맞게 진행되어야 하는 것입니다. 사람이 옳지 못한 계략을 사용해서 하나님의 계획을 이루려는 것은 하나님의 뜻에 전혀 맞지 않는 일입니다. 이 일로 리브가는 후에 그 대가代價를 톡톡히 치르게 될 것입니다. 하나님의 공의가 그녀를 결코 그대로 놔두지 않을 것입니다. 리브가가 저주까지도 마다하지 않을 정도로 자신이 계획한 일에 집착을 보인 구절은 어디입니까? (　　　절)

2 창세기 27장 5-33절

(　　월　　일 _ 읽음)

야곱은 어머니의 제안을 듣자 아버지를 속이면 복은커녕 저주를 받을 것이라고 두려워하였습니다. 그러나 그 역시 복에 대한 욕심이 만만치 않은 사람입니다. 야곱은 장자長子이길 간절히 원했습니다. 그러나 그는 맏아들로 태어나질 못했습니다. 그러나 명분名分이라도 장자됨을 얻으려고 굶주린 형에게 떡과 팥죽을 미끼로 장자의 명분을 샀습니다. 그가 태어날 때 형의 발꿈치를 잡은 사실(창 25:26)도, 그가 이미 뱃속에서부터 장자로 태어나길 본능적으로 원하였음을 알려줍니다.

이런 사람이 장자의 명분名分 정도가 아니라 장자로서 누릴 실재實在가 손안에 들어올 수 있는 결정적인 기회를 포기할 리 없습니다. 어머니가 저주를 담당하겠노라 했으니 그는 단지 어머니의 계획에 따라 움직이기만 하면 됩니다. 아버지 앞에서 큰 실수만 없으면 아버지를 속이고 그가 평생을 바라던 복을 차지할 수 있습니다. 아버지는 자기 앞에 나타난 자가 의심스럽습니다. 음성에서부터 거짓의 냄새가 납니다. 그러나 세 차례 질문하였지만 결국 이삭은 속이는 자의 대답에 속고 맙니다. 심증心證은 가지만 물증物證이 없어 범인을 못 잡듯이, 이삭은 야곱의 속임수를 잡아내지 못합니다. 야곱이 하나님까지 팔아서 아버지를 속인 장면은 어디 나옵니까? (　　　절)

이삭은 자기 앞에 이토록 속히 사냥한 고기를 갖고 나타난 아들이 미심쩍었습니다. 그래서 세 차례나 질문합니다. 만져보기까지 합니다. 그러나 이삭은 그가 에서(Esau)가 아님을 알지 못했습니다. 질문에 대답하는 음성을 듣고는 그것이 분명히 야곱의 음성임을 알았습니다. 하지만 손을 만져보고 나서는 에서의 손으로 쉽게 믿어버리고 말았습니다. 그리고 자신이 바라던 사냥한 고기(3-4절)를 가져오라 합니다. 그것을 먹고 축복하겠다고 합니다. 적어도 이 경우에는 이삭의 식탐食貪이 그의 분별력을 흐리는 원인이 되었습니다.

〈음식이든지 취미이든지 게임이든지 자신이 좋아하는 것에 지나치게 몰입沒入하면 - 그밖에 필요하거나 중요한 일들을 쉽게 미룰 정도가 되면 그것이 '지나친 몰입' 곧 중독의 증거입니다. - 그것 때문에 삶에서 중요한 일들을 그르치게 되는 법입니다.〉 이삭이 야곱이 갖다 주는 대로 먹고 마셨다는 사실을 드러낸 구절은 어디입니까?
(　　　절)

3 창세기 27장 18-37절

(　　월　　일 _ 읽음)

이삭은 야곱에게 축복합니다. 야곱이 에서인 줄 알고 축복합니다. 이삭은 하나님의 뜻을 알면서도 그분의 뜻을 거역하고, 인습因習 내지는 자신의 뜻에 따라 장자長子에게 축복하려고 그를 슬쩍 불러 지시를 내렸고, 이제 모든 일이 자신의 뜻대로 이루어져 자신의 장자에게 축복하게 되었다고 생각하였습니다. 이삭은 자신의 뜻이 성취되었다고 착각합니다. 그러나 이삭은 완전히 실패했습니다. 그는 아내에게 배신당하고 또한 아들에게 속았습니다. 하나님의 뜻은 사람이 거역한다고 실패하지 않습니다. 하나님께서는 자신의 뜻을 가장 지혜롭게 완전하게 이루어가십니다. 결국 이삭은 자신도 모르게 하나님의 뜻을 이루는 자가 된 셈입니다.

반면에 야곱은 위기의 순간도 있었지만 아버지 이삭을 속이는 데 성공하였습니다. 이로써 자칫하면 에서에게 넘어갈 하나님의 복을 되찾아 왔습니다. 적어도 진행된 일의 겉모양은 그렇게 보입니다. 그러나 진행된 일의 속형편은 그렇지 않습니다. 야곱은 아버지를 속임으로써 하나님께 큰 죄를 범했습니다. 게다가 야곱은 하나님의 약속과 능력을 믿지 못한 죄를 범했습니다. 하나님께서 때가 되면 자신의 계획을 어련히 이루실 터인데도 야곱 자신이 어머니와 공모共謀하여 복을 얻으려 했기 때문입니다.

사람이 머리를 쥐어짜서 꾀를 내고 꽤나 현명하게 행동하지만 결국 이루어지는 것은 사람의 속셈이 아니라 하나님의 계획입니다. 하나님께서는 계획하신 바대로 야곱을 아브라함 언약의 계승자로 세우시는데 이삭의 축복을 통해 그리하십니다. 하나님께서 야곱을 아브라함 언약의 계승자로 세우셨다는 사실은, 하나님께서 아브라함에게 하신 약속(창 12:2-3)과 같은 내용을 야곱에게 말씀하신 데서 나타납니다. 같은 내용이 나타난 구절은 어디입니까? (　　　절)

이삭의 축복(27-29절)은 단지 이삭이 자신의 소원을 표현하는 것이 아닙니다. 이삭의 축복은 이삭이 아브라함 언약의 계승자의 자격으로 '하나님께서 다음 계승자에게 행하실 일을 하나님 대신 선언宣言하는' 것입니다. [따라서 우리말 성경에 '원하노라'는 표현(28, 29절)은 적절하지 못합니다. "…… 네게 주실지어다"(28절), "…… 복을 받을지어다"(29절)로 이해하심이 좋을 것입니다.] 이삭 자신도 자기가 행하는 축복이 선언의 성격을 가진 것임을 잘 알고 있었습니다. 그러기에 야곱이 물러난 후에 에서가 별미別味를 만들어 갖고 와서 사건의 앞뒤가 다 드러나도, 이삭은 심히 크게 떨었을 뿐 달리 어찌할 방도가 없었습니다.

만일 그 축복이 이삭 자신의 소원을 말한 것이라면 얼마든지 속은 것을 무효로 하고 다시 에서에게 자기 소원을 담아 축복할 수 있었을 것입니다. 그러나 이삭의 축복은 하나님의 복이 누구에게 임할지를 하나님 대신 공적公的으로 선언한 것이므로 취소할 수가 없습니다. 게다가 야곱을 다음 계승자로 세우시는 것이 하나님의 뜻임을 분명히 아는 이삭으로서는 그분의 뜻에 순종할 도리밖에 없음을 알려준 구절은 어디입니까? (　　　절)

4 창세기 27장 24-37절

(　　월　　일 _ 읽음)

이삭이 야곱에게 축복한 내용은 하나님께서 야곱에게 행하실 일들을 미리 선포한 것입니다. 하나님께서는 아브라함과 이삭을 잇는 언약의 계승자로 야곱을 세우셔서 그에게 언약에 포함된 모든 복을 주실 것입니다. 물질적인 복은 물론이고, 아브라함처럼 야곱을 복의 근원根源으로 삼으실 것입니다. 그러기에 하나님의 복은 이제껏 아브라함과 이삭을 통해서만 사람들에게 주어졌듯이 앞으로는 야곱을 통해서만 주어질 것입니다. 사람이 하나님의 복을 누리느냐 아니냐는 그가 하나님의 택한 자와 어떤 관계를 갖느냐에 달려 있습니다.

〈이렇듯 하나님의 복은 하나님께서 선택한 한 사람을 통해서만 다른 사람들에게 주어지게 되는데, 하나님께서 주시는 모든 복의 근원이며 통로가 되시는 마지막 분은 다름 아닌 예수 그리스도이십니다. 따라서 어느 누구도 이제는 예수 그리스도를 통하지 않고는 하나님의 복을 받을 수 없습니다. 그러기에 하나님의 복을 압축한 표현으로서 '구원'은 그리스도 안에서만 누릴 수 있습니다. 그리스도 밖에 있는 자는 어느 누구도 '구원'을 얻을 수 없습니다. 그래서 예수님 자신께서도 이렇게 말씀하셨습니다. "내가 곧 길이요 진리요 생명이니 나로 말미암지 않고는 아버지께로 올 자가 없느니라"(요 14:6). 이처럼 사도 베드로도 예수님만이 하나님의 복을 얻는 유일한 근원임을 잘 인식하였기에 다음과 같이 말하였습니다. "다른 이로서는 구원을 얻을 수 없나니 천하 인간에 구원을 얻을 만한 다른 이름을 우리에게 주신 일이 없음이니라"(행 4:12).〉

복과 저주는 대칭되는 표현입니다. 복을 받지 못함은 곧 저주를 받게 됨을 뜻하는 것입니다. 복을 못 받는다 할지라도 저주는 면할 수 있는 그런 중간中間은 없습니다. 하나님의 택한 자만이 그분의 복을 받을 수 있는 유일한 통로임을 인정하고 그 택한 자를 따르는 것이 축복하는 행위이며 그 사실을 인정하지 못하여 택한 자를 따르지 않음은 그를 저주하는 행위입니다. 야곱을 저주하면 하나님의 저주를 받을 것이고 야곱을 축복하면 하나님의 복을 받게 될 것이라는 사실을 말한 구절은 어디입니까? (　　　절)

엄밀히 말해서 하나님의 복은 영적靈的인 복과 육적肉的인 복으로 나눌 수가 없습니다. 하나님의 복은 언제나 거룩하며 신령하기에 영적靈的일 뿐입니다. 그러나 많은 사람들이 이제껏 '영적'이라는 표현을 좁게 또는 한쪽으로 치우쳐 이해해온 점을 고려하여 달리 표현해보자면 하나님께서 사람에게 주시는 복을 '전인적'全人的인 복이라고 해도 괜찮을 듯합니다. 이는 하나님께서 자기 백성이 육신을 가졌고 환경과 전혀 관계없이 살아갈 수 없는 존재임을 잘 아시므로 사람 자신과 그의 환경 전체를 완벽하게 고려하여 복을 주시기 때문에 '전인적全人的'이라고 표현할 수 있습니다.

하지만 하나님께서 자신의 복을 사람에게 주실 때에는 그 사람으로 하여금 받는 복을 효과적으로 잘 누리게 하시려고 세심한 배려配慮를 하십니다. 그 결과 어떤 사람에게는 하나님께서 자신의 영적인 복을 눈에 보이게 이른바 물질적인 면에 더 비중이 크게 베푸시며, 또 어떤 다른 사람에게는 눈에 보이지 않는 면에, 그러나 그 사람 본인은 능히 깨닫고 느낄 수 있게 비중을 더 두셔서 그 사람의 심령心靈 가운데 넘치도록 베푸시기도 합니다. 이런 배려는 하나님의 절대 주권主權과 완전한 지혜에서 비롯되는 것이므로 하나님의 백성 전체와 개인 모두에게 골고루 유익한 것입니다.

그런데도 아직 우리가 덜 성숙한 탓에 남의 떡이 크게 보인다는 속담처럼 자신에게 주어진 복은 작게 느껴지고 남에게 주신 복은 큰 것으로 보려는 좋지 못한 습성을 지니고 사는 것입니다. 대체적으로 구약시대에는 하나님의 복이 눈에 크게 보이게 나타났습니다. 아마도 하나님을 모르는 이방인들에게 하나님의 능력과 위엄을 효과적으로 드러내셔야 하는 이유 때문일 것입니다. 그래서 가뭄 때에도 이삭은 농사하여 백 배나 얻었고(창 26:12), 그 결과 이방 나라의 왕과 방백들이 "여호와께서 너와 함께 계심을 우리가 분명히 보았"다(창 26:28)고 고백하는 일이 일어났습니다. 하나님께서 야곱에게도 곡식과 포도주를 풍성하게 주시며 만민과 열국列國이 섬기게 되는, 크게 돋보이는 복을 주시리라 선포한 잇따른 두 구절은 어디입니까?
(절과   절)

5 창세기 27장 27-40절

(월   일 _ 읽음)

하나님께서 아브라함을 택하셔서 그에게 언약을 세우신 목적은 오직 혈통적으로 그의 후손이 되는 자들에게만 복을 주려하심이 아닙니다. 땅의 모든 족속들, 즉 인류 전체가 아브라함을 인하여 복을 얻게 하려 하심입니다(창 12:3). 그렇다면 '아브라함을 인하여' 온 인류가 복을 얻는다는 것은 어떤 의미이겠습니까? 결론부터 말씀드리자면 예수 그리스도께서 아브라함의 후손으로 이 세상에 오신다는 의미입니다.

우리 입장에서 보면 이미 예수 그리스도께서 이땅에 오셔서 "세상 죄를 지고"(요 1:29) 십자가에 달려 죽으심으로써 죄로 인하여 인류에게 임하게 된 하나님의 저주를 없애시고 하나님의 복을 누리게 하셨습니다. 이로써 예수님을 그리스도시요 하나님의 아들로 믿어 그분을 주님으로 섬기는 자는 하나님의 복을 받은 것입니다.

따라서 아브라함과 이삭과 야곱에게 말씀하신 하나님의 복은 부분적으로 그들에게 이루어졌지만 그 복의 완전한 성취는 오직 예수 그리스도에게서 이루어지는 것입니다. 바꿔 말하자면 아브라함과 이삭과 야곱의 생애에서 온전히 이루어지지 않은 말씀은 일차 독자의 시각에서 볼 때 그 성취가 장차 그리스도께서 오셔야 완전히 이루어지는 것입니다. 이삭이 야곱에게 축복한 내용 중에서 궁극적으로 그리스도에게서 완전히 성취될 내용을 언급한 구절은 어디입니까? (절)

완벽하게 속아서 자신의 의도와는 달리 작은 아들에게 축복한 아버지는 몸을 심히 크게 떨었습니다. 또한 동생에게 자신의 복을 빼앗긴 형은 분하고 억울하여 목을 놓아 통곡합니다. 동생이 형에게서 복을 가로챈 이 사건은 인간의 편애와 속임수가 뒤엉켜 생긴 일입니다. 하지만 여기서 보는 바와 같이 모든 일의 결국은 하나님의 뜻하신 바대로 이루어집니다. 사람이 제 아무리 발버둥쳐도 하나님의 뜻을 무시하거나 거절해서 얻을 수 있는 것은 실패와 허탈 외에는 아무 것도 없습니다.

동생이 아버지의 축복을 받았습니다. 속은 줄 안들 아버지로서는 어찌할 도리가 없습니다. 이삭은 자신의 축복이 단순히 자기 소원을 비는 행위가 아님을 잘 알고 있었습니다. 그러기에 통곡하는 맏아들에게 달리 위로할 말이 없었습니다. 하나님의 복에 관한 한 이삭은 이제 아무 것도 맏아들에게 해줄 수가 없었습니다. 그토록 심하게 편애하던 맏아들의 통곡을 들으면서도 이삭은 그에게 어찌할 수 없음을 하소연할 뿐 다른 방책이 없었습니다. 이삭이 야곱에게 축복한 내용을 에서에게 이야기하며 자신이 아무 것도 할 수 없음을 말한 구절은 어디입니까? (절)

6 창세기 27장 30-46절

(월   일 _ 읽음)

동생은 전에 이미 형을 속였고, 이번에는 저주를 받을까 두려워하면서도(12절) 결국은 아버지마저 속이고 말았습니다. 겉보기로는 그렇게 해서 형의 복을 가로채는 데 성공하였습니다. 그러나 하나님의 뜻에 따라 복을 받을 자라 할지라도 하나님의 공의의 화살을 피할 수는 없습니다. 악함에 대한 보응報應은 사람을 가리지 않고 반드시 찾아옵니다.

형은 자기 복을 빼앗긴 일 때문에 동생에게 분노의 칼을 갈게 됩니다. 아버지가 돌아가시기만 하면 동생을 죽이리라 굳게 마음먹습니다. 하나님의 복을 받은 자가 그 복을 실제로 채 누리기도 전에 죽음의 칼날이 그를 코앞에서 기다리고 있습니다. 그러나 하나님은 이 과정에서 초자연적으로 간섭하시지 않는 듯이 보입니다. 하나님은 에서의 살의殺意를 누그러뜨리시지 않습니다. 문제를 일으킨 사람들이 문제를 해결하도록 내버려두신 듯합니다.

아버지를 속이고 복을 가로채도록 주도면밀하게 계획한 어머니는 그녀의 아들 야곱이 생명의 위협을 받자 매우 다급해졌습니다. 큰 아들의 보복의 칼날로 작은 아들이 죽고 이로써 큰 아들이 살인자가 되면 그 역시 생명을 잃게 될 것이 어미의 눈에 불 보듯 뻔히 보입니다. 이 위기를 넘지 못하면 살 길이 없습니다. 어미는 살 길을 찾습니다. 그녀가 찾아 야곱에게 제시한 살 길이 무엇인지 알려주는 잇따른 네 구절은 어디입니까?

(　　　–　　　절)

에서는 아버지 이삭에게 "아버지께서 나를 위하여 빌 복을 남기지 아니하셨나이까?"라고 처참한 심정으로 묻습니다. 그러나 야곱이 차지한 복은 누구나 받을 수 있는 일반적인 복이 아니었습니다. 그것은 하나님께서 자기와 언약을 맺은 또는 맺을 대표자에게 주시는 복입니다. 이삭은 그 복이 이제 야곱에게 주어졌으므로 그 복은 자기 손에서 떠났으며 따라서 아무 것도 할 수 없다고 대답합니다. 그래도 에서는 그 복의 특별한 성격을 제대로 이해하지 못한 채 다른 복이라도 빌어달라고 울면서 요청합니다. 이에 아비 된 자로서 아들의 처참함을 외면할 수는 없었을 것입니다.

이 절박한 상황에서 아비는 무엇인가 축복의 형식으로 표현해야 합니다. 이삭은 야곱을 축복한 표현으로 서두序頭를 꺼냅니다. 그러나 그 의미는 야곱의 경우와는 전적으로 다릅니다. 야곱의 경우에는 하늘의 이슬과 땅의 기름짐을 하나님께서 주실 복으로 제시했지만, 에서의 경우에는 그 두 가지와는 거리가 멀 것을 언급합니다. 뿐만 아니라 에서의 앞날이 어떠할지를 예언합니다. 이렇듯 이삭이 에서의 앞날에 대하여 예고한 잇따른 두 구절은 어디입니까? (　　　절과　　　절)

7 창세기 27장 41 - 28장 5절

(　　월　　일 _ 읽음)

이삭과 그 아내 리브가의 사이가 평생 동안 어떠했는지는 전혀 알 수는 없습니다. 성경은 이 두 사람의 부부관계에 관심을 갖고 있지 않기 때문입니다. "이삭이 리브가를 …… 취하여 아내를 삼고 사랑하였으니 이삭이 모친 상사喪事 후에 위로를 얻었더라"(창 24:67)는 말씀에서 우리는 적어도 이 두 사람의 시작은 좋았다고 말할 수 있겠습니다. 그러나 이 둘의 결말은 그리 바람직해 보이지 않습니다.

리브가는 자신이 편애하는 아들 야곱이 복을 받도록 하려고 남편을 속이는 일을 주도主導하였고, 아비를 속이기를 두려워하는 야곱에게 "내 아들아 너의 저주는 내게로 돌리리니"(창 27:13)라고 말함으로써 하나님의 저주마저 감당하겠다는 대담함을 드러냈습니다.

리브가는 하나님께서 야곱에게 약속하신 복이니 하나님께서 이루실 것임을 믿고 기다려야 함에도 불구하고 마치 탈취奪取하듯 그릇된 방법으로 야곱이 이삭에게 축복을 받게 하였습니다. 기다리면 하나님께서 당연히 야곱에게 주실 복을 리브가는 매우 악한 방법으로 가로챘던 것입니다. 서두르면 그르치기 십상이며 악惡은 다시 악을 때로는 더 추악한 악을 낳는 법입니다. 리브가가 자기 아들에게 닥친 생명의 위협을 면하게 하려고 다시 남편을 속인 내용이 나온 구절은 어디입니까? (　　　절)

야곱은 할아버지인 아브라함이 왔던 길을 되돌아가야 합니다. 모양새는 아내를 구하러 외조부의 집으로 가는 것이지만, 사실상 하나님께서 아브라함과 그의 후손에게 약속하신 땅에서 야곱을 추방追放하신 것입니다. 이는 야곱이 어머니와 함께 아버지를 속임으로써 하나님께 범죄했기 때문입니다. 뿐만 아니라 하나님께서는 이번 기회에 야곱의 성품에서 못된 면들을 도려내고 하나님만을 의지할 수 있도록 성숙시키려는 계획을 갖고 계셨습니다.

모난 돌은 그것보다 강한 쇠붙이로 쪼아내야 합니다. 야곱의 목적지에는 모난 돌을 쪼아내는 정의 역할을 할 고수高手가 기다리고 있었습니다. 이삭은 떠나는 야곱에게 복을 빕니다. 이삭이 빌은 복의 내용은 하나님께서 아브라함과 이삭에게 약속하셨던 것입니다. 이제 이삭이 그러한 복의 내용을 야곱에게 말함으로써 아브라함과 이삭을 이어 하나님 언약을 이어갈 계승자가 야곱임을 인정하고 선포한 것입니다. 그러나 실제적으로 하나님의 언약의 계승자로 살아가려면 이 땅, 즉 약속의 땅으로 돌아와야 합니다.

야곱의 어머니는 "형의 노가 풀리기까지 며칠 동안"만 피해 있다가 돌아오라고 말했고 또 그렇게 기대했겠지만(창 27:44), 이 도피의 기간은 무려 20년이나 계속될 것입니다. 야곱은 이삭이 복을 빈 후에 약 600km 정도 떨어진 먼 길을 떠납니다. 그곳에서는 야곱이라는 모난 돌을 쪼아낼 정이며, 훈련조교의 역할을 할 외삼촌이 기다리고 있었는데 그를 소개한 구절은 어디입니까? (　　　절)

제 19 주
창세기 28-30장

1 창세기 28장 6-19절

(월 일 _ 읽음)

집에 홀로 남게 된 에서는 '닭 쫓던 개 지붕 쳐다보는' 격이 되었습니다. 에서는 아버지가 죽으면 동생을 죽여서 그 한恨을 풀려고 계획했습니다(창 27:41-42). 가인이 자기 아우 아벨을 죽이던 일을 반복하려는 것입니다. 그러나 하나님께서 이미 뱃속에서부터 택하신 야곱을 헛되이 죽게 내버려두실 리 없으십니다. 에서의 계획은 그 어미의 귀에 전달됩니다. 어미는 머리를 짜내어 야곱을 안전한 곳으로 피신시키는 데 성공합니다.

에서는 아버지께서 야곱을 떠나보내실 때 그를 언약의 계승자로 인정하는 의미로 축복하셨을 뿐만 아니라 가나안 여인을 아내로 취하지 않게 하시려고 먼 곳으로 보내셨다는 사실을 알았습니다. [삶이란 하나님을 위하여 살며 하나님 앞에서 사는 일입니다. 그렇게 사는 삶이 사람 자신에게도 가장 유익하고 행복한 삶입니다. 그러나 하나님을 믿지 않는 이를 배우자로 삼아 가정을 꾸리면 그들의 삶은 기껏해야 행복의 부스러기만을 맛보는 정도에 머물 것입니다. 더구나 믿지 않는 이와 함께 살면 하나님을 기쁘시게 하기가 여간 힘들지 않습니다. 그러나 근본적인 개선改善 없이 다만 조금 땜질하거나 변경하는 식의 삶으로는 결코 하나님을 기쁘시게 할 수 없습니다.] 에서 자신이 보기에도 자신의 가나안 아내들이 아버지를 기쁘게 하지 못했습니다. 그래서 에서는 또 다시 이스마엘 가문의 여인을 아내로 취하는 적절치 못한 행동을 했다는 사실을 말한 구절은 어디입니까? (절)

한편 야곱은 먼 길을 떠납니다. 평생 처음 가보는 곳으로 갑니다. 풍족한 여비旅費나 물건을 갖고 가지 못합니다. 마냥 걸어서 간다면 (하루에 백 리씩 간다고 계산해도) 약 한 달 보름쯤 걸리는 먼 길입니다. 해가 지면 들판이든 산속이든 잠을 자고, 다시 날이 새면 떠나가는 식의 여행입니다. 한 곳에 이르러 해가 지자 그곳에서 머물게 됩니다. 이곳에서 야곱은 자신의 일생에서 가장 놀랍고 소중한 경험을 하게 됩니다.

야곱은 여호와 하나님을 만나게 됩니다. 여호와께서 야곱에게 나타나셨습니다. 야곱은 아버지 이삭에게 '아브라함 언약의 계승자' 임을 공식적으로 인정받고 이 여행길에 나섰습니다. 그러나 아브라함에게 언약을 세우신 여호와께서 야곱을 그 언약의 계승자로 인정하시지 않는다면 이삭의 인정이나 축복은 무의미한 것이 되고 맙니다. 하지만 여호와께서는 이미 수십 년 전 야곱이 그 모친의 뱃속에 있을 때 하신 말씀(창 25:23)을 기억하고 계셨습니다. 그리고 마침내 생명의 위협을 당하여 도망치는 야곱으로서는 위로와 확신이 가장 필요한 이 시점에 여호와께서 그에게 나타나셨습니다.

여호와께서 자신이 누구이심을 밝히시며 아브라함에게 하신 복된 말씀을 다시 말씀하심으로써 야곱을 공식적으로 언약의 계승자로 인정한 사실을 알려주는 잇따른 세 구절은 어디입니까? (　　　-　　　절)

2 창세기 28장 10-22절 〈1〉　　　(　　월　　일 _ 읽음)

여호와께서 하신 말씀 중 무엇보다도 도망치는 야곱에게 가장 깊이 마음에 와 닿는 말씀은 '함께 하시고 지켜 주실 뿐만 아니라 다시 이 땅으로 돌아오게 하시겠다' (15절)는 약속의 말씀입니다. 야곱의 현재와 앞날이 불안하기 때문에 그러한 내용의 약속은 야곱의 가슴속에 저절로 새겨질 만합니다. 생명이 위태로워서 도망치는 사람은 지푸라기라도 붙잡아야 할 심정일터, 야곱으로서는 과연 하나님의 약속대로 이루어지기만 한다면 더 바랄 것이 없을 것입니다.

정말로 하나님의 이 놀라운 약속은 말씀만으로도 야곱에게 큰 위로와 힘이 됩니다. 그러나 야곱으로서는 꼭 그렇게 되기를 간구합니다. 그래서 하나님께 서원誓願하면서 약속의 말씀을 되짚습니다. 이로써 하나님께서 꼭 약속하신 대로 이루어주시길 바라는 것입니다. 되짚은 두 구절은 어디입니까? (　　　절과　　　절)

야곱은 이처럼 하나님을 만나는 경험을 통해서 하나님을 좀 더 올바로 폭넓게 실제적으로 알 수 있게 됩니다.

〈이처럼 옛날에는 하나님을 알기가 쉽지 않았습니다. 하나님께서 자기 사자使者를 통해 자신의 뜻을 전하시든지, 어떤 사람에게 하나님의 뜻이나 성품을 알 수 있을 만한 경험을 하게 하시든지 이미 하나님을 경험하여 그분을 아는 사람들의 증언을 통해서 겨우 하나님을 알 수 있었을 뿐입니다. 그러나 오늘날 우리는 날마다, 그것도 원할 때마다 하나님을 올바로 또한 실제적으로 알 수 있습니다. 이는 하나님께서 자신과 자신의 뜻을 사람에게 필요한 만큼 온전히 전달하시려고 기록하게 하신 성경聖經 말씀 때문입니다. 사실 오늘날 어떤 사람이 하나님을 직접 경험한다고 해도 그 경험한 내용은 성경말씀의 내용과 전혀 다르지 않습니다. 오히려 다르다면 그 경험은 우리가 섬기는 하나님을 경험한 것이 아닙니다. 그런데도 사람들이 하나님께서 자신을 알려주시는 말씀인 성경 외에 다른 어떤 경험을 통해서 하나님을 알려고 하는 것은 엄밀히 말해서 하나님을 알려는 데 마음이 있기보다는 육체적 또는 감정적인 자극을 통해 스스로 어떤 만족감을 얻으려는 매우 이기적인 욕심일 뿐입니다. 이런 욕심을 부리는 것은 사실상 하나님께서 주신 선물인 성경을 무시하는 태도이며 따라서 하나님을 업신여기는 일입니다. 하나님을 정말 하나님께서 원하시는 대로 경험하고 그분을 바르게 경외하고 섬기고 싶다면 그분의 말씀인 성경을 부지런히 읽고 공부하고 실천해야 합니다.〉

이처럼 야곱이 하나님께서 어떤 특정한 지역에만 계시는 분이 아니시며 어디든지 계시는 분임을 알게 되었음을 보여준 구절은 어디입니까?
(　　　절)

3 창세기 28장 10-22절 〈2〉

(　　　월　　　일 _ 읽음)

야곱은 정말 전혀 예상치 못한 시점時點과 장소에서 하나님을 만났습니다. 뿐만 아니라 하나님께서 야곱에게 자신을 알리시며 그를 아브라함 언약의 계승자로 인정하셨습니다. 언뜻 보면 야곱이 아버지 이삭의 축복을 받았기에 하나님께서도 야곱을 언약의 계승자로 인정해주신 듯이 보입니다. 적어도 일어난 일의 겉만 보면 그렇게 보입니다. 그렇다면 야곱이 그 모친과 짜고 부친을 속여서라도 축복을 받은 것은 잘한 일은 아닐지라도 하나님의 복을 받기 위해 어쩔 수 없이 행한 일이라고 할 만합니다. 그러나 조금 다른 관점, 즉 하나님 자신의 말씀에 비추어서 생각해 봅시다.

하나님께서 에서와 야곱의 모친 리브가에게 "…… 큰 자는 어린 자를 섬기리라"(창 25:23)고 말씀하셨습니다. 이 말씀의 의미가 무엇인지는 '큰 자'(장자)에게 축복하려고 무진 애를 썼으나 결국에는 속아서 '어린 자' 에게 이삭이 축복한 내용에서 잘 드러납니다. 이삭은 "…… 네게 저주하는 자는 저주를 받고 네게 축복하는 자는 복을 받으리라"(창 27:29)고 축복합니다. 이 내용은 하나님께서 아브라함에게 하신 약속입니다(창 12:3). 왜 이삭은 이와 같은 하나님의 약속을 사용하여 축복한 것입니까?

이는 이삭이 하나님께서 리브가에게 하신 말씀의 의미를 알았으며 또한 자신이 하나님을 대신하여 축복할 내용이 무엇인지를 명백히 알았기 때문입니다. 바꿔 말하자면 이삭의 축복은 자신을 이어서 누가 아브라함 언약을 이어갈 계승자가 되는가를 선포하는 행위였던 것입니다. 따라서 하나님께서 야곱에게 나타나 그를 아브라함 언약의 계승자로 대우하신 것은 그분께서 이미 야곱이 그 모친의 뱃속에 있을 때에 말씀하신 바대로 행하신 것일 뿐입니다.

하지만 안타깝게도 리브가는 물론이고 이삭마저도 크게 착각한 것은 이삭이 축복하면 그 내용대로 모든 것이 이루어지리라고 믿었다는 점입니다. 그러기에 이삭은 하나님께서 정하신 '작은 자' 를 제쳐놓고 어떻게든 자신이 편애하는 '큰 자' 에게 축복하려고 온갖 애를 썼으며, 리브가는 저주를 자청해가면서 남편을 속여서라도 야곱으로 하여금 이삭의 축복을 받도록 하였습니다.

이 두 사람은 하나님의 뜻과 다른 내용은 어떤 엄숙하고 신성하게 보이는 종교적 행위를 통해 공표公表한다 할지라도 결코 이루어지지 않는다는 사실을 몰랐습니다. 그러기에 하나님의 뜻보다는 이삭에게 주어진 축복 권權에 목을 걸었습니다. 어쨌든 야곱으로서는 하나님을 만남이 놀랍고 감사한 일일 뿐입니다. 그래서 여호와를 진정으로 자기 하나님으로 삼고 자기 주인으로 섬기며 헌신하겠다는 표시로 반드시 십일조를 바치겠다고 약속한 구절은 어디입니까? (　　　절)

4 창세기 29장 1-20절

(　　월　　일 _ 읽음)

하나님을 만나 큰 위로를 얻은 야곱은 이제 더 이상 사람들의 눈치를 살펴야 하는 도망자가 아닙니다. "네가 어디로 가든지 너를 지키며 너를 이끌어 이 땅으로 돌아오게 하리라. …… 내가 너를 떠나지 아니하리라"(창 28:15) 하신 하나님을 의지하고 길을 떠납니다. 그의 발걸음은 가볍고 힘이 넘쳤습니다. 걸어가야 하는 600km나 되는 먼 길의 여정旅程에 대한 묘사는 기록자가 모두 생략합니다.

야곱은 목적지에 가까이 왔습니다. 오래 전 아브라함의 종이 그랬던 것처럼 야곱도 우물가에 다다릅니다. 하나님께서 함께 하심을 보여주는 섭리가 돋보입니다. 야곱의 물음에 답하는 목자들은 마침 하란에서 온 자들이며 그의 외삼촌을 아는 사람들이었습니다. 게다가 장차 야곱의 아내가 될 외삼촌의 작은 딸이 양떼를 몰고 나타남으로 야곱은 손쉽게 외삼촌의 집에 도착합니다. 이처럼 우연처럼 보이는 이 일들은 사실상 하나님의 손길에 의해 배열된 것입니다. 외삼촌의 집에 거하게 된 야곱은 라반의 제안으로 품삯을 받고 일하게 됩니다. 직장을 얻은 셈입니다. 라반의 제안에 대해 야곱이 품삯으로 무엇을 원하였는지를 알 수 있는 구절은 어디입니까? (　　　절)

라반에게는 딸이 둘 있었습니다. 미혼인 야곱에게는 두 딸이 모두 아내감으로 가능합니다. 이 둘 중에 언니는 '안력眼力이 부족한' 여인이었습니다. 이 말의 뜻은 시력視力이 좋지 않다는 것이라기보다는 눈빛이 총총하지 못하고 흐릿하다는 의미에 가깝습니다. 아름다움이란 눈빛이 반짝반짝해야 돋보이기 마련인데 이런 면에서 언니는 야곱의 마음을 사로잡기에는 좀 부족할 수밖에 없었을 것입니다.

이미 야곱은 동생을 우물가에서 만났습니다. 힘들게 머나먼 길을 와서 처음 만나게 된 친척이 다름 아니라 곱고 아름다운 젊은 여인이었으니 자연스럽게 그녀에게 야곱의 마음이 쏠릴 수밖에 없었을 것입니다. 그러니 야곱은 더 이상 생각해볼 여지도 없이 처음 만났던 동생에게 마음을 고정固定하게 되었습니다. 그래서 야곱은 동생인 라헬을 아내로 얻는 대신에 칠 년을 일하겠다고 외삼촌에게 말씀드립니다.

아브라함 시대에 헷 족속의 법률(178조항과 179조항)에 따르면, 황소 한 마리의 가격은 은銀 10세겔이고 양 한 마리의 가격은 은 1세겔입니다[William W. Hallo and K. Lawson Younger, *Context of Scripture*, 3 volumes, Leiden; Boston: Brill, 2000, 2:117]. 또 누지(Nuzi)라는 곳에서 발굴된 고대 토판土版 문서에 따르면 일반적으로 신부新婦의 값은 30-40세겔이고 목자牧者의 일 년 품삯은 10세겔이랍니다[Sidney Greidanus, *Preaching Christ from Genesis*, Eerdmans, 2007, p.310]. 그리고 먼 훗날 이스라엘 자손의 계산법에 따르면 통간通姦한 처녀를 아내로 삼을 때 남자는 그녀의 아버지에게 아마도 최고의 몸값으로 은 오십 세겔을 주어야 했습니다(참고. 신 22:29).

따라서 정확하게는 힘들지만 어림으로라도 계산해보면, 야곱이 라헬을 신부로 데려오기 위한 몸값은 파격적입니다. 최고의 몸값인 50세겔을 낸다고 할 경우에도 5년만 일하면 됩니다. 그러나 7년을 일하겠다는 것은 무려 70세겔을 내겠다는 의미이고 이것은 일반 신부의 몸값의 두 배에 해당하는 대단히 높은 액수입니다. 그러니 재리財利에 매우 밝은 라반으로서는 야곱의 말에 매우 흡족할 수밖에 없었을 것입니다.

그러나 라반으로서는 딸의 몸값이 매우 높아서 좋아함을 노골적으로 드러낼 수는 없는 법입니다. 그래서 라반은 속내를 들키지 않으려고 점잖게 동의합니다. "그(라헬)를 네게 주는 것이 타인에게 주는 것보다 나으니 나와 함께 있으라." 이렇게 품삯에 대한 계약이 성립되었습니다. 야곱은 자신이 사랑하는 라헬을 아내로 얻기 위해 분골쇄신粉骨碎身 열심히 일합니다. 시간 가는 줄 모르고 일했습니다. 그가 칠 년을 얼마나 신나게 일하였는지 그리고 그 이유가 무엇이었는지를 잘 나타내 준 구절은 어디입니까? (절)

5 창세기 29장 21-30절

(월   일 _ 읽음)

심히 과장하여 표현하자면 '눈 깜빡할 새에' 칠 년이 지났습니다. 하는 일에 의미가 있고 이루고자 하는 목표가 있으면 일 자체도 충분히 기뻐할 만한 대상이 됩니다. 야곱은 7년이 빨리 가기를 간절히 바라며 일했습니다. 그러나 7년이 결코 지루하지는 않았습니다. 라헬과 한 울타리 안에서 살고 있었고 게다가 자연스럽게 만나면서 사랑을 키울 수 있었기 때문입니다.

마침내 기다리던 때가 왔습니다. 매달 한 번 있는 월급날도 즐거울 터인데, 칠 년 동안 꼬박꼬박 적금을 들었던 사람이 그 목돈을 받는 날에야 이루 말할 수 없이 기쁠 것입니다. 그러나 야곱이 받는 것은 칠 년 부은 적금의 목돈 정도가 아니라 깊이 사모해오던 신부입니다. 그러니 그 기쁨을 어찌 표현할 수 있겠습니까!

그러나 성경의 기록자는 이런 사실들에는 아랑곳하지 아니합니다. 기록자는 칠 년이 지난 후에 벌어진 첫 사건으로 야곱의 요구만을 기록합니다. 야곱은 정당하게 그러나 어찌 보면 당차게 외삼촌에게 요구합니다. "내 아내를 내게 주소서." 드디어 라반은 약속대로 혼사婚事를 치러줍니다. 동네 사람들을 다 모아 큰 잔치를 엽니다. 그러나 이 일, 즉 이 신성神聖하다고 말할 만한 혼사에 결코 상상조차 해보지 못한 속임수가 있으리라고는 아무도 몰랐습니다. 신랑도 아침에야 비로소 알게 된 이 기상천외奇想天外한 속임수가 무엇인지 알 수 있는 구절은 어디입니까? (절)

야곱은 7년 동안 오매불망寤寐不忘 하던 여인과 첫날밤을 보냈습니다. 그러나 아침이 되자 모든 사실이 드러났습니다. 어젯밤을 함께 보낸 여인은 자신이 긴 세월을 노동하며 평생의 반려자伴侶者로 함께 있기를 기다려왔던 라헬이 아니었습니다. 그녀는 라헬의 언니 레아였습니다. 7년의 모든 수고가 물거품이 되어버린 셈입니다. 다른 사람도 아닌 외삼촌이 이럴 수가 있을까? 그렇다손 치더라도 혼사婚事에 이런 속임수를 쓸 수 있을까?

야곱은 라반에게 거칠게 항의합니다. "외삼촌께서 저에게 이러실 수가 있습니까?" "제가 그동안 라헬에게 장가를 들려고 외삼촌 일을 해 드린 것이 아닙니까?" "외삼촌께서 왜 저를 속이셨습니까?"(표준새번역 25절). 그러나 외삼촌 라반은 자신이 신의信義를 깨뜨리고 조카 야곱을 속인 일에 대해서 개의치 않습니다. 라반은 야곱을 속이려고 미리 작심하고 레아를 야곱에게 내주었습니다. 그러기에 라반은 답변할 말을 미리 준비하고 있었습니다. 이 답변이 무엇인지 알려주는 잇따른 두 구절은 어디입니까?
(절과   절)

6 창세기 29장 21-35절

(월   일 _ 읽음)

라반은 야곱이 외지外地 사람이라 그 지방의 관습을 모르고 있다는 사실을 십분 활용합니다. 만일 라반에게 야곱을 속일 생각이 없었다면 그는 7년 전 야곱과 품삯을 논의할 때 미리 그 지방의 혼인 관습에 대해 알려주었어야 합니다. 그리고 7년의 품삯으로 라헬을 달라할 때 그것이 관습상 불가하다고 말했어야 합니다. 그러나 라반은 그러지 않았습니다. 이미 라반은 마음에 흑심黑心을 품기 시작한 것입니다. 이 흑심이 무엇이었는지는 7년이 지난 지금에 비로소 드러납니다.

라반은 작은 딸 라헬에 그 언니 레아까지 끼워 야곱에게 팔려고 마음먹었습니다. 이른바 요즘 할인매장에서 흔히 볼 수 있는 '원 플러스 원'(1+1)을 생각한 것입니다. 그것도 자기 딸들을 1+1 행사의 상품으로 내놓은 것입니다. 그러기에 후에 이 딸들이 함께 가나안으로 가자고 설득하는 야곱에게 "아버지가 우리를 팔고 우리의 돈을 다 먹었으니 아버지가 우리를 외인으로 여기는 것이 아닌가?"(창 31:15)라고 말한 것은 당연합니다.

라반은 야곱이 라헬을 아내로 원하는 대가로 7년을 봉사하겠다고 했으니 이참에 그 지방 관습을 빌미로 레아를 끼워 넣음으로써 다시 7년의 노동력을 얻겠다는 속셈입니다. 그러면 라반은 '안력이 부족하므로' 시집보내기 쉽지 않은 맏딸도 시집보낼 수 있을 뿐더러 능숙한 일꾼을 14년 동안 마음대로 부려먹을 수 있습니다. 이와 같은 라반의 속셈이 드러난 구절은 어디입니까? (　　　절)

앞으로 칠 년을 더 일할 조건에 어쩔 수 없이 동의한 후, 칠 일간의 혼인 잔치를 마저 채우고 마침내 야곱은 라헬을 아내로 맞이합니다. 남편의 사랑은 라헬이 독차지하다시피 합니다. 그러니 야곱의 아내가 된 레아는 찬밥 신세입니다. 레아는 그 당시의 관습과 아버지의 전략의 희생양인 셈입니다. 그러나 레아의 책임이 전혀 없다고 할 수는 없습니다.

레아는 혼인하고 곧 아이를 낳았으니 성인成人임이 분명합니다. 당시의 관습상 아버지에게 '자신을 원하지 않는 야곱과 혼인하지 않겠노라'고 거절할 수는 없었다고 할지라도, 첫날밤을 치르기 전에 야곱에게 자신이 '라헬이 아님'을 밝혔어야 합니다. 그러나 레아는 그렇게 하지 않고 자신이 라헬인 척 하였습니다. 이는 그녀가 결과적으로 동생의 연인戀人인 야곱을 가로채서 혼인하는 데 반대하지 않았다는 사실을 말해줍니다. 또한 그녀가 비록 야곱이 자기를 당장은 사랑하지 않는다 할지라도 자녀를 낳고 살다보면 그렇게 되리라고 기대하였다는 사실도 암시합니다.

복잡한 속사정은 어떠하든지 간에 레아도 야곱의 아내가 되었습니다. 그렇다면 마땅히 레아는 남편의 사랑을 기대할 것이며 남편은 아내의 기대를 충족시켜야 할 것입니다. 그러나 불행히도 레아는 남편에게 사랑을 받지 못했습니다. 이렇게 레아는 여인으로 또 인간으로 불행한 삶이 시작되었습니다. 이 여인에게 하나님께서 위안을 베풀어주십니다. 내리 네 아들을 낳게 하십니다. 이것이 하나님의 위로임을 레아가 분명히 알았다는 사실을 드러낸 잇따른 두 구절은 어디입니까? (　　　절과　　　절)

7 창세기 29장 31-30장 8절

(　　월　　일 _ 읽음)

레아는 하나님의 은혜로 네 아들을 잇달아 출산합니다. 이와 같은 출산이 하나님의 은혜임을 레아 자신도 분명히 알았으며 셋째를 낳고는 남편이 자신에게 돌아오리라고 확신까지 하였습니다. 반면에 라헬은 언니가 아들 넷을 잇달아 출산할 동안에 자신은 전혀 임신조차 하지 못함을 몹시 속상해합니다.

급기야 라헬은 남편에게 심하게 투정합니다. 혼인 후 두 여인의 불화不和로 수년을 지낸 남편은 버럭 화를 냅니다. 야곱은 라헬이 임신하지 못하는 까닭이 남편인 자신에게 있지 않고 하나님에게 있다고 말합니다. 하나님께서 라헬이 임신할 수 없도록 하셨다는 것입니다. 그러자 어떻게든 자식을 가져야겠다고 생각한 라헬은 하나님에게 간구하는 대신 인간의 수手를 씁니다.

라헬은 당시 풍습에 따라 자기 여종을 대리모代理母로 삼아 남편에게 들여보냅니다. 결국 아들 둘을 얻습니다. 이래서 가정의 불화는 점점 커져갑니다. 여기에는 언니를 이기려는 라헬의 경쟁심이 중요한 원인으로 작용하

였다는 사실을 우리가 라헬의 말에서 알 수 있는데 어디입니까? (　　　절)

라반에게 속임을 당하여 그의 두 딸과 동시에 혼인하고, 자매인 두 아내는 서로 반목反目하고, 야곱 자신도 가정의 화목을 조성하려고 노력하기는커녕 라헬을 심하게 편애하므로 집안의 분위기는 갈수록 싸늘해집니다. 게다가 해마다 늘어나는 자식들이 아내 사이에 갈등을 증폭시킵니다. 이런 문제투성이 집안에 무슨 희망이 있겠습니까? 인간적으로 말하자면 이런 집안에서는 다른 이들에게 비출 희망은 고사하고 자기 집안을 밝힐 불빛 하나도 제대로 나올 수 없을 것입니다.

그러나 참으로 감사하게도 구원역사歷史상의 인물은 언제나 훌륭한 가문家門이 아니라 위대하신 하나님의 손에서 나옵니다. 하나님은 메시아를 야곱을 통해, 그의 집안을 통해 이 세상에 보내시려고 계획하셨습니다. 그것도 인간적으로 말하자면 속아서 잘못 얻은 아내를 통해서 메시아가 오시게 됩니다. 이처럼 하나님은 속임수와 불화와 욕심 등등 이러한 인간의 온갖 악함과 연약함을 뛰어넘어 자신의 뜻과 계획을 이루어 가십니다.

레아는 아들을 넷씩이나 주셨다고 "여호와를 찬송하리로다" 하고 기뻐하지만, 우리가 보기에는 참으로 여호와를 찬양할 이유는 바로 이 넷 째 아들 유다(Judah)의 계열에서 약속하신 메시아가 오시기 때문입니다. 유다의 탄생을 말한 구절은 어디입니까? (　　　절)

제 20 주
창세기 30–31장

1 창세기 30장 1-24절

(월 일 _ 읽음)

언니에 대한 라헬의 질투는 "나로 자식을 낳게 하라. 그렇지 아니하면 내가 죽겠다"고 남편에게 으름장을 놓을 만큼 드셉니다. 야곱이 할 수만 있다면 무슨 수를 써서라도 해결하겠지만 이 일은 그럴 수 있는 문제가 아닙니다. 하나님께서 허락지 않으면 해결할 수 없는 문제임을 야곱은 잘 알았습니다.

라헬로서는 속수무책束手無策으로 손놓고 있을 수만은 없었습니다. 그래서 자신의 여종 빌하(Bilhah)를 대리모代理母로 들여보냅니다. 그렇게 해서라도 언니를 이겨보겠다는 심산心算입니다. 드디어 아들을 얻었습니다. 그러나 이것으로 라헬의 성이 차지 않습니다. 자식을 얻는 것이 하나님께 달린 일이니 하나님께 싸우듯 매달려서라도 라헬은 아들을 하나 더 얻기를 원합니다.

마침내 하나를 더 얻었습니다. 그러자 라헬은 의기양양意氣揚揚하여 이렇게 말합니다. "하나님과 씨름[함으로써] 나는 내 언니와 싸웠고 또한 이겼노라"(한글개역성경에는 "내가 형과 크게 경쟁하여 이기었다"로 표현됨). 라헬은 언니와의 싸움을 하나님께서 관여하신 싸움으로 보았습니다. 이는 하나님께서 레아의 태는 여시고 라헬의 태는 닫으셨기 때문입니다(창 29:31, 30:22)[G. Wenham, *WBC: Genesis 16–50*, p.245]. 따라서 라헬이 싸운 실제 대상은 언니가 아니라 하나님이었습니다.

이처럼 라헬은 하나님께 싸우듯 매달려서 아들을 하나 더 얻었고 이로써 자신이 언니와의 싸움에서 이겼다고 기뻐합니다. 한편 언니 레아는 이미 자기에게 아들이 넷씩이나 있건만 동생 라헬이 대리모를 통해서 아들 둘을 얻자 가만있을 수 없었습니다. 그래서 라헬과 같은 방법을 써서 자식을 더 얻으려 했음을 말한 구절은 어디입니까? (절)

레아는 자신의 여종 실바(Zilpah)를 통해 갓(Gad)과 아셀(Asher)을 얻습니다. 그리고는 두 아이의 이름을 그렇게 지은 이유에서 드러난 바대로 매우 행복해합니다. 대리모로 쓰인 두 여종에게는 공평하게 아들이 둘씩 태어나서 야곱의 아들은 모두 여덟 명이 되었습니다.

잠시 레아와 라헬의 싸움이 소강小康 상태에 들어가 숨을 고르고 있는 사이에 새로운 불씨가 생겨납니다. 야곱 집안의 첫 아이이며 레아의 아들인 르우벤(Reuben)이 아마도 5, 6세쯤 되었습니다. 이 아이가 밀을 추수하는 시기인 5월쯤[우리말 성경에서는 우리나라 형편에 맞게 '밀' 대신 '보리'를 수확하는 시기를 뜻하는 '맥추麥秋 때'로 표현함] 들에 나갔다가 어떤 식물을 꺾어가지고 집에 돌아와 모친에게 드립니다. 이 식물은 겨울에는 푸른빛을 띤 꽃이 피고 여름에는 방울토마토만한 크기의 연한 오렌지 색깔의 열매를 맺는 다년생多年生 식물로 일명 '사랑초草'(love-plant)라고 하는 '합환채合歡菜' 였습니다 [Wenham, p.246; M. G. Easton, *Easton's Bible Dictionary*, Oak Harbor, WA: Logos Research Systems, Inc., 1996, c1897].

어린 아이가 이 식물의 쓰임새를 알리는 없고 다만 눈에 띄어서 꺾어왔겠지만 어른들의 눈에는 대단한 것이었습니다. 고대古代에 이것은 성욕性慾을 증진시키고 불임不姙 여성의 임신을 돕는 것으로 유명한 식물이기 때문입니다[Wenham, ibid.].

라헬이 이 소식을 듣고 염치불구하고 언니에게 합환채를 달라고 정중하게 부탁합니다. 라헬은 비록 두 아들을 얻기는 하였으나 그것은 자기 여종을 통해 이룬 일일 뿐 정작 자신은 아직 아이를 하나도 낳지 못했습니다. 아이 갖기를 간절히 바라는데도 혼인한 지 수년이 되도록 아기를 낳지 못한다는 사실이 라헬에게는 큰 부담으로 작용할 수밖에 없었습니다. 그러던 차에 합환채가 언니의 수중에 있다는 소식을 들으니 부탁을 아니 할 수가 없습니다.

사실 레아에게는 합환채가 그다지 쓸모가 없습니다. 그렇다고 할지라도 연적戀敵인 라헬에게 쉽게 합환채를 내어줄 수는 없습니다. 레아에게는 자식들이 있으나 사실상 남편이 없는 셈이고, 라헬에게는 남편은 있으나 자식이 없는 형편입니다. 둘 사이에 타협점이 생깁니다. 이 타협점이 무엇인지 알 수 있는 구절은 어디입니까? (　　　절)

2 창세기 30장 14-36절

(　　월　　일 _ 읽음)

야곱이 하루의 일을 마치고 저녁에 집에 돌아왔습니다. 레아가 그를 영접하며 오늘밤은 자기에게로 올 것을 요구합니다. 이미 예약하였으니 라헬에게로 갈 수 없다는 의미입니다. 레아는 하룻밤 예약 비용으로 라헬에게 합환채(mandrakes)를 주었다고 당당하게 말합니다. 두 아내의 갈등과 다툼이 어떠한지를 알며 합환채의 쓰임새와 또 어째서 이런 일이 벌어지는지를 익히 알고 있는 야곱으로서는 두말없이 레아의 요구를 받아들입니다. 그것이 잠시나마 집안의 불화를 가라앉히는 길이기 때문입니다.

아기는 부모를 통해서 태어납니다. 그러나 엄밀히 말해서 여인의 뱃속에 새로운 생명을 주어서 아기가 태어나도록 하는 일은 전적으로 하나님께서 하시는 일입니다. 하나님께서 레아에게 은총을 베푸셔서 레아는 아이를 잉태하였습니다. 그 결과 레아는 다섯 째 아들을 낳고 또 다시 하나님의 은혜로 여섯 째 아들을 낳습니다.

그러나 요즘이나 옛날이나 사람들은 하나님께서 행하신 일들을 자기 좋은 대로 해석합니다. 레아는 아기가 태어나자 그것이 하나님께서 행하신 일임을 인정하면서도 자신이 남편에게 베푼 덕德 때문에 그 상급으로 하나님께서 아기를 주셨다고 해석합니다. 레아가 이렇게 하나님의 은혜를 갉아먹는 말을 한 구절은 어디입니까? (　　　절)

요즘에는 아들 많이 낳고 으쓱대는 여인을 보면 '아들 낳고 재세 하냐?'고 핀잔을 주겠지만 옛날에는 그렇지 않았던 모양입니다. 레아는 아들을 여섯이나 낳자 상당한 자신감이 생겼습니다. 레아는 여섯 째 아들을 낳고 이렇게 말합니다. "이제는 내 남편이 나를 존귀하게 대우하리라"(원문 직역, 한글개역판은 "이제는 그가 나와 함께 거하리라"로 표현함). 그리고 아들의 이름을 '존귀'(또는 '명예')라는 뜻인 '스불론'(Zebulun)이라 합니다.

레아는 하나님께서 자신에게 '후한(좋은) 선물'을 주셨다고 하면서도 사실상 그녀의 관심은 오로지 남편과의 관계에만 쏠려있습니다. 그녀에게 하나님은 이차적二次的 관심의 대상일 뿐입니다. [이 점은 라헬도 마찬가지이고 또한 우리 모두에게도 그럴 것입니다. 실제로 우리는 하나님을 늘 나의 욕구를 채워줄 수 있는 힘센 일꾼처럼 여길 뿐이지 내가 그분을 위해 온 마음과 힘을 다해 섬겨야 할 '나의 주님'으로 생각하지는 않습니다. 그만큼 우리는 하나님을 가볍게 여깁니다. 그런데도 하나님께서는 우리를 긍휼히 여기시고 변함없이 대하십니다.]

이번에는 하나님께서 라헬을 기억하셨습니다. 오늘날과는 달리 특히 고대古代에는 잉태하지 못하는 여인은 심한 멸시와 수모를 당했습니다. 그러기에 레아가 아들을 여섯이나 낳는 동안 한 번도 출산하지 못한 라헬로서는 비록 직접적으로 타인에게 수모를 받지 않았다고 할지라도 자신의 마음에 느끼는 치욕감은 매우 심했을 것입니다. 그러기에 아들을 낳고 "하나님께서 나의 부끄러움(치욕)을 거둬가셨다"고 말한 것입니다. 이처럼 하나님께서는 부끄러움에 싸여있는 라헬을 기억하고 그녀의 간구를 들으셔서 응답하셨다는 사실을 말한 구절은 어디입니까? (　　　절)

3 창세기 30장 25-43절

(　　월　　일 _ 읽음)

야곱이 생명을 부지扶持하기 위해 타국 땅 외삼촌의 집에서 일한 지 벌써 십사 년이나 되었습니다. 그동안 얻은 것이라고는 두 아내와 열한 명의 자식이 전부입니다. 돈은 한 푼도 모으지 못했습니다. 사실상 모을 수가 없었습니다. 야곱 가정은 이제 우리나라 흥부네의 원조元祖인 셈입니다. 더 이상 외삼촌 밑에서는 비전도 없습니다. 야곱은 여기서 빈털터리로 살 바에는 고향으로 가는 편이 낫겠다고 생각합니다. 그래서 가족을 데리고 고향으로 돌아가기로 결심합니다. 외삼촌에게 허락을 청합니다.

그러나 약삭빠른 외삼촌이 믿을 만하고 일 잘하는 일꾼을 놓칠 리가 없습니다. 무엇보다도 야곱이 이곳에 온 이후로 마구 불어나게 된 재물은 야곱을 사랑하시는 여호와께서 주시는 복 때문임을 분명히 알게 된 라반은 복덩어리인 야곱을 순순히 보낼 수가 없었습니다. 여호와께서 야곱 때문에 라반에게 복 주셨다는 사실을 말한 두 구절은 어디입니까?
(　　　　절과　　　　절)

딸들을 담보擔保로 14년 동안 일꾼으로 맘껏 부렸던 사위가 처자를 데리고 고향으로 돌아가겠답니다. 외삼촌이요 장인丈人으로서 한가닥 양심은 있기에 차마 빈손으로 돌아가게 할 수는 없었을 것입니다. 게다가 사위는 지난 14년간 능력을 입증한 훌륭한 일꾼입니다. 그러니 이런 저런 이유로 라반은 야곱을 놓칠 수 없었습니다.

부드럽게 야곱에게 그대로 머물러 있기를 청합니다. 야곱에게 품삯을 알아서 정하면 그대로 하겠다고 말합니다. 이처럼 품삯 흥정에서 야곱이 유리한 입장에 있습니다. 야곱도 나름대로 미리 계산을 해 놓은 듯합니다. 그러기에 "네 품삯을 정하라"는 말에 거침없이 자신이 생각한 품삯을 제시합니다. 일반적으로 사람들은 자신의 입장을 관철貫徹하려면 상대방이 자기 입장을 반드시 들어주어야 할 이유나 명분 또는 유익을 제시합니다. 야곱이 자기 입장을 관철하기 위해 말한 내용이 잇따라 두 구절에 나옵니다. 어디입니까? (　　　　절과　　　　절)

4 창세기 30장 31-43절

(월 일 _ 읽음)

야곱이 말한 자기 품삯은 라반의 입장에서는 불합리하거나 어리석게 보일 만한 것이었습니다. 그러나 두 사람 다 나름대로 계산이 있기에 거침없이 불평없이 깨끗하게 계약이 성립됩니다.

야곱은 자기 품삯을 이른바 현금이 아니라 물건으로 달라는 것입니다. 그것도 양과 염소를 제시한 수량만큼 달라는 것이 아니라, 자신이 흰 양과 검은 염소만을 쳐서 바탕색이 다르거나 줄무늬나 반점斑點이 있는 새끼가 태어날 경우 그것을 차지하겠다는 것입니다. 바꿔 말하자면 야곱은 돌연변이突然變異 새끼들만 갖겠다는 뜻입니다. 그러나 정상적인 상황에서는 그렇게 될 확률은 매우 낮습니다.

라반의 입장에서 보면 야곱의 제안은 비웃을 만큼 미련하기 짝이 없습니다. 야곱의 제안은 라반의 우려, 즉 '야곱이 무리한 품삯을 요구하면 어떻게 해야 하나?' 하는 염려를 말끔히 없애줄 뿐만 아니라 라반 자신에게 오히려 매우 유리한 것이었습니다. 그러나 "그렇게 제안하면 네가 불리하다"고 말할 마음도 없습니다.

'흥정은 흥정이니까 내게 유리하면 무조건 좋다' 가 라반의 생각입니다. 그래서 라반은 표정 관리를 하고, 나는 네가 원하면 무엇이든지 해줄 만큼 열린 마음을 갖고 있음을 보이려는 듯, "내가 네 말대로 하리라"고 흔쾌히 수락합니다. 그러나 약삭빠른 면에서는 둘째라면 서러울 야곱이 복안腹案 없이 그런 제안을 했을 리가 없습니다. 라반에게 속아서 레아마저 아내로 얻고 칠 년을 더 고생했기에 야곱은 이번 제안으로 억울한 희생의 대가를 모두 받아낼 계산을 하고 있었을 것입니다.

그렇다면 야곱은 품삯으로 상대방이 쉽게 수락할 만하면서도 의심을 사지 않을 만한 제안을 내놓아야 했습니다. 야곱의 계산은 적중的中하였습니다. 품삯 계약이 성립한 후에 야곱은 자신이 복안으로 갖고 있던 계획을 실천하여 목적을 성취하게 됩니다. 그의 계획이 어떤 것이었는지가 드러난 잇따른 두 구절은 어디입니까? (　　　절과　　　절)

모든 일들이 야곱의 계획대로 순조롭게 진행되었습니다. 적어도 야곱의 눈에는 분명히 그렇게 보였습니다. 자신이 돌보는 양과 염소들이 돌연변이 새끼들을 낳았습니다. 휘발유 대신 수소水素를 원료로 사용하는 차車를 개발하고 다시 그 차를 상용商用화하는 데 성공하여 큰 재산을 얻은 발명가처럼, 야곱은 돌연변이 새끼들을 낳게 하는 방법을 찾았고 이 일에 성공하여 큰 부자가 됩니다.

그러나 버드나무와 살구나무와 신풍나무에 무슨 특별한 효능效能이 있어서 양과 염소들이 그 나무들의 껍질 벗긴 가지를 보기만 하여서 돌연변이 새끼들을 잉태할 수 있겠습니까? 그 나무들을 모두 통째로 먹는다 해도 유전자遺傳子에 영향을 미칠 만한 효능을 얻을 수 없을 터인데 말입니다.

야곱이 아직은 자신이 부자가 된 진짜 이유를 깨닫지 못하고 후에 고백(창 31:7-12)에서 밝히듯이, 야곱이 부자가 된 것은 그 나무들의 효능이나 그의 기발한 방법 때문이 아니라 전적으로 하나님의 은혜였습니다. 야곱이 얼마나 큰 부자가 되었는지 알려주는 구절은 어디입니까? (　　　절)

5 창세기 31장 1-16절

(　　월　　일 _ 읽음)

야곱의 계획이 성공했다는 사실은 반대로 상대방에게는 불행입니다. 라반쪽도 나름대로 이익이 있겠으나 그들은 야곱만큼 빠르게 부유해지지는 못합니다. 그러니 자연히 라반쪽에서는 상대적으로 손해 본 느낌을 갖게 됩니다. 라반의 아들들은 야곱이 부유해질수록 자신들은 가난해지며 마땅히 자신들의 몫이어야 할 것을 야곱이 가로채간 듯한 느낌을 지울 수가 없게 됩니다. 급기야 그들은 불만을 터뜨립니다.

야곱이 외사촌 형제들의 불만을 듣고 나서 외삼촌도 그렇게 생각하시는지 살펴보니 과연 그의 안색과 태도에서 그러함이 드러납니다. 그러니 이곳에서 더 머문다는 것은 야곱으로서는 적敵 가운데 사는 것처럼 위험합니다. 이젠 정말로 돌아갈 때가 되었다고 판단합니다. 그래서 남이 눈치채지 못하게 아내들을 가축을 치고 있는 들판으로 불러내어 자기 입장을 설명합니다. 그러나 그가 고향으로 돌아가기로 작정한 것은 상황을 살펴보고 스스로 내린 결단이라기보다는 다른 특별한 계기가 있었는데 그것이 무엇인지 어디서 알 수 있습니까? (절)

하나님께서는 야곱이 처한 위험한 상황을 그대로 내버려두지 않으십니다. 야곱에게 어떻게 해야 할지를 지시하십니다. 야곱은 즉시 하나님의 지시에 따릅니다. 야곱은 지난 20년 동안 하란(Haran)에 거하면서 참으로 많은 일들을 경험하고 배웠습니다. 그러나 무엇보다도 하나님이 어떠하신 분이신지를 실제 삶 가운데서 배웠습니다.

야곱은 자신의 계책計策을 써서 외삼촌에게 양과 염소를 치는 품삯을 톡톡히 받아내려고 계획하였습니다. 그러나 품삯을 받고 일한 지난 육 년을 돌이켜 보면 자신의 삶은 위험하기 짝이 없었고 번번이 그 위험에서 자신을 구해주신 분은 하나님이심을 알게 되었습니다(7절). 게다가 야곱의 재산이 풍부하게 된 것은 야곱 자신의 계책 때문이 아니라 전능하신 하나님의 은혜 때문임을 알게 되었습니다(8-12절). 과연 하나님께서는 자신의 약속대로(창 28:15) 야곱과 함께 하시며 그를 지키시며 돌보아주셨습니다.

야곱은 이와 같은 하나님을 특히 지난 육 년 동안의 삶을 통해 가득 배우게 된 것입니다. 이제 하나님께서 이곳을 떠나 고향으로 돌아가라 하십니다. 야곱은 기꺼이 그분의 지시에 순종하려고 아내들을 자신이 있는 곳으로 불러 그간의 형편을 설명하며 자신과 뜻을 같이 해줄 것을 부탁합니다. 야곱의 말을 들은 아내들의 대답이 어떠했는지를 알려주는 잇따른 세 구절은 어디입니까? (-   절)

6 창세기 31장 17-29절

(월 일 _ 읽음)

아내들의 적극적인 찬동贊同을 얻은 야곱은 처자들을 데리고 고향으로 돌아가려고 합니다. 그러나 라반과 그의 아들들 앞에서 돌아가겠다고 하면 그들이 어떻게 나올지 훤히 보이기에, 야곱은 그들이 집을 떠날 때를 기다립니다. 마침내 기다리던 때가 왔습니다. 라반이 자식들을 이끌고 양털을 깎으러 먼 길을 떠난 것입니다.

야곱은 20년 전에도 [미리 알릴 방도가 없어서 그랬겠지만 어쨌든] 미리 알리지 않고 외삼촌집으로 왔습니다. 이번 떠날 때에도 그는 마치 빚쟁이가 야반도주夜半逃走 하듯이 몰래 떠납니다. 그만큼 알리고 떠나는 일이 위험하였기 때문입니다. 그러나 '발 없는 말言이 천리를 간다' 고 야곱이 몰래 떠났다는 소문은 3일 만에 라반의 귀에 들어갑니다. 라반은 자기 형제들을 모아 추격대追擊隊를 조직하여 뒤를 쫓습니다. 칠일을 화살처럼 쫓아갑니다.

한편 야곱은 졸망졸망한 자식들과 함께 자신이 얻은 수많은 가축 떼들을 거느리고 움직입니다. 천천히 가야겠지만 도망가는 상황이니 다그쳐서 갑니다. 그 결과 열흘만에 야곱은 하란에서 약 450km 떨어진 길르앗(Gilead) 산에 도달합니다. 예상과는 달리 매우 빠르게, 적어도 하루에 백리(40km) 이상 움직인 셈입니다. 야곱은 자신이 쫓기고 있다는 사실을 알 리 없습니다. 이제 날이 밝으면 라반의 추격대는 야곱의 일행을 덮쳐서 절단切斷을 낼 것입니다. 이처럼 매우 위태로운 때에 하나님께서 야곱을 위하여 어떤 일을 하셨는지를 알려주는 구절은 어디입니까? (절)

라반은 추격대를 이끌고 도망친 야곱을 잡으러 칠일 동안 급하게 쫓아왔습니다. 드디어 저 앞쪽 둔덕에 야곱의 장막帳幕이 보입니다. 이제 다 따라잡은 셈입니다. 라반도 이쪽 둔덕에 장막을 칩니다. 새날이 밝으면 야곱을 덮쳐서 주리를 틀 작정입니다. 그러나 그 밤에 라반에게 내일의 계획을 포기해야만 하는 일이 생깁니다.

라반의 심정은 당장이라도 야곱에게서 모든 것을 빼앗고 거의 죽지 않을 만큼 두들겨 팬 후에 빈손으로 돌아가게 하고 싶습니다. 라반은 야곱이 자신의 재산을 교묘한 방법으로 빼앗았을 뿐만 아니라 자기 딸들마저 강제로 데려갔다고 생각했습니다. 사실 그의 생각은 잘못된 것입니다. 야곱은 합의한 바대로 품삯을 모았고 딸들은 야곱의 말에 전적으로 찬성하여 그를 따라왔습니다. 그러나 야곱이 자기보다 훨씬 부유해졌다는 사실에 몹시 속이 뒤틀린 데다 자기 딸들의 심정이 어떠한지를 모르는 라반으로서는 오해할 수밖에 없습니다.

야곱이 열 가지를 잘했다고 할지라도 한 가지 잘못은 라반의 집중공격을 받기에 충분하였습니다. 야곱은 20년간 살았던 외삼촌의 집을 떠나면서 외삼촌이며 동시에 장인이며, 일 관계에서는 주인인 라반에게 한마디 말도 없이 도망쳐 나왔기 때문입니다. '야곱이 가만히 떠났다'(20절)는 표현의 원문은 '야곱이 라반의 마음을 훔쳤다' 입니다. 물론 '마음을 훔쳤다' 는 '속였다' 는 의미이지만 이는 속임 당한 사람의 심정을 잘 드러내주는 표현입니다. 그러기에 26-27절에서 라반은 '자기 마음을 훔쳐간' 야곱의 도적질을 크게 탓하는 것입니다.

어쨌든 지난 세월 하나님이 어떤 분이신지를 실제적으로 여러 번 겪어본(참고. 창 30:27, 31:7) 라반은 하나님의 경고를 따르지 않을 수 없었습니다. 그래서 라반은 야곱에게 '하나님만 아니었다면 내가 너를 해하였으리라' 말하는데 그 내용은 어디입니까? (절)

7 창세기 31장 30-42절

(월   일 _ 읽음)

비록 라반이 하나님 때문에 야곱을 해칠 수는 없지만 짚어야 할 것은 분명히 짚어야만 했습니다. 라반이 그토록 급하게 추격해 온 중요한 이유 중 하나는 집안의 수호신守護神으로 모시는 드라빔(teraphim)이 없어졌기 때문입니다. 라반은 자기 '마음을 훔쳐간' 야곱이 분명히 드라빔도 훔쳐갔을 것이라고 생각합니다.

그러나 드라빔을 도적질한 자는 라헬(Rachel)이었습니다. 아마도 그녀는, 자동차 안에 성경책이나 묵주默珠를 비치해서 사고를 막아보겠다는 미신적인 생각을 하는 사람처럼, 먼 여행의 안전을 위해 드라빔을 훔친 듯 합니다 [D. R. W. Wood, *New Bible Dictionary*, InterVarsity Press, 1996, c1982, c1962, p.1164]. 하지만 아무도 라헬이 진범眞犯임을 모릅니다.

야곱은 자신이 결백하기에 당당합니다. 라반은 야곱의 장막부터 뒤집니다. 한편 라헬은 드라빔을 교묘하게 감춥니다. 결국 라반은 찾는 일에 실패합니다. 그러자 이제 야곱이 노하여 반격反擊합니다. 오랜 세월 쌓였던 한恨이 자신을 마치 도망친 노예를 추적하듯 쫓아온 데다 도적으로 취급한 데 대한 섭섭함과 맞물려 폭발합니다. 그의 반격이 잇따라 일곱 절 나오는데 어디입니까? (　　　-　　　절)

사람들이 말다툼 할 때 흔히 그러하듯이 야곱도 자신의 잘한 점들을 내세우면서 상대방의 나쁜 점들을 지적하며 상대를 몰아세웁니다. 라반은 야곱을 도망친 노예처럼 쫓아왔으며 또한 도적으로 몰아서 장막들을 샅샅이 뒤져보았으나 아무런 증거물을 찾지 못했습니다. 그러니 라반은 일단 마구 쏟아내는 야곱의 질책을 받아내는 수밖에 없었습니다. 야곱의 말에 지나친 면도 있지만 적어도 겉으로 나타난 면들을 보면 모두 사실인 이상 라반으로서는 억울한 마음이 들어도 어찌할 수 없이 손아래사람에게 책망을 들어야만 했습니다.

야곱은 자신의 고생과 수고와 정당함을 주장하면서 라반의 부당함과 탐욕을 지적합니다. 야곱은 20년 동안 라반을 겪어보았기에 누구보다도 그를 잘 압니다. 라반이 정당한 명분만 찾았다면 야곱 자신에게 어떻게 행동했을지도 잘 압니다. 야곱이 지금은 물론 이제까지 자신을 지켜주신 분이 하나님이심을 고백한 구절은 어디입니까? (　　　절)

제 21 주
창세기 31-33장

1 창세기 31장 43-55절

(월 일 _ 읽음)

라반은 십 년 묵은 체증이 다 내려갈 만큼 속 시원하게 복수하려고 불같이 야곱을 쫓아왔습니다. 그러나 막상 야곱을 만나서는 어찌할 수가 없었습니다. 그래도 혈육인지라 인정人情에 끌리므로 차마 야곱에게 손을 댈 수가 없어서가 아니라, 야곱과 늘 함께 하시고 그를 보호하시는 하나님 때문이었습니다. 어젯밤에 나타나셔서 "너는 삼가 야곱에게 선악간에 말하지 말라"고 말씀하신 하나님 때문에 라반은 야곱을 조금도 해칠 수가 없었습니다(29절).

그래도 라반에게는 야곱을 해할 정당한 명분을 얻을 기회가 있습니다. 라반은 잃어버린 드라빔이 야곱의 수중에 있으리라고 확신하였기에 그것만 야곱에게서 발견하면 그를 어떻게든 해보리라고 생각합니다. 그래서 야곱의 장막부터 모조리 뒤졌으나 어디서도 드라빔은 나오지 않았습니다. 그러니 이제 라반은 수세守勢에 몰립니다.

야곱에게도 나름대로 지난 이십 년 동안 마음에 깊이 맺힌 한恨이 많습니다. 게다가 야곱은 비록 몰래 떠났다 할지라도 마치 자신을 도망친 노예처럼 여겨서 급하게 추격해 온 라반을 도저히 이해하기 힘들었을 것입니다. 설상가상으로 파렴치한 도적으로 몰려서 자기 장막부터 샅샅이 뒤짐을 당한 야곱은 극도로 자존심이 상했을 것입니다. 그러기에 라반에게 쏟아 붓는 야곱의 책망은 활활 타오르는 불길과 같이 격렬하였습니다.

이와 같은 진노震怒의 불길은 실컷 타오르도록 내버려두어야 합니다. 어설프게 진화鎭火하려다가는 오히려 큰 화상火傷을 입습니다. 사람이 오래 살면 자연히 삶에 필요한 지혜들을 체득體得하게 마련입니다. 그러기에 라반은 [야곱이 하란으로 떠날 때 적어도 77세였고 그곳에서 20년 있었으므로 현재 97세의 노인인데, 라반은 야곱의 모친의 오라비로서 적어도 20-30세가 많을 터이니 120-30세에 이를 것입니다.] 야곱의 책망을 묵묵히 받아들입니다. 뿐만 아니라 라반은 삶의 지혜를 체득한 자답게 물러날 때를 압니다.

라반은 일이 이렇게 된 이상 더 이상 마음 상하지 않게 빨리 매듭을 잘 짓는 것이 바람직하다고 판단합니다. 그래서 라반은 상대방이 덧나지 않을 한도에서 자신의 심정을 털어놓은 다음에 재빨리 매듭지을 방책을 제시합니다. 이 방책이 무엇인지 처음으로 알려주는 구절은 어디입니까? (절)

라반과 야곱은 자신들이 돌로써 무엇을 하려는지 잘 알고 있었습니다. 서로 약속을 하고 그 약속의 내용을 지키겠다는 증거물을 세우려는 것입니다. 이러한 의식儀式은 그 당시 사회에서 널리 통용되는 관습이었을 것입니다. 예를 들어 우리가 집을 계약할 때 계약서를 쓰고 도장을 찍든지 서명을 하면 그 계약서의 내용대로 지켜야 할 법적 책임을 각자가 지게 되는 것처럼, 당시 사회에도 서로에게 책임을 지게 하는 방법이 있었습니다. 그것은 돌을 기둥으로 세우든가 돌무더기를 쌓는 의식입니다. 그리고 이와 같은 의식을 '언약을 맺는다' 고 표현하였습니다(한글개역성경에서는 '언약을 세워' 로 표현함).

라반은 야곱에게 언약을 맺을 것을 제안하였고 야곱도 그 제안에 동의합니다. 그래서 각자 익숙한 방법에 따라 돌을 가져다가 의식을 행합니다. 확실한 이유는 알 수 없지만 우리가 약속할 때 새끼손가락을 걸고 하듯이 그들도 약속을 지킬 증거로서 돌을 사용했습니다. 오늘날 계약서가 서로에게 증거가 되듯이, 그때에는 돌기둥이나 돌무더기가 서로에게 증거가 되었습니다. 그러나 이와 같은 증거물이 있음에도 불구하고 약속을 어길 때에는 약속을 어긴 자에게 벌罰을 내려야 할 심판자가 필요합니다.

우리 사회에서 계약서의 약속을 어기면 어긴 자에게 벌을 가할 재판관이 필요하듯이 야곱과 라반의 경우에는 어디서나 모든 행위를 다 판단하며 벌하실 수 있는 심판자는 여호와 하나님이시기에 그분을 불러 판단을 요청합니다. 이런 과정을 거쳐 언약이 체결되었습니다. 이어서 야곱은 하나님께 제사를 드리고 상대방을 불러 함께 음식을 먹습니다. 이들이 맺은 언약의 내용이 무엇인지 알려주는 두 구절은 어디입니까? (절과   절)

2 창세기 32장 1-12절

(월 일 _ 읽음)

외삼촌 라반은 야곱과 언약을 맺은 후 자기 딸들과 손자들에게 작별을 고하고 고향으로 돌아갑니다. 야곱도 지난 20년간 떠나있던 땅, 여전히 아버지가 있는 가나안 땅을 향해 다가갑니다. 그런데 가나안 땅이 눈앞에 가까울수록 야곱은 기쁘기는커녕 심히 두렵고 답답해집니다. 야곱은 자기 마음을 이렇게 만든 원인을 해결하지 않고는 도저히 그 땅에 평안하게 들어갈 수가 없었습니다. 도망칠 때는 그 땅에서 멀리가면 갈수록 마음이 편했겠지만, 도망치게 만든 근본적인 원인을 해결하지 않았기에 지금은 그 땅에 다가갈수록 그의 마음이 불편해질 수밖에 없습니다.

야곱을 심히 두렵고 답답하게 만든 것은 그의 형 에서(Esau)입니다. 정확히 말해서 그의 복수復讐입니다. 야곱은 살아남을 방법을 마련합니다. 그것은 형을 직접 만나기 전에 그의 마음을 미리 풀어놓는 것입니다. 그래서 사자使者를 앞서 보냅니다. 그러나 돌아온 사자가 가져온 소식은 오히려 야곱을 겁먹게 하기에 충분하였습니다.

다시 살아남을 계책計策을 세웁니다. 그러나 이 계책만으로는 부족함을 느낍니다. 사람은 자신의 지혜나 능력만으로 되지 않음을 절실히 느낄 때 비로소 하나님을 찾습니다. 야곱은 이 순간에 절대적으로 필요한 것이 하나님의 도우심뿐임을 깨닫습니다. 그래서 하나님께 간구합니다. 야곱의 기도의 내용이 나온 잇따른 네 구절은 어디입니까? (- 절)

심히 어려운 상황에서 기도하는 사람은 누구나 자신의 기도가 응답되어 그 절박한 상황을 피할 수 있기를 절실하게 간구합니다. 야곱은 위태로운 자신의 생명을 건져달라고 하나님께 간절하게 기도합니다. 이제껏 하나님께서 야곱과 함께 하시며 그를 보호하시고 인도해오셨습니다. 그러기에 하나님께서 이렇게 위험한 상황에서 기도하는 야곱을 외면하실 리 없습니다.

게다가 야곱은 하나님께서 자신에게 말씀하신 약속을 근거로 삼아 간구하니 신실하신 하나님께서 그 간구를 아니 들어주실 수가 없습니다.

기도는 하나님께 자기 요구를 마구 들이대는 것이 아닙니다. 아무리 다급하다 할지라도 사람이 기도로써 하나님을 협박하듯 몰아세우는 것은 심히 몹쓸 짓입니다. 적어도 기도다운 기도는 하나님 자신의 말씀에 그 기초를 두고 있어야 합니다. 이런 점에서 야곱은 바람직하게 기도한 것입니다.

야곱은 하나님께서 자신에게 베푸신 말할 수 없는 큰 은혜에 감사합니다. 또한 그는 자신의 현재 심정을 솔직하게 털어놓으며 에서의 손에서 건져주시기를 구합니다. 그러나 무엇보다도 그의 기도는 하나님께서 말씀하신 두 가지 약속에 토대를 두고 있습니다. 야곱이 언급한 두 가지 약속의 내용을 알 수 있는 두 구절은 어디입니까? (절과   절)

3 창세기 32장 13-21절

(월   일 _ 읽음)

야곱은 형을 위해 예물을 준비합니다. 마치 이동식移動式 목장牧場들이 자리를 옮기듯 대단한 행렬이 움직입니다. 야곱은 수십에서 수백 마리에 이르는 염소, 양, 약대, 소, 나귀를 각각 떼로 나누어서 움직이게 합니다. 가축들의 수를 합하면 젖나는 약대 삼십 마리에 각각 새끼 한 마리씩 있을 경우 무려 580마리나 됩니다. 각 떼는 서로 거리가 뜨게 합니다. 이것은 예물한 자를 돋보이게 하는 효과적인 방법입니다. 받는 사람의 입장에서 보면 엄청난 예물을 연거푸 다섯 번씩이나 받는데 그가 어찌 보낸 사람의 성의에 감격하지 않을 수가 있겠습니까? 다른 면에서 보면 이 예물은 그가 형에게서 빼앗은 장자長子의 명분과 복(참고. 창 27:36)을 물질로 되갚는 셈입니다.

야곱은 왜 엄청난 예물을 보냈을까요? 그는 바람직하게 기도했습니다.

허나 바람직한 내용으로 기도함과 하나님을 믿는 것 사이에는 얼마든지 간격이 있을 수 있습니다. 진심으로 기도하였을지라도 기도 후에 하나님을 믿지 않으면 결국 자기 꾀로 문제를 해결하려고 합니다. 그 기도는 말하는 동안만 진실하였습니다. 그런 기도는 입에서 나오면 공중으로 흩어지는 입김과 같을 뿐입니다. 야곱이 기도한 후에 하나님을 철저하게 믿지 못했다는 사실을 알려주는 구절은 어디입니까? (　　　절)

야곱의 기도는 간절하였습니다. 그러나 적어도 기도에서는 간절함이 진실성眞實性을 보증하지는 않습니다. 이는 마치 외모가 뛰어나다고 해서 성격이 훌륭하다고 할 수 없는 것과 마찬가지입니다. 기도의 진실성은 오히려 기도한 후에 드러나기 일쑤입니다. 기도의 진실성은 하나님을 의지하는 것과 정비례합니다. 물론 기도했다고 해서 사람이 마땅히 해야 할 바를 행하지 않는 것은 옳지 않습니다. 그러나 어떤 사람이 하나님을 의지한다고 할 수 없는 행동을 한다면 그 사람이 드린 기도의 진실성은 의심받아야 합니다.

야곱이 하나님께 간절하게 "내 형 …… 에서의 손에서 나를 건져내시옵소서!"라고 기도했으니 하나님께서 그렇게 하시리라 기대하고 그분을 의지해야 합니다. 바꿔 말하자면 그는 자기 힘으로 자기 목숨을 살리기 위한 지나친 행동은 삼가야 하는 것입니다. 그러나 야곱은 자기의 재물로써 자기 생명을 구하려고, 즉 하나님의 도우심이 아니라 자기 능력으로 살아보려고 형에게 과대한 예물, 정확히 말하자면 뇌물賂物을 보낸 것입니다. 야곱이 수많은 예물을 보낸 목적이 형의 마음을 얻어 보려는 데 있었음을 알려주는 구절은 어디입니까? (　　　절)

4 창세기 32장 22-32절

(월 일 _ 읽음)

야곱은 다섯 떼로 구성된 엄청난 예물들을 보냈습니다. 그리고 남들의 눈에 띄지 않게 밤중에 자기 가족을 데리고 얍복(Yabbok) 강을 건넙니다. 이 강은 요단(Jordan) 강의 지류支流로서 물살이 빠른데 야곱은 밤에 위험을 무릅쓰고 강을 건넜습니다. 이는 야곱이 도저히 잠을 이룰 수 없을 만큼 초조하였다는 사실을 알려줍니다[Wenham, p.292]. 이러한 사실에서도 야곱은 기도한 만큼 하나님을 힘써 의지하지 못했음이 드러납니다.

야곱이 가족을 데리고 강을 건넌 후에 가족과 떨어져 있었는지 아니면 강 이편으로 다시 건너왔는지 본문이 말하지 않기에 알 수는 없습니다. 어쨌든 야곱은 홀로 남았습니다. 믿음의 분량은 위기에 드러나기 마련입니다. 야곱이 머리로는 하나님께서 이제껏 보여주신 바대로 자기를 지켜주실 것이라고 생각하지만 마음의 현실은 그렇지가 않습니다. 이런 야곱을 하나님께서 그냥 놔두실 리 없으십니다. 그로 하여금 하나님을 철저하게 의지하도록 만드는 조치를 취하시려 합니다. 그래서 홀로 있는 야곱에게 다가가 그를 먼저 공격하십니다.

이것은 규칙을 정하고 샅바를 차고 벌이는 씨름 경기가 아닙니다. 마치 레슬링 자유형처럼 둘이 부둥켜안고 서로를 누르려는 몸싸움입니다. 두 사람은 날이 새도록 몸싸움을 합니다. 야곱은 이때 거의 백세에 가까운 노인이었으나 그 힘은 청년과 같았습니다. 게다가 죽기를 각오하고 자신을 지키려는 야곱을 이 '어떤 사람'은 이길 수가 없었습니다.

하나님께서 사람의 모습으로 나타나셔서 야곱과 몸싸움을 하는 동안 적어도 신神의 힘을 사용하지 않으셔야 합니다. 그것이 공평한 처사입니다. 사람의 힘만으로는 도저히 야곱을 감당할 수 없자, 하나님께서 자신이 누구인지를 넌지시 알려주시려는 의도에서 야곱에게 자신의 강한 힘을 보여주신 구절은 어디입니까? (절)

남자들끼리 악수握手를 나누면 상대방의 힘이 얼마나 강한지를 느낄 경우가 종종 있습니다. 이 낯선 사람이 야곱의 골반뼈를 칩니다. 골반뼈는 매우 강해서 큰 쇠망치로 내려치면 몰라도 주먹으로는 꿈쩍도 않는 뼈입니다. 그는 강하게 주먹으로 내려치지도 않았습니다. 다만 툭 건드렸을 뿐입니다. 그런데도 그 뼈는 어긋나고 맙니다.

하체를 받쳐주던 골반뼈가 어긋나자 다리 한쪽이 무너지고 맙니다. 제대로 서 있을 수가 없습니다. 갑자기 아무도 없던 곳에 홀연히 나타나 자신을 공격한 이 낯선 사람의 정체가 무엇인지 야곱은 감感을 잡기 시작합니다. 야곱은 떠나려는 이 사람을 붙잡고 매달립니다. 야곱은 통곡하며[우리말 성경의 '울며'는 약함] 하나님께 은혜를 간구합니다(호 12:4). 그는 비로소 머리가 아니라 마음으로 자기 생명이 오직 하나님의 은혜에 달려 있음을 깨달았습니다. 매달려 간구함을 보여준 첫 구절은 어디입니까? (　　　절)

5 창세기 32장 24-32절

(　　월　　일 _ 읽음)

한 밤중에 홀로 있던 야곱을 공격하여 밤새 그와 몸싸움을 한 '어떤 사람'은 하나님이셨습니다. 하나님께서는 야곱의 기도를 응답해주시려고 나타나셨습니다. 야곱은 에서의 손에서 건져달라고 간절히 기도했습니다(9-12절). 그러나 그의 간절함은 에서에 대한 두려움에 파묻히고 말았습니다. 그래서 그는 지난 20년간 신실하게 함께 하신 하나님을 믿고 그분의 손길을 기다리기보다는 자신의 책략으로 뇌물 공세를 펼쳐서 자기 생명을 자신의 힘으로 구해보고자 합니다. 이런 딱한 인간을 긍휼히 보시고 하나님께서 그에게 나타나신 것입니다. 그의 믿음을 바로 세우고 강하게 하시기 위함입니다.

인간의 믿음은 하나님께 매달림으로 표현됩니다. 이분이 아니면 난 죽을 수밖에 없다고 판단하여 하나님을 붙잡는 것이 곧 믿음입니다. 자신을 공격하는 정체불명의 사람에게 당하지 않으려고 사투死鬪를 벌이다가 마침내 제압制壓하려는 순간, 야곱은 상대방의 힘에 의해 무너집니다. 더 이상 싸울 수가 없었습니다. 비로소 그는 상대방의 정체에 대해 어느 정도 확신을 갖게 됩니다.

그런데 상대방은 날이 밝아오니 가야 한다며 붙잡은 손을 놓으라 합니다. 그럴 수는 없었습니다. 야곱이 상대방을 붙잡은 손을 놓으면 어긋난 환도뼈 때문에 주저앉을 수밖에 없습니다. 그러나 그보다도 손을 놓으면 십중팔구 하나님으로 확신되는 이분을 놓쳐버릴 수 있기에 그는 더 강하게 붙잡습니다. 그리고 통곡하며 그분께 간구합니다. "나를 축복하소서! 그러지 않으시면 제 손을 놓을 수 없나이다."

이처럼 하나님께서는 야곱으로 하여금 '하나님께서 복을 주시지 않으면 나는 죽을 수밖에 없다' 는 심정으로 절실하게 매달리게 하시려고 그에게 나타나신 것입니다. 그러나 야곱이 이렇게 절실하게 매달리기까지는 하나님께서 날이 밝기까지 오랫동안 친히 그와 몸싸움을 하셔야 하는 큰 수고가 필요하였습니다. 하나님께 매달리게 하심조차도 하나님의 은혜입니다. 야곱을 성숙하게 만드시려고 자신과 몸싸움을 하신 분이 하나님 자신이셨음을 알고 야곱이 분명하게 표현한 구절은 어디입니까? (　　　절)

야곱이 진심으로 하나님께 매달리자 하나님께서는 그에게 이름을 묻습니다. 야곱으로서는 황당한 질문입니다. 하나님께서 야곱의 이름을 모르실 리 없기 때문입니다. 그런데도 야곱에게 이름을 물으시는 데에는 다른 의미가 있다고 생각할 수밖에 없습니다. 이는 마치 부모의 말씀을 잘 듣지 않는 자식에게 아버지가 묻기를 "너는 내가 누구인지 아느냐?" 라고 한다면 그것은 '아버지' 라는 단순한 대답을 듣기 원함이 아니라, 자식과 아버지와의 관계에서 어떤 태도가 있어야 함을 생각해 보도록 하기 위함인 것과 같을 것입니다.

'야곱' 은 그 의미와 평판評判이 좋지 않은 이름입니다. 이전에 에서가 야곱에게 복을 빼앗기고 아버지 이삭에게 "그의 이름을 야곱이라 함이 합당치 아니하나이까?"(창 27:36)라고 말했습니다. 남을 속이고 남의 것을 가로채는 자에게 합당한 이름이 '야곱'이라는 뜻입니다. 야곱 자신도 자기 이름의 의미와 평판을 모를 리 없습니다.

사실 야곱은 자기 이름에 걸맞은 삶을 살아왔습니다. 오늘날에는 이름이 단지 그 이름을 가진 사람을 부르기 위한 도구에 지나지 않겠지만 고대古代에는 그 이상의 의미를 가졌습니다. 이름은 그 사람의 성품을 드러내주는 것이었습니다[Sidney Greidanus, *Preaching Christ from Genesis* (Eerdmans, 2007), p.331]. 따라서 하나님의 물음은 야곱에게 이름을 말하게 하심으로써 자기 자신을 돌이켜보게 하려 하신 듯합니다. 야곱은 자기 이름을 '야곱'이라 대답함으로써 자신의 삶이 깨끗지 못했음을 인정한 셈입니다.

야곱의 대답을 듣고 난 하나님께서는 놀랍게도 '다시는 네 이름이 야곱으로 불리지 않고 대신 이스라엘이라 불릴 것이라'고 말씀하십니다. 이렇게 이름이 바뀌어야 하는 이유는 야곱이 살아온 삶의 성격 때문입니다. 야곱은 한마디로 속여서 쟁취한 삶을 살아왔습니다. 속여서 사람들(에서와 이삭과 라반)을 이겼습니다. 자기 힘으로는 하나님도 이겼습니다. 그러나 앞으로는 그런 삶 대신에 철저하게 하나님께 매달리는 삶을 살아야 합니다. 그러면 야곱을 위해 '하나님께서 싸우시리라'는 의미로 '이스라엘'이라는 이름을 야곱에게 주신 것임을 암시한 구절은 어디입니까? (　　　절)

6 창세기 32장 26-32절

(　　월　　일 _ 읽음)

그 사람이 야곱의 이름을 '이스라엘'로 바꾸어줍니다. 여기서 '이스라엘'의 뜻이 '[네가] 하나님과 겨루어서 이겼다'는 뜻이라면 이것은 어색합니다. 왜냐하면 하나님께서 야곱에게 '네가 나를 이겼으니 이 값진 승리를 계속 기념하라' 는 의미로서 이름을 주신 셈이 되기 때문입니다. 다시 말하면, 그것은 이제껏 사람들도 이겨왔고 이제 하나님까지도 이겼으니 계속 그렇게 이기면서 살라고 격려하는 의미가 되고 맙니다.

그러나 본문은 분명히 '이스라엘' 이라는 새 이름을 야곱에게 주신 까닭을 '이는 야곱이 하나님과 또한 사람들과 겨루었고 이겼기 때문' 이라고 말하고 있을 뿐입니다. 바꿔 말하자면 본문에서는 하나님께서 새 이름을 주시게 된 이유를 말할 뿐이지 '이스라엘' 이라는 이름의 뜻은 밝히지 않고 있습니다. 따라서 우리는 '이스라엘' 의 의미를 자연스럽게 생각할 필요가 있습니다.

이 낱말의 뒤에 나오는 '엘' (=하나님)을 주어主語로 볼 것이냐 목적어目的語로 볼 것이냐에 따라 두 가지 의미가 생깁니다. 주어로 볼 경우 그 뜻은 '하나님께서 싸우시리라' 가 됩니다. 반면에 목적어로 볼 경우는 사실 불가능하지만 그래도 그렇게 본다면 그 뜻은 '그(야곱)가 하나님과 싸울 것이다' 가 됩니다[Cf. Greidanus, *Preaching Christ from Genesis*, p.319]. 따라서 이 문맥에서는 한마디로 '하나님' 을 주어로 취하는 의미가 알맞을 것입니다.

야곱은 이제껏 사람들을 속여서 이겼습니다. 그리고 떠나려는 하나님을 통곡하면서 붙잡고 매달림으로써 떠나가지 못하게 하였습니다. 이런 의미에서 야곱은 또한 하나님을 이겼습니다. 방금 전 하나님의 물음에 자기 이름을 '야곱' 이라 대답함으로써 자기 삶의 추함을 인정하였을 뿐만 아니라 간절히 매달리는 야곱을 긍휼히 여기셔서 하나님께서는 그를 '이스라엘' 로 바꾸시려는 것입니다.

이제껏 자기 힘을 의지하고 교활하게 살아온 야곱을 하나님께서는 전적으로 하나님을 의지하고 사는 사람으로 바꾸시려 합니다. 그러기에 그의 이름을 바꾸어 앞으로 그의 삶이 어떠한 삶이 될지를 알리신, 좀 더 정확히 말하면 하나님께서 야곱의 삶을 어떻게 이끌어 가실지를 계시하신 것으로 이해하는 것이 바람직할 것입니다.

야곱은 이처럼 자신에게 새 이름을 준 '이 사람' 이 하나님이시라 생각하지만 동시에 참으로 하나님이시기를 확인하고 싶었을 것입니다. '이 사람'이 정말 하나님이시라야 자신이 받은 새 이름이 유효할 것이기 때문입니다. 그래서 다시 이름을 묻습니다. 이러한 야곱의 물음에 '그 사람'은 "어찌 내 이름을 묻느냐?"고 반문하며 이름을 밝히길 거절합니다. 그러나 야곱은 그분이 자신에게 행하신 행동을 통해 그분이 과연 하나님이심을 확신하기에 이릅니다. 그분이 야곱에게 행하신 행동이 무엇인지를 알려준 구절은 어디입니까? (절)

야곱은 자신의 생명을 잃지 않으려고 하란으로 도망치다가 벧엘(Bethel)에서 하나님을 만난 이후로 줄곧 하나님께서는 이제까지 변치 않으시고 신실하게 야곱과 함께 해오셨습니다. 하나님께서는 지난 20년 동안 야곱을 돌아보고 보호해 주셨습니다.

그런데 이제 복수할 기회를 노리며 야곱의 생명을 찾던 형 에서가 수하手下 400명을 이끌고 야곱을 만나러 오고 있습니다. 이 소식에 야곱은 다시 20년 전으로 돌아간 듯 심하게 생명의 위협을 느낍니다. 두려움이 야곱을 사로잡았습니다. 살 방도를 찾아봅니다. 하나님께 간절히 기도하고 수많은 예물을 형에게 보냈지만 두려움을 가라앉히기에는 모두 역부족입니다. 두려움의 두 손이 야곱의 목을 점점 강하게 조여옵니다.

이런 때에 난데없이 낯선 사람이 자신을 낚아채어 쓰러뜨립니다. 야곱은 밤새도록 이 정체 모를 사람과 몸싸움을 벌입니다. 알고 보니 이분이 사람의 모습으로 자신에게 다가오신 하나님이셨습니다. 자기 생명을 잃을까봐 두려워하는 마음을 없애고 그의 앞날을 보증해 주시려고 하나님께서 야곱에게 나타나신 것입니다. 그러나 그러려면 야곱이 먼저 하나님의 손길을 절실히 필요로 해야 했습니다. 그래서 하나님께서는 야곱에게 간절히 매달릴 기회도 마련해 주십니다. 이에 앞으로 야곱을 위해 하나님께서 싸우실 것이라는 뜻에서 새 이름을 주십니다. 하나님께서 야곱의 앞날을 보증하셨으니 자기 생명은 안전할 것이라는 야곱의 확신이 드러난 구절은 어디입니까?
(절)

7 창세기 33장 1-11절

(월 일 _ 읽음)

야곱은 자기 형 에서가 사백 인을 거느리고 오고 있다는 소식을 듣고 심히 두렵고 답답하였습니다(창 32:7). 자신과 가족의 생명을 구하려고 계책을 마련하고 간절하게 기도했습니다. 그러나 두려움은 쉽게 사라지지 않았습니다. 엄청난 예물을 보냈습니다. 그래도 불안합니다. 야곱이 홀로 남아 있을 때에 하나님께서 사람의 모습으로 홀연히 나타나 자신의 정체를 밝히시지 않고 그를 공격합니다. 밤새도록 몸싸움을 하다가 날이 샐 무렵 야곱은 자신의 상대가 하나님이심을 알게 됩니다.

야곱은 하나님께 통곡하며 매달립니다. 야곱의 기도에 응답하시려고 의도적으로 그에게 접근하신 것이기에 야곱이 간절하게 매달리자 하나님께서 이름을 바꿔주시며 복을 주십니다. 야곱은 다시 하나님의 함께 하시는 은혜를 체험한 것입니다. 자기 생명이 보존될 것임을 확신합니다. 야곱은 앞으로 '이스라엘' 이라 불릴 것입니다. 이 이름의 의미대로 '하나님께서 야곱을 위해 싸우실' 것입니다. 그리고 이러한 하나님의 약속이 이루어지려면 야곱은 살아 있어야 합니다.

만일 야곱이 형을 만나서 죽게 된다면 하나님의 약속은 의미가 없습니다. 하나님께서 야곱을 위해 싸울 필요가 없어지기 때문입니다. 하나님께서는 '죽은' 야곱이 아니라 '살아있는' 야곱을 위해 싸우시려는 것입니다. 따라서 하나님께서 야곱에게 '이스라엘' 이라는 새 이름을 주신 사실에서 이미 야곱은 에서를 만나도 결코 죽지 않을 것이라는 사실이 보장된 것입니다.

어쨌든 우리가 야곱이 하나님의 말씀을 얼마만큼 이해했는지 분명하게 말할 수는 없을지라도 적어도 우리가 분명히 알 수 있는 사실이 있습니다. 그것은 하나님을 만난 후 야곱이 한 말에서 그는 생명의 위험에 대해 더 이상 걱정하지 않게 되었다는 사실입니다. 그는 말하기를 "내가 하나님을 대면對面하였다. 그래서 내 생명은 구원받았다"(30절 직역)고 했기 때문입니다. 이 말의 의미는 '하나님을 대면하고도 내가 죽지 않아서 다행이다'가 아닙니다. 오히려 이와는 정반대입니다.

야곱은 형이 오면 죽게 될까봐 심히 걱정했습니다. 그러나 하나님을 대면하고 난 뒤 달라졌습니다. '하나님을 대면하고 나니 이제 나는 결코 죽지 않으리라고 확신한다'는 뜻입니다. 그래서 야곱은 이 같은 확신을 갖게 하신 하나님을 뵌 사실을 기념하려고 그곳 이름을 '하나님의 얼굴'(브니엘)이라고 하였습니다.

날이 밝았습니다. 저 멀리 형이 사백 인을 거느리고 오는 모습이 보입니다. 그러나 하나님을 만남으로써 두려움에서 완전히 벗어난 야곱은 전과는 사뭇 다른 자세를 보입니다. 여차하면 뒤꽁무니를 빼려던 자세가 아니라 앞장서서 형을 맞이하러 나아갑니다. 이 자세를 묘사한 구절은 어디입니까?
(　　　절)

사람의 언행이 일반적인 기준을 지나치게 넘으면 아첨이 되기도 하고 비굴卑屈하게 보일 수 있습니다. 그러나 때로는 일반적인 기준을 넘지 않더라도 자신의 실제 감정이나 생각과 다르거나 과다하게 표현하면 그것도 아첨과 비굴한 모습이 될 수 있습니다. 보통 아첨은 유익을 원해서, 비굴함은 용기가 없어서 표현하게 됩니다. 에서를 맞이하는 야곱의 언행이 우리 현대인들의 눈에는 비굴하거나 아첨하는 짓으로 보일 수 있습니다.

만일 야곱이 여전히 죽을까 두려워서 그런 언행을 했다면 그를 비굴한 아첨꾼이라고 할 만 합니다. 그러나 야곱은 하나님을 대면한 이후로 죽음에 대한 두려움이 없어졌습니다. 게다가 야곱은 하나님의 은혜를 체험하였기에 자연히 두려움이 사라진 자리에는 지난 날 자신이 저지른 잘못에 대한 회한悔恨으로 채워질 수박에 없습니다. 그러니 우리의 눈에 아첨과 비굴함으로 보이는 에서에 대한 태도는 사실상 죽을 죄를 지었음을 인정하고 회개하기 때문에 심히 죄송한 마음을 갖게 된 사람이 보이는 겸손의 태도입니다.

사실 그 당시의 일반적인 기준에 따르면 일곱 번 절하는 예절은 신하가 왕을 맞이하는 데 합당한 존경의 태도입니다(Wenham, *Genesis 16–50*, p.298). 에서는 에돔(Edom)의 영주領主입니다. 그러니 야곱으로서는 신하 사백 인을 거느리고 온 에서를 비록 형이라 할지라도 공식적으로는 왕으로 예우하는 것이 합당한 태도입니다. 한편 하나님께서는 야곱을 만나러 오는 에서의 마음에서 과거의 원한怨恨을 씻어내셨습니다. 에서에게 이런 변화가 나타났음을 보여준 구절은 어디입니까? (　　　절)

제 22 주
창세기 33-35장

1 창세기 33장 5-11절

(월 일 _ 읽음)

절하며 가까이 다가오는 동생을 보게 된 형은 군주君主로서 위엄이나 체면 따위는 다 제쳐놓고 동생에게로 달려갑니다. 그리고 동생을 얼싸안고 함께 울면서 반가움을 한껏 나눕니다. 형제는 마치 그동안 나누지 못했던 형제의 정情을 한꺼번에 나누려는 듯합니다. 무려 20년 만에 이루어진 형제 상봉相逢입니다. 이 장면만 보면 형이 사백 인의 수하를 거느리고 온다는 소식에 야곱이 온 몸에 힘이 다 빠질 정도로 두렵고 답답해한 것은 결국 괜한 걱정과 공포에 떨었던 셈입니다. 그리고 하나님께서도 야곱과 밤새 몸싸움을 하시는 공연한 수고를 하신 셈입니다. 따라서 우리는 형제 상봉의 장면을 우리 눈에 보이는 대로만 보려 하지 말고 문맥의 앞뒤를 잘 생각하며 다음과 같이 이해해야 할 것입니다.

에서는 야곱이 보낸 사자들을 통해 야곱의 귀향歸鄕 소식을 듣고 즉각 그를 만나러 옵니다. 야곱이 에서에게 보낸 사자들이 돌아와 야곱에게 보고報告합니다. 이 보고 가운데 에서가 야곱에게 전하는 말은 없었습니다(창 32:6). 다만 에서가 400인을 거느리고 온다는 소식뿐입니다. 야곱은 당연히 형의 마음 상태를 알려고 사자들에게 이것저것을 캐물어서 필요한 정보들을 모아 분석합니다. 야곱은 에서가 우호적友好的인 뜻을 가지고 자기를 만나러 오는 것은 아니라고 판단합니다. 그러기에 야곱은 보고를 들은 후에 심히 두렵고 답답한 상황에 빠지게 됩니다.

그러나 하나님을 만난 이후로 야곱은 담대해졌습니다. 예의를 갖춰 절하며 형 앞으로 나아갑니다. 그런데 형이 먼저 달려와 자신을 매우 반갑게 맞이합니다. 어떻게 이런 심경心境의 변화가 에서에게 일어났겠습니까? 사람이 자기 마음을 바꾸는 일 특히 원한을 없애버리는 일은 그 사람 자신이 할 수 있는 일이 아닙니다. 하나님만이 하실 수 있는 일입니다.

야곱과 대면하여 새 이름을 주시고 복을 주신 이후에 하나님께서는 에서에게서 그의 원한을 녹여 없애셨습니다. 그래서 에서는 야곱을 기쁘게 맞이할 수 있었습니다. 야곱은 이런 전환轉換이 하나님의 은혜로 이루어진 것임을 알았습니다. 이제 형과 아우 둘 다 하나님의 은혜를 입었습니다. 그러기에 서로가 과거와는 다르게 서로를 보게 되었습니다. 야곱의 눈에 무섭던 형이 달리 보입니다. 그래서 형을 뵙는 것이 마치 하나님의 얼굴을 뵙는 것과 같다고 야곱이 말한 구절은 어디입니까? (절)

브니엘에서 하나님을 만난 이후로 야곱은 크게 변했습니다. 야곱은 모든 것이 하나님의 은혜임을 절실히 깨닫습니다. 그래서 야곱은 형에게 자식도, 소유도 하나님의 은혜로 얻은 것이라고 말합니다. 물론 어떤 사람들은 '하나님의 은혜' 라는 표현을 습관적으로 사용하여 경건한 척하기도 합니다. 그러나 진정으로 '하나님의 은혜' 임을 깨달았기에 이 표현을 사용할 수밖에 없는 경우도 있습니다. 야곱의 경우가 그런 경우일 것입니다.

에서는 야곱의 식구들을 소개받은 후 길에서 만난 가축 떼는 무슨 까닭으로 보낸 것인지를 묻습니다. 야곱은 솔직히 대답합니다. 그리고 야곱은 그 가축들을 모두 '선물' 로 받아주길 간청합니다. 야곱은 그 가축들 모두를 뇌물로 형에게 보냈습니다. 그런데 형은 까닭을 모르기에 받지 않았습니다. 이제 야곱이 그런 엄청난 선물을 보낸 이유를 말하자 에서가 부드럽게 선물을 거절합니다.

사실 이제는 하나님의 은혜로 형제간의 불화가 사라졌기에 뇌물이 필요없습니다. 그렇다고 형에게 보냈던 선물을 물리기도 난감합니다. 그러나 형과 불화하게 된 원인을 잘 아는 야곱은 지난날의 잘못을 뉘우치는 표시로 자신이 가로챈 형의 복을 돌려주고 싶었습니다. 비록 재물을 가로챈 것은 아니지만 재물로라도 돌려줘서 죄송한 마음을 표현하고 싶었기에 그 가축들을 형에게 드리려고 합니다. 하지만 형은 야곱의 선물을 받지 않을 것입니다. 그는 한 나라의 왕이기에 모든 것이 풍족한 데다가 이 많은 선물을 받아야 할 이유가 없기 때문입니다.

그래서 야곱은 자신이 드리는 선물의 성격을 분명하게 밝힙니다. [한글 성경에서는 둘 다 표현이 같으나] 원문에 따르면, 처음에는 '나의 선물' 이라고 했으나 두 번째는 '내가 가로채어 갖고 있던 복' 이라는 의미로 '나의 복' 이라고 표현합니다. 이 둘째 표현은 어디 나옵니까? (　　　절)

2 창세기 33장 12-20절

(　　월　　일 _ 읽음)

형은 동생 야곱을 보자 달려왔습니다. 그는 동생의 목을 감싸 안고 입맞추고 울었습니다. 동생도 울었습니다. 겨우내 쌓였던 눈이 봄 햇살에 녹아내리듯 긴 세월 쌓아둔 원한이 형의 마음에서 녹아내렸습니다. 이런 기적은 오직 하나님의 은혜로 인한 것입니다. 동생이 형에게 엄청난 예물을 드립니다. 동생의 강권強勸으로 형이 그 예물을 받습니다. 답례答禮로 형이 동생을 자기 나라로 초청합니다. 그러나 동생은 매우 공손하게 거절합니다. 그 이유는 어린 자식들과 가축의 새끼들 때문입니다.

야곱은 하란(Haran)에서 20년을 있었습니다. 외삼촌의 집에서 7년을 일한 후에 혼인하였습니다. 그리고 혼인하고 곧 아내가 임신했다고 가정할 경우 첫 아이는 하란에 머문 지 팔 년째에 태어난 셈입니다. 그후 하란을 떠날 때까지 적어도 성경에 기록된 아이들만 계산하면 모두 12명(아들 11명과 딸 하나)을 낳았습니다. 그러니 현재 야곱의 자녀들은 12살짜리 큰 아이부터 줄줄이 아래로 아마 젖먹이에 이르기까지 12명이나 됩니다. 야곱이 이들을 하란에서부터 수백km를 데리고 왔으니 아이들이 얼마나 피곤하고 약해져 있는지는 쉽게 알 수 있을 것입니다. 게다가 수많은 가축들이 새끼들을 데리고 있으니 또다시 무리해서 형의 나라까지 수백리 길을 간다면 모두 병들거나 죽을 수밖에 없을 것입니다. 이런 상황은 형으로서도 충분히 납득이 갈만 한 것입니다.

야곱은 아마도 형의 초청을 칼로 무 자르듯 거절하기가 어려워서 자식들과 가축 전체가 일단 숨을 돌리고 휴식을 취하면서 천천히 가겠노라고 말한 듯합니다. 사실 이러한 야곱의 말은 부드럽게 거절한 것에 가깝습니다. 마치 우리가 누군가의 초청을 거절하려면 “지금은 좀 곤란하고 가까운 시일에 한번 찾아뵙겠습니다”라고 대답하는 식입니다. 이렇게 대답할 때 ‘가까운 시일’이라는 말은 실제로 가까운 미래일 수도 있고 먼 훗날일 수도 있고 아니면 단칼에 거절하기 쉽지 않아서 가능성을 열어둔 표현일 수도 있습니다.

형은 동생의 말을 다소 곧이곧대로 이해한 듯합니다. 그래서 천천히 오겠다는 동생을 안전하게 지켜주고 싶었습니다. 그래서 동생에게 제안합니다. 그러나 이 제안으로 곤란해진 동생은 다시 한 번 거절의 뜻을 분명히 그러나 전보다 공손하게 표현해야 했습니다. 그제야 동생의 뜻을 알게 된 형은 자기 나라로 돌아가고 동생도 가까운 곳에 머물러 휴식을 취합니다. 형의 제안이 무엇이었는지 알 수 있는 구절은 어디입니까? (　　　절)

사실 야곱이 에서의 초청을 거절하는 것은 매우 어려웠을 것입니다. 오랜 원한이 사라지고 형제간에 화목한 분위기가 마련되었습니다. 에서도 거절 끝에 야곱의 선물을 받았습니다. 따라서 야곱 자신도 에서의 초청을 받아들이는 것이 순리順理입니다. 이런 상황에서 야곱이 초청을 거절한다는 것은 찬물을 끼얹는 것과 마찬가지일 것입니다. 게다가 군사들을 야곱의 곁에 머무르게 하여 야곱의 여행을 돕겠다는 에서의 제안마저 물리친다는 것은 좋아진 관계를 악화시키는 결과를 초래할 수 있습니다. 그런데도 야곱이 이렇게 행동한 이유는 무엇이겠습니까?

야곱이 오직 자기 이익만을 생각하는 마음에, 거절했을 때 생길 수 있는 결과를 예측하지 못했기 때문에 그랬다고 보기는 힘듭니다. 자기 이익만을 챙긴다면 거절하지 않는 것이 안전하고 실리적實利的일 수도 있기 때문입니다. 혹 에서를 따라가면 자신과 가족의 생명이 위험해질 수 있으리라는 판단 때문이라고 보기도 어렵습니다. 그렇다면 야곱은 에서가 보인 따뜻한 환영과 진심을 사실상 의심하는 것이며 결국 이것은 에서의 마음을 움직이신 하나님의 은혜를 부인하는 셈입니다. 게다가 야곱이 하나님을 만난 사건도 무의미하기 때문입니다. 따라서 우리는 야곱이 거절한 이유를 다른 각도에서 생각해야 할 것입니다.

야곱이 하란을 떠난 결정적인 사건은 여호와의 나타나심입니다(창 31:3). 그러기에 그에게 가장 우선적인 관심은 가나안 땅에 들어가는 일입니다. 그래서 그는 그 땅에 들어가자 조부 아브라함이 그랬듯이 땅을 삽니다. 뿐만 아니라 야곱은 여호와께 제단을 쌓고, 약속대로 자기와 함께 하시고 보살펴 주시고 평안히 돌아오게 하신 여호와는 과연 '나의 하나님'(엘 엘로헤 이스라엘)이시라고 고백합니다. 기록자도 야곱의 다짐(창 28:21)을 생각나게 하는 표현을 사용하여 여호와께서 약속(창 28:15)을 완벽하게 지키셨음을 간접적으로 나타낸 구절은 어디입니까? (　　　절)

3 창세기 34장 1-19절

(　　월　　일 _ 읽음)

야곱은 가나안 땅에 돌아온 후 우선적으로 '벧엘'로 올라갔어야 합니다. 야곱이 20년 전 가나안 땅에서 하란으로 도망칠 때 하나님께서 벧엘에서 그에게 나타나셨습니다. 그리고 야곱이 아브라함 언약의 계승자임을 확인해 주셨습니다. 하나님께서는 야곱에게 앞으로 베푸실 놀라운 은혜도 약속하셨습니다. 그러자 야곱은 하나님의 그 큰 은혜와 약속이 감사하여 자신도 하나님에게 이렇게 서원誓願하며 약속합니다. "하나님이 나와 함께 계셔서 내가 가는 이 길에서 나를 지키시고 먹을 양식과 입을 옷을 주사 나로 평안히 아비 집으로 돌아가게 하시오면, 여호와께서 나의 하나님이 되실 것이요. 내가 기둥으로 세운 이 돌이 하나님의 전이 될 것이요 ……"(창 28:20-22).

과연 하나님께서는 약속대로 항상 야곱과 함께 하시며 그를 지키시고 마침내 그를 인도하여 다시 가나안 땅으로 돌아오게 하셨습니다. 그런데 야곱은 자기 약속을 지키기를 미룹니다. 야곱이 벧엘에서 기둥으로 세운 그 돌을 하나님의 전殿이 되게 하려면 [이 의미가 무엇인지는 후에 드러날 것입니다], 그는 벧엘로 가야 합니다. 그러나 그는 그곳으로 올라가지 않고 '세겜'에 눌러 앉았습니다. 벧엘은 세겜에서 아주 멀리 떨어진 곳이 아닙니다. 불과 30km 정도의 거리에 있습니다. 이유는 알 수 없지만 어쨌든 야곱은 자신의 약속을 지키지 않은 채 세겜에 머물러 살았습니다.

어린아이가 남자의 이목을 끌 만한 소녀로 성장했으니 적어도 십 년 가까이 세겜에서 살았습니다. 그러던 어느 날 야곱에게 불행한 일이 생깁니다. 세겜의 추장이 야곱의 딸 디나(Dinah)를 욕보였습니다. 이 가슴 아픈 소식을 듣고도 야곱은 디나(Dinah)가 자신이 별로 사랑하지 않는 아내인 레아(Leah)의 소생이라 그런지 딸의 치욕恥辱에 대해서는 그다지 큰 관심을 보이지 않고 침묵합니다(Cf. Wenham, *Genesis 16-50*, p.310). 야곱이 즉각 가해자를 찾아가 항의라도 해야 할 터인데 오히려 가해자의 아버지가 먼저 찾아와 용서를 빌지도 않은 채 딸을 달라고 청할 때까지 침묵합니다.

이 소식을 듣고 들에서 돌아온 디나의 오라비들이 모두 근심하고 진노하였습니다. 그래도 야곱은 침묵하였고 가해자와 그의 아비가 찾아와 여러 말을 하는 과정에서도 야곱은 한마디 말이 없었습니다. 마침내 가해자측은 야곱의 아들들이 제시한 조건을 받아들임으로써 자신들의 뜻을 이룹니다. 야곱의 아들들이 어떤 의도로 조건을 제시했는지를 알 수 있는 구절은 어디입니까? (　　　절)

야곱의 아들들은 누이의 치욕에 대해 몹시 슬퍼하며 고통스러워했습니다. 큰 분노가 폭발할 정도입니다. 누이를 욕보인 당사자는 물론이요 그 족속 전체에게 복수를 하고 싶습니다. 그런데 찾아온 가해자측은 잘못을 빌기는커녕 이참에 서로 통혼通婚하자고 제안합니다.

그러나 야곱의 가족은 세겜 지역에 얹혀사는 입장이라 감히 그곳의 추장에 대해 정면으로 어찌할 수가 없습니다. 게다가 디나는 추장의 집에 억류

되어 있습니다. 야곱의 아들들이 상대방을 누르기 위해 꺼내들 카드가 없습니다. 그런데 터질 것 같은 분노를 감춘 채 상대방의 말을 듣다보니 묘안妙案이 떠올랐습니다.

가해자는 디나만 자기 아내로 준다면 무엇을 청구할지라도 다 받아들이겠다고 선언합니다. 그래서 야곱의 아들들은 어떤 조건을 내놓아도 상대방이 받아들일 것이라는 확신을 갖고 조건을 내겁니다. 그들은 어떤 재물이나 보상을 요구하지 않습니다. 그대신 단 한 가지 조건만 제시합니다. 세겜의 남자들은 모두 할례를 받아야 한다는 것입니다. 그래야 서로 통혼하며 한 민족이 될 수 있다는 것입니다. 그리고 만일 이 조건을 받아들이지 않으면 디나를 데려오겠다고 합니다. 이로써 디나의 오라비들은 디나에게 깊이 빠져 있는 젊은 추장이 조건을 받아들일 수밖에 없도록 확실하게 못을 박았습니다.

예상대로 아니 어쩌면 예상보다 더 훨씬 쉽고도 빠르게 상대방은 이들의 조건을 받아들였습니다. 뿐만 아니라 젊은 추장은 그 조건대로 시행하기를 지체하지 않습니다. 이렇게 세겜의 추장이 지체하지 않고 조건을 이행한 이유가 무엇인지를 알려준 구절은 어디입니까? (　　　절)

4 창세기 34장 20-31절

(　　월　　일 _ 읽음)

젊은 추장과 그의 아비는 야곱의 아들들의 제안을 좋게 여기고 받아들였습니다. 이미 추장은 디나를 아내로 얻을 수만 있다면 개인적으로 어떤 경제적 희생도 감수하려고 마음먹고 있었습니다. 그러나 상대방의 요구는 재물이 아니고 그들의 전통인 할례割禮를 존중하여 할례를 받으라는 것뿐입니다. 추장은 이렇게 좋은 조건을 마다할 필요가 없었습니다. 물론 할례는 추장 개인만이 아니라 그의 족속 전체가 받아야 하는 조건입니다.

그리고 이 조건을 맞추려면 추장이 먼저 자기 족속의 구성원들을 설득해야 합니다.

추장은 자기 족속 전체를 설득할 자신이 있었습니다. 그는 몸으로 며칠만 고생하고 나면 개인적으로는 자신이 간절히 원하는 여인을 아내로 얻을 수 있었고, 족속 전체로 보면 많은 유익을 가져올 수 있다고 판단하였기 때문입니다. 그래서 추장은 자기 족속에게 상대방의 제안을 받아들이자고 설득합니다. 고생은 잠시이고 이익은 영구적이니 할례를 받아 그들과 한 민족이 되자고 설득합니다. 추장이 어떤 실제적인 유익을 염두에 두고 자기 족속을 설득하였는지 알 수 있는 구절은 어디입니까? (절)

야곱의 아들들은 세겜 족속과 하나가 되려는 생각은 꿈에도 없었습니다. 다만 그들의 피를 보려는 마음뿐입니다. 자신들의 누이를 욕보인 추장뿐만 아니라 그의 족속 전체에게 피의 보복을 하려는 것입니다. 그러나 보복하려고 정면으로 그들에게 대든다는 것은 볏짚을 지고 불속으로 뛰어 들어가는 격입니다. 싸울 사람의 수가 너무 모자라기 때문입니다.

그러나 상대방이 힘을 쓸 수 없다면 이야기는 달라집니다. 그런 경우에는 몇 사람만으로도 능히 상대방을 누를 수가 있습니다. 이래서 이들은 상대방에게 하나의 민족이 될 수 있는 조건으로 세겜 족속의 남자 전체가 할례를 받을 것을 조건으로 내세운 것입니다. 추장은 이와 같은 계책을 전혀 알지 못했습니다. 그는 자기 나름대로 아내를 얻고 실리實利를 취할 생각만을 하고 있었습니다. 동상이몽同床異夢인 셈입니다.

할례는 남자의 성기性器의 앞쪽 표피를 베어내는 것입니다. 이스라엘 사람들은 아기가 태어난 지 8일 만에 할례를 행합니다. 그러나 아기 때 할례를 받지 않은 사람들이 뒤늦게 성기의 표피를 베어내고 나면 그 고통이 점점 커져서 아마도 제 삼일 쯤에는 몸을 움직이지도 못할 만큼 고통스럽게 됩니다. 그러기에 야곱의 아들들은 제 삼일을 복수의 날로 정했습니다. 특히 디나의 친 오라비인 시므온과 레위가 이 일에 주동자로 나섭니다.

두 사람은 칼로 세겜 성城의 모든 남자를 학살합니다. 추장과 그 아비도 죽이고 연금軟禁되었던 여동생을 집으로 데려옵니다. 나머지 오라비들이 그 성을 노략하고 그 성의 어린아이들과 아낙네들을 사로잡아 옵니다. 이렇게 야곱의 아들들은 세겜 족속을 도륙屠戮하고 그 성을 초토화하였습니다. 훗날 아버지 야곱은 자신의 유언에서 학살의 주동자인 시므온과 레위를 저주하면서 이렇게 말합니다.

> 시므온과 레위는 형제요 / 그들의 칼은 잔해하는 기계로다.
> 내 혼아 그들의 모의(謀議)에 상관하지 말지어다. / 내 영광아 그들의 집회에 참예하지 말지어다.
> 그들이 그 분노대로 사람을 죽이고 / 그 혈기대로 소의 발목 힘줄을 끊었음이로다.
> 그 노염이 혹독하니 저주를 받을 것이요 / 분기가 맹렬하니 저주를 받을 것이라.
> 내가 그들을 야곱 중에서 나누며 / 이스라엘 중에서 흩으리로다(창 49:5-7).

이것은 누이를 욕보인 데 대한 응징膺懲치고는 너무 지나치게 가혹합니다. 주동자는 하나님의 저주를 받아 마땅합니다. 이것은 복수라는 명분名分을 띠었으나 실상은 인간의 잔학성殘虐性을 고스란히 드러낸 일입니다. 재물과 사람들을 탈취함으로써 자신들의 욕심을 채우려한 추한 모습도 잘 드러났습니다. 게다가 이 일은 하나님의 언약을 이어가야 할 야곱 집안의 앞날을 위태롭게 하였습니다. 야곱이 자신과 집안이 생사生死의 위기에 놓였음을 표현한 구절은 어디입니까? (절)

5 창세기 35장 1-7절

(월   일 _ 읽음)

디나의 친 오라비들은 세겜 성의 남자들을 모두 죽이고 그들의 재물을 빼앗고 여자들과 어린아이들을 사로잡았습니다. 이로써 이들은 누이가 당한 일에 대해 상상할 수 없을 만큼 극악무도極惡無道하게 복수復讐 하였습니다. 복수는 다시 복수를 낳기 마련입니다. 이것은 죄악된 세상에서는 통용될 수밖에 없는 법칙입니다. 오랜 세월을 살아온 사람일수록 이 세상에는 그런 법칙이 작용하고 있다는 사실을 잘 압니다.

야곱은 자기 아들들이 저지른 일이 어떠한 대가를 치르게 될는지 그 결과를 능히 짐작할 수 있었습니다. 그래서 디나의 일이 생긴 이후로 이제껏 침묵하던 야곱은 잔혹한 살육을 저지른 두 아들을 책망합니다. 그러나 그들은 자신들의 행동이 정당했다는 듯이 반문합니다. 그들은 자신들의 누이가 창녀 취급을 당했기 때문에 그렇게 복수하였다는 것입니다.

젊은 추장 세겜은 이렇게 말했습니다. "아무리 큰 빙물[신부의 값]과 예물을 청구할지라도 너희가 내게 말한 대로 수응酬應하리라"(12절). 이 말이 오라비들의 귀에는 충분히 "신부의 값을 아무리 많이 불러도 내가 그 값을 주고 너희 누이를 구입하겠다. 그런데 내가 그 물건을 구입하기 전에 먼저 한 번 사용해보니 정말 마음에 쏙 든다. 그러니 내게 팔아라"로 들리기 십상입니다. 이 말은 불난 집에 기름을 부은 격입니다. 그래서 이들은 잔혹하게 복수하기로 마음먹습니다.

자기 누이가 돈에 몸을 파는 창녀처럼 대우받은 일에 대해 분개하는 것은 정당한 일입니다. 그러나 그 일에 대한 복수로서 수많은 생명을 파리처럼 쉽게 죽이고 그들의 가족들을 사로잡고 재물을 약탈한 것은 결코 용서받을 수 없는 일입니다. 더구나 하나님의 언약을 계승해가는 집안의 사람들이 이방인들조차 정당치 못하다고 보는 가혹한 복수를 행했으니 이는 더욱 악한 일입니다. 하나님의 저주를 받아야 합니다.

어쨌든 이 일로 언약을 계승해가야 하는 야곱의 집안이 위기에 처했습니다. 어떤 길이 없다면 이 집안은 주변 여러 족속들의 공격을 받아 멸망할 수밖에 없습니다. 야곱에게는 이 위기를 타개할 뾰족한 수가 없습니다. 기적이 일어나지 않는다면 야곱과 그의 집은 망하게 될 것이 불 보듯 뻔한 상황입니다. 그런데 놀라운 일이 일어납니다. 하나님께서 해결책을 말씀하십니다. 이 해결책이 무엇인지 알 수 있는 구절은 어디입니까? (　　　절)

하나님께서 주시는 해결책은 어느 상황에서나 항상 최선最善의 것입니다. 그러나 대부분의 경우 그분의 해결책은 우리의 순종을 전제前提로 합니다. 다시 말하자면 우리가 순종하지 않는다면 그 해결책은 아무 쓸모가 없다는 의미입니다.

하나님의 말씀은 매우 구체적이었습니다. 원문의 느낌을 드러내기 위해 1절을 직역하면 하나님께서는 "일어나라. 올라가라 벧엘로. 그리고 머물라 거기. 그리고 만들라 거기에 단을 ……"(밑줄 부분은 모두 명령형 동사입니다). 이처럼 하나님께서는 야곱에게 더 이상 세겜에 머물러 있지 말고 당장 그곳을 떠나서 '벧엘' 로 올라가서 제단祭壇을 쌓으라는 명령을 내리신 것입니다.

야곱과 그 집은 주변의 여러 족속들로부터 공격을 받아 멸망할 위기에 처해 있는데, 하나님께서는 어째서 한가할 때나 말씀하실 만한 명령을 내리시는 것일까? 하나님은 정말 야곱이 처한 위기 상황을 전혀 모르시는가? 아니면 그것이 위기 상황을 벗어날 최선의 대책이기에 그리 말씀하신 것인가?

사실 야곱은 세겜을 떠나고 싶어도 쉽게 떠날 수가 없습니다. 주변의 적들이 공격해올 경우 주변 지형과 상황을 잘 아는 곳에서 방어하는 것이 집안 전체를 이끌고 급하게 이동하면서 방어하는 것보다 훨씬 유리할 것이기 때문입니다. 야곱은 떠날 수도 머물 수도 없는 진퇴양난進退兩難의 상황에 빠져 있습니다. 그런데도 하나님께서는 아무런 추가 설명도 없으신 채 당장 가족 모두를 데리고 세겜을 떠나서 약 백리 길 떨어진 벧엘에 가서 제단을 만들라고 명령하십니다. 도대체 어쩌라고 이리 하시는 것입니까?

야곱은 하나님께서 밑도 끝도 없이 말씀하시는 것 같아도 그 말씀대로 순종하기만 하면 된다는 사실을 잘 알고 있었습니다. 이는 그가 형을 피해 도망칠 때부터 다시 가나안 땅에 돌아올 때까지 적어도 20년 동안 하나님을 철저히 경험하였기 때문인데 이러한 사실을 암시한 구절은 어디입니까? (　　　절)

6 창세기 35장 2-8절

(월 일 _ 읽음)

위기에 처한 야곱에게 하나님께서 말씀하신 내용은 간추리면 세겜을 떠나 벧엘로 올라가서 제단을 쌓으라는 것입니다. 야곱이 약 30년 전쯤 가나안 땅에서 하란으로 도망칠 때 자기에게 나타나신 하나님에게 이렇게 약속하였습니다. "하나님이 나와 함께 계셔서 내가 가는 이 길에서 나를 지키시고 먹을 양식과 입을 옷을 주사 나로 평안히 아비 집으로 돌아가게 하시오면, 여호와께서 나의 하나님이 되실 것이요. 내가 기둥으로 세운 이 돌이 하나님의 전이 될 것이요 ……"(창 28:20-22).

하나님께서는 우리가 성경을 통해서 보는 바와 같이 자기 약속을 철저하고 완벽하게 지키셨습니다. 그리고 이 사실을 강조하기 위하여 성경은 야곱이 다시 가나안 땅으로 돌아온 사실을 "야곱이 밧단아람에서부터 평안히 가나안 땅 세겜 성에 이르러"(창 33:18)라고 표현합니다. 이런 표현으로써 하나님께서 약속대로 항상 야곱과 함께 하시며 그를 지키고 마침내 그를 인도하여 다시 평안히 가나안 땅으로 돌아오게 하셨다는 사실을 드러낸 것입니다.

그러나 야곱은 자기 약속을 지키기를 미룹니다. 야곱이 약속을 지키려면 벧엘로 가야 합니다. 이유는 알 수 없지만 그는 세겜에서 불과 30km 정도의 거리에 있는 벧엘로 올라가지 않고 자신의 약속을 지키지 않은 채 그저 평온한 세월을 보내고 있었습니다. 그러다가 이렇게 멸망의 위기에 처하자 하나님께서 '벧엘'로 올라가 단을 쌓으라고 말씀하신 의미를 깨닫습니다.

하나님께서는 '제단을 쌓으라'고 하셨습니다. 그러나 그것이 단지 달랑 제단을 하나 만들어 놓으라는 의미는 아닙니다. 야곱이 하나님께 약속할 때 자신의 의도가 무엇이었는지는 본인 스스로 잘 압니다. 그때 야곱은 오직 여호와만 자기 하나님으로 섬기겠으며 그러한 자신의 결심을 단을 쌓아 예배함으로써 표현하겠다고 의도했던 것입니다. 이제 하나님께서는 그 결심을 시행하라고 야곱에게 요구하신 것입니다. 그러기에 야곱은 집안의 모든 사람에게 우상을 버릴 것을 명령합니다.

벧엘로 가지 않고 세겜 근처에 땅을 사서 그곳에 머물러 사는 동안 야곱은 하나님을 버리지는 않았지만 그렇다고 우상을 버리지도 못했습니다. 하나님을 온전히 자신의 하나님으로 섬기지 않고 있었습니다. 마치 교회는 다녀서 교인이기는 하지만 그 마음을 온전히 하나님께 내맡긴 신자는 아닌 것과 같았습니다. 야곱은 가나안 땅에는 돌아왔으나 하나님에게로 돌아온 것은 아니었습니다. 바로 여기에 야곱의 문제의 원인이 있습니다. 자신의 문제점을 깨달은 야곱은 하나님의 요구에 걸맞게 순종합니다. 그가 온전히 하나님만을 섬기려고 작정한 모습을 보여주는 잇따른 세 구절은 어디입니까?
(　　　–　　　절)

지금 야곱은 오도 가도 못하는 곤란한 상황에 처해 있습니다. 그런데 하나님께서 세겜을 떠나 벧엘로 올라가라고 명령하십니다. 하나님 말씀에는 토를 달아서는 안 됩니다. 하나님 말씀이 내 상황에 전혀 맞지 않는 것처럼 엉뚱하게 보일지라도 그것이 분명 하나님 말씀이라면 그대로 순종하는 것이 내 위기를 해결하는 최선의 방법입니다. 이러한 사실을 야곱은 오랜 세월동안 철저하게 경험하였습니다. 그러기에 그는 하나님 말씀에 전적으로 순종합니다. 다시 말해서 야곱은 하나님 말씀에 기계적으로 따르는 것이 아니라 하나님께서 그렇게 말씀하신 <u>의도에 맞게</u> 순종합니다. 이것이 진정眞正하고 전적全的인 순종입니다.

야곱은 집안 전체를 이끌고 벧엘로 이동합니다. 주변 족속들이 주목하고 있다가 기회를 타서 공격하려고 합니다. 움직이면 공격에 노출된다는 사실을 알면서도 야곱은 움직입니다. 위기촉발의 상황입니다. 하나님은 어떻게 야곱을 지키십니까? 하나님께서 주변 족속들에게 하나님에 대해 공포恐怖를 느끼게 하셨습니다.

먼 훗날 이스라엘이 가나안 땅에 들어가기 전에 가나안 사람들은 하나님께서 이스라엘을 이끌어서 홍해를 건너게 하고 애굽 사람을 다 죽였다는 소식을 듣고 사지가 다 마비되고 온 몸이 다 녹아내립니다(참고. 출 15:14-16, 수 2:9-11, 5:1). 하나님이 주시는 공포는 이런 것일 겁니다. 주변 족속들이 야곱을 치려하나 '하나님의 공포' 때문에 도무지 움직일 수 없었다는 사실을 말한 구절은 어디입니까? (　　　절)

7 창세기 35장 9-15절

(　　월　　일 _ 읽음)

야곱은 밧단아람에서 가나안 땅으로 돌아온 후 거의 십 년이 지나서야 벧엘에 이르렀습니다. 이제 비로소 야곱은 하나님과 약속을 지킨 셈입니다. 그러나 야곱이 벧엘에 온 것은 사실 자발적自發的인 걸음은 아니었습니다. 딸이 욕을 당하고 아들들이 세겜 성의 모든 남자들을 학살하고 약탈을 행하고 나서야 주변 족속들의 보복을 두려워할 때 하나님의 지시하심을 따른 것뿐입니다.

하나님과 거리를 두었던 지난 십 년의 삶이 겉으로는 평온한 듯 보였지만, 그 평온해 보였던 삶의 실체가 어떤 것이었는지 야곱 자신이 34장 사건을 통해 분명하게 목격하게 된 것입니다. 야곱을 비롯해서 가족 전체가 자신들도 모르는 사이에 하나님께 등을 돌리고 살아왔으며 그 결과 세상에 깊이 뿌리내리고 있었음이 드러났습니다.

야곱은 하나님의 은혜와 그 지시에 따라 밧단아람에서 가나안 땅으로 돌아왔으며(참고. 창 31:3, 13, 33:18) 또 다시 하나님의 은혜와 그 지시에 따라 세겜에서 비로소 벧엘로 올라오게 된 것입니다. 이로써 야곱이 하나님을 처음 만난 벧엘에서 하나님께 맹세로써 약속한(창 28:20-22) 약속을 지키려고 이제야 벧엘에 이르게 되었습니다. 야곱이 이곳에서 자기 약속을 지켰다는 사실을 알려주는 구절은 어디입니까? (　　　절)

하나님은 참으로 하나님다우십니다. 하나님께서는 야곱이 밧단아람에서 가나안 땅으로 '평안히' 돌아오게 하셨습니다. 그런데도 야곱은 하나님께 맹세한 자신의 약속을 지키려고 벧엘로 즉각 올라가지 않고 세겜 성 앞에서 머물렀습니다. 여독旅毒을 풀기 위해 잠시 그곳에 머물려는 생각은 아니었던 것 같습니다. 야곱은 세겜 성 앞의 밭을 샀습니다. 그리고 그곳에 장막을 치고 눌러 앉았습니다. 다시는 일어나지 않을 사람처럼. 그래도 하나님께서는 묵묵히 야곱을 기다리셨습니다. 마치 나간 자식 돌아오기를 애타는 심정으로 기다리는 부모님처럼.

그러는 사이에 야곱이 밧단아람에서 보냈던 세월의 길이에 반에 해당하는 시간이 흘러갑니다. 하나님을 멀리한 자들의 삶은 스스로 꼬이게 마련입니다. 그들이 택한 삶이 그들을 배반하기 때문입니다. 인간이 하나님의 말씀을 무시하고 눈에 보기 좋은 대로 삶을 택하면 결국 그 삶은 그것을 택한 자에게 피눈물을 요구합니다. 하나님을 멀리하려고 선택한 삶은 밤송이를 맨손으로 움켜쥐면 수많은 가시가 동시에 그 손을 매섭게 찌르듯 우리의 심장을 고통스럽게 찌를 것입니다.

이러한 사실은 아브라함의 조카 롯의 경우에서 이미 잘 드러났습니다. 롯은 자기 눈에 보기에 좋은 대로 살 곳을 택했습니다. "이에 롯(Lot)이 눈을 들어 요단(Jordan) 들을 바라본 즉 소알(Zoar)까지 온 땅에 물이 넉넉하니 여호와께서 소돔(Sodom)과 고모라(Gomorrah)를 멸하시기 전이었기에 여호와의 동산 같고 애굽 땅과 같았더라. 그러므로 롯이 요단 온 들을 택하고 동으로 옮기니 그들이 서로 떠난지라. …… 롯은 평지 성읍들에 머무르며 그 장막을 옮겨 소돔까지 이르렀더라. 소돔 사람은 악하여 여호와 앞에 큰 죄인이었더라"(창 13:10–13).

그후 롯은 어떻게 됩니까? 롯은 소돔이 하나님의 심판을 받아 유황불로 멸망당하는 날까지 나름대로 부富를 누리며 평온하게 아마 자신이 기대한 바대로 삶을 살았습니다. 그러나 소돔이 망하는 날 그는 천사들의 손에 이끌려 맨몸으로 급히 도망쳐 나와야 했습니다(참고. 창 19:15–17).

마찬가지로 세겜 앞에서 평온히 살아온 야곱의 삶은 이제 밤송이 가시가 되어 단 한 번의 찌름으로 야곱에게 지난 세월에 대해 후회를 주려는 듯 그의 심장을 통렬痛烈하게 찌릅니다. 딸이 당한 일과 아들들이 행한 일이 비수匕首가 되어 야곱의 심장을 찌릅니다. 모든 소망이 무너지고 집안 전체가 멸망의 문 앞에 이르렀습니다.

이때 하나님의 지시가 없었다면 야곱과 그 집안은 여지없이 멸망했을 것입니다. 그러나 하나님께서는 자신이 택한 자를 놓치지 않으십니다. 야곱과 그의 집안을 멸망의 순간에 건져내십니다. 그리고 야곱이 하나님의 말씀에 순종하여 벧엘에 올라오자 기다리셨다는 듯이 복을 주십니다. 벧엘과 브니엘에서 말씀하신 약속들을 다시 확인시켜 주십니다. 그리고 하나님께서 전부터 줄곧 생각하고 계셨던 약속의 내용을 이번 기회에 야곱에게 새롭게 말씀하십니다. 이 새로운 약속의 말씀이 나온 구절은 어디입니까?
(　　　절)

제 23 주
창세기 35-38장

1 창세기 35장 16-29절

(월 일 _ 읽음)

전에 말씀드렸지만 창세기 후반부(창 11:27–50:26)의 흐름을 잘 이해하기 위해 후반부의 구조를 한 번 더 말씀드립니다. 후반부는 세 개의 이야기와 이야기 사이에 계보系譜를 집어넣은 구조로 구성되어 있습니다. 다시 말하면 후반부는 (1) 아브라함 이야기(창 11:27–25:11), (2) 이삭 이야기(창 25:19–35:29), (3) 야곱 이야기(창 37:2–50:26)와 더불어 첫째 이야기 다음에 (A) 이스마엘(Ishmael)의 계보(창 25:12–18), 둘째 이야기 다음에 (B) 에서(Esau)의 계보(창 36:1–37:1)가 들어 있습니다. 여러분이 방금 읽으신 본문은 후반부의 둘째 이야기인 '이삭 이야기'의 마지막 부분입니다. 따라서 이삭의 죽음으로 이 이야기가 끝나는 것이 자연스럽습니다. 이삭의 죽음을 언급한 잇따른 세 구절은 어디입니까? (–   절)

한 가지 기억해야 할 점은 후반부의 세 이야기는 아브라함과 이삭과 야곱 개인만의 이야기가 아니라 그들의 가족을 다룬 이야기라는 사실입니다. 그리고 가족 중에서도 언약의 다음 계승자를 집중적으로 조명照明합니다. 그래서 '아브라함 이야기'에는 아브라함의 종이 멀리 하란까지 여행하여 이삭의 아내 될 여인을 찾아 데려온 후 이삭이 혼인하게 된 일을 길게 포함하고 있습니다(창 24:1–67).

또 '이삭의 이야기'는 앞부분은 이삭에 대한 내용(25:19–27장)에 대하여, 뒷부분은 다음 계승자인 야곱에 대한 내용(28–35장)을 담고 있습니다. 그러니까 '이삭 이야기'(창 25:19–35:29)는 이삭의 가정 – 야곱의 도망 – 이삭의 죽음으로 구성된 셈입니다. 이중에서 분량이 가장 많은 가운데 부분은 야곱이 도망하여 하란에서 살다가 귀향歸鄕하는 것으로 이야기가 마무리됩니다. 바꿔 말하자면 야곱이 도망칠 때 벧엘에서 하나님을 만나고(창 28:10–22) 다시 가나안 땅에 돌아와서 벧엘에서 하나님을 만남(창 35:9–15)으로써 가운데 부분이 끝납니다. 그리고 이삭의 죽음을 말하기 전에 야곱과 연관된 내용을 정리한 부분이 16-26절입니다.

야곱이 하란에서 사는 동안 열한 아들을 낳았습니다. 그런데 훗날 이스라엘은 열두 지파입니다. 그러니까 자연히 야곱에 대한 내용을 정리하는 부분에서 열두 번째 아들인 베냐민의 출생을 언급하게 됩니다. 뿐만 아니라 후에 전개될 이야기들을 이해하기 위한 실마리들을 제공하기도 합니다. 세겜 근처에서 머물렀던 수년간의 세월은 앞에서 언급한 바대로 야곱의 가족이 전체적으로 부패하는 일에 크게 영향을 끼쳤습니다. 이와 같은 부패의 성향性向은 앞으로도 계속 드러나게 될 것입니다만, 먼저 첫째 아들의 부패함이 드러납니다. 이것이 어떠한 일인지를 알려준 구절은 어디입니까?
(　　　절)

하나님께서는 외국 땅 하란에서 야곱과 함께 하시면서 한편으로는 그를 호되게 훈련시키셨습니다. 야곱보다 더 야곱스러운 외삼촌 '라반' 밑에서 일하게 하심으로써 여러모로 야곱의 인품을 갈고 닦으셨던 것입니다. 성품性品이란 무엇보다도 하나님을 의지함으로써 자라나는 것입니다. 야곱은 자신이 당한 어려움과 아픔과 슬픔을 통해서 켜켜이 쌓아둔 묵은 껍질을 벗겨내고 굳은살을 도려내며 새살과 같은 성품을 형성하게 됩니다.

성품은 물품物品처럼 쉽고 빠르게 갈아치우거나 고칠 수는 없습니다. 없어진 듯, 고쳐진 듯 보여도 조금만 다른 상황을 만나면 여전히 그 자리에 버티고 앉아서 고개를 곧추세우는 것이 옛 성품입니다. 이처럼 성품은 오랜 시간이 지나간다고 해서 저절로 변화되지 않습니다. 하나님께서 간여干與하시지 않으면 성품은 바뀌지 않으며 사람의 노력이란 결국 못된 면만 세련되게 만드는 일에 불과합니다. 어쨌든 하나님께서는 야곱에게 손을 대셔서 고쳐나가십니다. 다른 한편으로 하나님께서 장차 하나님 백성을 이룰 뿌리를 형성하셨는데, 이 뿌리가 되는 열두 아들을 기록한 네 구절은 어디입니까?
(　　　-　　　절)

2 창세기 36장 1-19절

(월 일 _ 읽음)

본문은 에서(Esau)의 계보(창 36:1–37:1)입니다. 창세기의 후반부에 나타난 두 계보는 계보의 인물을 이야기의 흐름에서 빼놓기 위한 장치裝置입니다. 아브라함 이야기부터 시작하는 후반부는 하나님과 맺은 언약의 대표자인 아브라함과 그의 계승자인 이삭과 야곱에게 집중됩니다. 따라서 아브라함의 아들 '이스마엘'과 이삭의 아들 '에서'는 언약의 계승자가 아니므로 이야기의 흐름을 가급적 끊지 않고 빼놓기 위하여 계보로만 짧게 언급하고 지나가게 됩니다.

물론 계보系譜의 주인공들 역시 하나님의 언약에 속했기에 이들에게도 하나님께서 복을 주십니다. 사실 에서는 마음만 먹으면 얼마든지 약속의 땅 가나안에서 살 수 있었습니다. 왜냐하면 이미 34장에서 드러났듯이 가나안 땅에는 아직 여러 민족들이 함께 살 만한 공간이 충분하였기 때문입니다. 그러나 에서에게는 가나안 땅이 좁게 보입니다. 아니 답답했을 것입니다. 하나님, 성경, 교회, 믿음 등등의 말만 들어도 가슴에 답답해짐을 느끼는 사람처럼.

에서는 신앙의 전통을 이어가는 데 관심이 없었습니다. 그래서 그는 아버지 이삭과 동생 야곱과는 달리, 제멋대로 하나님을 섬기지 않는 가나안 여인들을 아내로 삼습니다. 이런 심령을 가진 이가 하나님께서 약속의 땅으로 주신 가나안 땅을 좋아할 리 없습니다. 그는 언약의 계승자인 야곱과 함께 약속한 땅인 가나안에 머물기를 원치 않습니다. 어떻게든 하나님과 연관된 것은 무엇에서나 하루 빨리 벗어나고 싶었을 것입니다. 그래서 에서는 마치 오래전 롯이 아브라함을 떠나듯 야곱을 떠나 다른 곳으로 살려고 떠납니다.

에서는 어쩔 수 없이 가나안 땅에서 쫓겨난 것이 아니라, 전적으로 자기 결정에 따라 풍부한 소유를 이끌고 더 살기 좋다고 판단한 곳으로 옮겨간 것입니다. 그런데도 하나님께서는 이미 에서에게 풍부한 재물을 주셨고 훗날 수많은 자손들과 그들이 살 수 있는 땅을 주십니다. 하나님의 은혜로 자녀와 소유가 풍성해진 에서가 가나안을 떠나는 상황을 설명한 잇따른 두 구절은 어디입니까? (　　　절과　　　절)

에서는 가나안 땅을 건너 남쪽으로 내려갑니다. 그래서 훗날 사해死海 아래의 광활한 지역을 차지하는 에돔(Edom)이라는 나라를 세웁니다. 이 나라는 세일(Seir) 산을 중심지로 삼습니다. 에서가 에돔을 세운 이후로, 하나님의 은혜로 에서의 후손인 에돔 족속은 많은 족장族長들이 필요할 만큼 크게 번성합니다. 이 족장들의 이름을 나열한 잇따른 네 구절은 어디입니까?
(　　　–　　　절)

3 창세기 36장 20-43절

(　　　월　　　일 _ 읽음)

에서와 그 후손들이 정착하여 나라를 세운 '세일 산' 지역은 비어 있지 않았습니다. 그곳에는 이미 전부터 살고 있던 족속이 있었습니다(창 14:6). 이들은 호리 족속(Horites)으로서 에돔 지역에 많은 석회암 동굴들 속에서 살던 종족입니다. 히위 족속(Hivites)의 분파分派인 호리 족속의 조상은 세일(Seir)인데 아마도 '세일 산'이라는 지역 이름은 그의 이름에서 나왔을 것입니다[M. G. Easton, *Easton's Bible Dictionary* (Oak Harbor, WA: Logos Research Systems, Inc., 1996, c1897)].

이 족속은 에서의 자손에 의해 그 지역에서 밀려났고(신 2:12, 22) 점차 줄어들다가 마침내 멸족滅族 됩니다. 그러나 에서의 자손들이 그곳에서 호리 족속을 완전히 밀어내기 전까지는 그 원주민들과 섞일 수밖에 없습니다. 에서는 이미 가나안에 있을 때 호리 족속 여인을 아내로 삼았고 아마 이런 이유로 그가 세일을 자신의 새로운 거처로 정하고 그곳으로 갔을 가능성이 높습니다. 에서의 아내가 된 호리 족속의 여인이 누구인지 언급한 구절은 어디입니까? (　　　절) [참고. 창 36: 2, 5, 14, 18]

하나님께서는 쌍둥이 형제인 에서와 야곱이 그 어미 리브가의 태중에 있을 때 "두 국민이 네 태중에 있구나. 두 민족이 네 복중에서부터 나누이리라"(창 25:23)고 말씀하셨습니다. 하나님께서는 이 두 형제를 통해 두 나라를 세우시기로 작정하신 것입니다. 이처럼 하나님께서는 개인은 물론 나라들도 자신의 선하신 뜻에 따라 세우기도 하며 폐하기도 하시는 것입니다.

우리 눈에 보이는 이 세상뿐만 아니라 보이지 않는 광활한 우주와 비물질적이고 영적인 모든 세계에 존재하는 것은 무엇이든지 하나도 예외 없이 하나님의 말씀으로 존재하게 된 것입니다. 그리고 그 가운데 도덕적인 모든 존재는 장차 하나님의 심판대 앞에 서게 될 것입니다. 하나님께서 말씀하시면 그 말씀은 반드시 이루어집니다. 과연 하나님께서 말씀하신 바대로 야곱은 훗날 이스라엘 나라와 그 민족의 조상이 됩니다. 그리고 에서는 에돔 나라와 그 민족의 조상이 되는데, 이와 같은 사실을 알려준 구절은 어디입니까? (　　　절)

4 창세기 37장 1-11절

(　　월　　일 _ 읽음)

에서의 계보는 야곱이 가나안 땅에 거하였다는 사실을 말하고 마무리됩니다(1절). 이로써 이야기는 다시 가나안 땅에서부터 출발합니다. 그리고 2절부터 창세기의 마지막 이야기인 야곱 이야기, 좀 더 정확히 말하자면 야곱의 가족에 대한 이야기가 시작됩니다.

야곱의 가족 중에서 먼저 요셉이 등장합니다. 요셉은 야곱이 하란에 가서 처음 만났을 때부터 사랑하여 칠 년간 열애熱愛 끝에 혼인하게 된 여인 라헬(Rachel)의 첫 아들입니다. 요셉은 아들 전체의 순서로는 열한 번째이며 야곱이 거의 백세나 가까워서 얻은 아들입니다. 게다가 라헬이 막내(열두 번째) 아들인 베냐민을 낳고 죽었으므로 야곱은 그녀의 첫 아들인 요셉을 더욱 애지중지愛之重之하였습니다.

그러니 요셉에 대한 야곱의 편애偏愛가 심하였습니다. 따라서 다른 아들들의 불만이 클 수밖에 없습니다. 그러나 그들은 감히 아버지에게 불평하지는 못하였고 그 대신 자신들의 뒤틀린 심사心思를 고스란히 동생인 요셉에게 쏟아 붓습니다. 형들은 요셉을 미워하고 그를 만나면 속이 뒤틀리고 부글부글 끓어올랐습니다. 요셉은 나이가 열일곱이나 되었는데도 부친의 사랑을 독차지해서인지 철부지짓을 합니다. 요셉이 이 정도 나이이면 형들의 심정을 눈치로라도 헤아릴 수 있으련만 그는 형들의 눈 밖에 날 일들만 합니다.

요셉은 형들의 잘못을 보고 곧잘 아버지에게 고자질합니다. 게다가 가뜩이나 아버지 때문에 요셉을 드러나게 미워하지 못하고 참고 있는데 마침내 요셉은 그런 형들의 마음에 불을 지릅니다. 요셉이 꿈을 꾸고 나서는 듣고 싶지 않은 형들에게 부탁까지 해가며 꿈 자랑을 하였습니다. 형들은 요셉의 꾼 곡식 단에 대한 꿈 내용을 듣고 약이 바짝 올랐습니다. 이 꿈 이야기를 듣고 난 형들의 반응이 어떠한지를 말한 두 구절은 어디입니까?
(　　　　절과　　　　절)

요셉은 한 번의 꿈 자랑으로 성이 차지 않는지 또 다시 꿈 자랑을 합니다. 이것이 불난 집에 부채질하는 격이 되고 맙니다. 요셉이 이번에는 곡식 단이 아니라 해와 달과 열한 별에 관한 꿈을 꾸었습니다. 이 두 가지 꿈은 그 소재素材만 다를 뿐 의미하는 것은 같습니다. 지난번에 형들은 꿈 이야기를 듣는 도중에 '말도 안 되는 꿈 이야기를 그만두라' 고 할 수가 없었습니다. 형들이 들으면서 판단하기에 요셉의 꿈은 개꿈도 아니요 더더구나 지어낸 내용이 아니었기 때문입니다. 그래서 그들은 요셉의 꿈 이야기를 진지하게

들을 수밖에 없었습니다.

우리말 성경에는 생략되었지만 원문에 따르면 요셉은 이렇게 꿈 이야기(7절)를 마치 현장現場을 중계 방송하듯이 생생하게 전달합니다. "보십시오! 우리가 밭 가운데서 곡식 단들을 묶고 있는 중입니다. 또 보십시오! 내 단이 일어나더니 섰습니다. 그런데 보십시오! 당신들의 단들이 내 단을 둘러서서 절하고 있습니다."

형들의 판단에 따르면 이런 종류의 꿈은 하나님에게서 온 듯합니다. 그러기에 형들은 모두 요셉의 꿈에 대해 똑같은 해석을 내립니다. 그러나 다른 면에서 생각해보면 요셉의 꿈이 하나님에게서 주신 것이 분명하다 할지라도 모든 현실을 헤아려 볼 때 그 꿈의 실현은 불가능하게 보입니다. 그래서 그들은 이렇게 묻습니다. "네가 참으로 우리의 왕이 되겠느냐? 우리를 다스리게 되겠느냐?"(8절).

어쨌든 꿈 자랑 때문에 형들은 요셉을 더욱 미워하게 됩니다. 이렇게 악화된 상황을 아는지 모르는지 요셉은 또다시 두 번째 꾼 꿈을 형들에게 말합니다. 이번 꿈은 소재만 다를 뿐 그 의미는 지난번과 같았습니다. 같은 의미를 지닌 꿈을 두 번 연달아 꾼다는 것은 하나님께서 주신 계시, 바꿔 말하자면 하나님께서 행하실 일을 미리 보여주는 경우가 아니라면 있을 수 없는 일이라고 형들은 생각합니다. 그것도 연달아 두 번을 꾼다는 것은 하나님께서 속히 그 꿈의 내용을 이루시겠다는 뜻으로 이해할 수밖에 없습니다(참고. 창 41:32).

요셉은 이번 꿈 이야기를 부친에게도 말씀드렸는데 이 꿈에 대한 부친의 해석도 역시 아들들의 해석과 같았습니다. 부친은 이 꿈의 내용을 마음에 담아 두었습니다. 하나님께서 언젠가는 반드시 이루실 것이라고 이해했기 때문일 것입니다. 한편 형들은 더 화가 났습니다. 아버지뿐만 아니라 이제는 하나님까지도 요셉만을 사랑하신다는 생각이 들기 때문입니다. 이런 형들의 마음을 표현한 구절은 어디입니까? (　　　절)

5 창세기 37장 12-28절

(월 일 _ 읽음)

야곱은 요즘말로 하자면 목축업자입니다. 그리고 야곱은 이 일을 아들들에게 맡겼습니다. 야곱은 아들들이 자신의 양떼를 치는 일의 형편을 알고 싶어서 요셉을 그들에게 보냅니다. 야곱은 요셉에 대한 다른 아들들의 미움과 시기가 얼마나 심각한지를 모릅니다. 물론 그는 이렇게 요셉을 그들에게 보내는 일이 얼마나 위험한지도 모릅니다.

한편 요셉의 형제들의 입장에서는 눈엣가시와 같은 요셉에게 해코지 할 수 있는 절호의 기회를 얻게 된 것입니다. 아버지의 눈 때문에 집에서는 요셉에게 어찌할 도리가 없었습니다. 요셉의 형들은 전에 그들이 살았던 세겜(Shechem) 근처로 가서 양떼를 치고 있습니다. 그곳은 현재 야곱이 있는 헤브론 골짜기로부터 약 60km 정도 떨어진 곳입니다.

요셉은 아버지의 말씀대로 형들이 잘 있는지 양떼들은 잘 있는지 보러 떠났습니다. 그러나 막상 요셉이 현장에 와보니 형들과 그 양떼를 찾을 수가 없었습니다. 이리저리 돌아다니며 살펴보아도 결과는 마찬가지입니다. 그러던 중에 어떤 사람을 만납니다. 그 사람의 도움으로 요셉은 형들이 양떼를 몰고 도단(Dothan) 근처로 옮겨간 사실을 알게 됩니다. 도단은 그곳에서 적어도 한 10km 쯤 위(북쪽)에 위치한 곳입니다.

아버지의 심부름을 잘 수행하려고 요셉은 형들을 만나기위해 도단까지 갑니다. 이제 요셉은 아버지 계신 곳부터 한 70-80km 떨어졌습니다. 이로써 요셉은 아버지의 보호 한계를 벗어나 형들의 영역으로 들어온 셈입니다. 형들은 멀리서도 한눈에 요셉임을 알아봅니다. 아마도 요셉이 입은 채색 옷(3, 23절) 때문일 것입니다.

형들은 요셉을 보고 모의합니다. 형들은 요셉을 가리켜 '꿈꾸는 자' 라고 호칭합니다. 그들의 눈에 요셉은 더 이상 그들의 동생이 아닙니다. 죽이고 싶을 만큼 미운 대상입니다. 이들은 요셉을 죽이면 결코 요셉의 꿈대로 이루어질 수 없으리라 생각합니다. 비록 하나님께서 두 번에 걸쳐 요셉에게 꿈을 주셨지만, 자신들이 요셉을 죽여도 과연 하나님께서 그 꿈을 이루실 수 있을까? 회의적으로 생각합니다.

결국 이들이 요셉을 죽이려는 모의謀議는 하나님의 전능하심을 의심하는 것입니다. 더욱 심각한 문제는 이러한 모의로써 그들은 하나님의 계획을 방해하려고 하나님께 정면으로 도전했다는 사실입니다. 요셉의 형들이 요셉을 죽이려는 의도가 무엇이었는지를 분명하게 드러내준 구절은 어디입니까? (　　　절)

하나님께서 자신의 전능함을 나타내시는 방법은 두 가지입니다. 하나는 초자연적인 방법입니다. 이를테면 백세나 된 노인인 아브라함과 사라가 이삭을 낳게 하신 일입니다. 또 장차 이스라엘 백성이 홍해를 건널 때 바다를 가르신 일입니다. 다른 하나는 오늘 본문에서 드러나는 바대로 자연적인 방법입니다. 하나님께서 이 두 가지 중에서 어느 방법을 사용하시느냐는 전적으로 하나님 자신의 깊고 선하신 뜻에 달려 있습니다.

이제 요셉은 완전히 끈 떨어진 연鳶과 같은 신세입니다. 요셉은 죽게 되었고 요셉을 통해 이루어 가시려는 하나님의 계획은 좌초坐礁될 위기에 놓였습니다. 이러한 위기에서 하나님은 자신의 말씀을 이루시기 위하여 자연적인 방법으로 전능하심을 나타내십니다. 먼저 맏형인 르우벤이 나서서 이렇게 말합니다. "요셉의 생명은 상하지 말자. 우리 손을 그에게 직접 대지 말고 구덩이에 던져 넣기로 하자." 르우벤이 이렇게 말한 까닭은 어떻게 해서든지 요셉을 살려서 다시 아버지에게 돌려보내려고 마음먹었기 때문입니다(22절). 하나님께서 르우벤의 마음을 움직이셨습니다.

요셉은 이렇게 긴박하게 돌아가는 상황을 전혀 알지 못한 채 다만 하나님의 전능하신 섭리로 생명을 건진 상태에서 형들에게 도착합니다. 형들은 다짜고짜로 요셉이 입은 채색 옷을 벗겨버립니다. 형들의 입장에서 보면 채색 옷은 요셉이 아버지의 사랑을 독차지하고 있으며 다른 형제들은 아버지에게 찬밥에 지나지 않는다는 사실을 보여주는 증거물인 셈입니다. 그러기에 형들은 채색 옷을 벗겨버림으로써 아버지와 요셉에 대해 분풀이를 합니다.

결국 요셉은 혼자 힘으로는 빠져 나올 수 없이 깊은 구덩이에 갇혔습니다. 이 시점에서 하나님께서는 또 하나의 상황을 만들어내십니다. 마침 이때 요셉의 형제들이 있는 곳으로 이른바 국제무역國際貿易을 하는 상인들이 지나가게 하십니다. 이런 상황이 나타난 구절은 어디입니까? (　　　절)

6 창세기 37장 25-36절

(　　월　　일 _ 읽음)

우리말에서는 형들이 요셉의 옷을 벗겼다(23절)고 표현했으나 히브리 원문이 주는 느낌은 강하고 생생합니다. 원문은 이렇습니다. "그들(형들)이 요셉을 벗겼다. 그의 옷을 [즉] 그가 입은 채색 옷을." 우리가 속된 말로 '나를 벗겨먹어라' 고 할 때 '벗김' 의 비유적인 의미를 알듯이 '요셉을 벗겼다' 는 말도 그런 식으로 이해해야 합니다. 따라서 형들이 벗긴 것은 옷에 불과한 것이 아닙니다. 옷을 벗김은 사실 요셉 자신을 벗겨버렸다는 사실을 나타내주는 외적 표시일 뿐입니다. 이렇듯 요셉은 그 자신과 옷이 벗겨진 채 구덩이에 던져집니다.

요셉은 자신이 구덩이에 갇힌다는 것이 어떤 의미를 갖는지 잘 알고 있었습니다. 그래서 그는 형들에게 '살려 달라' 고 애걸哀乞합니다(창 42:21). 그러나 형들은 매몰차게 모른 체 해버립니다. 이처럼 형들은 요셉을 죽음으로 내몰아도 하나님께서는 그의 생명을 붙잡고 계셨습니다. 형들이 식사 중에 마침 멀리서 '카라반' (caravan)이 오는 것을 봅니다. [흔히 '카라반' 이라고 불리는 이 상인들은 국제무역을 하는데 여러 가지 이유로 무리를 지어 다니므로 우리말로는 대상隊商이라 합니다.] 이들은 요단 동편 길르앗(Gilead) 지방에서 요단강을 건너와서 이곳 도단과 세겜을 거쳐 애굽으로 내려가는 중이었습니다. 그들이 끌고 오는 낙타들은 향품과 여러 값진 물건들을 싣고 있었습니다.

이처럼 카라반이 때마침 형들이 있던 곳을 지나가게 된 일은 결코 우연偶然이 아니라 전능하신 하나님의 섭리로 생긴 일입니다. 그리고 하나님께서 이와 같은 상황을 때맞춰 일어나게 하심은 자신의 계획을 성취하기 위해 요셉을 애굽으로 보내려 하심 때문입니다.

하나님은 르우벤의 마음을 움직이셨듯이 이번에는 넷째인 유다의 마음을 움직이십니다. 유다는 요셉을 카라반에게 팔자는 의도로 말을 합니다. 맏형의 말을 들을 때에는 마지못해 아우들이 그의 말을 따른 듯하나 유다에게는 형제들이 기꺼이 청종합니다. 이렇게 유다에게 청종한 형제들이 요셉을 어떻게 했는지 알려준 구절은 어디입니까? (절)

요셉은 형들의 손에 의해 은銀 20개에 상인들에게 팔립니다. 은 20개가 현재 화폐가치로 볼 때 정확히 어느 정도인지는 알 수 없지만 이미 옛 바벨론 시대(주전 2130년부터 1595년까지)부터 출애굽 이후 이스라엘 시대(참고. 레 27:5)에 통용되던 5세-20세 사이의 남자 노예의 일반적인 가격이었습니다 (Wenham, *Genesis 16-50*, p.356). 바꿔 말하자면 아브라함 시대부터 이스라엘이 멸망할 때까지 적어도 1,500년 이상 그 당시 세계에서 5세-20세의 남자 노예의 공식 가격이 은 20개였던 것입니다.

형들은 자기 동생을 팔아 받은 돈을 나눠 갖습니다. 그들은 자신들의 손에 피를 안 묻히고 눈엣가시를 깨끗이 정리한 셈입니다. 아마도 십 년 묵은 체증이 한순간에 내려간 기분을 느꼈을 것입니다. 이렇게 비정非情한 형들의 손에 노예로 팔린 요셉은 애굽으로 내려가게 됩니다.

이런 인신매매人身賣買의 순간에 현장에 없었던 맏형 르우벤이 돌아와 보니 정말 있을 수 없는 일이 벌어졌습니다. 구덩이에 있을 줄 알았던 동생이 없어졌습니다. 넷째인 유다가 주동이 되어 요셉을 팔아버린 사실을 알았습니다. 그러나 엎질러진 물을 주워담을 수는 없습니다. 맏형이 절규합니다. 하지만 결국 요셉의 형들은 모두 작당作黨하여 아버지를 속이기로 작심합니다. 그래서 묘안妙案을 짭니다.

형들은 요셉이 죽임을 당할 때 자신들 모두가 현장에 없었다는 증거, 즉 알리바이(alibi)를 조작하기 위해 숫염소를 죽입니다. 그리고 죽인 숫염소의 피에 요셉에게서 벗겨낸 채색 옷을 적십니다. 그리고 그 옷을 적절하게 찢습니다. 마치 악한 짐승이 요셉을 잡아먹어서 옷은 찢겨지고 그의 피가 묻은 것처럼 꾸미기 위함입니다. 이 옷을 아버지 앞에 내놓습니다. 형들의 묘안이 먹혔습니다. 아버지는 요셉의 옷을 확인하고 그의 죽음에 대해 애통해 합니다. 아들들에게 아버지가 철저하게 속았습니다.

옛날 야곱이 형의 복을 가로채려고 어머니와 짜고 아버지를 속일 때에도 염소를 죽여 그 고기로 별미를 만들고 가죽으로는 자신의 몸을 꾸몄습니다(창 27:14-16). 마찬가지로 야곱은 자신의 아들들에게 속습니다. 하나님의 징계는 엄정嚴正하여 악을 행한 대로 벌하셨습니다. 한편 요셉이 하나님의 섭리로 합당한 사람에게 팔린 사실이 어디 나옵니까? (　　　절)

7 창세기 38장 1-11절

(　　월　　일 _ 읽음)

창세기 38장은 야곱의 넷째 아들인 유다(Judah)에 대한 이야기입니다. 그래서 38장 이야기는 얼른 보면 요셉 이야기의 흐름 가운데 끼어든 것같이 보입니다. 왜냐하면 37장 이야기는 요셉이 애굽에서 보디발(Potiphar)에게 팔렸다는 데서 멈추고 그 이후의 이야기는 한 장(38장)을 건너뛰어 39장에서 계속되기 때문입니다. 그러나 '야곱 이야기'(창 37:2-50:26)라는 큰 틀에서 보면 유다 이야기는 '야곱 이야기' 전체의 균형을 위해 38장에 나올 수밖에 없습니다.

야곱 이야기는 야곱의 두 아들, 즉 요셉과 유다를 두 축軸으로 삼아 발전합니다. 그러기에 이야기가 더 발전하기 전에 이야기의 축이 되는 두 인물이 먼저 등장해야 합니다. 그래서 요셉이 37장에 등장한 후에 유다가 38장에 등장합니다. 그리고 이어서 요셉 중심의 이야기 세 뭉치(39, 40, 41장)가 나오고 이어서 유다 중심의 이야기 세 뭉치(42, 43–45, 46–47장)가 나오게 됩니다. 그리고 창세기 끝부분(48–50장)에서는 다시 야곱이 요셉을 비롯한 아들들 전체와 함께 등장하게 됩니다.

이런 경우 오늘날에는 두 인물을 도표圖表로 비교해가면서 나란히 기술記述할 수 있겠지만, 옛날에는 그런 기술 방법을 사용하지 않고 여기 창세기에 기술된 방법처럼 기록하였던 것입니다.

먼저 르우벤이 아니라 유다가 형제들의 중심이 된 이유는 한마디로 유다 위의 세 형들이 다른 형제들을 이끌 만한 도덕적인 자격을 잃어버렸기 때문입니다. 르우벤은 서모庶母와 통간通姦하였고(창 35:22), 시므온과 레위는 잔인하게 세겜 족속을 학살하였습니다(창 34:24–31). 따라서 자연스럽게 형제들을 이끌 실제적인 대표는 넷째인 유다였고 그는 요셉을 죽이지 않고 팔아버리는(창 37:26–27) 데서 자신의 지도력을 발휘하기 시작합니다.

그러나 유다는 신앙에 깊이가 없었습니다. 그는 할아버지와 아버지가 어떻게 혼인하였는지 알고 있었을 것인데도, 큰아버지 에서(Esau)처럼 가나안 여자를 아내로 취하였습니다. 그러니 그의 자녀들은 자연히 심각한 문제를 가질 수밖에 없습니다. 유다의 첫째 아들은 하나님께서 보시기에 얼마나 악했던지 하나님께서 그를 죽이셨는데 이런 사실을 말한 구절은 어디입니까?
(　　　절)

유다는 요셉을 팔아넘긴 후에 자기 형제들을 떠나 다른 곳으로 갑니다. 유다가 살던 곳인 헤브론(Hebron) 지역은 높이가 해발 약 1,000m쯤 됩니다. 여기서 북서쪽으로 20km쯤 가면 아둘람(Adullam)이라는 곳이 있는데 그곳에 유다의 친구인 가나안 사람 히라(Hirah)가 살고 있었습니다. 유다는 그곳에서 당분간 거주하고 있었습니다. 그러다가 거기서 가나안 여인을 만납니다. 아들 셋을 낳습니다.

세월이 흘러 유다는 큰 아들을 혼인시킵니다. 그러나 큰 아들은 여호와께서 보시기에 심히 악함으로 여호와께서 그를 죽이십니다. 그 결과 유다의 맏며느리는 졸지에 과부가 됩니다. 대代가 끊기게 되었습니다. 그러나 고대 근동지역에서는 이런 경우를 대비하여 대를 잇게 하는 풍습이 있었습니다. 그러한 풍습은 마땅히 지켜야 하는 법과 같기에 그 풍습을 라틴어(Latin)로는 '레비르' (Levir – 라틴어로 '남편의 동생' 이라는 뜻) 법法이라고 합니다. 우리는 그런 풍습을 수혼嫂婚 제도라고 합니다. [여기서 '수嫂'는 형수를 뜻하며 형수와 남동생이 혼인한다고 하여 그렇게 이름붙입니다.]

어쨌든 이 풍습을 지켜야 하므로 동생인 오난(Onan)은 형수와 혼인하게 됩니다. 그러나 오난은 형수와 사이에 난 아들이 자기 아들이 아니라 형의 아들이 될 것이라는 생각에 마땅히 감당해야 할 형제의 의무를 다하지 않습니다. 오난은 자신의 정액精液을 땅에 쏟아내었습니다. 이처럼 동생이 형제의 의무를 일부러 포기하자 여호와께서는 그의 행위를 죽일 만큼 악하다고 판단하셨습니다. 그래서 여호와께서는 동생마저 죽이셨습니다.

유다는 졸지에 아들 둘을 잃고 말았습니다. 그는 자신의 두 아들이 여호와께서 보시기에 당장 죽이실 만큼 그렇게 악할 것이라고는 꿈에도 생각지 못했을 것입니다. 그러기에 그는 자기 두 아들의 죽음이 며느리 다말(Tamar)에게 책임이 있다고 생각합니다. 다말과 혼인한 아들마다 모두 죽었으니 유다로서는 죽음의 원인이 다말에게 있다고 생각할 수밖에 없었을 것입니다. 그러기에 그는 합리적인 핑계를 만들어 며느리를 친정으로 보냅니다. 이렇게 다말은 소박疏薄을 당합니다. 유다의 핑계를 알 수 있는 구절은 어디입니까? (　　　절)

제 24 주
창세기 38-40장

1 창세기 38장 12-26절

(월 일 _ 읽음)

유다는 며느리 다말을 친정으로 보내면서 '셀라가 장성하기를 기다리라' 고 말했으나 실상 자기 아들을 더 이상 다말에게 줄 생각이 없었습니다. 이미 아들 둘을 다말에게 주었다가 잃어버렸기 때문입니다. 유다는 하나 남은 막내마저 잃고 싶지 않았습니다. 그러나 다말은 시아버지의 말을 믿고 기다렸습니다. 허나 세월이 지나 셀라가 장성하였는데도 시아버지는 다말을 불러 그녀를 셀라의 아내로 삼지 않습니다. 이로써 다말은 시아버지의 마음을 간파합니다.

그러던 어느 날 다말은 시아버지가 근처에 온다는 말을 듣습니다. 다말은 '어떻게든 반드시 내 처음 남편의 씨를 잇게 하겠다' 는 강한 염원念願을 갖고 있었기에 과감하게 파격적인 행동을 하기로 마음먹습니다. 그래서 그녀는 시부媤父가 지나갈 만한 길목에서 창녀娼女의 복장을 하고 앉아 기다립니다. 아내와 사별死別하고 홀로 지내던 유다는 길가에서 창녀를 보고 그녀를 삽니다. 유다는 염소 새끼 한 마리를 화대花代로 정했으나 그녀에게 당장 그 값을 지불할 수는 없었습니다. 그래서 그는 몸값 대신 일종의 채무증서債務證書로서 약조물約條物을 그녀에게 줍니다. 유다가 그녀에게 세 가지 약조물을 주었는데 그것이 무엇인지 알 수 있는 구절은 어디입니까? (　　절)

유다는 약조물로 자신의 도장과 그 끈과 지팡이를 줍니다. 이 도장은 오늘날 우리가 보는 그런 조그만 도장圖章이 아닙니다. 고대 사람들이 갖고 다니던 도장은 크기가 다양하였으나 일반적으로는 돌을 원통형(cylinder)을 만들어 그 중간에 구멍을 내고 끈을 꿴 후 목에 걸고 다녔다고 합니다. 그리고 도장에는 자신이 누구인지를 알려주는 문양紋樣을 새겼다고 합니다. 지팡이는 그 당시에 권위의 상징이기 때문에 지팡이 머리에는 멋있는 장식이나 이름을 써넣었다고 합니다(Cf. Wenham, *Genesis 16–50*, p.368). 그러니까 도장과 지팡이는 오늘날 주민등록증과 신용카드의 역할을 하는 셈입니다. 이처럼 다말은 의도적으로 유다의 신분을 확인해 줄 수 있는 물건들을 약조물로 요구했던 것입니다.

다말은 이렇게 유다와 관계를 맺고 난 후 곧바로 떠나 창녀로 보이게 한 복장을 벗고 다시 과부의 복장을 입었습니다. 다말이 기대했던 바대로 그녀는 잉태합니다. 한편 유다는 자신의 아둘람 친구를 통해서 창녀에게 맡긴 약조물을 찾아오도록 하려고 염소 새끼를 보냅니다. 유다의 친구는 에나임(Enaim)으로 갑니다. 그곳 사람들에게 물어보았지만 유다가 만났던 창녀를 찾을 수 없었습니다.

〈유다의 친구가 사람들에게 물을 때 사용한 '창녀'라는 낱말(21절)은 원어에서는 '그 거룩한 여자'입니다. 예를 들면 어떤 이는 '창녀'를 '접대부' 또 일본인들은 '위안부'라고 표현하여 성관계의 목적을 미화美化시킵니다. 비슷하게 고대에도 두 종류의 창녀가 있는데 하나는 15절에 있는 '창녀'입니다. 이는 돈을 위해 몸을 파는 여자를 뜻합니다. 그러나 '그 거룩한 여자'는 종교적인 목적으로 성관계를 맺는 여자, 즉 여 사제司祭를 가리킵니다. 사실 유다는 분명히 '창녀'인 줄 알고 다말과 관계를 맺었습니다. 그러나 창녀와 관계를 맺는 일은 그 당시에도 유다의 말대로(23절) 부끄러운 일입니다. 하지만 종교적인 목적으로 관계를 맺는 일은 거룩한 일이라고 그 당시 사람들이 생각하였습니다. 그러기에 유다의 친구는 물어보는 자신도 남부끄럽지 않고 혹 유다의 신분이 드러나도 부끄러움을 당치 않도록 하려는 의도에서 표현을 바꾸어 물어보았을 가능성이 높습니다.〉

어쨌든 그곳에는 창녀는커녕 여사제도 없다고 하므로 유다는 더 이상 문제의 여인을 찾기를 포기하고 맙니다. 그후 석 달쯤 지났는데 유다의 귀에 참으로 부끄러운 소식이 들렸습니다. 분명히 수절守節하고 친정에 가있는 며느리가 잉태하였다는 것입니다. 수절한 며느리의 임신은 곧 그녀가 행음行淫하였음을 의미합니다. 분명히 법적으로 다말은 막내아들인 셀라의 아내이므로 당시의 법에 따라 그녀를 처형시키라고 유다는 명령합니다. 그러나 처형할 수가 없었습니다. 다말이 자신을 임신시킨 사람이 누군지에 대한 부인할 수 없는 증거를 제시하였기 때문입니다. 이에 유다가 어째서 이런 일이 일어났는지를 깨달아 말한 구절은 어디입니까? (　　　절)

2 창세기 38장 20-30절

(월 일 _ 읽음)

어떤 일의 원인을 분명히 알지 못할 때 사람은 대부분 그 원인을 남에게서 찾으려는 경향이 강합니다. 유다는 두 아들이 죽자 그 죽음의 원인을 자기 아들들이 아니라 며느리 다말에게서 찾습니다. 그래서 다말은 억울하게 소박을 당하여 친정으로 가 있게 됩니다. 그래도 그녀에게는 소망이 있었습니다. 시아버지인 유다가 "수절하고 네 아비 집에 있어서 내 아들 셀라가 장성하기를 기다리라"(11절)고 말씀하였기 때문입니다. 그러나 유다가 그렇게 말한 것은 며느리를 자기 집에서 내보내기 위한 구실일 뿐이었습니다.

유다는 막내아들 셀라(Shelah)를 다시 며느리에게 줄 생각이 없었습니다. 셀라가 장성한 후에야 며느리는 시아버지의 말씀의 진정한 의도를 깨달았습니다. 유다는 다말을 다시 불러 셀라의 아내로 주지 않았기 때문입니다. 다말은 첫 남편인 엘(Er)의 대代를 이어야 할 부담을 심하게 갖고 있었던 듯합니다. 그러나 시동생 오난(Onan)에게서는 대를 잇지 못하였고 셀라에게서도 불가능해졌다는 사실을 알자 다말은 누구도 예상치 못한 방법을 사용합니다. 시아버지인 유다에게 접근하여 대를 이으려고 하였습니다. 다말의 작전은 성공합니다. 그리고 다말은 자신의 임신이 드러날 것을 대비하여 유다에게서 부인하지 못할 증거물을 확보합니다.

몇 달이 지났습니다. 수절하고 있어야 할 며느리의 임신 소식에 유다는 당혹하고 분노합니다. 유다는 그녀가 정절을 지키지 않았다고 판단하여 아무런 발언의 기회도 주지 않은 채 그녀를 화형火刑에 처하도록 합니다. 이때를 예상하고 자신과 자리한 남자의 신분을 알려줄 증거물을 확보한 다말은 처형당하러 끌려 나갈 때에 그것을 시아버지에게 보입니다. 유다는 그 증거물을 보고 며느리와 자리한 당사자가 누구인지를 확실히 알 수 있었습니다. 유다는 화형을 당할 당사자는 며느리가 아니라 오히려 자신임을 인정하게 됩니다. 이 모든 일이 발생한 것은 전적으로 자신의 잘못 때문임을 유다가 분명하게 인정한 구절은 어디입니까? (　　　절)

사람은 누구나 잘못과 실수를 하며 살아갑니다. 그러기에 사람살이에서 중요한 것은 자신의 허물을 인정하고 책임을 지는 일입니다. 그러나 불행히도 오늘날에는 자신의 잘못이 분명히 드러났음에도 불구하고 그것을 솔직히 인정하고 책임지는 사람들이 그리 많지 않은 듯합니다. 잘못의 근본적인 원인 또는 일차적인 원인이 자신에게 있음을 정직하게 인정하면 자신의 잘못에서 시작된 모든 이차적이고 부수적인 일들에 대해서는 여유로운 태도를 지닐 수 있을 것입니다. 유다가 이런 잘못을 저지르게 된 것은 단지 한 가지 잘못된 행동 때문이 아니라 그동안 연속되거나 집적集積된 실수가 표출된 것입니다.

유다는 하나님의 백성이기에 아브라함과 이삭과 야곱이 그랬던 것처럼 하나님의 백성인 여인과 혼인했어야 합니다. 그러나 그는 가나안 여인과 혼인했습니다. 하나님을 믿는 신앙에서 멀어진 결과로 볼 수밖에 없습니다. 첫째 아들과 둘째 아들 모두 여호와께서 악하게 보아 죽이셨습니다. 이처럼 자식 둘이 하나님의 심판으로 죽을 만큼 유다의 가정은 신앙적인 집안이 아니었습니다. 첫 아들의 아내 다말도 하나님의 백성이 아닌 이방 여인이라고 생각됩니다. 게다가 유다 자신도 돈을 주고 창녀를 사서 육체적 필요를 채웠습니다. 이처럼 유다에게서는 하나님 백성다운 면모가 거의 드러나지 않습니다.

한편 다말은 자신의 육체적 욕정을 위해서가 아니라 남편의 대를 잇기 위해 부끄러움을 무릅쓰고 유다와 관계를 가진 것입니다. 이 모든 일의 정황을 살펴 볼 때 유다는 며느리가 자신보다 옳다는 사실을 인정하게 됩니다. 모든 일의 근본적인 책임이 자신에게 있음을 인정합니다. 유다는 두 아들이 죽자 하나님 백성으로서 자기 집안의 대를 이어가야 하는 책임을 소홀히 하였습니다. 그러나 하나님께서는 오히려 대代 잇기에 집착한 이방 여인 다말을 통해서 유다의 대를 잇게 하십니다.

사람이 책임을 소홀히 한다고 하나님의 계획이 무산霧散되지 않습니다. 그러나 책임을 소홀히 하는 사람에게 돌아오는 대가는 그만큼 고통스럽습니다. 유다에게서 장차 다윗 왕과 먼 훗날 그리스도께서 태어나시게 됩니다. 쌍둥이 중 실제로 먼저 태어난 이가 다윗과 그리스도의 조상인데 그 이름은 어디에 나옵니까? (　　　절)

3 창세기 39장 1-6절

(　　월　　일 _ 읽음)

오늘 본문은 잘 알고 있는 내용입니다. 애굽에 팔려온 요셉의 이야기입니다. 인간적인 측면에서만 본다면 요셉은 참으로 억울한, 성경 역사에서 또 이 세상의 역사에서도 이만큼 억울한 사람이 있는가 할 정도로 억울한 사람입니다. 요새 말로 표현하자면 요셉은 꽃다운 청춘의 세월을 종으로 또는 죄인으로 다 보낸 젊은이입니다.

아버지가 머슴이라 어쩔 수 없이 머슴살이를 한다면 덜 억울한 느낌이 들지 모르지만 요셉은 귀공자같이 귀하게 지내다가 그것도 형제들의 손에 팔려서 종으로, 죄인으로 다 젊은 세월을 보내다시피 한 맺힌 인생을 살아가는 억세게 재수 없는 사람입니다. 이후의 결과를 아는 우리 입장에서 보면 요셉은 이른바 텔레비전에서 보게 되는 '인간 승리' 를 하게 됩니다. 그러나 오늘 본문의 시점에서 보자면 요셉은 사실 앞날에 대한 어떤 희망이나 기대도 전혀 가질 수 없는 한낱 종에 불과하며 게다가 설상가상으로 다름 아닌 안방마님의 욕정의 덫에 걸려서 죄인의 신세로 한없이 떨어지게 되는 그런 사람입니다.

"요셉이 이끌려 애굽에 내려가매 바로의 신하 시위대장 애굽 사람 보디발이 그를 그리로 데려간 이스마엘 사람의 손에서 그를 사니라"(1절). 이제 요셉은 돈으로 사고파는 물건 취급을 받는 노예의 신세에 이르게 되었습니다. 왜 요셉의 운명('운명' 이라는 용어가 바람직하진 않지만 이야기 전개를 위해 사용합니다)이 이래야만 합니까? 세상에 이렇게 억울한 일이 있을 수 있겠습니까? 그런데도 성경은 요셉을 참으로 이상하게, 그러나 매우 흥미롭게 표현하였습니다. 그 표현이 나온 구절은 어디입니까? (　　　절)

"그(요셉)가 형통한 자가 되어"(2절)를 직역하면 '그는 형통한 자이었다' 입니다. 하지만 인간적으로 말해서 그것이 과연 형통亨通일 수 있습니까? 불통不通도 그렇게 꽉꽉 막힌 불통이 있을 수 없을 만한 불통입니다. 일마다 꼬여서 노예의 신세가 되었는데 어떻게 그런 사람을 가리켜 성경은 '형통한 자' 라고 말합니까? 그러나 하나님 말씀인 성경이 그렇게 말하는데 우리가 '그렇지 않다' 고 우길 수는 없습니다. 그렇다면 여기서 우리가 생각해 볼 문제는 우리의 눈에는 '불통한 불행자不幸者' 로 보이는 요셉을 어째서 성경은 '형통한 자' 라고 말하는 것인가? 하는 점입니다.

분명히 성경은 우리와 다른 기준으로 요셉을 판단하고 있습니다. 본문에서는 2절부터 '여호와께서 요셉과 함께 하셨다' 는 사실을 크게 강조합니다. 더구나 요셉의 주인 보디발(Potiphar)은 이방인인데도 '여호와께서 그(요셉)와 함께 하심' 을 보았습니다. 바꿔 말하면 이방인이 알 수 있을 만큼, 여호와 자신께서 요셉과 함께 하심을 강하게 드러내셨다는 뜻입니다. 보디발이 본 것은 그것뿐이 아니었습니다. 그는 여호와께서 요셉의 범사凡事에, 즉 요셉이 하는 모든 일을 다 잘 이루어지게 하심을 보았습니다.

이와 같은 하나님의 놀라운 사역으로 인해서 주인은 요셉을 자신의 사환으로 삼아 자기를 섬기게 하였습니다. 그리고 요셉을 가정의 모든 일과 모든 소유를 관리하는 가정 총무로 삼아 요셉에게 자기 집과 모든 소유물을 다 관장管掌하게 하였습니다. 이 모든 것이 하나님께서 행하신 일이었습니다. 주인이 본 내용이 무엇인지 말한 구절은 어디입니까? (　　　절)

4 창세기 39장 1-18절

(월 일 _ 읽음)

보디발이 요셉으로 하여금 자기 집과 그 모든 소유물을 주관하게 한 때, 바로 그때부터 여호와께서는 그의 집에 복을 마치 쏟아 붓듯 내리셨습니다. 이 복은 보디발의 집과 밭에 있는 모든 소유에 다 미치는 엄청난 것이었습니다. 우리말 성경은 여호와께서 '요셉을 위하여' 큰 복을 주셨다고 말합니다.

이것을 마치 하나님께서 그렇게 복을 내려서 보디발로 하여금 요셉을 학대하거나 구박하지 않도록 하셨다고 오해하면 안 됩니다. 정확히 말해서 '요셉을 위하여' 라는 표현은 '요셉 때문에' 라는 뜻입니다. 그렇다고 여호와의 보시기에 보디발이 훌륭해서 또는 보디발이 요셉을 잘 보살펴 주기에 이에 보답하는 차원에서 복을 내리신 것이 아닙니다. 오히려 이와는 반대로 '순전히 요셉 때문에' 여호와께서는 자신과 전혀 관계없는 보디발에게 복 주신 것입니다.

이처럼 첫째 문단(1-6절)은 여호와께서 요셉과 함께 하신 사실과 그 결과가 어떠한지를 크게 강조합니다. 그러나 다시 요셉을 고난의 격랑激浪 속으로 빠뜨릴 문제가 발생하는데 그 시작은 어디입니까? (절)

첫째 문단(1-6절)은 여호와께서 요셉과 함께 하신 사실과 그 결과가 어떠한지를 보여주었습니다. 이어서 둘째 문단(7-18절)은 요셉과 보디발의 아내 사이에 일어난 일을 기록합니다. 이와 같은 일이 기록된 목적은 무엇이겠습니까? 한마디로 여호와께서 요셉과 함께 하심이 요셉 자신을 어떻게 바꾸어 놓았는가를 보여주기 위함입니다.

요셉은 생명의 위협을 받자 형들에게 살려달라고 애걸복걸하던(창 42:21) 평범한 청년이었습니다. 그런데 이제 그는 여인의 끈질긴 유혹을 깨끗이 거절할 줄 알며, 누명을 뒤집어쓰고라도 감옥에 가기를 택하는 그런 인품의 소유자로 바뀌었습니다. 이러한 인품의 변화는 여호와 하나님의 함께 하심의 결과라는 사실을 보여주려는 것이 둘째 문단 이야기의 목적입니다.

여인의 유혹은 7절-9절에서 서술합니다. 첫 번째 단계의 유혹은 "그 주인의 처가 요셉에게 눈짓하다가"라는 표현에서 드러납니다. 이 표현은 그녀가 요셉을 만날 때마다 윙크(wink)했다는 뜻이 아니라 '요셉을 주목했다'는 뜻입니다. 요셉은 용모가 빼어났습니다(6절). 그래서 여인은 요셉에게 눈독을 들이기 시작합니다. 그러다가 유혹은 다음 단계로 발전됩니다. 이것은 "동침하기를 청하"는 직접적이고 저돌적인 단계입니다.

여인은 "나와 자자, 나와 동침하자"(직역)고 유혹합니다. 이런 유혹을 받은 요셉은 단호한 태도를 취합니다. 그 제안을 거절합니다. 그는 거절할 뿐만 아니라 그래서는 안 되는 이유를 충분히 설명합니다. "나의 주인이 집안의 모든 소유를 간섭치 아니하고 다 내 손에 맡겼으니 이 집에는 나보다 큰 이가 없으며 주인이 아무 것도 내게 금하지 아니하였어도 금한 것은 당신뿐이니 당신은 자기 아내임이라."

이 설명 안에는 자신이 누구이며 주인과의 관계는 어떠하며 당신은 누구라는 내용이 다 담겨 있습니다. 뿐만 아니라 요셉은 여주인의 유혹을 받아들이는 것은 하나님 앞에 큰 죄악을 짓는 것이라는 사실을 인식하고 있었습니다. 이러한 요셉의 인식이 드러난 구절은 어디입니까? (절)

5 창세기 39장 7-23절

(월   일 _ 읽음)

요셉은 여인에게 "내가 어찌 이 큰 악을 행하여 내 주인을 배반하겠습니까?"라고 말하지 않고 "내가 어찌 …… 하나님께 득죄得罪하리까?"라고 말합니다. 이러한 말에서 우리는 어렵지 않게 요셉이 보디발의 집에서 그런 위치를 얻게 된 일은 궁극적으로 하나님께서 하신 일임을 잘 알고 있었다는 사실을 확인할 수 있습니다. 이방인異邦人인 보디발도 여호와께서 요셉과 함께 하심을 보았는데(3절) 하물며 본인인 요셉은 여호와께서 자신과 함께 하심을 얼마나 확실히 알 수 있었겠습니까! 이렇듯 요셉은 하나님의 함께 하심을 확실하게 인식하고 있었습니다.

요셉이 이렇게 단호하게 거절하자 여주인은 애가 탔습니다. 그러자 이 여인은 작전을 바꿉니다. 유혹의 세 번째 단계입니다. 이것은 여자로서 애원하는 것입니다. 그녀는 하루만 애원한 것이 아닙니다. 날마다 그렇게 했습니다(10절). 며칠을 그리했는지는 알 수 없지만 요셉은 그 애원에 대해서 추호도 동정同情이나 연민을 보이지 않습니다.

요셉의 태도는 "듣지 아니하여 동침하지 아니할 뿐더러 함께 있지도 아니하니라"는 표현에서 잘 드러납니다. 원문의 의미를 살려보면 여인은 "나와 같이 자자. 그것이 싫다면 나와 같이 좀 있기라도 하자"고 애원한 것입니다. 그러나 요셉은 그 여인이 애원하며 제안한 두 가지를 모두 거절하였습니다.

여인은 다시 작전을 바꿉니다. 유혹의 넷째 단계를 사용합니다. 이번에는 기회를 잘 잡아서 집 안에 아무도 없을 때 여인이 육탄공세를 취합니다. 그녀는 요셉의 옷을 붙잡고 그에게 매달리며 다시 말합니다. 그녀는 오로지 한 가지 탐욕을 이루려고 시종일관 애를 씁니다. "나와 동침하자"고 매달리는 부인의 끈질긴 요구에 요셉은 자신을 두르고 있던 망토와 같은 옷을 벗어버리고 밖으로 도망쳐 나갑니다.

이제 여인은 자신이 할 수 있는 모든 수단을 동원했습니다. 아무런 소득이 없었습니다. 굳이 있다면 그것은 자기의 손에 있는 요셉의 옷뿐입니다. 이제 그녀는 자신의 체면과 위신을 살리기 위해 모든 상황을 뒤바꿔 놓으려고 합니다. 그리고는 보복의 칼을 휘두르기 시작합니다. 그녀는 심히 영악하고 두뇌 회전이 매우 빠릅니다. 그녀가 요셉에게 잘못을 뒤집어 씌우려고 행한 첫 번 행동을 알려주는 구절은 어디입니까? (　　　절)

여주인은 집 밖으로 나간 종들과 집안사람들을 모두 불러서 그들을 선동합니다. “보라 주인이 히브리 사람을 우리에게 데려다가 우리를 희롱하게 하도다”(14절)라고 선동합니다. 그러나 이것은 적반하장賊反荷杖의 경우입니다. 게다가 이 교활한 여인은 개인의 문제인데 이것이 마치 그들 전체의 문제로 확대시킵니다. 이런 점에서 이 여인의 말은 극히 선동적입니다.

그 다음에 이 여인은, 그 옷을 가지고 있다가 주인이 돌아오자 이렇게 말합니다. “당신이 우리에게 데려온 히브리 종이 나를 희롱코자 내게로 들어”(17절) 왔기 때문에 이러이러한 일이 벌어졌다고 이야기합니다. 이로써 그녀는 또다시 자신의 잘못을 은폐하기 위해 책임을 그 남편에게 덮어씌웁니다. 아내의 말을 들은 요셉의 주인은 심히 노합니다. 그래서 그는 요셉을 왕의 죄수를 가두는 감옥에 집어넣습니다.

요셉은 일반 죄수가 아니라 왕에게 죄를 지은 자들만 특별히 가두는 감옥에 갇히게 된 것입니다. 요셉이 그곳에서 벗어날 수 있을 가능성은 사람의 눈으로 볼 때는 전혀 없습니다. 노예인 주제에 주인의 아내를 희롱하였고 이로 인해 중죄인重罪人이 갇히는 감옥에 들어갔으니 다시 햇빛을 볼 기회는 없다고 생각함이 당연합니다.

정도의 차이는 있지만 인간 세상은 대부분 힘 있는 자는 누르고 힘없는 자는 당하는 불의한 곳입니다. 더욱이 절대적 독재자인 왕이 다스리는 나라에서 왕의 측근에서 왕을 보살피는 시위대장의 힘이란 왕의 권력에 버금가는 것이었을 터이니 요셉의 운명은 이제 풍전등화風前燈火와 같습니다. 그러나 여호와께서는 요셉을 홀로 놓아두시지 않았습니다. 여호와께서 요셉에게 어떻게 하셨는지 알려준 두 구절은 어디입니까? (　　　절과　　　절)

6 창세기 39장 1-23절

(　　월　　일 _ 읽음)

창세기 39장의 첫째 문단(1-6절)과 셋째 문단(19-23절)은 여호와 하나님께서 하신 일을 강조합니다. 여호와께서 요셉과 함께 하셔서 모든 것을 형통케 하시고, 어떤 상황에서든지 능히 견디고 남을 만큼 은혜를 충분히 주시고 변치 않는 사랑을 베풀어 주셨다는 사실을 강조합니다. 이처럼 첫째 문단과 셋째 문단은 닮은꼴입니다.

첫 문단의 '보디발' 이 셋째 문단에서 '간수장' 으로 대체된 것일 뿐 두 문단에서 여호와께서 하신 일은, 엄밀히 말하면 셋째 문단에서 더 강하게 부각되지만, 근본적으로는 같습니다. 그렇다면 둘째 문단(7-18절)은 어떻게 이해해야 되겠습니까? 대답을 얻으려면 먼저 문학적 표현에 대한 이해가 조금 필요합니다.

예를 들어봅니다. 만일 어떤 사람이 '태산이 높다 하되 하늘 아래 뫼이로다' 라고 읊는다면 우리는 그것이 시조時調임을 금방 알 수 있습니다. 시조가 지닌 운율韻律, 즉 3-4-3-4라는 표현의 규칙성 때문입니다. 이와 비슷하게 문학적인 표현에도 논리적인 형식이 있습니다. 오늘 본문처럼 첫 문단과 셋째 문단이 같은 사상을 갖는 논리적인 형식에서는 가운데 문단이 앞뒤의 사상을 드러내주는 도구의 역할을 하게 됩니다. 바꿔 말하자면, 둘째 문단 곧 여인과 요셉의 이야기는 여호와의 사역이 어떠한 결과를 나타냈는가를 선명하게 보여주기 위한 예로서 제시되었다는 뜻입니다.

다른 예를 들어봅니다. 어떤 사람이 "내가 힘이 세다"라고 말하고 피아노를 한 손으로 번쩍 들어 올렸습니다. 이 경우에 그가 얼마나 힘센 줄을 알 수 있는 것처럼, 둘째 문단의 이야기를 통해서 여호와의 일하심이 얼마나 강한 것인지가 드러나는 것입니다. 이처럼 둘째 문단은 여호와의 함께 하심이 요셉 자신까지도 크게 바꿔 놓았음을 분명하게 보여주는 부분입니다. 따라서 우리는 본문의 흐름을 이렇게 설명할 수 있겠습니다.

첫째 문단과 셋째 문단은 여호와께서 요셉과 함께 하시며 그에게 필요한 은혜를 넉넉히 베푸셨다는 사실과 이러한 요셉 때문에 그의 주변의 모든 사람들도 여호와의 복을 받을 수 있었다는 사실을 말하고 있습니다. 그리고 둘째 문단은 여호와께서 함께 하심으로 요셉의 인품이 얼마나 변화되었는지 이러한 함께 하심이 요셉에게 직접적으로 미친 결과가 어떠한 것인가를 매우 잘 드러내 주고 있습니다.

하나님의 함께 하심 때문에 이 끈질긴 여인의 유혹, 젊은 사람이라면 쉽게 물리칠 수 없는 상황에서도 요셉은 하나님 앞에서 살며 유혹을 견디어내는 인품의 소유자로 변화된 것입니다. 이처럼 창세기 39장은 하나님의 함께 하심을 철두철미 강조합니다. 여호와께서 요셉이 행하는 모든 일을 형통케 하셨다는 사실을 말한 두 구절은 어디입니까? (절과   절)

창세기 39장은 여호와께서 요셉과 함께 하셨다는 사실을 강조하고 있습니다. 그러나 어떤 이유로 여호와께서 요셉과 함께 하셨는지는 말씀하고 있지는 않습니다. 요셉이 여호와께서 함께 하실 만한 어떤 업적이나 공로를 세웠는가? 아니면 요셉이 여호와께서 기뻐하실 만한 일을 행하거나 그분의 관심을 끌 만한 무슨 훌륭한 일을 행했는가? 그러나 성경은 그런 종류의 일을 하나도 제시하지 않습니다. 그렇다면 우리는 어디서 그 이유를 찾아야 하겠습니까?

우리는 그 이유를 하나님 자신의 약속에서 찾을 수밖에 없습니다. 창세기 17장 7절에서 하나님께서는 아브라함에게 이렇게 말씀하십니다. "내가 내 언약을 나와 너와 네 대대 후손의 사이에 세워서 영원한 언약을 삼고 너와 네 후손의 하나님이 되리라." 아브라함을 비롯한 족장들은 "너와 네 후손의 하나님이 되리라"는 말씀의 의미를 충분히 배우는 데 많은 시간이 걸렸습니다. 그들은 '누구누구의 하나님이 된다'는 말씀의 의미를 자신들의 삶속에서 일어나는 사건들을 통해 배웠기 때문입니다.

한 가지 예를 들어봅니다. 아브라함의 경우 '아비멜렉'이라는 왕이 그 군대의 장관인 '비골'과 함께 아브라함에게 왔습니다. 이방인인 그들이 이렇게 말합니다. "네가 무슨 일을 하든지 하나님이 너와 함께 계시도다"(창 21:22). 그들이 보기에 하나님께서는 아브라함이 무슨 일을 하든지 그와 함께 계셨습니다. 바로 이것이 '아브라함의 하나님이 된다'는 말씀의 기본적인 의미입니다. 무슨 일이든지 함께 하시는 것, 바로 이것이 '하나님 되심'의 의미입니다. 그리고 하나님께서는 아브라함에게 "너와 네 후손의 하나님이 되리라"고 말씀하신 바대로 이삭에게도(창 26:28) 또한 야곱에게도(창 28:13-15) 그렇게 하셨습니다. 이렇듯 '아브라함과 그 후손의 하나님이 되신다' 는 말씀의 기본적인 의미는 '함께 하심' 입니다.

또한 우리는 하나님께서 야곱에게 하신 말씀 ["……네가 어디로 가든지 너를 지키며 ……"(창 28:15)]에서 '하나님 되심' 의 본질적 의미를 구체적으로 알게 됩니다. 이 말씀에서 드러나듯이 하나님의 '함께 하심' 은 '단순히 함께 다니시면서 가만히 옆에 계심' 을 뜻하지 않고 '지켜주심' 을 뜻합니다. 따라서 아브라함에게 "너와 네 후손의 하나님이 되리라"고 말씀하심은 하나님께서 아브라함과 그 후손과 함께 하시며 그들을 지켜주시겠다는 약속입니다. 바로 이러한 약속 때문에 하나님께서 요셉과 함께 하신 것입니다.

〈그렇다면 오늘날에도 하나님의 그 약속이 유효합니까? 다시 말해서 그 약속을 누릴 아브라함의 후손이 있습니까? 있다면 누구인가를 생각해 보아야 합니다. 이점에 대해 갈라디아서 3장 28-29절은 매우 분명하게 대답합니다. 갈라디아 사람들은 자신들이 '아브라함의 후손' 임을 믿지 못하였습니다. 그래서 바울은 그들에게 "어리석도다!"라고 말합니다(갈 3:1). 이어서 바울은 어떻게 그들이 '아브라함의 후손' 인지를 길게 설명하고 결론으로 27-29절에서 이렇게 말합니다. "누구든지 그리스도와 합하여 세례를 받은 자는 그리스도로 옷 입었느니라. 너희는 유대인이나 헬라인이나 종이나 자주자自主者자 남자나 여자 없이 다 그리스도 예수 안에서 하나이니라. 너희가 그리스도께 속한 자면 곧 아브라함의 자손이요 약속대로 유업을 이을 자니라." 정리하면 오늘날 아브라함의 후손은 그리스도 안에 있는 자들, 즉 예수님을 믿는 사람들입니다. 하나님께서 요셉과 함께 하신 것은 그가 아브라함의 후손이기 때문이었습니다. 마찬가지로 하나님은 우리 그리스도인들과도 함께 하십니다. 하나님께서는 아브라함에게 말씀하시길, "…… 영원한 언약을 삼고 너와 네 후손의 하나님이 되리라"(창 15:7)고 하셨습니다. 그리고 이 '영원함' 은 아직 끝나지 않았습니다. 따라서 요셉과 함께 하신 하나님은 여전히 지금도 우리와 함께 하십니다.〉

여호와께서 감옥에서도 요셉과 함께 하시며 어떤 일을 행하셨는지를 말씀한 두 구절은 어디입니까? (　　　절과　　　절)

7 창세기 40장 1-8절

(월 일 _ 읽음)

우리는 일반적으로 '형통' 이라는 말을 들을 때 어떤 역경이나 고난이 없이 순풍에 돛 단 듯이 나아가는 배처럼 일이 술술 풀려나가는 것을 생각합니다. 그러나 성경에서는 그렇지 않습니다. 성경의 가르침에서는 여호와께서 함께 하시면 그것이 곧 형통입니다. 그 이유는 그분이 함께 하심으로 그분이 계획하신 모든 것들을 이루어가고 계시기 때문입니다.

만일 겉보기에 역경이나 고난이 없이 정말 순풍에 돛 단 듯이 달려가는 것이 '형통' 이라면 사도 바울처럼 불통不通한 사람이 없을 것입니다. 그는 참으로 엄청난 환란과 고난을 당했습니다. 그런데도 바울은 디모데후서 3장 12절에서 "무릇 누구든지 그리스도 예수 안에서 경건하게 살고자 하는 자는 핍박을 받으리라"고 말합니다. 그리고 11절에서는 자신이 당한 모든 어려움을 이야기하고 그 모든 환란과 핍박 가운데서 자기를 건지신 분은 다름 아닌 주님이시라고 고백합니다.

형통이란 그런 것입니다. 하나님께서 함께 하시기 때문에 역경이 없는 것이 아니라 함께 하시기에 역경을 통해서도 하나님께서 자신의 뜻을 이루어 가시고 또한 그러시려고 자기 백성을 사용하시는데, 이렇게 쓰임 받는 자를 가리켜 성경에서는 '형통한 자' 라고 말합니다. 이처럼 하나님께서 자기 백성과 함께 하시기 때문에 우리의 역경이 깊어지면 깊어질수록 우리는 하나님께서 더 크고 넓은 은혜로 채워 주심을 더욱 분명하고 충만하게 맛볼 수 있습니다.

하나님께서는 자신의 약속대로 신실하게 '아브라함의 후손' 과 함께 하십니다. 그리고 자신의 목적에 따라 세상의 모든 일들을 다스리십니다. 이즈음 요셉이 얼마동안 감옥에 있은 후에 이런 일이 생겼는지 정확하게 알 수는 없지만 애굽 왕의 신하가 감옥에 갇히는 일이 발생하였습니다. 겉으로 보기에는 우연偶然이지만 실제로는 하나님의 섭리로써 이 두 신하는 요셉과 점점 더 가까워집니다. 이처럼 하나님의 섭리가 작용하였음을 암시해주는 표현이 나타난 잇따른 세 구절은 어디입니까? (　　　　-　　　　절)

하나님께서 요셉과 함께 하신다고 해도 감옥살이 자체는 즐거운 삶이 전혀 아닙니다. 그것은 고통과 억울함 속에서 매일을 사는 삶입니다. 어째서 하나님께서는 이렇게 고통을 당하도록 요셉을 그냥 놓아두실까요? 겉으로 보면 하나님은 그저 아무 말씀도 없고 침묵하는 것처럼 보입니다. 그러나 하나님은 일하시고 계셨습니다. 하나님께서는 섭리로써 필요한 일들을 진행시키고 계셨습니다. 애굽 왕의 신하 두 사람이 다른 감옥에 갇힌 것이 아니라 시위대장의 집 안에 있는 옥에 갇혔습니다. 기록자는 의도적으로 '요셉이 갇힌 곳' 이라고 설명합니다.

요셉은 왕에게 죄를 지은 사람이 아닙니다. 그런데도 시위대장 보디발은 요셉을 자기 집 안에 있는 감옥, 즉 왕에게 중죄를 지은 사람만 가두는 곳에 넣어버렸습니다. 다소 헐렁한 감옥에 넣지 않고 출옥할 수 있는 소망이 거의 없다고 생각되는 곳에 집어넣어 버렸습니다. 그런데 그곳에 두 관원장이 갇히게 됩니다. 뿐만 아니라 시위대장은 요셉을 특별히 선택해서 그들을 시중하게 합니다. 이래서 요셉은 궁중에서 상당한 위치를 차지하던 두 사람과 접촉할 기회를 얻게 됩니다.

게다가 이 두 사람이 하룻밤에 특이한 꿈을 꿉니다. 특이한 꿈은 신이 앞으로 있을 운명을 말해준다고 애굽 사람들은 생각했답니다. 이렇게 두 사람이 하룻밤에 꿈을 꾸었다고 창세기를 기록한 모세는 의도적으로 표현합니다. 요셉이 전에 두 가지 꿈을 꾸었고 이번에는 두 사람이 꿈을 꾸었고 후에 애굽 왕이 두 가지 꿈을 꿉니다. 이렇듯 기록자는 의도적으로 꿈을 두 개씩 묶고 있습니다. 이는 그 꿈들이 하나님에게서 온 것임을 드러내기 위함입니다.

어느 날 아침 요셉은 자신이 시중드는 두 사람이 근심에 쌓인 모습을 봅니다. 그리고 요셉은 그들이 자신들이 꾼 특이한 꿈을 해석할 사람이 없어서 근심하고 있음을 알게 됩니다. 그러자 요셉은 그들에게 말하기를 '내게 고하라' 고 합니다. 요셉의 이러한 말은 어떻게 보면 매우 당돌하기 짝이 없는 말입니다. 그러나 요셉은 자신이 그 꿈을 해석할 자신이 있었습니다. 그는 하나님께서 자신과 함께 하시기에 하나님께서 자신을 통해 그 꿈을 해석해주시리라 확신하였기 때문입니다. 이처럼 하나님께서는 요셉이 분명한 확신을 가질 만큼 요셉과 함께 하셨다는 사실을 드러내주는 구절은 어디입니까? (　　　절)

제 25 주
창세기 40-41장

1 창세기 40장 9-23절

(월 일 _ 읽음)

어느 날 아침 요셉은 자신이 시중드는 두 사람의 얼굴에 수색愁色이 가득함을 봅니다. 이들은 자신들이 꾼 이상한 꿈을 해석할 사람이 없어서 근심하고 있었습니다. 애굽에서 꿈을 해석하는 일은 전문가들이 하는 일입니다. 그들은 꿈의 해석을 전문적으로 배워서 애굽 왕 앞에서 나라의 길흉이나 어떤 일의 성사成事 여부에 대하여 대답합니다. 두 관원장은 자신들이 왕 앞에 있어야 그러한 전문가들에게 자문諮問할 터인데 지금은 죄인이 돼서 감옥에 있으니 꿈을 해석할 도리가 없다고 판단하여 근심하고 있습니다.

요셉이 그들에게 말하기를 자기에게 말씀해 보라 하니 둘 중에 술 맡은 관원장이 용기를 내서 말합니다. 요셉은 술 맡은 관원장의 꿈을 해석합니다. 요셉은 그의 꿈을 듣고 고민하고 연구하여 해석을 찾아낸 것이 아닙니다. 요셉은 마치 동시통역을 하듯 꿈의 내용을 듣자마자 그 꿈의 의미를 명확하게 밝혀냅니다. 술 맡은 관원장이 꾼 꿈에 대한 해석은 길吉하였습니다.

그러자 떡 굽는 관원장도 자신의 꿈을 요셉에게 말합니다. 이 사람의 꿈도 요셉은 듣자마다 명확하게 해석합니다. 요셉이 총명하기에 꿈의 내용에 맞게 해석을 즉각적으로 조작해 넣은 것이 아닙니다. 요셉은 그들에게 '해석은 하나님께 있다' 고 말할 때(8절), 하나님께서 꿈의 해석을 자신에게 즉각 알려주실 것이라고 확신하였던 것입니다. 그리고 하나님은 요셉의 확신대로 즉시 꿈의 해석을 요셉에게 알려주셨습니다. [요셉이 꿈의 내용을 듣자마자 하나님께서 해석을 음성으로 들려주셨는지 글로 보여주셨는지 아니면 자연스럽게 요셉의 머릿속에 떠오르게 하셨는지 알려주신 구체적인 방법에 대해서는 본문이 말하지 않기에 우리가 알 수 없습니다.]

요셉의 해석이 자신의 생각이 아니라 하나님께서 알려주신 해석이라는 것은 그가 해석한 대로 모든 일이 이루어졌다는 사실에서 입증됩니다. 과연 모든 일들이 요셉이 두 관원장에게 해석해 준 대로 이루어졌다고 분명하게 말한 구절은 어디입니까? (절)

요셉은 하나님과 함께 하는 사람이었습니다. 시위대장의 집에서 종으로 살 때나 지금 감옥에서 죄인으로 살고 있는 때에도 하나님께서는 요셉과 항상 함께 하십니다. 요셉은 하나님께서 꿈의 해석을 자신에게 알려주실 것이라고 확신하였고 또 요셉의 확신대로 그렇게 알려주실 만큼 하나님께서는 요셉과 함께 하셨습니다. 이렇게 하나님께서 요셉과 함께 하시었으니 그의 감옥생활은 꽤 괜찮은 것이었을까?

물론 감옥의 간수장看守長이 옥중의 모든 사무와 죄수를 요셉의 손에 맡겼으므로(창 39:22) 어떤 면에서는 다른 죄수들보다는 나은 생활을 했으며 나름대로 견딜 만 했을 것이라고 생각할 수 있습니다. 그러나 이것은 죄수생활을 해보지 않은 우리들의 생각일 뿐입니다. 요셉 자신은 우리와 다르게 생각하였습니다. 이때 요셉의 상황이 어떠했는지를 성경 다른 곳에서는 이렇게 묘사합니다. “그의 발이 차꼬에 상하며 그 영혼이 쇠[사슬]에 매였다”(시 105:18 직역).

요셉은 간수가 아니고 한낱 죄수에 지나지 않았습니다. 그의 발은 차꼬에 채였고 그래서 상했습니다. 게다가 여러 사람을 시중드는 일까지 맡겨져서 어떤 의미에서는 육체적으로 더 힘든 상태에 있었습니다. 간수장이 일 잘한다고 일을 시키지만 사실상 육체는 더 힘들고 괴로운 상태에 있었습니다. 뿐만 아니라 개역한글판 성경과는 달리 원문에서는 ‘영혼이 쇠[사슬]에 매였다’ 고 표현합니다. 이 표현은 분명히 요셉의 육신의 고통과 함께 그의 심령의 고통을 드러내주는 말입니다. 감옥생활이 얼마나 고통스러웠으면 그의 영혼이 쇠에 매였다고 표현하겠습니까!

이처럼 요셉의 감옥생활은 한마디로 그의 영혼까지 고통스러운 삶이었습니다. 그것은 하나님께서 함께 하시지 않았다면 도무지 견딜 수 없는 삶이었습니다. 그러기에 그의 간절한 소망은 감옥에서 나가는 것입니다. 요셉

이 이러한 자신의 소망을 분명하게 밝힌 구절은 어디입니까? (　　　절)

2 창세기 40장 1-23절

(　　월　　일 _ 읽음)

요셉은 술 맡은 관원장의 꿈을 듣자마자 해석해 줍니다. 그리고 이 해석이 하나님께서 온 것임을 분명히 알기에 요셉은 사흘 후면 틀림없이 복직復職될 관원장官員長에게 자신을 도와달라고 부탁합니다. 요셉이 이처럼 관원장에게 도움을 청한 까닭은 하나님을 신뢰하지 않기 때문이 아니라 오히려 이렇게 관원장의 꿈을 해석하게 된 일이 하나님께서 요셉을 감옥에서 나가게 하시려고 섭리하신 것이라고 생각했기 때문일 것입니다. 그러나 일의 결과는 요셉의 생각대로 되지 않았습니다. 요셉이 하나님의 섭리에 대해 생각 중 한 부분은 맞고 다른 한 부분은 틀렸습니다. 요셉이 이 일을 하나님의 섭리라고 생각한 것은 옳습니다. 그러나 이때가 감옥에서 나갈 때일 것이라고 생각한 점은 맞지 않았습니다.

〈이처럼 하나님의 섭리는 인간의 지식과 지혜의 범위를 뛰어넘습니다. 따라서 우리는 하나님의 섭리에 대해서 겸손한 태도를 취해야 합니다. 우리는 하나님의 섭리를 확실하고 자신 있게 믿어야 하지만 동시에 그 섭리의 오묘奧妙함에 대해서는 머리를 숙여야 합니다. 하나님의 섭리에 대해서 우리는 다음 두 가지 사실을 믿는 것만으로 족해야 할 것입니다. 첫째는, 하나님께서 자신의 무한하신 능력과 지혜로써 온 세상의 모든 일을 섭리攝理해 가신다는 사실입니다. 둘째로, 그리고 이와 같은 섭리는 하나님의 선한 뜻에 따라 이루어진다는 사실입니다.〉

이처럼 하나님께서 항상 함께 하시는 요셉일지라도 그분의 구체적인 뜻이 이루어질 정확한 때를 알기는 쉽지 않은 것입니다. 어쨌든 요셉이 하나님의 섭리를 믿고 관원장에게 자신의 무죄함을 호소하며 도와달라고 말한 두 구절은 어디입니까? (　　　절과　　　절)

요셉이 관원장에게 호소한 말 가운데 자신을 '끌려온 자' 라고 표현합니다. 끌려왔다는 말은 '오기 싫은데 강제로 오게 되었음' 을 뜻하는 정도가 아닙니다. 원문대로 표현하자면 요셉은 자신을 가리켜 '나는 도둑질당한 자' 곧 '납치당한 자' 라고 말합니다. 이 말 속에는 억울함이 가득 배어 있습니다.

더군다나 타국으로 납치당해 와서 노예로 팔린 요셉은 시위대장 집에서 성실하게 일했습니다. 하지만 요셉의 준수함에 반한 시위대장 부인이 그를 유혹합니다. 만일 요셉이 이 유혹에 맞장구를 쳤다면 그의 인생은 달라졌을 것입니다. 그러나 요셉은 그녀의 유혹을 물리칩니다. 이처럼 유혹을 물리쳐서 하나님께 죄를 범하지 않았기에 그는 오히려 다시는 나올 수 없는 감옥에 갇히고 맙니다.

요셉은 그의 말대로 옥에 갇힐 일은 조금도 행하지 않았습니다. 그런데도 그는 지금 감옥에 갇혀 있습니다. 요셉으로서는 이것이 참으로 억울합니다. 그는 이렇게 억울한 심정만큼 감옥에서 나가고 싶은 마음이 간절했습니다. 그러나 하나님은 침묵하셨습니다. 적어도 겉보기로는 요셉의 억울함에 대해 모른 체하셨습니다. 이러한 하나님의 침묵을 암시한 구절은 어디입니까? (　　　절)

3 창세기 41장 1-13절

(　　월　　일 _ 읽음)

요셉이 술 맡은 관원장에게 해석해 준 대로 그 관원장은 복직되었습니다. 그러나 그 관원장은 요셉을 까맣게 잊고 맙니다. 혹시나 자신의 방면放免을 기대하며 기쁜 소식이 오기를 기다리던 요셉은 시간이 지나갈수록 기대를 내려놓게 됩니다. 이러한 사실을 요셉이 어떻게 이해했는지, 얼마나 힘들어했는지 성경에서는 아무런 언급을 하지 않습니다. 어쨌든 요셉이 마음의 평정을 되찾기에 충분한 시간이 지났습니다. 그리고 마침내 하나님께서 이제껏 보이지 않게 섭리하시던 일을 눈에 보이게 드러내실 때가 되었습니다. 그 관원장이 복직된 후 꼬박 2년이 지난 후입니다.

하나님께서 애굽 왕 바로에게 꿈을 꾸게 하십니다. 두 가지 꿈을 겹쳐 꾸게 하십니다. 이로 인해 애굽 왕은 심히 고민합니다. 자신의 꿈이 예사롭지 않고 나라의 장래와 연관되었다고 생각했기 때문입니다. 그래서 꿈을 해석할 수 있는 인물들을 모두 부릅니다. 그러나 이들 중 아무도 왕의 꿈을 시원하게 해석하지 못합니다. 이때 하나님의 섭리가 눈에 보이게 나타나기 시작하는데 어디입니까? (절)

하나님께서는 '내게 부르짖으라. 그러면 내가 응답하리라'(렘 33:3)고 말씀하셨습니다. 이 말씀을 믿고 우리가 어려운 일을 당할 때 하나님께 도움을 간구하며 부르짖습니다. 그러나 대부분의 경우 하나님은 침묵하십니다. 아무런 응답이 없으십니다. 견딜 만한 일은 응답이 없어도 그냥 견딜 만한데 정말 억울한 일을 당해서 그 억울함을 풀지 않으면 병이 나고 미쳐버릴 것만 같습니다. 그래서 부르짖었는데 하나님은 아무 대답이 없으십니다. 요셉은 우리보다 훨씬 억울합니다. 이런 요셉에 대해서도 하나님은 침묵하셨습니다. 왜 그러셨을까요?

정확히 말하자면 하나님께서는 침묵하시지 않았습니다. 그런데도 그렇게 침묵하시는 듯이 보이는 까닭은 우리의 눈에는 일어난 일들의 겉만 보이기 때문입니다. 앞장에서 드러난 바대로 겉으로는 하나님께서 아무 말씀이 없고 침묵하는 것처럼 보이지만 실제로는 자신의 선하신 뜻에 요셉을 쓰시려고 일하시고 계셨습니다. 하나님은 섭리로써 일을 진행시키고 계셨습니다. 예를 들면, 애굽 왕에게 죄를 지은 두 관원장이 다른 감옥이 아니라 시위대장의 집 안에 있는, 즉 요셉이 갇힌 곳에 투옥되었습니다(3절). 뿐만 아니라 요셉이 이 두 사람을 시중들게 됩니다(4절). 게다가 두 관원장은 하룻밤에 특이한 꿈을 꿉니다(5절).

또한 하나님께서는 침묵하시는 것처럼 보여도 변함없이 요셉과 함께 하셨습니다. 옛날에는 특이한 꿈을 앞으로 있을 일이나 운명을 신이 알려주는 것이라고 생각하였습니다. 그래서 두 관원장이 자신들의 꿈의 해석을 알지 못하여 전전긍긍戰戰兢兢합니다. 그러자 요셉은 함께 하시는 하나님의 계시하심을 통해 그 해석을 즉각적으로 알려줄 수 있었습니다. 뿐만 아니라 하나님께서는 요셉의 간구를 듣고 계셨습니다. 하나님께서는 요셉의 마음을 알고 계셨고 그의 간절한 소원을 귀담아 듣고 계셨습니다.

두 관원장에게 꿈을 주신 하나님께서 이번에는 애굽 왕에게 꿈을 주셨습니다. 요셉이 두 관원장의 꿈을 해석해준 지 만 2년 후입니다. 어째서 이런 시간적인 간격이 있어야 할까? 그 이유를 "여호와의 말씀이 응할 때까지라. 그 말씀이 저를 단련하였도다"에서 찾을 수 있습니다(시 105:19). 한마디로 시간적인 간격이 필요한 이유는 '요셉을 단련하기 위해서' 였습니다.

하나님께서는 자신이 최적의 때라고 판단하시는 시점에 자신의 계획을 실행하십니다. 만일 하나님께서 요셉의 소원을 2년 전에 당장 들어주셨다면 개인적으로는 좋았겠지만, 많은 사람을 구원하시고 살리시려는 하나님의 계획을 이루는 놀라운 일에 요셉은 쓰임받지 못했을 것입니다.

요셉이 노예로서 살던 기간과 죄수로서 감옥에 있던 기간을 정확하게 나눌 수는 없지만, 그는 모두 13년 동안 단련을 받습니다. 하나님께서 최적이라고 판단하실 때까지 요셉은 하나님의 말씀으로 연단 받았던 것입니다. 이처럼 하나님께서는 자기 백성의 부르짖음을 듣고 계십니다. 결코 무시하시거나 외면하시지 않습니다. 다만 가장 적합한 때, 즉 하나님의 때에 하나님께서 자신의 뜻을 이루십니다. 또한 그러한 하나님의 때가 사람 당사자에게도 가장 좋은 때입니다. 그때까지 하나님은 자기 사람을 단련시키시는 것입니다. 하나님께서는 침묵하시거나 버려두시는 것이 아니라 단련시키고 계셨던 것입니다.

때가 이르자 하나님께서 애굽 왕에게 꿈을 주십니다. 이때 요셉의 해석대로 복직한 관원장이 옛일을 기억하고 애굽 왕에게 요셉을 천거薦擧합니다. 하나님께서 애굽 왕에게 주신 꿈을 애굽의 모든 현인들 중 아무도 해석할 수 없었다고 말한 구절은 어디입니까? (절)

4 창세기 41장 14-24절

(월   일 _ 읽음)

아무도 자신의 꿈을 풀지 못해 고민이 깊어진 애굽 왕에게 술 맡은 관원장의 말은 가뭄에 단비 같은 소식이었습니다. 그 관원장의 말은 꿈 이야기를 능히 풀고 그 해석대로 일이 이루어지는 신통력을 가진 사람 히브리 청년이 감옥에 있다는 것입니다. 왕은 즉시 사람을 옥에 보내어 요셉을 불러들입니다. 왕은 요셉의 능력에 모든 기대를 걸고 그에게 꿈 해석을 요구합니다. 그러자 요셉은 꿈의 해석이 자신이 아니라 하나님에게 있다고 분명하게 밝힌 구절은 어디입니까? (절)

애굽 왕은 아주 특이한 꿈을 꾸었습니다. 그것도 같은 성격으로 보이는 꿈을 하룻밤에 두 번씩이나 연달아 꾸니 왕은 특별한 징조가 있는 꿈이라고 생각할 수밖에 없습니다. 왕은 나라를 다스리는 자이므로 자신이 꾼 꿈을 나라의 운명과 직결된 것이라고 생각할 수밖에 없습니다. 왕은 깨자마자 꿈을 해석할 만한 전문가들을 부릅니다. 그러나 그들은 왕에게 시원스럽게 꿈의 해석을 알려줄 수가 없었습니다. 왕의 고민은 더 깊어집니다. 그러던 차에 왕은 술 맡은 관원장에게 히브리 청년에 대한 말을 듣습니다.

요셉이 왕 앞에 불려 왔습니다. 왕이 요셉에 대해 거는 기대는 말못할 정도로 큽니다. 왕이 요셉에게 해석을 요구합니다. 그러자 요셉은 왕에게 꿈의 해석은 자신에게 있는 것이 아니라 하나님께 있다는 사실을 분명하게 말합니다. 그리고 하나님께서 왕에게 평안한 대답을 하실 것이라 말합니다. 여기서 '평안한 대답'이란 말은 대답의 내용이 평안한 것이라는 뜻이 아니고 바로(Pharaoh) 왕의 평안에 대해서, 즉 왕이 평안할지 그렇지 않을지에 대해 대답해주실 것이라는 의미입니다.

지난번 감옥에서와 마찬가지로 이번에도 요셉은 자신을 통해서 하나님께서 즉각 꿈의 해석을 주시리라 확신하고 말합니다. 인간적인 관점에서 보면 요셉은 애굽 왕의 꿈을 해석하지 못하면 자기 생명을 내놓아야 할 만한 상황에서, 왕 앞에서 자신 있게 꿈의 해석을 장담한 셈입니다. 이렇게 요셉이 장담할 만큼 하나님께서는 요셉으로 하여금 하나님의 함께 하심을 확실하게 알 수 있도록 그와 함께 하셨습니다.

요셉의 말을 듣고 애굽 왕은 자신의 꿈을 설명합니다. 그런 후에 왕은 아무도 자신의 꿈을 해석하지 못했다는 사실을 덧붙임으로써 요셉에게 기대를 걸고 있음을 암시합니다. 요셉이 꿈의 해석을 장담한 구절은 어디입니까? (절)

5 창세기 41장 17-36절

(월   일 _ 읽음)

요셉은 애굽 왕의 꿈 이야기를 듣자마자 그 꿈의 성격과 해석을 왕에게 즉각 알려줍니다. 마치 하나님께서 알려주시는 해석을 동시통역同時通譯하듯이 곧바로 애굽 왕에게 꿈의 해석을 말합니다. 애굽 왕이 자신의 꿈을 징조가 있는 특별한 꿈으로 생각한 대로 과연 그 꿈은 하나님께서 애굽 왕에게 주신 것이었습니다. 이처럼 애굽 왕이 꾼 꿈이 하나님에게서 왔으므로 하나님을 알지 못하는 애굽의 전문가들이 그 꿈을 해석해낼 수가 없는 것은 당연한 일이었습니다. 요셉이 애굽 왕의 꿈이 하나님에게서 온 것이라고 말한 세 구절은 어디입니까? (절,   절,   절)

요셉은 애굽 왕이 꾼 두 가지 꿈은 사실상 하나라고 설명합니다. 그런데

암소의 꿈과 이삭의 꿈, 이 두 가지 꿈을 하나님께서 왕으로 하여금 두 번 겹쳐 꾸게 한 것은 하나님께서 자신이 하신 일을 정하셨으며 그 일을 속히 행하실 것이라는 사실을 왕에게 알리는 것이라고 요셉은 설명합니다.

하나님께서 행하시겠다고 정하신 일은 소의 숫자와 이삭의 숫자에서 드러나듯이 먼저 칠 년동안 풍년이 있게 하시고 그후 칠 년의 흉년이 오는 것입니다. 처음의 소들을 잡아먹은 나중 소들의 모습이나 처음 이삭들을 삼켜버린 나중 이삭들의 모습에서 드러나듯이 풍년에 이어서 닥쳐올 흉년은 풍년을 아예 기억치 못하게 만들 만큼 극심한 것입니다. 따라서 애굽은 기근으로 말미암아 멸망할 것이라고 요셉은 경고합니다.

하나님께서는 인간의 생사生死만 주관하시는 것이 아니라 자연의 모든 변화도 자신의 선한 뜻대로 생성生成하십니다. 풍년과 흉년, 폭풍과 산들바람, 홍수와 가뭄 등 모든 자연의 변화는 하나님의 손에서 이루어집니다. 그러니 누가 하나님의 하시려는 일을 막을 수 있겠습니까? 이처럼 하나님은 "자기를 미워하는 자에게 지체하지 아니하시고 당장에 그에게 보응하시"지만(신 7:10), 또한 자신의 말씀대로(출 33:19; 롬 9:15) "은혜 줄 자에게 은혜를 주시고 긍휼히 여길 자에게 긍휼을 베푸"시는 분입니다. 하나님께서 요셉을 통하여 애굽이 멸망을 면할 구체적인 길을 알려주십니다. 이 길이 제시된 잇따른 네 구절은 어디입니까? (　　　-　　　절)

6 창세기 41장 32-45절

(　　월　　일 _ 읽음)

요셉이 제시한 애굽이 멸망을 면할 구체적인 길은 애굽 왕과 그 신하들 모두가 듣기에도 최적의 방법이며 사실상 유일한 대안代案이었습니다. 하나님께서 칠 년 풍년을 다 잡아먹을 만큼 흉악한 흉년을 보내실 것인데 어떤 인간이 이 재앙을 극복할 방법을 마련할 수 있겠습니까? 요셉의 제시한 길이 아니고는 다른 방법은 없습니다.

그러나 요셉이 노예로 또 죄인으로 감옥에 갇혀 있던 세월이 무려 십삼 년이나 됩니다. 그가 애굽의 정치 경제적인 상황과 제도를 안다한들 얼마나 알겠습니까? 따라서 요셉이 자신의 지혜나 책략으로 애굽 왕과 그의 모든 신하들이 감탄할 만한 대안을 마련한다는 것은 불가능한 일입니다. 그런데도 그가 제시한 대안은 왕과 신하들을 모두 만족시켰습니다.

이는 한마디로 하나님 자신의 방법입니다. 하나님께서 요셉을 통해 하나님 자신의 방법을 말하게 하신 것입니다. 애굽 왕도 요셉의 제시한 길이 요셉 자신의 머리에서 나온 것이 아니고 요셉과 함께 하고 그에게 계시하는 하나님에게서 나온 것임을 감지할 수 있었습니다. 이와 같은 애굽 왕의 감지感知가 나타난 잇따른 두 구절은 어디입니까? (　　　　절과　　　　절)

애굽 왕은 자신의 나라가 망하지 않을 길이 있다면 그것이 무엇이든지 해야 합니다. 애굽 왕은 현명하고 실리적實利的이었습니다. 인간적으로 보자면 애굽 왕은 인재人材를 등용하는 데 출신이나 신분 또는 인종을 가리지 않을 만큼 훌륭했습니다. 어제까지만 해도 왕의 감옥에 갇혀 있던 죄인罪人을 오늘은 모든 신하와 백성들이 놀랄 만큼 파격적으로 발탁합니다. 그것도 생색을 내는 정도의 자리에 앉히는 것이 아니라 왕 자신 외에는 모든 사람이 요셉의 통치를 받을 수 있는 직책을 줍니다.

왕은 국가의 비상시국을 실제적으로 관리할 모든 권한을 다 가진 관직官職에 요셉을 앉힙니다. 이제 요셉은 애굽의 서열 제2위인 총리대신總理大臣이 되었습니다. 그러나 사실상 이것은 하나님의 발탁拔擢입니다. 이것은 하나님께서 흉악한 기근에서 하나님의 백성의 생명을 보존하고 하나님의 백성을 이땅에 남겨 두시기 위해(참고. 창 45:7) 행하신 일입니다. 하나님께서 행하실 자신의 큰 구원의 계획을 위해 요셉을 들어 쓰신 것입니다. 애굽 왕은 요셉에게 절대적인 권한을 주었습니다.

요셉은 백성 중에서 아무도 요셉의 허락 없이는 아무 일도 할 수 없을 만한 권한을 갖게 되었습니다. 또한 애굽 왕은 요셉에게 사브넷바네아

(Zaphenath-Paneah)라는 애굽식 이름을 주었습니다. 이 이름의 뜻이 '신神은 말씀하시며 살아계시다' (The god speaks and he lives)는 의미임을 볼 때 애굽 왕은 아마도 요셉의 꿈 해석을 통해 받은 강한 느낌을 표현한 듯합니다.

애굽 왕은 요셉을 총리대신으로 삼고 이른바 임직식任職式을 행합니다. 왕은 자신의 인장印章 반지를 요셉에게 끼워주고 금 목걸이를 걸고 세마포 옷을 입힌 다음 요즘 식으로 말하면 거리에 나가 자동차 퍼레이드(parade)를 하게 합니다. 왕은 이렇게 함으로써 임직한 사람으로 하여금 영광을 받게 하며 동시에 누가 어떤 관직에 오른 사람인지를 백성들에게 알리는 것입니다. 이와 같은 임직식을 행한 장면이 잇따른 두 구절에 나오는데 어디입니까? (　　　절과　　　절)

7 창세기 41장 46-57절

(　　월　　일 _ 읽음)

하나님께서는 일찍이 요셉에게 두 개의 꿈을 보여서 앞으로 자신께서 행하실 일을 계시하셨습니다. 이 꿈 이야기를 형제들에게 말한 까닭에 그들의 미움을 사서 요셉은 결국 애굽에 노예로 팔려오게 되었습니다. 그는 비록 노예이지만 한 동안 한숨을 돌렸습니다. 그러나 그는 다시 모함으로 감옥에 갇히게 되었습니다. 하지만 이 힘든 세월 동안 한 순간도 하나님께서는 요셉을 잊지 않으셨습니다. 오히려 하나님은 요셉과 함께 하시고 그의 모든 일들을 형통하게 하셨습니다. 그리고 하나님은 요셉을 들어 쓰실 때를 만들고 계셨습니다.

하나님께서는 마침내 자신이 계시하신 바대로 요셉을 애굽의 총리대신으로 삼아 하나님의 뜻하신 바를 이루게 하십니다. 이렇게 하나님께서는 자신이 계획하신 바대로 성취하셨던 것입니다. 애굽 왕이 꾼 꿈에 대해서도 마찬가지입니다. 하나님께서는 애굽 왕에게 꿈으로 보이시고 요셉을 통해

해석하신 바대로 행하십니다. 먼저 칠 년 풍년이 왔습니다. 요셉은 곡물을 저장하여 닥쳐올 흉년을 대비합니다. 흉년을 대비하지 못한 나라들은 기근으로 고생하기 시작합니다.

마침내 기근이 거듭되자 온 세상이 극한 고통속에 빠지게 됩니다. 애굽 백성이 양식이 없어 부르짖자 애굽 왕은 요셉에게 가서 그가 이르는 대로 하라고 명합니다. 각국의 백성도 애굽에 와서 요셉에게 양식을 구하는 상황에 이르렀습니다. 요셉은 하나님께서 알려주신 방법대로 행하여 애굽과 각국 백성을 살리게 됩니다. [어느 시대든지 하나님의 백성이 살 수 있는 길은 하나님의 방법을 따르는 것입니다(참고. 눅 12:28-34).] 요셉이 양식을 구하러 온 백성에게 어떻게 하였는지를 알려준 구절은 어디입니까? (　　　절)

하나님께서 이처럼 요셉으로 하여금 애굽에 와서 총리대신이 되게 하심은 애굽 사람들뿐만 아니라 천하만민을 기근에서 건지시기 위함이었습니다. 이와 같은 하나님의 위대한 목적을 위하여 요셉은 고생한 것입니다. 어떻게 보면 요셉은 애꿎은 고생을 했다고 할 수 있으나 이 기간은 하나님께서 요셉을 큰일에 사용하기 위해 연단시키신 기간입니다. 그러므로 요셉의 고생은 무의미하거나 억울한 것이 아닙니다. 그의 고생이 헛된 것이라면 요셉은 비참한 인생을 살았다고 할 수 있겠지만, 하나님께서 그와 늘 함께 하시고 마침내 하나님의 큰일에 참여하게 하셨으므로 요셉의 고생은 값진 것이라고 해야 할 것입니다.

예를 들어, 10년을 힘들게 고생하고 그 대가로 50년을 가치 있는 삶을 산다면 우리는 지난 10년의 고생을 잘 견디었다라고 생각할 것입니다. 요셉도 자신의 고생의 기간에 대해 우리가 생각한 것처럼 그렇게 생각하였습니다.

요셉은 첫아들을 낳고 이름을 므낫세(Manasseh)라 합니다. 이 낱말 자체의 뜻은 '잊게 만드는' 이라는 뜻입니다. 요셉은 하나님께서 자신을 이렇게 복 주시고 영광의 자리에 이르게 함으로써 자기가 이제껏 해온 모든 수고와 고난 그리고 노예로서 당한 모든 아픔을 다 잊게 하시고 그 아비 집을 그리워하며 아파하던 모든 것들도 다 잊게 하셨다고 생각하기에 그런 의미로 이름을 지은 것입니다. 그리고 그는 둘째아들의 이름을 에브라임(Ephraim)이라고 짓습니다. 이는 '두 배로 풍성하게 하다' 는 뜻입니다. 이렇게 이름 지은 까닭도 자신이 이 수고한 땅, 즉 애굽에서 참으로 힘들게 살았는데 하나님께서 이곳에서 정말 열매를 풍성히 맺게 하셨다고 생각하였기 때문입니다.

〈하나님께서 자기 백성을 아무 이유 없이 무조건 고생시키시지 않습니다. 때로 고생하는 사람이나 주변의 사람들조차 그 이유를 알 수 없다고 할지라도, 하나님께서 애꿎어 보이는 고난과 고생까지도 우리가 당하도록 내버려두시는 것은 선한 뜻을 갖고 계시기 때문입니다. 그리고 그 선한 뜻을 우리를 통해 이루시려고 하기 때문입니다. 이 사실을 기억한다면, 우리에게 당한 어떠한 고생도 견뎌낼 만할 것입니다. 이미 그리스도께서는 전혀 죄가 없으심에도 불구하고 온갖 고통과 수모와 고난을 다 기쁘게 감당하셨습니다. 그리스도는 아버지 하나님의 선한 뜻을 아셨기 때문입니다. 그래서 그는 죽기까지 아버지의 뜻에 복종하셨던 것입니다.〉

요셉이 자신을 크게 위로하시고 복 주신 하나님께 감사하는 마음에서 두 아들의 이름을 지은 사실이 나타난 잇따른 두 구절은 어디입니까?

(　　　절과　　　절)

제 26 주

창세기 42-44장

1 창세기 42장 1-17절 (월 일 _ 읽음)

창세기의 마지막 문단인 '야곱 이야기'(37-50장)의 흐름을 잘 이해하기 위해 이 이야기의 얼개를 아래와 같이 정리해 봅니다(제23주 [7]에 있는 설명을 다시 한 번 읽어 보시기 바랍니다).

애굽으로 팔린 요셉 _ 37장

다말과 유다 이야기 _ 38장

A. 시위대장 집의 요셉 _ 39장	A'. 요셉 형제들의 제1차 애굽 방문 _ 42장
B. 감옥에 끌려간 요셉 _ 40장	B'. 요셉 형제들의 제2차 애굽 방문 _ 43-45장
C. 궁전에 불려간 요셉 _ 41장	C'. 요셉 형제들의 제3차 애굽 방문 _ 46-47장

야곱과 요셉의 마지막 날들 _ 48-50장

(Gordon Wenham, *Word Biblical Commentary: Genesis 16-50*, p.344)

이제까지 야곱 가족의 이야기는 요셉(Joseph)을 중심으로 진행되어 왔습니다. 그러나 하나님께서 요셉을 애굽의 총리대신으로 세우신 일로써 이야기의 한 축軸은 일단락一段落 됩니다. 그리고 이야기의 무대는 다시 가나안 땅으로 옮겨갑니다. 오늘 본문인 42장부터는 유다(Judah)가 야곱 가족 이야기의 또 다른 축을 진행시키는 중심인물로 등장합니다. 유다가 이렇게 중심인물로 등장할 것이라는 사실은 우리가 이미 38장에서 예상하였습니다. 중심인물로서 유다의 입지立地는 앞으로 요셉의 형제들이 세 차례 애굽을 방문하는 이야기 가운데서 점점 뚜렷하게 드러나게 됩니다.

칠 년의 혹독한 기근은 애굽만 강타强打한 것이 아닙니다. 온 세상을 심하게 내리쳤습니다(창 41:57). 그러니 가나안 땅에 살던 야곱의 가족들도 기근으로 죽을 지경에 이르렀습니다. 애굽에 곡식이 있다는 소식을 듣고 요셉의 형 열 명이 곡식을 사러 애굽으로 옵니다. 이들은 약 20년 전에 작당하여 동생 요셉을 죽이려 할 때 "그 꿈이 어떻게 되는 것을 우리가 볼 것이니라"(창 37:20)고 말했습니다.

당시 그들은 자신들이 요셉을 죽이면 그의 꿈도 물거품이 될 수밖에 없다고 확신하였고, 유다의 제안으로 요셉을 죽이지 않고 노예로 팔아버릴 때에도 적어도 요셉의 꿈만은 공수표空手票가 되리라고 생각했을 것입니다. 그러나 이들의 생각과는 달리 이후 모든 일은 요셉의 꿈을 이루기 위해 진행되었습니다. 이는 요셉의 꿈은 개인 요셉이 자신의 미래에 대해 지닌 포부나 야망을 집약한 덩어리가 아니라 하나님께서 자신이 하실 일을 미리 보여준 계시의 내용이었기 때문입니다. 요셉이 꿈을 꾸고 형들에게 말한 바대로(창 37:6-8) 하나님께서 형들이 요셉에게 엎드려 절하게 일이 일어나도록 꿈을 성취시키셨음을 보여주는 구절은 어디입니까? (절)

요셉의 형들은 지금 절을 받고 있는 애굽의 총리대신이 20여 년 전 노예로 팔아먹은 동생이리라고는 꿈에도 생각지 못합니다. 엎드려 있는 자들이 감히 얼굴을 들어 애굽의 총리대신을 쳐다볼 수도 없을 뿐더러 설사 얼굴을 본다 해도 요셉은 애굽의 관직에 맞는 복장을 하고 있기에 형들로서는 요셉이라고 짐작하기조차 불가능합니다.

서로 얼굴을 마주쳐도 긴가민가할 만큼 오랜 세월이 지났습니다. 얼굴을 자세히 들여다본다 한들 그저 많이 닮았다고 생각할 수 있을 뿐, 히브리 노예가 애굽의 총리대신 자리에 오를 수 있으리라고는 해가 서쪽에서 뜬다고 믿는 것보다 더 믿기 어려운 일입니다. 음성조차 오랜 세월에 귀에 익지 않을 뿐더러 다른 언어로 말하고 있으니 도저히 요셉이리라고는 생각할 수 없습니다.

그러나 이처럼 형들이 꿈에도 상상조차 못한 일이 엄연히 현실로 눈앞에서 벌어지고 있습니다. 형들은 몰라도 요셉은 절하고 있는 자들이 누구인지 잘 압니다. 그러자 요셉은 이전에 꾼 꿈을 생각하고 형들을 정탐꾼으로 내

몹니다. 요셉이 형들에게 증명하기를 요구한 것이 무엇인지를 알 수 있는 구절은 어디입니까? (　　　절)

2 창세기 42장 18-25절

(　　월　　일 _ 읽음)

요셉은 형들을 정탐꾼으로 몰아서 삼일 동안 감옥에 가둡니다. 삼일 후에 요셉은 형들을 옥에서 끌어내서 이렇게 제안합니다. 한 사람만 옥에 갇혀있고 나머지는 가서 말째 아우를 데려와서 너희 말이 진실됨을 입증하라는 것입니다. 요셉의 말을 듣자 그들은 이구동성으로 말하기를 이 일은 자신들이 아우에게 행한 일로 범죄하였기에 생긴 것이라고 말합니다.

비록 성경은 아무런 언급을 하지 않지만 당연히 이들이 감옥에 갇혀 있는 동안 이들의 머릿속에는 수많은 생각들이 있었을 것이고 그들간에 온갖 이야기들이 오고갔을 것입니다. 그 결과 삼일간 갇혔다가 풀려나온 이후에 이들은 공통적인 결론에 이르게 된 것입니다. 갇혀 있던 삼일은 이들에게 그들이 저지른 지난날의 잘못을 깨닫게 해준 결정적인 계기가 되었습니다. 특히 요셉을 죽이지 말자고 형제들을 설득했던 맏형 르우벤은 동생들의 잘못을 지적하며 이 같은 일이 우리에게 생긴 것은 하나님께서 요셉의 피 값을 요구하시는 것이라고 말한 구절은 어디입니까? (　　　절)

사람들은 잘못을 저지르고 당장 들키지 않으면 안심하고 넘어갑니다. 그러기에 또 다른 죄악에 빠져듭니다. 그러나 하나님은 반드시 지은 죄를 적발摘發해내시고 그 죄에 대한 대가를 요구하십니다. 형들은 요셉이 살려달라고 애걸할 때에 못 본 체하였습니다. 그리고 형제가 아닐지라도 해서는 안 될 짓을 저질렀습니다. 들판에는 그들만 있었습니다. 이들은 아버지 야곱도 속였습니다. 그렇게 20여 년을 살아왔습니다. 모든 것이 덮여진 줄 알았습니다. 그저 자신들의 양심의 가책만 적당히 무마撫摩시키면 지난날의 죄악이 드러나지 않을 줄 알았습니다.

그러나 하나님은 결코 죄악을 벌하지 않고 지나가시지는 않습니다. 때가 이르면 반드시 그 죄를 벌하십니다. 다만 그때까지 하나님은 눈여겨보면서 조용히 기다리시는 것입니다. 그리고 이러한 하나님의 기다리심을 사람들은 자신들의 죄악이 들키지 않은 것인 줄로 착각할 뿐입니다. 형제들 누구도 상상조차 하지 못한 때와 장소에서 하나님께서는 그들의 죄악을 적발해 내셨습니다. 이런 사실을 형제들 모두가 인정한 구절은 어디입니까?
(절)

3 창세기 42장 21-28절

(월   일 _ 읽음)

형제들은 애굽의 총리대신이 요셉인 줄은 꿈에도 생각지 못했으므로 그 앞에서 자신들의 마음과 생각을 서슴없이 털어놓습니다. 애굽 사람인 총리대신이 자신들의 말을 알아들을 리 없다고 생각했기 때문입니다. 그들이 이렇게 생각할 수밖에 없음은 요셉이 서로간의 의사소통을 위해 통역관通譯官을 세웠기 때문입니다. 그들의 말을 듣고 가슴이 메어지는 요셉은 자리를 피해 울고 다시 형제들 앞으로 옵니다. 그리고는 요셉은 형제들 앞에서 시므온을 결박하고 볼모로 남아 있게 합니다.

〈우리가 요셉이 어떤 생각으로 시므온을 볼모로 택했는지는 알 수 없지만, 적어도 이 일이 하나님의 섭리라는 사실을 우리는 인정할 수밖에 없습니다. 시므온은 세겜 족속의 추장이 자신의 여동생을 더럽혔다는 이유로 세겜 족속의 모든 남자들을 학살한 잔혹한 사람입니다(참고. 창 34:25-31). 이 일을 염두에 두고 훗날 아버지 야곱은 시므온에 대하여 동생 레위와 더불어 "그들의 칼은 잔해하는 기계로다. …… 저주를 받을 것이라"고 예언합니다(창 49:5-7). 20여 년 전 요셉이 형제들의 미움으로 죽음을 눈앞에 두고 있을 때 맏형 르우벤은 요셉의 목숨만은 구하려고 애썼습니다. 넷째 형인 유다는 요셉을 죽이지 않고 대신 팔게 함으로써 어쨌든 요셉의 목숨을 살렸습니다. 그러나 둘째와 셋째 형인 시므온과 레위는, 요셉을 해치는 일에 앞장서지는 않았다고 할지라도, 적어도 동생을 위해 아무런 일을 하지 않았습니다. 이런 사실을 볼 때 형제들 중에 볼모로 남아서 괴로움을 더 당해야 할 적절한 인물은 시므온이라 할 수 있습니다.〉

둘째를 남겨 놓고 형제들은 가나안으로 돌아갑니다. 그러나 이들은 다시 하나님의 무서움을 맛봅니다. 분명히 지불한 곡식 값이 자루 속에 그대로 있었습니다. 이제 이들은 꼼짝없이 도적으로 내몰리게 생겼습니다. 이런 일이 하나님께서 행하신 일이라고 그들이 생각했음을 알 수 있는 구절은 어디입니까? (　　　절)

요셉의 형제들이 곡식을 싣고 가나안 땅으로 돌아가던 중 어느 숙소宿所에서 한 형제가 나귀에게 먹이를 주려고 자신의 곡식 자루를 엽니다. 그런데 그 안에 돈이 들어 있었습니다. 자신이 분명히 지불한 곡식 대금이 다시 그대로 곡식 자루 안에 들어있었습니다. 이 사실을 알게 된 형제들은 정신이 나갔습니다. [우리말 성경의 '혼이 나서' 라는 표현이 원문에서는 '그들의 마음이 나갔다' 이므로 '그들 모두 정신이 나갔다' 는 뜻입니다.] 그리고 두려움에 떱니다.

자신들만이 알고 있는 20여 년 전의 죄악을 하나님께서 적발摘發하신고로 이들은 지금 둘째 형 시므온(Simeon)을 애굽에 인질로 남겨둔 채 집으로 돌아가는 중입니다. 그런데 그 도중에 또다시 이런 일이 일어나니 이들의 마음속에는 하나님께서 자신들의 죄악을 집요하게 추궁하시며 과연 어디까지 추궁해 가실까 두려웠을 것입니다. 이들은 하나님께서 이 일을 통하여 자신들에게 또 어떤 일이 일어나게 하실는지 두려웠습니다. 하나님의 공의公義는 엄중합니다. 때가 되면 반드시 죄의 대가를 치르게 하시기 때문입니다. 형제들의 심한 두려움이 표현된 구절은 어디입니까? (　　　절)

4 창세기 42장 29-38절

(월 일 _ 읽음)

두려운 마음을 진정시키고 형제들은 숙소를 떠나 가나안 땅으로 돌아옵니다. 부친에게 그간에 일어났던 모든 일을 소상昭詳하게 말씀드립니다. 마땅히 그래야겠지만 또 그럴 수밖에 없는 까닭은 시므온이 함께 돌아오지 못했기 때문입니다. 그러나 그런 일이 일어난 이유에 대해서는 그들 모두가 같은 생각을 갖고 있지만, 부친에게 말할 수가 없습니다. 다시 말하자면 그런 일이 일어난 것이 하나님께서 자신들의 죄악을 적발하셨기 때문이라고는 결코 말씀드릴 수 없었습니다. 자신들이 요셉을 해친 죄악을 부친에게 이제껏 숨겨왔기 때문입니다.

어쨌든 이들은 그간의 경위經緯를 말씀드리고 나서 자신들의 곡식 자루를 풀었습니다. 그런데 도중에 한 숙소에서 일어났던 일과 똑같은 일이 다시 한꺼번에 한 자리에서 일어났습니다. 이 일을 보고 형제들과 야곱은 크게 두려워할 수밖에 없었습니다. 이 일을 하나님께서 행하셨음이 분명한데 앞으로 어떻게 이 일이 진행될지를 알 수 없었기 때문입니다.

야곱은 아들들이 설명한 상황을 듣고 난 후 마치 그런 불행한 상황이 앞으로도 계속될 것이라는 징조徵兆처럼, 또 다시 모든 곡식 자루에 곡식 대금이 그대로 들어있는 상황을 보게 되니 이미 일어난 일과 앞으로 있을 일을 긍정적으로 생각할 수가 없었습니다. 야곱이 이러한 상황을 어떻게 이해했는지를 보여주는 구절은 어디입니까? (절)

야곱의 가족이 가나안 땅에서 굶어죽지 않으려면 적어도 기근이 계속되는 동안에는 애굽에서 곡식을 사와야 합니다. 그러나 다시 애굽으로 내려가려면 이들은 자신들이 정탐꾼이 아니라는 사실을 입증할 증거를 갖고 가야 합니다. 이는 자신들의 막내인 베냐민(Benjamin)을 데려가는 일입니다. 그러나 야곱은 이제 더 이상 아들을 잃고 싶지 않다는 의사를 강하게 드러냅니다.

야곱의 입장에서 보면 자신이 사랑하던 부인 라헬(Rachel)의 아들인 요셉을 이미 오래 전에 잃었습니다. 야곱의 생각으로는 시므온도 죽은 것이나 다름없습니다. 그러기에 라헬이 산고産苦로 죽으면서 낳은 아들 베냐민(참고. 창 35:16-19)까지 더 이상 잃을 수는 없었습니다. 그러면 아들 열둘 중에 세 명을 잃는 셈입니다. 그러니 아버지로서 굶어 죽으면 죽을지언정 도저히 곡식을 사오는 대가로 베냐민을 내놓을 수는 없었습니다.

이와 같은 부친의 강경한 입장을 보자 르우벤이 자신의 두 아들을 담보로 맡기고 베냐민을 데려갔다가 반드시 데리고 돌아오겠노라고 말합니다. 그러나 르우벤은 있을 수 없는 일을 저지른 관계로(창 35:22) 이미 아버지에게 신뢰를 잃어버린 자식입니다. 현재 야곱으로서는 전적으로 신뢰하는 자식의 말일지라도 듣고 싶지 않은 심정입니다. 그런데 신뢰하지 않는 자식의 말은 아무런 효과가 없습니다. 야곱이 르우벤의 말을 듣고 베냐민을 내놓을 리가 없습니다. 그래서 야곱은 더욱 확실하고 분명하게 자신의 입장을 밝힙니다. 야곱이 자신의 입장을 말한 구절은 어디입니까? (　　　절)

5 창세기 43장 1-15절

(　　월　　일 _ 읽음)

기근이 계속되었습니다. 애굽에서 사온 곡식도 동나게 되었습니다. 그래도 야곱은 끝까지 버텨봅니다. 애굽에 두 번 왕복할 만한 시간을 버팁니다. 그러나 더 이상 버틸 수가 없습니다. 그래서 야곱은 아들들에게 다시 애굽에 가서 곡식을 사오라 합니다. 그러자 넷째 유다가 반론을 제기합니다. 아버지가 막내인 베냐민을 함께 보내지 않는 한 우리가 애굽에 내려간들 곡식을 결코 구할 수 없다고 말합니다. 야곱은 진퇴양난進退兩難에 처했습니다. 애굽에 가서 곡식을 구해오지 않으면 집안 전체가 굶어죽을 형편이고, 베냐민을 함께 보내지 않으면 애굽에 내려갈 수조차 없는 형편이었습니다.

이런 형편에 처하자 야곱은 자식들이 애굽의 총리대신에게 아우가 있다고 말한 사실을 원망합니다. 그러나 그것은 이미 엎지른 물입니다. 다시 담을 수가 없습니다. 유다가 가족이 처한 다급한 현재 상황을 아버지에게 상기시키며 자신이 동생 베냐민을 책임지겠으니 그를 데려가도록 허락해주시길 야곱에게 간청합니다. 이와 같은 유다의 간청이 나온 잇따른 세 구절은 어디입니까? (　　　-　　　절)

야곱은 상황을 냉정하게 직시直視합니다. 넷째 아들 유다의 말이 구구절절이 옳았습니다. 야곱으로서는 다시 유다에게 반론을 제시할 이유나 근거가 없습니다. 이대로 버티다가는 베냐민마저도 굶겨서 죽여야 할 판입니다. 야곱은 가족 전체를 책임진 사람으로서 유다의 간청을 받아들일 도리밖에 없었습니다. 그래서 아들의 청을 받아들입니다. 그리고 이왕 허락한 바에는 모든 일이 잘 이루어질 수 있도록 만반의 준비를 갖추게 합니다. 총리대신에게 드릴 아름다운 예물뿐만 아니라 지난번에 되돌아온 돈과 새로이 곡식을 살 돈을 충분히 갖고 떠나게 합니다. 물론 베냐민도 함께 가도록 내놓습니다.

야곱이 이렇게 결정할 수밖에 없는 이유는 분명히 긴급한 상황 때문입니다. 그러나 야곱이 이런 결정을 내리게 된 가장 중요한 이유는 신앙적인 이유 때문입니다. 야곱은 이 모든 일에 하나님을 의지하고 그분의 은혜를 바랐기 때문입니다. 이처럼 야곱이 신앙적인 이유로 자기 아들들을 베냐민과 함께 애굽에 보냈다는 사실을 알 수 있는 구절은 어디입니까? (　　　절)

6 창세기 43장 16-34절

(월 일 _ 읽음)

누구든지 자신이 생명처럼 여기는 것을 - 그것이 사람이든 물건이든 명예이든지 간에 - 내놓는 일은 심히 어렵습니다. 요셉을 잃은 후에 야곱에게 베냐민은 그의 생명과 같았습니다. 이제 야곱은 그렇게 소중한 막내를 내놓아야 합니다. 그래야 가족 전체가 살 수 있기 때문입니다. 야곱은 생명과 같은 막내 자식을 내놓으면서 이렇게 말합니다. "내가 자식을 잃게 되면 잃으리로다."

이 말은 야곱이 대大를 위해 소小를 희생시킬 수밖에 없다는 심정에서 표현한 말이 아닙니다. 그는 이 결단의 순간에 이제껏 자기 삶을 인도해 오신 하나님을 바라봅니다. 그분이 전능하신 하나님임을 기억합니다. 그리고 그분께서 은혜를 베푸셔서 잡혀있는 아들과 지금 애굽으로 보내는 막내를 함께 돌려보내 주시기를 간구합니다. 그렇지만 하나님의 뜻이 야곱 자신의 뜻과 달라서 야곱의 바라는 바가 이루어지지 않더라도 기꺼이 감내堪耐하겠다는 의지를 '내가 자식을 잃으면 잃겠다' 고 표현한 것입니다. 이처럼 야곱은 전능하신 하나님께 모든 것을 맡겼습니다.

〈하나님을 믿는다면서도 우리는 어려운 일을 당하면 너무 생각이 많습니다. 그 많은 생각을 빨리 내려놓고 전능하신 하나님께 모두 맡겨야 합니다. 잔꾀 부리지 말고 단순하게, 모든 것을 하나님에게 맡겨야 합니다. 그러면 만사萬事가 하나님의 뜻대로 움직여 나갈 것입니다.〉

막내를 데리고 형들은 애굽으로 내려가 요셉 앞에 섭니다. 요셉은 그들을 자기 집으로 인도합니다. 형들은 두려워합니다. 청지기가 그들을 안심시킨 후 그들은 예물을 정돈하고 요셉의 퇴청退廳을 기다립니다. 하나님께서 오래 전에 요셉에게 꿈으로 보이셨던 일을 이루시는데 이 장면은 어디입니까? (절과 절)

요셉의 형들은 최악의 상황을 염두에 두고 애굽에 내려왔습니다. 이미 시므온도 인질로 잡혀 있고 어쩌면 이번에 데려온 베냐민도 다시 인질로 잡힐지도 모릅니다. 뿐만 아니라 자신들 모두가 나쁜 사람들로 오인誤認되어 억류당하고 자신들의 재산을 다 빼앗기고 결국 노예 신세가 될지도 모릅니다. 지난 번 귀향길에서 그리고 다시 집에 도착해서 드러난 바대로 자신들의 곡식 자루 안에 각자의 돈이 그대로 들어있었기 때문입니다. 그래서 이들은 요셉의 집으로 청지기가 인도해가는 동안 내내 두려웠습니다.

이들은 요셉의 청지기에게 자초지종을 있는 대로 진실하게 말합니다. 현재 이들이 자신들을 위해 할 수 있는 유일한 행동은 청지기가 믿든지 믿지 않든지 일단 사실을 사실대로 말하는 것밖에 없기 때문입니다. 그러자 놀라운 일이 생겼습니다. 이들의 말을 듣고 난 청지기가 오히려 이들을 위로합니다. 사실 청지기는 어째서 그들이 말한 것과 같은 일이 생겼는지 잘 알고 있습니다. 그가 요셉의 명에 따라 각 사람의 돈을 각 사람의 자루에 몰래 도로 넣어둔 장본인이기 때문입니다(창 42:25).

물론 청지기는 요셉이 왜 그런 명령을 자신에게 내렸는지 그 이유를 알 수는 없습니다. 형들에게도 아직 자신의 정체를 숨기고 있는 요셉이 청지기에게만은 그들과 자신의 관계를 말해주었다고 보는 것은 자연스럽지 않을 것입니다. 그러기에 청지기는 요셉이 돈을 돌려주게 한 일을 자신의 입장에서 해석합니다. 청지기가 요셉의 영향으로 하나님을 믿게 되었는지 아니면 요셉의 됨됨이를 겪어보고 요셉의 하나님에 대해 관심을 갖고 있었는지 우리는 청지기의 상황에 대해 구체적으로 알지는 못합니다. 그러나 적어도 그가 한 말과 행동을 통해서 우리는 두 가지 사실만은 알 수 있습니다.

첫째, 요셉은 그들이 막내 동생을 데려오면 인질로 잡혀있는 시므온을 풀어주도록 이미 청지기에게 명령을 내려놓았다는 사실입니다. 그러기에 청지기는 요셉의 형들에게 시므온을 이끌어내었습니다. 둘째, 청지기는 요셉이 돈을 돌려주게 한 일을 하나님께서 하신 일과 연관지어 생각한다는 사실입니다. 특히 청지기의 표현에서 '재물' 이란 '감춰진 보물' 을 뜻하는 말입니다. 따라서 청지기는 돈을 돌려준 사건을 하나님께서 보물을 그들에게 주신 것으로 이해한 것입니다. 다시 말해서 청지기는 자신이 이미 곡식 값은 받았고 그들에게 돌려준 돈은 하나님께서 주신 보물이라고 이해하였습니다. 이러한 청지기의 이해가 나타난 구절은 어디입니까? (절)

요셉은 형들이 데려온 자기 동생 베냐민을 봅니다. 요셉은 베냐민을 갓난아이일 때 보았습니다. 요셉은 24세쯤 된 청년 베냐민을 보고 있습니다.

〈요셉은 하란(Haran)에서 태어났습니다. 그 직후에 야곱이 외삼촌 라반과 품삯을 정하고 6년간 일한 다음에 가나안 땅으로 돌아옵니다(창 30:24, 25; 31:41). 그러니까 이때 요셉은 6살입니다. 야곱이 가나안 땅에 들어와서 세겜(Shechem)에서 적어도 10년 가까이 살았습니다. 가나안으로 올 때 어린아이였던 야곱의 딸 디나(Dinah)가 세겜 족장의 이목을 끌만한 소녀로 성장하였기 때문입니다. 불행하게도 자신의 딸 디나가 욕을 당한 후에 야곱은 하나님의 지시로 벧엘로 올라갔다가 베들레헴 근처인 에브랏(Ephrath) 가까이에 이릅니다. 여기서 야곱은 아내 라헬을 잃습니다. 라헬이 막내인 베냐민을 난산(難産)하였기 때문입니다(창 35:16-20). 따라서 요셉과 베냐민의 나이 차이는 적어도 15세 정도 됩니다. 요셉은 17세(창 37:2)에 애굽에 노예로 팔리고 30세에 애굽의 총리대신이 됩니다(창 41:46). 그 후 7년의 풍년이 있었고 흉년이 온 지 2년쯤에 형들은 요셉 앞에 나타납니다(창 45:6). 따라서 이때 요셉은 39세입니다.〉

요셉은 베냐민이 아기일 적에 그를 보고 헤어진 후 22년 만에 청년이 된 친동생을 다시 만나니 격한 마음을 가눌 길이 없습니다. 눈물을 참을 수 없어서 급히 자리를 뜹니다. 울음을 진정한 후에 형제들에게 돌아와서 음식상을 내어주고 형들을 나이순으로 앉힙니다. 이에 형들은 놀랄 수밖에 없었습니다. 어쨌든 요셉의 형제들은 모든 두려움과 걱정을 다 떨쳐내고 애굽 총리대신의 대접을 받으니 즐거웠습니다. 그러나 요셉은 형들에게 아직은 자신의 정체를 밝히지 않고 애굽 사람인체 해야 했기 때문에 형제들과 한 상에서 식사할 수는 없었다는 사실을 알려준 구절은 어디입니까? (절)

7 창세기 44장 1-16절

(월 일 _ 읽음)

요셉은 자기 형제들과 함께 즐겁게 오찬午餐을 가진 후에 형제들의 자루마다 양식을 가득 채우게 합니다. 이들로 내일 아침 집으로 떠날 수 있게 하기 위함입니다. 이제 날이 밝으면 애굽에 처음 내려온 베냐민은 물론이고 그동안 인질로 잡혀 있었던 시므온도 함께 집으로 돌아가게 됩니다. 물론 형제들은 자신들이 갖고 왔던 돈도 도로 가지고 가게 됩니다. 선물로 곡식도 잔뜩 얻어가게 됩니다.

아침 해가 떠오르자마자 요셉은 형제들을 떠나보냅니다. 그런데 이들이 얼마가지 않아서 요셉의 청지기가 급히 이들을 따라잡습니다. 그리고 그는 밑도 끝도 없이 대뜸 이렇게 말합니다. "너희가 어찌하여 악으로 선을 갚느냐?" 형제들은 모두 어안이 벙벙합니다. 청지기의 말은 자기 주인이 마시며 점치는 데 사용하는 은잔銀盞을 훔쳐갔다는 것입니다. "이 당시에 애굽인들은 액체로 점占을 쳤습니다. 물이나 포도주 또는 기름 따위를 잔에 부은 후 나타나는 형상을 보거나, 깨끗한 물을 잔에 부은 후 거기에 은이나 금 조각을 떨어뜨려서 나타나는 물의 파문波紋을 해석하여 미래 사건을 점쳤습니다. 물론 요셉이 그런 미신적인 일을 행하진 않았습니다"[Carl Friedrich Keil and Franz Delitzsch, *Commentary on the Old Testament* (Peabody, MA: Hendrickson, 2002), 1:234].

요셉이 그런 미신적인 일을 행하지 않았다고 우리가 굳게 확신할 수 있는 이유는 적어도 두 가지입니다. 첫째 그는 여호와를 진실되게 경외하는 자입니다. 둘째 그는 굳이 그런 일을 행하지 않고도 하나님의 계시를 통해서 앞일을 알 수 있었기 때문입니다. 그러나 요셉이 그런 은잔을 갖고 있었던 것은 아마도 그가 애굽의 총리대신으로서 적어도 외양적外樣的으로는 애굽 사람처럼 생활해야 했을 것입니다. 그리고 청지기가 요셉이 그 은잔을 사용하는 것처럼 말한 것은 요셉을 애굽 사람으로 알기에 당연히 그럴 것이라고 생각한 탓이라 보입니다.

그리고 요셉이 다시 끌려온 형제들에게 "나 같은 사람이 점 잘 칠 줄을 너희가 알지 못하느냐?"라고 한 것은 애굽 사람인체 하며 그들에게 진실을 얻어내기 위해 으름장을 놓은 것으로 이해해야 할 것입니다. 어쨌든 자신들의 결백을 굳게 믿는 형제들은 자신들을 배은망덕背恩忘德한 파렴치로 악평惡評한 청지기에게 결백을 입증하기 위해 단호한 제안을 하는데 이 제안이 드러난 구절은 어디입니까? (　　　절)

형제들이 모두 당당하게 자신의 자루를 풀었습니다. 요셉의 청지기가 차례차례 나이 많은 자의 자루에서부터 순서대로 살펴보았습니다만 아무에게서도 요셉의 은잔이 발견되지 않았습니다. 그럼 그렇지 우리가 도적질하지 않은 은잔이 우리 자루에서 발견될 리가 없다는 확신이 형제들 가운데서 거의 굳어질 찰나입니다. 이제 막내 동생의 자루만 통과하면 됩니다. 그러나 일은 자주 전혀 생각지 못한 곳에서 꼬이기 마련인가 봅니다.

결코 이들이 도적질하지 않은 은잔이 마지막 자루에서 발견됩니다. 그 자루의 주인은 베냐민입니다. 이제 이들의 제안대로 베냐민은 죽게 되었습니다. 그리고 형제들은 모두 애굽에서 노예가 되어야 할 판입니다. 모든 일이 순적順適하게 풀려나가다가 마지막 매듭에서 엉키고 만 셈입니다. 형제들은 옷을 찢으며 억울해 합니다. 그러나 어쩔 도리가 없습니다. 다시 애굽성으로 돌아옵니다. 이 모든 일은 요셉이 계획한 일입니다. 요셉의 치밀한 계획에 형제들이 당하지 않을 도리가 없었습니다.

청지기는 요셉의 명령대로 베냐민의 자루에 은잔을 집어넣었습니다. 그래서 청지기는 단번에 베냐민의 자루를 수색하여 은잔을 찾아낼 수 있었습니다. 그러나 모든 일이 미리 계획된 것이라는 사실이 탄로나지 않도록 청지기는 모르는 척 능청을 떱니다. 그래서 나이 많은 형의 자루에서부터 차례차례 뒤지기 시작한 것입니다. 범인이 드러났습니다. 이제 형제들은 모두 다시 요셉의 집으로 오게 됩니다.

요셉은 그들이 올 것을 알고 있었다는 듯이 그곳에 있었습니다. 그들이 무엇인가 귀중한 것을 훔쳐갈 것도 알고 있었다는 듯이 그들을 기다리고 있었습니다. 이 모든 상황을 어떻게 수습하고 또한 자신들의 정직함을 어떻게 입증해야 할지 유다는 가슴이 터질 듯합니다. 그러나 유다는 자신이 베냐민의 목숨을 담보하였기에 형제들의 대표자로서 요셉 앞에 나가서 말하기 시작합니다. 유다가 이 사건을 하나님께서 자신들의 죄악을 적발하신 일로 이해하여 기꺼이 모두 종이 되겠다고 말한 구절은 어디입니까? (절)

제 27 주

창세기 44-46장

1 창세기 44장 17-34절

(월 일 _ 읽음)

요셉은 형제들 모두가 종이 되겠다고 한 유다의 제안을 거절합니다. 요셉은 오직 자기 잔을 훔친 자만이 종이 되고 나머지는 무죄하니 모두 평안히 고향으로 돌아가라고 단호하게 말합니다. 그러자 유다가 애가 타서 말합니다. 어떻게 말해야 자신들 모두가 무죄함을 입증할 수 있을는지 답답할 뿐입니다. 그러나 솔직하게 전후사정을 말하는 수밖에 다른 도리가 없습니다.

유다는 그간에 일어난 일들을 숨기지 않고 말합니다. 유다가 말한 내용의 핵심은 형제들이 말째 아우를 데리고 돌아가지 못하면 자신들의 아버지가 죽으실 것이라는 사실입니다. 이와 같은 유다의 말에서 적어도 이제는 이들이 아버지에게 더 이상 고통을 드리지 않으려고 노력하고 있음을 알 수 있습니다. 유다가 아버지의 죽음을 염려한 직접적인 내용이 있는 구절은 어디입니까? (절)

유다가 아버지의 죽음을 언급한 것은 단지 불쌍히 여겨달라고 간청하기 위함이 아닙니다. 자신들은 죄를 짓지 않았지만 무죄임을 입증할 길이 없으니 당당히 벌을 받으려 하는데 다만 아버지를 위해서 말째를 보내주시고 그 대신 유다 자신이 이곳에 남아 종이 되겠다는 것입니다.

예전에 형제들이 요셉을 죽이려 하다가 팔아넘긴 때에는 형제들이 공모共謀하여 아버지를 속였습니다(참고. 창 37:31-32). 그러나 이제 이들은 아버지께서 다시 자식 잃은 고통과 슬픔으로 죽게 될까봐 걱정합니다. 게다가 유다는 자신이 말째 아우 대신 종이 되겠다고 나섭니다. 이쯤 되면 적어도 하나님께서 그들의 죄를 적발하신 일에 대해 늦었지만 제대로 책임을 지려는 태도를 보이기 시작한 것이라 할 수 있겠습니다. 이처럼 유다가 말째 대신 남겠다고 한 구절은 어디입니까? (절)

2 창세기 45장 1-8절

(월 일 _ 읽음)

현재 성경 말씀을 읽는 우리는 글자를 읽어서 내용을 알고 현장의 상황을 추론해 볼 수 있을 뿐입니다. 물론 예리한 독자는 그 상황에 대한 감정적인 이해도 가질 수 있습니다만, 그렇다 할지라도 현장에 있던 사람들이 느끼는 감정만큼 풍부한 느낌을 가질 수는 없을 것입니다.

현장에서 유다의 말을 듣던 요셉은 도저히 터져 나오려는 자신의 감정을 억제할 수가 없었습니다. 유다의 말에 배어있는 진실성, 유다가 말하는 동안 동일한 심정으로 서있는 다른 형제들의 모습, 잘못한 것이 없는데도 종으로 살아갈 수밖에 없다고 생각하는 형제들의 억울하고 황당한 심정, 그렇게 될 경우 아버지에게 일어나게 될 일에 대해 걱정하는 그들의 염려와 불안, 요셉은 이 모든 것을 그들의 얼굴과 몸에서 충분히 읽을 수 있었을 것입니다.

요셉이 처음 그들을 만났을 때 그들을 정탐꾼으로 몰았습니다. 그래서 아버지에 대한 소식을 얻었습니다. 그리워하던 동생도 만나게 되었습니다. 그런데 이제 또다시 동생 베냐민을 도적으로 몰고 있습니다. 형제들의 마음을 떠보기 위함입니다. 요셉은 유다의 말을 듣고 형제들의 모습을 보니 이 정도면 그들에게 자신이 누구인지 알리고 그들을 위로할 만하다고 판단합니다. 그래서 그는 주변의 모든 사람들을 물러가게 합니다.

이십 년이 넘도록 가슴속에 눌러놓았던 온갖 고통과 서러움과 그리움이 폭탄처럼 통곡으로 폭발하고 맙니다. 요셉의 몸과 마음이 통곡으로 산산이 부서집니다. 그의 통곡이 애굽 왕의 궁중에까지 들릴 만큼 요셉은 통곡을 절제節制할 수 없었습니다.

다소 진정된 이후에 요셉은 형제들에게 자신이 요셉임을 알립니다. 그러나 형제들이 이 사실을 어찌 믿을 수 있겠습니까? 꿈이라면 모를까. 죽은 것으로 여겼던 동생이 이십 년이 지나서 몰골사나운 모습이 아니라 애굽의 총리대신으로 눈앞에 나타났으니 이를 믿을 형제가 어디 있겠습니까? 이들은 무엇이라 할 말을 잃었습니다. 요셉이 계속 말합니다. 요셉은 형제들이 무엇을 가장 두려워할는지 알았습니다. 그러기에 먼저 그들을 위로합니다. 그들에게 지난날의 악행을 한탄하지 말라고 위로한 구절은 어디입니까?
(　　　절)

요셉은 참으로 성숙한 사람이 되었습니다. 시련을 통해서 인내를 배웠고 인내를 온전히 이룸으로써 성숙한 믿음을 가진 인격자로 변화된 것입니다(참고. 약 1:2-4). 그래서 그는 자신에게 일어난 매우 고통스러운 일들의 배후를 볼 줄 아는 눈을 갖게 되었습니다. 요셉이 이런 눈을 가지고 자신의 지난날을 돌이켜보고 다시 해석해 보니 자신을 애굽으로 보낸 이는 형제들이 아니라 하나님이셨습니다. 뿐만 아니라 하나님께서 그렇게 행하신 데에는 큰 구원을 이루시려는 목적을 갖고 계셨습니다.

이처럼 사람의 모든 일들 특히 하나님 백성에게 일어나는 모든 일들 배후에서는 하나님의 선한 손이 움직이고 계신 것입니다. 그러나 믿음의 시련을 겪으며 인내하여 성숙한 믿음에 이르지 못하면 일상日常의 뒷면을 볼 수 없습니다. 뒷면을 보지 못하면 하나님의 자녀일지라도 툭하면 원망과 불평에 빠지고 감사할 줄 모르는 사람이 됩니다. 그래서 광야에서 살다가 죽어간 이스라엘 백성들처럼 그렇게 인생을 살 수밖에 없습니다. 요셉이 자신에게 일어난 과거의 불행과 고통을 어떻게 이해하였는지를 알 수 있는 잇따른 네 구절은 어디입니까? (　　　-　　　절)

3 창세기 45장 3-15절

(　　월　　일 _ 읽음)

요셉이 형제들에게 자신이 누구임을 밝힙니다. 그러나 도저히 믿을 수 없음에 형제들은 말을 잃고 맙니다. 요셉은 자신이 정말 그들의 아우 요셉임을 입증하기 위해 지난날의 고통스러운 사건을 언급합니다. 형제들이 공모共謀하여 아버지까지 속였고 그래서 지금까지도 비밀이 유지되고 있는 극비極秘 사건을 누가 알 수 있겠습니까? 사람으로서는 당사자인 요셉 외에는 아무도 알 수가 없는 일입니다. 그러기에 요셉이 자신을 가리켜 '당신들이 애굽에 판 자' 라고 말하는 것만큼 자신이 요셉임을 확실하게 입증하는 증거는 없습니다.

그러나 형제들이 이 결정적인 증거를 통해서 자신들의 눈앞에 있는 애굽의 총리대신이 요셉이라는 사실을 받아들인다고 할지라도, 자신들이 그렇게 죽이도록 미워서 팔아넘긴 동생이 아직 살아있다고 해서 게다가 애굽의 최고 관리가 되었다고 해서 기뻐할 수도 없는 노릇입니다. 최근에 일어난 일련의 사건들로 인해 하나님께서 자기들의 죄를 적발하셨다고 생각하기에 이들의 마음은 죄책감으로 시달렸을 것입니다. 따라서 오히려 이들은 이제 올 것이 왔다고 자포자기自暴自棄하는 마음을 가졌음직합니다. 그렇다면 자신들을 은잔을 훔친 도적으로 몰아간 것은 적법適法하게 벌하려는 절차였다고 생각할 수도 있을 것입니다.

이런저런 불길한 생각으로 마음이 복잡한데 이들은 요셉에게서 오히려 위로의 말을 듣게 됩니다. 자신들의 귀를 의심하지 않을 수 없습니다. 그리고 요셉의 말은 계속됩니다. 그런데도 이들은 아무런 반응이 없습니다. 아니 무엇이라 말할 수가 없었습니다. 요셉은 현재 입을 움직여 말하고 있는 자가 바로 요셉 자신이라고까지 말합니다. 그래도 이들은 어떻게 반응을 보이지 못합니다. 그러나 요셉의 진심이 형들의 마음을 움직이게 되는데 이런 장면이 묘사된 구절은 어디입니까? (절)

요셉은 자신이 애굽에 노예로 팔린 사건을 하나님께서 중요한 목적을 갖고 자신을 애굽에 먼저 보내신 일로 이해합니다. 이렇게 자신의 고통을 하나님의 섭리로서 이해하기에 그렇지 않았으면 도저히 용서할 수 없었을 형제들의 만행蠻行을 용서하고 그들을 너그러운 마음으로 대할 수 있었습니다. 뿐만 아니라 요셉은 자신을 통해서 하나님께서 이루시려는 목적이 무엇인지 분명히 이해합니다.

하나님께서 요셉 자신을 애굽의 총리대신으로 세우신 것은 단지 그동안 억울하게 고생한 것에 대한 보상報償 정도가 아니라 더 크고 중요한 목적을 이루시기 위함이라는 사실을 요셉은 잘 알게 되었습니다. 따라서 요셉은 자신이 이해한 하나님의 목적에 맞게 행동해야 합니다. 그러려면 가나안 땅에 있는 야곱의 가족 모두를 곡식이 풍족한 애굽으로 데려와야 합니다. 그러기에 요셉은 그렇게 하기를 형제들에게 부탁한 내용이 담긴 네 구절은 어디입니까? (　　－　절,　　절)

4 창세기 45장 16-28절

(　　월　　일 _ 읽음)

사람이 바뀌는 것은 오직 하나님 자신을 믿고 그분의 행하신 일들을 이해하고 깨달음으로써만 가능합니다. 사람은 자신에게 일어난 일을 평가할 때, 자신에게 유익하게 보이면 좋고 불리하게 보이면 나쁘다고 생각합니다. 사람에게는 일어난 모든 일의 겉만 보이기 때문입니다. 그러나 정확히 말해서 육신의 눈만 갖고 있는 사람은 일들의 속이나 배후를 보고 싶어도 볼 수가 없습니다. 믿음의 눈이 열려있지 않기 때문입니다.

요셉도 처음에는 육신의 눈으로 자신에게 일어난 모든 일들을 바라보고 해석하였습니다. 자기 눈에 보이는 대로 판단했습니다. 그러나 그는 하나님의 말씀과 연단鍊鍛을 통해서 하나님을 더욱 신뢰하게 되고 그분의 섭리를 깨닫게 되자 자신에게 일어난 일들을 새로운 눈으로 바라볼 수 있게 된 것입니다. 그래서 요셉은 자신을 죽일 정도로 미워하여 노예로 팔아먹은 형제들을 용서할 수 있게 되었습니다. 뿐만 아니라 그들을 진심으로 위로하고, 하나님의 목적에 따라 그들을 가뭄에서 구하기 위한 조치를 취하게 됩니다.

요셉은 형들에게 많은 선물을 줍니다. 그리고 애굽 왕이 특별히 내준 수

레를 보내서 아버지를 모셔오도록 합니다. 그러나 요셉이 보기에 형들의 속사람 안에는 바뀌어야 할 여러 부분이 있습니다. 그래서 형들에게 특별히 당부하는데 이런 당부가 무엇인지 알 수 있는 구절은 어디입니까?
(　　　절)

야곱은 이제껏 20여 년 이상 죽었다고 알았던 자기 아들 요셉이 살아있다는 소식을 믿을 수가 없었습니다. 더군다나 요셉이 애굽의 총리대신이라는 사실은 더더구나 믿기 힘들었습니다. 그러나 이들이 전한 소식은 가히 충격적이어서 나이 많은 요셉은 잠시 정신을 잃습니다. [참고로 26절의 '기색하다'는 말의 원문은 '그의 마음이 마비되다'입니다.]

아들들은 자신들의 전하는 기쁜 소식이 확실하다는 사실을 입증하기 위해 요셉의 말들과 애굽 왕이 보낸 특별 수레를 보여드립니다. 그제야 야곱은 그들의 말을 믿을 수가 있었습니다. 이 기쁜 소식에 야곱은 새 힘이 솟습니다. 어서 애굽에 내려가서 요셉을 만나야겠다는 희망에 부풀게 됩니다. 하나님의 섭리는 사람의 기대나 예상을 뛰어넘습니다. 애굽 왕이 앞으로 이주移住하게 될 야곱의 가족에게 좋은 땅과 모든 필요한 것들을 주겠노라 약속한 구절은 어디입니까? (　　　절)

5 창세기 46장 1-7절

(　　월　　일 _ 읽음)

야곱으로서는 집안 전체를 이끌고 가나안 땅을 떠나는 것이 쉽지 않은 일입니다. 가나안 땅은 하나님의 약속이 있는 곳입니다. 가나안은 하나님께서 아브라함에게 주기로 약속한 땅이며 야곱 자신에게도 그렇게 약속하신(창 28:13) 곳입니다. 그러나 아들들이 전한 요셉의 말을 통해서 잠시 가나안을 떠나 애굽으로 이주하는 것이 하나님의 뜻임을 확신합니다. 그래서 야곱은 온 가족과 소유를 이끌고 애굽으로 출발합니다.

애굽으로 내려가는 도중 자신의 할아버지인 아브라함과 아버지 이삭의 삶에서 중요한 거처였던 브엘세바(Beersheba)에 이릅니다. 야곱은 여기서 하나님께 제물을 드려 하나님을 경배합니다. 중요한 고비 때마다 친히 나타나시거나 말씀을 주셔서 인도하신 하나님께서 이번에도 어김없이 야곱에게 나타나 말씀하십니다. 야곱으로서는 여러 가지 생각할 문제가 많았습니다. 하나님의 뜻이기에 가나안 땅을 떠나 애굽으로 내려가지만 하나님께서 이 땅과 연관하여 말씀하신 약속들은 어떻게 되는 것인지, 또 애굽 땅에서는 어떤 삶이 펼쳐질 것인지 등등에 대해 생각하지 않을 수가 없었습니다.

긴 세월을 외지外地에서 보낸 경험을 갖고 있는 야곱으로서는 애굽 땅에서 사는 삶이 결코 녹녹치 않을 것임을 예상할 수 있었습니다. 게다가 집안 전체를 책임지고 이끌어야 할 족장族長으로서 자신의 책임이 무거워 앞일이 두려울 정도였습니다. 하나님께서는 이러한 야곱과 그의 고민을 잘 알고 계셨습니다. 그래서 야곱을 위로하시고 그에게 꼭 필요한 약속을 주시는데 이 말씀이 있는 잇따른 두 구절은 어디입니까? (　　　절과　　　절)

야곱이 자신의 식솔食率 모두를 이끌고 애굽으로 내려가던 도중에 가나안 땅의 남단南端에 위치한 브엘세바(Beersheba)에서 하나님을 만납니다. 이곳에서 야곱은 하나님의 말씀으로 모든 불안과 염려를 털어버립니다.

약 50년 전에 야곱이 평생 처음으로 가나안 땅을 벗어난 때가 있었습니다. 그때는 형의 보복을 피하려고 가나안의 북쪽 경계를 넘었습니다. 외삼촌이 살고 있는 하란(Haran)으로 가기 위해서였습니다. 이 도망길에서 하나님께서 야곱에게 나타나셨습니다. 그때 하나님께서는 야곱을 아브라함과 이삭을 잇는 언약의 계승자로 인정하시고 “내가 너와 함께 있어 네가 어디로 가든지 너를 지키며 너를 이끌어 이 땅으로 돌아오게” 하리라(창 28:15)고 약속하셨습니다. 하나님께서 이 약속대로 줄곧 야곱과 함께 하시며 그를 지키시고 돌보셔서 마침내 20년 후에 다시 가나안 땅으로 돌아오게 하셨습니다.

그후 약 30년이 지난 지금, 야곱이 이번에는 가나안의 남쪽 경계를 넘어서려 합니다. 애굽에 있는 요셉에게로 가기 위함입니다. 그러자 하나님께서 또 야곱에게 나타나셨습니다. 그리고 50년 전과 같이 "내가 너와 함께 하며 다시 너를 가나안 땅으로 인도해 올라오겠노라"고 약속하십니다. 이어서 하나님께서 야곱 자신은 애굽에서 평안히 죽을 것이라고 말씀하십니다.

따라서 하나님께서 다시 가나안 땅으로 인도해 올리실 '너'는 야곱 개인이 아니라 야곱의 후손들을 뜻하는 표현입니다. 지금 우리도 이렇게 이해할 수 있으니 누구보다도 하나님을 많이 경험하고 하나님의 말씀을 여러 차례 직접 들은 야곱은 당연히 '너'의 의미를 정확히 파악할 수 있었습니다. 그러기에 훗날 야곱은 자신이 죽으면서, 이 하나님의 약속을 이렇게 표현합니다. "나는 죽으나 하나님이 너희와 함께 계시사 너희를 인도하여 너희 조상의 땅으로 돌아가게 하실 것이다"(창 48:21).

뿐만 아니라 요셉도 틀림없이 야곱을 통해 알게 된 하나님의 약속을 믿고서 죽을 때 이렇게 말합니다. "나는 죽으나 하나님이 너희를 권고하시고 [=찾아오시고] 너희를 이 땅에서 인도하여 내사 아브라함과 이삭과 야곱에게 맹세하신 땅에 이르게 하시리라"(창 50:24). 이처럼 하나님께서 애굽으로 내려가는 야곱에게 주신 약속에는 이미 아브라함에게 말씀하신 계획(창 15:13-14, 16), 즉 장차 하나님 자신께서 이루실 놀라운 구원 계획이 담겨 있습니다. 이 놀라운 구원 계획을 담은 약속이 나타난 구절은 어디입니까?

(　　절)

6 창세기 46장 8-27절

(　　월　　일 _ 읽음)

야곱이 애굽으로 데리고 간 식솔 전체의 수는 칠십 명입니다. 물론 야곱과 함께 애굽으로 간 사람들 전체의 수는 적어도 백여 명이 넘었을 것입니다. 야곱의 집에서 부리는 종들도 꽤 있었을 것이고, 게다가 칠십 명에는 며느리들의 수가 전혀 포함되지 않았기 때문입니다. 칠십 명이라는 수에는 오직 야곱의 자녀子女, 손자, 손녀만 포함되었습니다. [창세기를 기록한 모세는 이후에도 출애굽기 1:5와 신명기 10:22에서 일관되게 애굽으로 내려온 야곱의 식구를 칠십 명으로 언급합니다. 한편 사도행전 7:14에서는 "요셉이 보내어 그 부친 야곱과 온 친족 일흔 다섯 사람을 청하였다"고 말합니다. 이처럼 다섯 사람이 많은 이유는, 사도행전에서는 처음으로 구약성경을 번역한 성경인 '칠십인 경'(Septuagint)을 따랐는데 이 '칠십인 경'에서 창세기 46:20을 번역할 때 애굽에서 태어난 요셉의 후손 다섯 명(므낫세의 아들과 손자 + 에브라임의 두 아들과 손자 한 명)을 덧붙이고 창세기 46:27에서 칠십 오 명으로 표현하였기 때문입니다.]

엄밀히 말해서 야곱과 함께 애굽에 내려간 사람의 수는 육십 육 명입니다. 이 숫자는 야곱 자신과 이미 오래 전에 애굽에 온 요셉과 요셉이 애굽에서 낳은 두 아들을 제외한 숫자입니다. 이와 같이 이미 애굽에 있는 세 명의 이름이 나온 구절은 어디입니까? (　　　절)

야곱의 가족 칠십 명에는 야곱의 자부子婦들이 포함되지 않았습니다. 그러나 자부들이 여성이라는 이유 때문에 빠진 것은 아닌 듯합니다. 야곱의 딸과 손녀는 포함되었기 때문입니다. 따라서 자부들이 포함되지 않은 이유는 장차 애굽에서 나와 '이스라엘'이라는 나라를 이루는 열두 지파와 각 지파의 가족家族들의 조상들을 언급하려는 목적 때문이라고 생각합니다[참고. 민 26장, Cf. Carl Friedrich Keil and Franz Delitzsch, *Commentary on the Old Testament* (Peabody, MA: Hendrickson, 2002), 1:238].

한편 이스라엘을 이루는 조상이 되려면 반드시 혈연적으로 순수해야만 하는 것도 아닙니다. 야곱의 넷째 아들인 유다는 우리가 다 아는 바대로(참고. 창 38장) 가나안 여인과 혼인하여 세 아들(이 중 둘은 그들의 악함 때문에 여호와께서 죽이셨음)을 낳았고, 셋째 아들도 다시 가나안 여인을 아내로 취하여 아들을 낳았기 때문입니다. 이러한 특이한 사실들[이스라엘 가족들의 조상이 아닌데도 야곱의 딸과 손녀 이렇게 여인 둘이 포함되었고, 어떤 손자에 대해서는 가나안 여인

의 아들이라 밝힘]을 말한 세 구절은 어디입니까? (절,   절,   절)

7 창세기 46장 28-34절

(월   일 _ 읽음)

야곱은 유다를 미리 요셉에게 보냅니다. 식솔들이 모두 거주할 지역으로 인도함을 받기 위함입니다. 그래서 야곱의 식구들은 애굽에서 가장 좋은 땅인 고센(Goshen)에 이르게 됩니다. 이제 요셉은 목매어 그리워하던 아버지 야곱을 만납니다. 무려 22년만의 상봉相逢입니다.

그간 아버지는 요셉이 죽은 줄 알았습니다. 요셉은 자신이 타국에 노예로 팔려왔으니 다시는 아버지를 만날 길이 없다고 생각하였습니다. 어머니가 죽은 이후로 특히 아버지의 사랑을 독차지했던 요셉으로서는 아버지를 다시는 만날 수 없다는 것이 말할 수 없이 서러웠을 것입니다. 자기 형제들의 질투와 악함 때문에 버림받은 요셉은 아버지와 생이별하고 타국에서 노예와 죄수로서 수많은 고생을 겪었습니다. 그러나 하나님은 자신의 목적에 따라 모든 일들을 섭리하셨습니다.

하나님께서 요셉에게 큰 은혜를 베푸시고 그를 변함없이 돌아보셔서 그는 애굽의 총리대신이 되었고 따라서 아버지를 애굽으로 모셔와 만나게 됩니다. 긴 세월이 지나 이루어진 부자父子간의 눈물겨운 상봉 장면을 묘사한 잇따른 두 구절은 어디입니까? (절과   절)

요셉은 아버지 야곱의 모든 가족이 와서 살 곳을 미리 고센(Goshen) 지역으로 점찍어 두었습니다. 그렇게 한 이유는 첫째로 그곳이 요셉의 거처와 가깝기 때문입니다. 요셉은 앞으로 있을 긴 흉년 동안 아버지와 식구들을 잘 돌아보기 위해 자신의 거처와 가까운 지역으로 고센을 택했습니다(참고. 창 45:10-11).

둘째로 고센이 목축지牧畜地로서 적합하기 때문입니다. 야곱의 가족은 목축을 하는 사람들입니다. 그러니 가축에게 필요한 풀과 물이 넉넉한 지역이라야 합니다. 고센은 나일(Nile) 강의 삼각주에 속한 지역이라 매우 비옥하고 수량水量도 풍부하기에 애굽 왕도 그곳을 가리켜 '가장 좋은 곳' 이라고 말한 곳입니다(창 47:6, 우리말에서는 '땅의 좋은 곳' 이라고 표현했으나 원문의 의미를 따랐음).

이미 애굽 왕이 요셉에게 '네 아비와 집안 식구 모두를 애굽으로 데려오면 애굽 땅의 좋은 곳을 주겠노라' 고 약속하였고 아비와 식구들을 태워올 수레들까지도 내주었습니다(창 45:17-20). 그러나 그렇다고 할지라도 애굽 왕 자신이 '가장 좋은 땅' 으로 여기는 고센 땅을 달라고 야곱의 가족이 청했을 때 애굽 왕이 과연 그런 최상最上의 지역을 그들에게 내줄 것인가? 이것이 관건입니다.

만일 왕이 고센 대신 다른 땅을 제시하면 그들이 거절할 도리가 없습니다. 그러기에 고센 지역을 확실하게 확보하려면 왕도 승낙할 수밖에 없는 좀 더 타당한 이유가 있어야 했습니다. 요셉은 그 이유를 찾았습니다. 그래서 요셉은 형들과 식구들이 왕을 알현할 때에 대답할 말을 그들의 입에 넣어줍니다. 그 이유가 무엇인지 알 수 있는 구절은 어디입니까? (　　　절)

제 28 주
창세기 47-49장

1 창세기 47장 1-12절

(월 일 _ 읽음)

요셉이 자신의 식구들이 가나안에서 애굽으로 왔다는 사실을 애굽 왕에게 알린 후에 형제 중 다섯을 뽑아 왕을 알현하게 합니다. 가나안 땅에서 평생 양들을 치던 목자들이 애굽 왕 앞에 섰습니다. 형제들은 왕이 생업生業을 묻는 물음에 자신들이 목자라고 대답하였습니다. 그러나 이들은 요셉이 미리 입에 넣어준 바대로(창 46:34) 대답하였음을 알 수 있는 구절은 어디입니까? (절)

형제들이 왕을 알현한 이후에 야곱이 애굽 왕 앞에 서게 됩니다. 자신의 나이를 묻는 왕에게 야곱은 자신의 지나온 세월에 대해 언급합니다. 야곱은 자신의 삶뿐만 아니라 아버지 이삭과 조부祖父인 아브라함의 삶이 어떠하다는 사실을 독특하게 표현합니다.

일찍이 아브라함은 하나님의 부르심을 받아 갈대아 사람들의 도시인 우르(Ur)를 떠나 가나안 땅에 와서 살았습니다. 아브라함은 하나님께로부터 가나안 땅을 주시겠다는 약속을 받습니다. 그러나 그의 생전에 그 약속은 온전히 이루어지지 않았기에 그는 약속 받은 땅에서 사는 동안도 마치 나그네처럼 살았습니다. 하지만 아브라함은 우거寓居하는, 즉 나그네처럼 사는 동안 진정 자신이 원하는 삶터가 어디에 있는지를 배우고 그곳을 사모하며 살게 됩니다.

그래서 히브리서 11:8-10에서는 이렇게 말합니다. "믿음으로 아브라함은 …… 외방[다른 나라]에 있는 것같이 약속하신 땅에 우거하여 …… 장막에 거하였으니 이는 하나님의 경영하시고 지으실 터가 있는 성을 바랐음이라." 이렇게 살았던 아브라함처럼 이삭도 그런 믿음으로 살았고 야곱도 그렇게 살아왔다는 사실을 암시한 구절은 어디입니까? (절)

사람이 고생하는 까닭은 자신의 욕심과 미련함 때문인 경우가 대부분입니다. 그러나 그렇다고 할지라도 하나님의 백성의 경우에는 하나님께서 그들 스스로 자초한 고생을 도구로 사용하셔서 그들을 더욱 성숙하도록 연단시키십니다. 본보기가 될 만한 가장 좋은 실례實例가 야곱의 경우일 것입니다.

야곱의 삶은 우리가 보기에도 참으로 힘들고 험한 삶이었으니 그 삶을 사는 본인에게는 얼마나 벅차고 어려웠겠는지 능히 짐작할 수 있습니다. 만일 하나님께서 야곱과 함께 하시어 돌아보시지 아니 하였다면 야곱은 틀림없이 폐인廢人이 되고 말았을 것입니다. 야곱이 자신의 삶을 돌아보면서 고생과 위험이 많은 삶을 살았다고 말한 구절은 어디입니까? (　　　절)

애굽 왕은 애굽의 가장 좋은 땅 라암세스(=람세스, Rameses)를 야곱의 가족에게 줍니다. 얼핏보면 요셉의 형제들이 요청한 고센(Goshen) 대신에 다른 땅을 준 것처럼 보이나 사실은 요청대로 준 것입니다. 그러면 고센을 '라암세스'라고 한 까닭은 무엇입니까? 이는 옛 수도首都인 람세스가 고센 지역에 있거나 람세스 근처에 고센 지역이 있기에 모두 알 만한 유명한 도시를 언급하여 고센 지역을 말한 것이라고 봅니다[Cf. Carl Friedrich Keil and Franz Delitzsch, *Commentary on the Old Testament* (Peabody, MA: Hendrickson, 2002), 1:242]. 뿐만 아니라 애굽 왕은 요셉의 형제들의 생업이 목자임을 알고 그들에게 왕 자신을 위해 행할 일까지 맡겼는데 그것이 무엇인지 알려준 구절은 어디입니까? (　　　절)

앞서 요셉은 형들에게 아버지와 식구들을 데리고 애굽으로 내려오라고 청하면서 고센 땅에 거하기를 원했습니다. 그렇게 원한 까닭은 무엇보다도 아버지께서 자신과 가까이 살아야 봉양할 수 있을 뿐만 아니라 다른 형제들의 가족들도 돌볼 수 있기 때문이라고 말했습니다(참고. 창 45:10-11). 이제 아버지와 모든 식구들이 고센 땅에 거하게 된 때에 전에 요셉이 자기 형제들에게 한 말이 빈말이 아니었고 진심이었다는 사실을 알려주는 구절은 어디

입니까? (절)

2 창세기 47장 13-27절

(월   일 _ 읽음)

가뭄은 참으로 극심했습니다. 가나안 땅은 물론이고 애굽 땅에도 먹을 것이 전혀 없다시피 되었습니다. 백성들이 가진 돈도 바닥이 났습니다. 그래서 이들은 요셉에게 와서 사정합니다. 요셉은 짐승과 양식을 바꾸어줍니다. 이렇게 해서 백성과 그들의 짐승들은 생명을 유지하며 한 해를 무사히 넘길 수 있었습니다.

새해가 왔습니다. 그러나 예상한 바대로 가뭄은 계속됩니다. 양식을 구하느라 가진 돈과 짐승들을 모두 내어준 백성들에게 이젠 남은 것이라고는 자신들의 몸과 토지뿐입니다. 그러자 백성들은 요셉에게 자신들의 열악한 상황을 말하며 자신들의 생명을 살리고 땅도 황폐하지 않게 유지할 수 있는 방안을 제시합니다. 이 방안을 말한 구절은 어디입니까? (절)

백성들은 자신들의 제안이 받아들여지자 토지를 팔고 양식을 구합니다. 그리고 스스로 애굽 왕에게 속하여 왕을 위해 일하는 일꾼이 됩니다. 이로써 백성들과 그들의 모든 땅은 애굽 왕의 소유가 됩니다.

요셉은 애굽 왕의 신하입니다. 그러나 그는 애굽 왕 개인의 부귀富貴나 권력을 위해 일하는 신하가 아닙니다. 요셉은 하나님께서 자신을 도저히 나올 수 없는 감옥에서 건져내셔서 애굽의 총리대신이 되게 하신 뜻을 잘 알고 있습니다. 요셉은 형들이 자신을 노예로 팔아 애굽에 보낸 비극적인 사건의 배후에 있는 하나님의 섭리도 잘 이해하고 있습니다. 한마디로 요셉은 자신이 하나님과 그분의 목적을 위해 일하고 있음을 분명히 알고 있습니다. 그러기에 요셉은 애굽 왕이 자신에게 맡긴 모든 권한(창 41:40-44)을 하나님의 목적에 맞게 지혜롭게 활용합니다.

하나님께서는 요셉을 이스라엘의 가족뿐만 아니라 만민의 생명을 구원할 자로 세우셨습니다(참고. 창 45:5, 7; 50:20). 그래서 요셉은 앞으로 남은 수 년간의 기근 동안에도 백성들이 생명을 잘 유지할 수 있도록, 아마도 비축한 곡식의 양에 따라 성城의 인구를 조절하려고, 백성들의 거처를 알맞게 배치합니다. 필요한 곳에 필요한 만큼의 인구를 이주시킵니다. 그 다음에 토지법을 세워서 백성들이 부당하게 착취당하지 않도록 제도를 마련합니다.

이 제도에 따르면 백성들은 분배받은 땅에 농사를 짓고 추수한 양의 오분의 일만 왕에게 상납하고 나머지 오분의 사는 자신들의 양식으로 갖게 됩니다. 우리의 눈에 보기에는 20%의 세금을 낸다는 것이 무거운 과세課稅처럼 보일 수 있겠으나, 곰곰이 생각하면 결코 무겁지 않은 합리적이고 바람직한 제도입니다. 이것은 왕이 토지와 씨앗을 다 대고 백성은 품만 파는 일종의 동업同業입니다. 요즘 같으면 이런 동업에서 이익 분배는 5대 5나 4대 6의 비율일 것입니다. 따라서 1대 4라는 비율은 백성에게 매우 좋은 조건입니다. 그러기에 백성들도 이런 조건을 제시한 요셉에게 크게 감사하였음을 알려준 구절은 어디입니까? (절)

3 창세기 47장 20-31절

(월   일 _ 읽음)

요셉은 바람직한 제도와 법을 마련하여 애굽 백성들의 생명을 잘 보존하고 인간다운 삶을 살도록 합니다. 뿐만 아니라 요셉은 이스라엘 가족 전체를 잘 보살핍니다. 그래서 이스라엘 가족은 애굽 왕에게 하사下賜받은 고센 땅에서 마치 기근을 겪지 않는 사람들처럼 넉넉하게 생활합니다.

이스라엘의 인구가 늘고 번성하기에 이릅니다. 이스라엘이 가나안 땅으로 이주해 온 후 오년이 지나자(참고. 창 45:6) 모든 사람들을 힘들게 한 기근도 끝이났습니다. 하나님께서 들어 쓰신 요셉의 지혜와 지도력으로 모든 사람들이 살아남을 수 있게 되었습니다. 그리고 다시 십이 년이 지났습니다.

야곱이 애굽 땅으로 내려온 지 십칠 년이 되던 해에 마침내 그는 '험악한 세월' (창 47:9)을 마치고 평화롭고 영원한 안식처인 하나님 나라로 돌아가게 됩니다. 야곱은 죽기 전에 요셉을 불러 마지막 부탁을 하면서 그대로 행하겠다는 맹세를 하게 합니다. 이는 야곱이 죽은 후에 자신의 육체까지도 하나님의 약속한 땅에 묻히기를 간절히 소망하고 있기 때문입니다. 야곱이 이와 같은 자신의 소망을 언급한 잇따른 두 구절은 어디입니까?

(　　　절과　　　절)

야곱은 자신의 죽음이 가까이 오자 요셉을 부릅니다. 이는 자기 조부祖父 아브라함이 값을 주고 산 막벨라 굴(참고. 창 23:16-20)에 자신을 장사葬事할 것을 요청하고 이 일에 대해 맹세하도록 하기 위함입니다. 야곱이 이처럼 요셉에게 맹세까지 시키면서 애굽이 아니라 가나안 땅에 자신을 장사하도록 한 것은 그가 특정 지역의 땅에 집착했기 때문이 아니라 하나님의 약속을 붙잡고 있었기 때문입니다.

신자는 죽자마자 즉시 하나님 나라에 거하게 됩니다. 그곳에서 하나님께서 은혜로 허락하신 영원한 안식을 누리며 하나님과 함께 기쁨과 평안과 감사함 속에 하나님을 찬양하며 살아갑니다. 이와 같은 사실을 족장들은 물론이고 아브라함의 신앙을 물려받은 구약의 모든 성도들도 다 확신하고 있었습니다. 이것은 어느 시대든 참 믿음을 가진 신자라면 누구나 확신하고 있는 사실입니다.

특히 아브라함과 이삭과 야곱, 이 세 족장族長들은 히브리서 11:13-16이 증거하는 바와 같이, 하나님의 나라를 사모하며 살았고 하나님의 약속을 붙잡고 살았습니다. 하나님의 약속이라면 무엇이든지 하나님께서 말씀하신 바대로 이루어지길 간절히 바라며 그 약속을 붙잡고 살았던 것입니다. 신앙이란 이런 것입니다. 비록 하나님의 약속이 자기 세대에서 이루어지지 않는다고 할지라도 그 약속을 믿는 믿음이 약해지지 않고 그 약속을 '멀리서 보고 환영하는' (히 11:13) 마음으로 사는 것입니다.

야곱은 요셉의 맹세를 받은 후에 자신의 약한 몸을 추슬러서 할 수 있는 만큼 최대한 일어나 이제껏 자신의 삶을 주관하시고 이끌어오셨으며 곧 가서 눈으로 친히 뵈올 하나님께 머리숙여 경배합니다. 야곱이 하나님을 경배한 사실을 말한 구절은 어디입니까? (절)

4 창세기 48장 1-7절

(월   일 _ 읽음)

[48-49장은 야곱의 죽기 전에 무엇을 말하고 어떤 일들을 행하였는지를 자세히 소개합니다.]

야곱이 요셉을 불러 맹세시킨 일이 있은 후 얼마 되지 않아 병이 듭니다. 요셉이 두 아들을 데리고 급히 아버지를 찾아 왔습니다. 야곱은 있는 힘을 다해 침상에서 일어나 앉습니다. 그리고 요셉에게 말하기 시작합니다. 야곱은 자신의 지난 모든 날 동안 가장 중요한 일, 즉 그의 인생을 송두리째 정반대로 바꿔놓은 사건을 먼저 말합니다.

그것은 전능하신 하나님께서 나타나셔서 야곱을 아브라함 언약의 계승자로 삼으시고 그에게 엄청난 복을 주신 사건입니다. 야곱은 비참한 도망자에서 하나님의 복의 근원과 통로가 되었습니다. 이로써 하나님께서는 자신의 복을, 아브라함과 이삭과 야곱을 통하여만, 주시고자 하는 사람들에게 베푸시려는 것입니다. [그리고 이 복의 근원과 통로는 마침내 그리스도에게로 이르게 되며 따라서 이제 모든 인류는 오직 그리스도만을 통해서 하나님의 복을 누릴 수 있습니다.]

야곱은 자신이 진정으로 하나님의 복을 누리는 자라는 사실에 만족하며 감사하며, 하나님께서 자신에게 넘치는 복을 주신 사건을 먼저 이야기하는데 이 사건의 내용을 말한 잇따른 두 구절은 어디입니까?
(절과   절)

하나님께서는 야곱을 아브라함 언약의 계승자로 삼으시고 그를 통하여 수많은 백성으로 이루어진 하나님 나라를 만들려고 계획하셨습니다. 그래서 야곱을 평생에 걸쳐 다듬으시는 과정에서 그의 이름을 '이스라엘' 이라고 바꿔 주십니다. 이 일을 위해 하나님께서 그에게 열두 아들을 주시고 이들로 '이스라엘' 의 열두 지파支派의 조상이 되게 하십니다.

기록자는 이러한 사실을 잘 알고 있기에 야곱이 하나님께서 베푸신 큰 은혜를 말하기 시작하는 부분에서부터 의도적으로 야곱이라는 이름 대신에 하나님께서 바꾸어주신 이름을 사용하기 시작하는데 그곳은 어디입니까? (　　　절)

또 야곱은 하나님의 계획을 바로 이해하고 있기에 요셉을 장자長者로 대우합니다(참고. 대상 5:1-2). 그래서 야곱이, 장자가 받을 두 몫으로서(참고. 신 21:17) 요셉의 두 아들로 이스라엘의 두 지파를 이루게 하려고 그들을 양자養子로 취하겠다고 선언한 구절은 어디입니까? (　　　절)

5 창세기 48장 8-20절

(　　월　　일 _ 읽음)

이스라엘은 요셉의 아들들을 보고 "이들은 누구냐?" 라고 묻습니다. 조금 전에 그들을 자기 양자로 삼았으면서도 생뚱맞게 누구냐고 묻고 있는 듯이 보입니다. 그러나 이는 야곱이 언약의 계승자로서 축복해야 하는 막중한 임무 때문에 축복할 대상을 확인하려는 것입니다. 더구나 야곱은 눈이 어두워서 보지 못할 정도에 이르렀기에 반드시 축복할 대상을 물어서 확인해야만 했습니다.

이전에 이삭도 축복하기 전에 자기 아들인 줄 알면서도 이렇게 물었습니다. "내 아들아, 네가 누구냐?"(창 27:18) [G. Wenham, *WBC: Genesis 16-50* (Word Books, 1994), p.464]. 뿐만 아니라 이삭은 아무래도 미심쩍어서 자신이 축복할 대상임을 확실히 하기 위해 이렇게까지 말했습니다. “내 아들아 가까이 오라. 네가 과연 내 아들 에서인지 아닌지 내가 너를 만지려 하노라”(창 27:21). 마찬가지로 야곱도 자신이 축복할 대상을 확인한 후에 그들에게 축복합니다.

여기서 우리가 분명히 알아야 할 점은 언약의 계승자로서 야곱의 축복은 자신의 소원에 따라 누가 하나님의 복을 받기를 원한다는 식으로 기원祈願하는 일이 아니라는 사실입니다. 이것은 하나님의 복이 누구에게 어떻게 임할지를 하나님의 뜻에 따라 선언宣言하는 행위입니다. 그러기에 때로는 인간적인 기대나 바람과 다르게 나타날 수 있습니다. 야곱의 축복이 요셉의 기대나 생각과 달랐기에 요셉이 어떤 언행을 취했는지를 말한 잇따른 두 구절은 어디입니까? (　　　　절과　　　　절)

요셉은 눈이 어두워 보지 못하시는 아버지를 세심하게 배려配慮합니다. 그래서 야곱이 축복하기 위해 손을 뻗으면 오른손이 장남長男에게 왼손은 차남次男에게 미치도록 아들들을 배치하여 아버지 앞으로 데리고 가까이 갑니다. 야곱이 손자들이 자기 앞으로 오자 팔을 뻗습니다. 그런데 요셉의 기대와는 달리 팔을 가로질러 뻗습니다. 야곱의 오른손이 둘째 아들인 에브라임 위에, 왼손이 맏아들인 므낫세 위에 놓였습니다.

요셉은 아버지의 착각이거나 실수라고 생각하여 가로질러 뻗은 손을 바로 뻗게 하려고 오른손을 맏아들의 머리에 얹으시기를 청합니다. 그러나 야곱은 가로질러 에브라임의 머리 위에 얹은 오른손을 바꾸지 않으려고 합니다. 이는 노인의 고집이 아니었습니다. 자신의 실수나 착각으로 그리 했을지라도 한 번 정했으면 끝까지 간다는 식의 옹고집이 아니었습니다. 야곱은 하나님의 뜻을 분명히 알고 있었습니다. 그래서 하나님의 뜻에 맞게 행동하려는 것입니다.

하나님께서는 요셉의 두 아들 모두에게 큰 복을 주실 것입니다. 그러나 하나님은 야곱에게 그리하셨듯이 이번에도 형보다 아우를 크게 하시기로 작정하셨다는 사실을 야곱은 잘 알고 있습니다. 그래서 야곱은 요셉의 배려와 요청에도 불구하고 요셉의 둘째 아들에게 오른손을 얹어 축복한 것입니다. 야곱이 자신은 하나님의 뜻에 맞게 행동했다고 말한 구절은 어디입니까? (절)

6 창세기 48장 15-22절

(월   일 _ 읽음)

야곱은 죽은 줄 알았던 아들 요셉을 만났습니다. 십칠 년 전의 일입니다. 그 일이 어제 일처럼 생생합니다. 하나님의 은혜가 아니라면 결코 있을 수 없는 일이었습니다. 게다가 요셉의 아들들까지 볼 수 있었습니다. 이는 참으로 하나님께서 큰 은혜를 베푸셨기 때문이라고 믿기에 야곱의 마음은 감사함으로 가득 찼습니다. 자신의 욕심과 그 욕심을 이루려는 약삭빠름으로 온갖 어려움을 겪은 야곱은, 십칠 년 전 이곳 애굽에 이를 때에 자신의 삶을 돌아보면서 '험악한 세월을 보냈다' 고 표현했습니다.

그러나 이제 야곱은 더욱 성숙해졌습니다. 그는 하나님의 은혜를 늘 감사할 줄 아는 인물이 되었습니다. 이처럼 하나님께서는 자기 자녀를 끝까지 쉬지 않고 거룩하고 성숙한 사람이 되도록 만드십니다. 성숙한 야곱은 하나님을 매우 분명하게 이해합니다. 하나님께서는 출생 때부터 지금 이 순간까지 평생토록, 목자가 양을 먹이고 돌보듯, 자신을 기르시고 모든 악한 것에서 자신을 건져주신 분이라고 한 야곱의 고백이 나온 잇따른 두 구절은 어디입니까? (절과   절)

믿음이란 현실에서는 아직 이루어지지 않았더라도 하나님께서 약속하셨기에 약속하신 말씀대로 반드시 이루실 것을 받아들이는 행위입니다. 야곱은, 하나님께서 아브라함과 이삭과 야곱에게 주시겠다고 약속하신 가나안 땅을 반드시 주실 것이며 그곳으로 야곱의 후손들을 인도해 가실 것임을 믿었습니다. 흔히 사람은 상대방이 죽으면 그에게 약속한 것을 굳이 지키려 하지 않겠으나 하나님은 결코 그렇지 않으십니다. 그러기에 야곱은 자신이 죽어도 하나님께서 자신의 약속대로 행하실 것임을 요셉에게 밝히 말합니다.

뿐만 아니라 야곱은 요셉에게 다른 형제들보다 한 몫 더 준 땅에 대해 설명하기를 그 땅은 자신이 아모리 족속(Amorites)에게 빼앗은 땅이라고 합니다. 사실 야곱이 세겜(Shechem) 지역의 밭을 구입한 적은 있으나(창 33:19) 칼과 활을 들고 싸워서 아모리 족속에게 땅을 빼앗은 적은 없습니다. 그럼에도 야곱이 그렇게 설명한 까닭은 무엇일까? 이는 야곱이 나이가 많아서 자신의 행한 일에 대해 그릇된 기억을 갖고 있기 때문이 아니라 믿음의 눈으로 앞을 내다보고 말하기 때문입니다.

야곱은 믿음의 눈으로 보기에 하나님의 모든 약속이 이미 실현된 것으로 말할 수 있었습니다. 다시 말해서 야곱은 하나님의 약속을 믿기에 앞으로 하나님께서 약속대로 행하실 일들이 이미 자신 안에서 이루어진 것으로 표현한 것입니다[Cf. Carl Friedrich Keil and Franz Delitzsch, *Commentary on the Old Testament* (Peabody, MA: Hendrickson, 2002), 1:248–249]. 이처럼 그는 장래에, 즉 약 460년 후에 이스라엘 백성이 여호수아(Joshua)의 지도 아래 가나안의 여러 족속들을 내쫓고 가나안 땅을 차지할 일을 현재 이미 이루어진 일로 말한 것입니다. 이처럼 야곱이 요셉의 후손들이 얻을 땅에 대해 예언한 구절은 어디입니까? (절)

7 창세기 49장 1-7절

(월   일 _ 읽음)

야곱은 자기 아들들을 모두 불러놓고 그들과 그들의 후손에게 하나님께서 행하실 일들을 선포합니다. 언약의 계승자로서 야곱은 하나님의 행하실 일들을 미리 말씀한 것입니다. 맏아들 르우벤(Reuben)은 인간적인 면에서는 탁월한 인물이었습니다. 그는 아버지를 이어 집안 전체를 이끌어갈 권한과 책임을 부여받은 장자長子로 태어났기에 다른 형제들보다 출중出衆하였습니다. 그러나 그는 장자의 지위地位를 잃고 맙니다. 그 지위는 요셉에게로 넘어갑니다.

요셉이 장자의 지위를 차지하게 되었다는 것은 야곱이 요셉에게 장자의 몫인 두 몫을 주기 위하여 요셉의 두 아들을 자신의 양자養子로 삼은 사실에서 잘 드러납니다(참고. 창 48:5, 22; 신 21:17). 역대상 5장 1-2절도 그렇게 증언합니다. "…… 르우벤은 장자라도 그 아비의 침상을 더럽게 하였으므로 …… 장자의 명분은 요셉에게 있으니라." 르우벤은 만회挽回할 수 없는 중대한 죄악을 범했기에(창 35:22) 장자의 지위를 상실했습니다. 르우벤이 범한, 이 추악한 죄악이 무엇인지 말한 구절은 어디입니까? (절)

야곱의 둘째 아들인 시므온(Simeon)과 셋째 아들인 레위(Levi)의 모친은 레아(Leah)입니다. 이런 의미에서 둘은 친형제입니다만 그들의 생각과 행동이 일치하여 거침없이 끔찍한 악행을 저질렀다는 의미에서도 과연 형제라고 말할 수 있겠습니다. 이 두 형제는 자신들의 여동생인 디나(Dinah)가 세겜 족의 추장에게 욕을 당한 일에 대해 분노하여, 매우 잔인하게 그러나 결코 공의롭지 못하게 보복합니다. 세겜 족속 전체를 속여서 할례를 행하게 한 후에 형제는 할례로 인하여 고통 중에 있는 세겜 남자들을 모두 칼로 쳐 죽입니다. 뿐만 아니라 그 성을 노략하고 부녀자들을 사로잡아왔습니다(참고. 창 34:25-29).

악한 일은 응징膺懲해야 합니다. 그러나 공의롭게 해야 합니다. 두 형제의 행한 일은 하나님 보시기에 극히 악한 일입니다. 이렇게 악한 일을 행한 자에게는 하나님의 저주가 임할 것입니다. 가나안 땅에 들어간 이스라엘의 각 지파가 분배받은 곳에서 함께 거할 때 이들의 후손은 흩어져 살게 될 것입니다. 이런 사실을 말씀한 구절은 어디입니까? (절)

제 29 주
창세기 49–50장

1 창세기 49장 8-12절

(월 일 _ 읽음)

유다(Judah)는 야곱이 레아(Leah)에게서 낳은 넷째입니다. 첫째의 추악한 범죄 때문에 장자의 명분은 요셉에게 넘어갑니다. 그럴지라도 이스라엘 백성 전체를 다스리는 주권자主權者는 유다 지파에서 나옵니다. 이미 유다는 구덩이에 갇힌 요셉을 죽이지 말고 상인에게 팔아넘기자고 형제들에게 제안하여 모두의 동의를 끌어낼 만큼(참고. 창 37:26-27) 지도력을 발휘했습니다. 르우벤이 두 아들의 목숨을 담보로 내걸고 베냐민을 애굽으로 데려가겠다고 했으나 야곱이 한마디로 거절합니다(참고. 창 42:37-38). 이런 상황에서 다시 유다는 야곱을 설득하여 베냐민을 애굽으로 데려갈 수 있을 만큼(참고. 창 43:1-14), 또 애굽의 총리대신 앞으로 나서서 말할 만큼 형제들의 대표자로서 자기 자리를 굳건히 하였습니다.

맏형 르우벤의 추악함과 둘째와 셋째인 시므온과 레위의 잔인성 때문에 형제들은 자연스럽게 넷째인 유다를 자신들의 실제적인 맏형으로 여기고 그의 지도를 따랐을 것입니다. 그러나 그들 당대當代에는 그렇다고 할지라도 먼 훗날에 유다 지파에서 다른 모든 형제들을 다스릴 자가 나온다는 것은, 유다 자신의 능력이나 열두 형제의 약속으로 이루어질 수는 없는 일입니다. 앞일은 인간의 능력으로 결정될 수 있는 것이 아닙니다. 따라서 유다에게서 모든 형제들을 다스릴 주권자가 나오는 것은 전적으로 하나님께 달린 일입니다.

이 예언은 먼 훗날 유다 지파에게서 다윗 왕이 나오고 계속 다윗의 후손이 왕위를 이어간 사실을 통해 성취됩니다. 하나님께서 유다 지파에게서 왕이 <u>계속</u> 나오게 하리라 말씀한 구절은 어디입니까? (　　　절)

왕은 자신의 왕권王權을 상징하는 바통(baton) 같은 것을 쥐는데 이것을 홀笏이라고 합니다. 왕관王冠을 머리에 쓴 이가 왕이듯이, 홀을 손에 쥔 자가 왕입니다. 더구나 왕의 용맹함을 비유할 때는 백수百獸의 왕인 사자獅子에 견줍니다. 이렇게 사자에 비유하는 것은 고대의 여러 나라와 문화권에서도 널리 사용되었습니다[Cf. Allen p.Ross, *Creation and Blessing: A Guide to the Study and Exposition of Genesis* (Grand Rapids: Baker Books, 1998), p.703].

한 예를 들어 모세를 죽이려고 오랫동안 찾던 왕(출 2:15, 23)인 '투트모세 3세'(1504-1450)가 원정遠征에서 승리한 사실을 칭송하는 노래(The Hymn of Victory of Thut-Mose III)를 보면, 그는 '무서운 사자'로 표현되었습니다[James B. Pritchard ed., *The Ancient Near Eastern Texts Relating to the Old Testament*, 3rd ed. with Supplement (Princeton: Princeton University Press, 1958), p.374].

이렇듯 유다 지파는 원수들의 목을 잡아 싸움에서 승리할 것이며 이로써 그 용맹함을 드러낼 것입니다. 그는 사자처럼 용맹하므로 아무도 그를 당할 수 없을 것입니다. 그러니 다른 형제들의 후손들은 그에게 복종하며 그를 왕으로 섬기게 될 것입니다. 그러나 이렇게 유다 지파에 계속 왕권이 있다 하여도 그것은 한정된 것입니다. 어느 때까지만 유다 지파가 왕권을 가질 것인지를 말한 구절은 어디입니까? (　　　절)

실로(Shiloh)에 대해서는 크게 두 견해가 있습니다. 하나는 어떤 인물의 명칭으로 보는 것이고 또 하나는 장소로 보는 견해입니다. 장소로 볼 경우에는 "실로가 오시기까지"를 흔히 "그분이 실로에 오시기까지"로 해석합니다. 그러나 어떤 견해를 취하든지 '그분'께서 오신다는 사실은 같습니다. 그분이 오시면 온 땅에 평화가 넘칩니다. 옷을 포도주에 세탁하고 우유로 이가 희게 될 정도로 풍요로운 시대가 임합니다. '가시덤불과 엉겅퀴'(창 2:18)의 시대가 끝나고 기쁨의 잔치가 열리는 새 시대가 옵니다[D. Kidner, *Genesis: An Introduction and Commentary*, Tyndale Old Testament Commentaries (Downers Grove: Inter-Varsity Press, 1967.) p.219].

이처럼 저주의 시대를 끝내고 복의 시대를 가져오신 분이 곧 메시아(Messiah) 우리 구주 예수 그리스도이십니다. 모든 민족들이 이분을 왕으로

섬기기에 그분께 복종할 것이라고 예언한 구절은 어디입니까? (　　　절)

2 창세기 49장 13-21절

(　　월　　일 _ 읽음)

우리가 아는 바대로 야곱은 하란(Haran)에서 외삼촌의 두 딸인 레아(Leah)와 라헬(Rachel)을 아내로 맞이했습니다. 이 두 아내에게서 아들 여덟 명을 낳습니다. 그리고 자매인 두 여인이 서로 경쟁함으로써 그들의 몸종인 두 여인에게서 네 명의 아들을 또 낳습니다. 이렇게 태어난 열두 명의 아들이 이스라엘의 열두 지파의 조상이 되는 것입니다.

49장에서 언급된 열두 아들은 먼저 레아의 아들들부터 나타납니다. 여섯 아들들을 순서대로(다섯째인 잇사갈과 여섯째인 스불론의 순서는 바뀜) 나열한 후에, 두 여종의 자녀 네 명이 등장하고, 끝으로 라헬의 두 아들이 나옵니다. 오늘 본문인 13-21절에는 레아의 두 아들과, 여종의 자녀 네 명이 나오는데 이들의 앞날에 대한 예언은 짤막짤막합니다. 게다가 이 여섯 명과 이들에게서 시작된 지파의 역사에 대한 정보가 부족하기에 우리로서는 이 예언이 어떻게 구체적으로 성취되었는지는 알기가 쉽지 않습니다. 그러나 우리가 어떻게 성취되었는지를 모른다고 해도 분명한 것은 하나님께서 야곱을 통해 예언하신 그대로 그들과 그 지파들의 운명이 전개되었을 것이라는 사실입니다.

혹 어떤 사람이 주장하기를, 하나님께서 말씀하시고 행하시는 일들이 인간의 눈에 보이게끔 드러나야만 진실이고 그렇지 않으면 불확실한 것이라고 한다면 그는 인간을 하나님의 언행의 진실성 여부를 판단하는 자로 세우려는 오만방자傲慢放恣한 짓을 하는 것입니다. 하나님께서 말씀하신 것은 무엇이든지 그대로 성취되는 것입니다. 하나님은 신실하셔서 자신이 말씀하신 대로 역사를 만들어 가시기 때문입니다. 야곱은 오늘 본문에서 여섯 아들의 앞날을 예언하는데 그중 세 아들의 운명을 짐승에 빗대어 표현합니다. 이렇게 짐승에 빗댄 표현이 나온 세 구절은 어디입니까?
(　　절,　　절,　　절)

공식적으로 선지자들이 나타나기 전까지는 하나님께서 언약의 대표자들을 통해 자신께서 행하실 일을 말씀하십니다. 그래서 야곱은 언약의 대표자로서 자기 아들들과 후손들의 앞날에 대해 예언하고 있습니다. 이렇게 야곱이 자신의 아들들과 후손들에 대해 하나님의 행하실 일을 말하고 있는 까닭은 그들이 하나님의 언약 때문에 장차 하나님의 백성이 될 것이기 때문입니다.

따라서 창세기 49장의 예언은 단순히 야곱 개인과 그의 후손들에 대해 하나님께서 하실 일을 말씀하는 것이 아닙니다. 이 예언은 하나님께서 자기 백성을 어떻게 이끌어 가시며 또한 그들을 통해서 자신의 계획을 어떻게 이루실지를 언약의 대표자를 통해 말씀하신 것입니다. 그러나 하나님께서 이렇게 야곱으로 하여금 예언을 말하게 하실 때 그를 스피커(speaker)처럼 단순히 기계로 사용하시지 않았습니다.

그러기에 야곱은 하나님께서 알려주시는 내용을 전할 때 그 내용에는 추호의 가감加減이 없이, 자신의 감정과 느낌을 충분히 드러나게 표현할 수 있습니다. 예를 들자면, 야구장의 아나운서가 야구경기를 관전觀戰하면서 중계하듯이, 하나님께서 앞으로 하실 일들을 이미 자기 눈앞에 펼쳐진 것처럼 보면서 중계하는 셈입니다. 그래서 야곱은 이 예언을 자신의 표현으로 나타낼 수 있습니다.

야곱은 자기 아들들과 후손들의 모든 운명을 보고 있습니다. 그들이 받을 복과 그들이 처하게 될 어려움과 위험과 그들이 당할 공격과 수많은 죽음 등, 하나님께서 알려주시는 모든 것들을 바라보고 있습니다. 야곱은 자신의 후손들이 그런 고통스럽고 슬픈 처지에 이르게 될 것을 보자 마치 탄식하듯 갑자기 자기 마음에서 솟구치는 무엇을 터뜨리지 않을 수 없었습니다. 이것은 야곱이 소망을 갖고 기댈 곳이라고는 오직 여호와 하나님밖에

없다고 한 그의 고백입니다. 이렇게 야곱이 자신의 소망과 기대를 표현한 구절은 어디입니까? (　　　절)

3 창세기 49장 22-27절

(　　월　　일 _ 읽음)

우리는 이미(제23주 7번에서) 창세기의 마지막 문단인 '야곱 이야기'(창 37:2-50:26)가 야곱의 두 아들, 즉 유다와 요셉을 두 축軸으로 삼아 발전한다는 사실을 살펴보았습니다. 뿐만 아니라 이후에 전개되는 이스라엘 왕국의 역사에서도 유다의 후손과 요셉의 후손, 즉 유다 지파와 에브라임 지파를 중심으로 12지파가 묶여서 대립과 갈등을 겪게 된다는 사실이 드러납니다. 이렇듯 유다와 요셉은 이스라엘 역사 전체에 걸쳐서 중심적인 인물입니다.

따라서 야곱의 예언에서도 이 두 지파에 대한 내용이 다른 10지파를 다 합친 것보다 분량이 많습니다. 유다에 대해서 다섯 절(8-12절)이 할당되었고 요셉에 대해서도 다섯 절(22-26절)이 할당됩니다. 이렇게 두 지파는 모두 스물여섯 구절(2-27절) 중에서 열 구절을 차지합니다. 이미 앞에서 야곱은 네 아들의 운명을 짐승(사자, 나귀, 독사, 암사슴)에 빗대어 표현했습니다. 이처럼 야곱이 또 한 아들의 운명을 다른 짐승에 빗대어 표현한 구절은 어디입니까? (　　　절)

이렇듯 야곱이 여러 아들들을 짐승에 빗대어 표현하였기에 22절에서 요셉을 빗댄 대상은 '무성한 가지'가 아니라 '당나귀 새끼'(a wild ass)라고 보는 견해도 있습니다[Cf. G. Wenham, *WBC: Genesis 16-50* (Word Books, 1994), pp.484-85]. 물론 '무성한 가지'에 해당하는 히브리어를 '당나귀의 새끼'(a son of ass)로 번역할 수도 있습니다. 그러나 우리말 성경을 비롯한 여러 성경 역본譯本들은 전통적인 해석을 따라 '무성한 가지' 로 이해합니다.

이는 (1) 시적詩的 표현으로는 '무성함의 아들' 이 '열매를 많이 맺는 무성한 가지' (a fruitful bough)를 가리킬 수 있으며, (2) 야곱이 자기 아들 모두를 짐승에게만 빗댄 것이 아니고, (3) 요셉이 이렇게 무성한 가지에 빗댈 만큼 넘치는 복을 받는다는 사실이 요셉에 대한 예언 전체의 내용에 비추어서 잘 어울리기 때문입니다.

요셉은 자기 형제들로부터 시작하여 노예 생활을 통해서 학대받는 삶을 살아 왔습니다. 그러나 요셉은 미워하는 모든 사람들의 공격에도 불구하고 무너지지 않았습니다. 오히려 더욱 강해지고 튼튼해졌습니다. 이는 요셉 자신의 능력 때문이 아니라 전능하신 하나님께서 그를 도우셨기 때문이라고 말씀한 구절은 어디입니까? (　　　절)

야곱의 모든 삶을 지키고 인도하신 전능한 하나님께서는 요셉에게도 그렇게 하셨습니다. 그래서 심하게 학대받은 요셉을 붙드시고 강하게 하셨습니다. 그리고 마침내 하나님께서는 그를 애굽의 총리대신으로 세우셔서 그를 통해 야곱의 가족은 물론 세상 모든 사람들을 구원하셨습니다. 뿐만 아니라 전능하신 하나님께서는 요셉에게만이 아니라 그의 후손들에게도 넘치는 복으로 채워주실 것입니다. 하늘과 땅의 모든 복을 넘치게 베푸실 것입니다.

이처럼 전능하신 하나님께서 요셉과 그의 후손들에게 넘치게 복 주시리라고 말씀한 잇따른 두 구절은 어디입니까? (　　　절과　　　절). 또한 전능하신 하나님께서 요셉과 함께 하셨던 것처럼 자기 백성 이스라엘을 붙드시고 인도하시기 위해 그들의 반석이며 목자가 되실 것이라는 사실을 말씀한 구절은 어디입니까? (　　　절)

4 창세기 49장 28-33절

(월 일 _ 읽음)

이제껏 살펴보았듯이 2-27절은 야곱이 자신의 열두 아들의 앞날이 어떠할지에 대해 말하고 있습니다. 누누이 지적한 바대로 야곱은 언약의 대표자로서 하나님께서 열두 아들들과 그들의 후손에게 행하실 일들을 예언한 것입니다. 하나님께서 야곱의 열두 아들들에게 복을 주시는 목적은 그들을 통해 아브라함 언약을 이루어가시기 위함입니다. 그래서 하나님께서는 그들을 열두 지파의 조상으로 삼으시고 장차 애굽에서 나오게 하실 것입니다. 뿐만 아니라 이들 중에 유다에게는 지도권(leadership)을, 요셉에게는 두 몫의 복을 주실 것입니다.

이렇듯 하나님께서 아브라함 언약을 통해 약속한 내용들이 이들을 통해 이루어지게 됩니다. 그러기에 이 예언의 말씀 안에는 몇몇 지파에게 임할 저주의 내용도 포함되어 있긴 하지만, 이 예언 전체는 근본적으로 하나님께서 아브라함의 자손들에게 주시는 복들을 말씀한 것입니다. 하지만 이들이 장차 받게 될 복의 몫은 그들 각자의 행동에 의해 결정된다는 사실이 드러납니다[Allen p. Ross, *Creation and Blessing: A Guide to the Study and Exposition of Genesis* (Grand Rapids, MI: Baker Books, 1998), p.709].

복은 <u>전적으로</u> 하나님께서 주시는 것입니다. 적어도 하나님 백성이 되는 것과 같은 문제는 하나님의 선택과 결정에 달려 있습니다. 그것은 온전히 하나님의 절대주권(sovereignty)에 달려 있습니다. 그러나 하나님의 백성으로서 얼마만큼 복을 받느냐는 그들의 믿음과 행동에 따라 좌우되는 것입니다.

아담과 하와의 믿음과 행동이 그들의 후손들의 운명에 영향을 미쳤듯이 부모의 믿음과 행동은 그 후손들의 운명에 영향을 미칩니다. 야곱의 아들들의 경우도 마찬가지입니다. 따라서 야곱은 자기 아들들과 그들의 후손들에게 주어질 정당한 몫만큼 축복하였다는 사실을 말한 구절은 어디입니까?
(절)

우리나라 사람들이 예부터 명당明堂자리를 선호選好하는 까닭은 조상의 덕을 보고자 하기 때문인 듯이 보입니다. 그러기에 그런 목적을 가진 사람들에게는 묏자리를 잘 선택하는 것이 무엇보다 중요할 것입니다. 그러나 야곱이 자신이 죽으면 애굽 땅이 아니라 가나안 땅에 묻히려 한 것은 좋은 묏자리를 원했기 때문이 아닙니다. 야곱의 식구들이 살고 있는 '고센' 땅은 애굽에서 가장 좋은 땅에 속하기에 얼마든지 그곳에서 이른바 명당자리를 찾을 수 있었을 것입니다. 그러나 야곱은 가나안 땅을 원합니다. 이는 땅 문제 때문이 아니라 죽음에 대한 이해 문제 때문입니다.

적어도 아브라함과 그의 후손은 '자기 백성에게로 모이는 것' 을 죽음으로 이해했습니다. [우리말성경에서는 열조烈祖로 번역하여서 조상祖上이나 선조先祖의 의미가 강합니다만 원문에서는 '백성' 을 뜻합니다. 그리고 우리말의 '돌아가다' 로 번역된 원문도 사실상 '모이다' 또는 '더해지다' 는 의미를 갖습니다]. 따라서 야곱으로서는 그의 조부 아브라함이 '이 땅을 너와 네 후손에게 주어 영원한 기업이 되게 하리라' (창 13:17, 17:8)고 말씀하신 하나님의 약속을 믿고 가나안 땅의 한 부분을 사서 소유 매장지로 삼은 곳에 묻히는 것이야말로, 적어도 외적인 방법으로는 자기 백성에게로 모이는 표현입니다.

그래서 야곱은 자신이 애굽 땅이 좋지 않기 때문이 아니라 자기 백성에게로 모여야 하기 때문에, 반드시 아브라함이 사놓은 곳에 묻혀야 한다는 사실과 그곳에는 이미 앞서 모인 백성들이 묻혀있다는 사실을 유언으로서 언급한 잇따른 네 구절은 어디입니까? (　　　-　　　절)

5 창세기 50장 1-14절

(　　월　　일 _ 읽음)

정확하게 17년 전, 야곱이 가족 전체를 이끌고 애굽의 총리대신이 된 요셉을 만나러 애굽으로 내려가던 때, 가나안 땅의 변경邊境인 브엘세바(Beersheba)에서 하나님께서는 야곱에게 나타나셨습니다. 하나님께서 약속의 땅 가나안을 떠나 애굽으로 내려가기를 두려워하는 야곱을 격려하려고 나타나신 것입니다. 그때 하나님께서 자신이 행하실 일 세 가지를 야곱에게 말씀하시면서 '두려워 말라' 고 격려하셨습니다(창 46:3-4). 하나님께서 말씀하신 세 가지는 이렇습니다.

첫째, 하나님께서는 야곱을 애굽에서 '큰 나라'(우리말성경은 '큰 민족' 으로 표현함)를 이루게 하실 것입니다. 이미 야곱에게서 열두 아들이 태어났고 애굽으로 내려가는 가족의 수가 70명이지만, 이 숫자만으로 큰 나라를 이루기에는 턱없이 부족합니다. 그렇다면 하나님께서는 큰 나라가 이루어질 때까지 야곱의 가족을 애굽에 머물게 하실 것입니다.

야곱은 그 체류 기간이 얼마나 될 지를 잘 알고 있었습니다. 왜냐하면 그는 이미 아브라함과 이삭을 통해서 마치 경건한 신앙의 집안에서 부모에게 신앙의 핵심적인 내용을 배운 자녀들이 그렇듯이, 하나님의 약속의 내용에 대해 알았기 때문입니다. 하나님께서는 아브라함에게 큰 나라를 이루시겠고 약속하셨고(창 12:2), 이방異邦에서 아브라함의 후손이 400년간 체류하게 되리라고 말씀하셨습니다(창 15:13). 따라서 야곱은 그 이방이 곧 애굽이며 그곳에서 자기 후손들이 체류할 기간은 약 400년임을 분명하게 알고 있습니다.

둘째, 하나님께서는 야곱과 함께 애굽으로 내려가실 것입니다. 함께 가겠다고 하신 말씀의 의미가 무엇인지는 야곱 자신이 이미 오랜 세월의 경험을 통해서 잘 알고 있습니다. 수십 년 전에 야곱이 형의 낯을 피하여 하란(Haran)으로 도망칠 때 하나님께서 야곱에게 나타나셔서 똑같은 말씀을 하셨습니다. 그후 하나님께서는 야곱이 하란에서 살았던 20년 동안 그와 함께 하셔서 수없이 많은 어려움 가운데서 그를 지켜주시고 보호하셨습니다. 그러기에 야곱에게는 하나님께서 함께 가시겠다고 하신 말씀만큼 격려가 되는 일은 없습니다.

셋째, 하나님께서는 야곱을 인도하여 반드시 가나안 땅으로 올라오게 하실 것입니다. 야곱은 이 일이 자신이 죽은 먼 훗날의 일임을 잘 알고 있습니다. 400년의 세월이 지나서 성취될 일인 줄을 잘 압니다. 그러나 하나님께서 야곱의 후손을 큰 나라로 만드셔서 그들을 다시 이 약속의 땅으로 올라오게 하시겠다는 하나님 자신의 말씀을 듣고 난 이상, 야곱은 더 이상 애굽으로 내려가기를 두려워할 필요가 없습니다.

하나님께서 야곱에게 하신 말씀을 간추리면 하나님께서는 야곱과 함께 애굽으로 내려가셔서, 내내 그들 가운데 계시면서 그곳에서 야곱의 후손들을 큰 나라로 만드신 후에, 친히 그들을 이끌고 자신께서 주신 땅으로 다시 데려오시겠다는 것입니다. 야곱은 이러한 하나님의 말씀이 먼 훗날 다 이루어지기에 직접 자신의 눈으로 보지는 못하지만, 믿음으로 그 날을 미리 보고 하나님께서 이루시는 놀라운 일들을 기뻐하였습니다(참고. 히 11:13).

하나님께서는 이처럼 믿음으로 하나님 말씀에 순종하는 야곱을 특별히 그의 말년末年에 크게 복주십니다. 야곱은 자신의 말대로 지난 130년간 험한 세월을 살았습니다(참고. 창 47:9). 그러나 그의 마지막 17년은 하나님의 넘치는 은혜로 풍요로운 삶을 살 수 있었습니다. 애굽의 가장 좋은 땅에서 무엇보다도 요셉의 봉양奉養을 받으며 살았습니다(참고. 창 45:10-11, 47:12).

또한 하나님께서 "요셉이 그(의) 손으로 네 눈을 감기리라"(창 46:4)고 말씀하신 바대로 요셉의 돌봄 가운데 운명殞命하고 자기 백성에게로 돌아갑니다. 애굽에서 왕이 죽으면 72일간을 애곡한답니다[Ross, p.715; Nahum M. Sarna, *Genesis, English and Hebrew; Commentary in English, The JPS Torah commentary* (Philadelphia: Jewish Publication Society, 1989), p.347]. 이처럼 야곱은 죽어서도 왕에 버금가는 대우를 받았는데, 이러한 사실을 말한 구절은 어디입니까? (　　　절)

하나님께서 야곱이 가나안 땅을 떠나 애굽으로 내려갈 때 "내가 너와 함께 애굽으로 내려가겠고 정녕 너를 인도하여 다시 올라올 것이"라고 약속하셨습니다(창 46:4). 이 말씀은 야곱에게서 시작된 그의 후손들이 큰 나라를 이루면 그들을 모두 인도하여 가나안 땅으로 돌아오게 하시겠다는 의미입니다. 그러나 이 말씀 안에는 야곱도 가나안 땅에 돌아오게 하시겠다는 뜻이 담겨 있다고 보아야 합니다. '너' 라는 표현은 야곱은 제외되고 그의 후손들만을 뜻하는 것이 아니라 야곱 자신도 포함되는 것으로 보는 것이 자연스럽고 당연하기 때문입니다. 적어도 야곱은 그렇게 이해했기에 자신의 죽은 후에 약속의 땅에 장사하라고 유언한 것입니다.

그들이 살고 있던 애굽의 고센 땅은 매우 좋은 땅입니다. 땅으로만 말하자면, 매장지로서 가나안 땅과 비교해서 전혀 손색이 없을 것입니다. 사실 야곱이 애굽 땅을 자신의 매장지로 택하지 않았다는 사실은 자신들의 땅을 신성하게 여겨서 자부심을 갖고 있는 애굽 사람들이 볼 때는 애굽 땅을 무시하였다고 여길 수 있습니다. 따라서 애굽 왕은 야곱을 가나안 땅에 장사지내는 일을 쉽게 허락하기가 힘들 것입니다[Cf. John Calvin, *Calvin's Commentaries: Genesis* (electronic ed. Logos Library System), Gen. 50:4].

이런 상황을 잘 이해하고 있는 요셉은 왕이 허락하지 않을 수 없을 만한 매우 합리적인 이유를 제시합니다. 그것은 이미 자신의 부친이 가나안 땅에 매장지를 마련해 놓았으며, 그곳에 매장하도록 요셉으로 하여금 맹세까지 하게 하였으며, 요셉 자신이 장사를 치른 후에는 반드시 돌아오겠다는 내용입니다. 요셉의 말을 전해들은 애굽 왕은 무엇보다도 맹세하였다는 이유 때문에 달리 거절하기가 어려웠던 듯합니다(6절). 따라서 애굽 왕의 허락을 얻은 요셉은 큰 무리를 끌고 가나안 땅으로 올라갑니다.

먼 훗날 이스라엘 백성이 하나님의 권능과 은혜로써 출애굽하여 가나안 땅으로 올라간 사실을 아는 우리들의 눈에는 요셉의 이러한 행차가 마치 출애굽을 위한 예행연습과 같게 보입니다. 가나안 거민들은 야곱의 장례 행렬과 의식을 보고 애통한 지역의 이름을 '애굽인들의 통곡' 이라는 뜻으로 '아벨 미스라임' (Abel Mizraim)이라고 지을 만큼 크게 놀랐습니다. 그러나 이들은 자신들이 목도한 이 사건의 실체는 알 수 없었습니다. 이 사건은 빙산氷山의 극히 작은 한 부분에 지나지 않습니다.

장차 가나안 거민들이 이 사건의 실체, 즉 하나님께서 행하실 놀라운 구원과 능력을 보게 되면 놀라움과 두려움에 떨며 숨을 죽이고 돌처럼 잠잠할 것입니다(참고. 출 15:14-16; 수 2:9-11; 5:1). 가나안 거민들이 놀라서 행한 일을 기록한 구절은 어디입니까? (절)

6 창세기 50장 15-21절

(월   일 _ 읽음)

하나님의 약속의 말씀을 처음 들은 야곱을 비롯한 구약의 성도들은 하나님의 신실하심을 믿었기에 하나님께서 자신의 약속을 성실하게 지키실 것을 또한 믿었습니다. 그러나 현재 우리는 그 이후에 전개된 일들을 성경말씀에서 보고서, 하나님께서는 자신의 약속을 성실하게 이루시려고 모든 일들을 섭리하셨고 때가 이르매 온전히 다 이루셨다는 사실을 훨씬 더 상세하게 확인할 수 있습니다.

이로써 또한 우리는 야곱을 포함한 구약의 모든 성도들이 신실하시다고 믿었던 하나님은 과연 그들이 믿었던 바대로 신실하시다는 사실을 보고 더욱 감탄하게 됩니다. 과연 그들의 믿음은 헛되지 않았습니다. 하나님께서 살아계시며 신실하시기 때문입니다. 이처럼 언제든지 하나님을 믿는 믿음은 헛된 법이 없습니다. 또한 그토록 신실하신 하나님 앞에서 살아가는 성도들도 신실할 수밖에 없습니다.

그러나 하나님의 신실하심을 튼튼하게 믿지 못하는 이들은 상황이 바뀌면 흔들립니다. 요셉의 형제들이 그랬습니다. 이들은 아버지가 돌아가시자 요셉의 복수를 걱정합니다. 아버지의 생전에는 부친에 대한 극진한 사랑 때문에 요셉이 복수하지 않았지만 이제는 복수할지도 모른다고 두려워합니다. 그래서 이들은 아버지의 유언을 전합니다. 또한 형들도 직접 찾아와서 엎드려 용서를 빕니다. 그러자 요셉이 이들을 간곡히 위로합니다. 그들에 대한 책임도 기쁘게 감당하겠다고 합니다.

요셉이 그들의 잘못을 모르는 바가 아니나 요셉은 그들에게 보복할 마음이 없습니다. 이는 갚음이 하나님께 있다는 사실과 하나님께서 어떻게 일하시는지를 분명히 알고 있었기 때문입니다. 이와 같은 이유를 말한 잇따른 두 구절은 어디입니까? (　　　절과　　　절)

쇠코뚜레처럼 평생토록 요셉의 형들 마음에 걸려있는 것은 동생을 팔아먹었다는 사실입니다. 형들의 마음은 이 무거운 죄악에 눌려 있었습니다. 오래 전에 곡식을 구하러 애굽에 내려온 형들에게 요셉이 자신을 알릴 때 형들의 짓눌린 마음을 다소나마 풀어주었지만(창 45:4-8), 그렇다고 해서 죄악의 고삐가 그들을 완전히 놓아주지는 않았습니다. 그들은 자신들의 잘못을 분명하게 알고 있었으나 정작 요셉에게 진심으로 자신들의 잘못을 고백하고 용서를 구한 적은 없었습니다. 그런데 그래야만 할 때가 왔습니다.

아버지의 장례를 다 마치고 요셉과 그의 형제들은 가나안 땅에서 애굽으로 다시 돌아왔습니다. 요셉의 형들 마음에 자리하던 아버지가 떠나시자 그 빈자리를 두려움이 차지합니다. 그리고는 두려움은 즉각 그들의 마음 전체를 지배하게 되었습니다. 그들이 아무리 생각해보아도 자신들이 동생을 팔아먹은 죄악은 도저히 쉽게 잊혀질 수 없습니다. 그러자 요셉이 자신들의 죄악을 잊을 리 없고 따라서 덮었을 리 없을 것이라는 생각이 들었습니다. 그렇다면 이제까지 요셉이 아무런 내색도 하지 않고 있었던 것은 아버지 때문이었을 것이라는 판단에 이르렀습니다. 그런데 이제 아버지는 돌아가셨고, 그렇다면 요셉이 그동안 벌러왔던 복수의 칼날을 자신들과 자신들의 가족의 목에 들이댈 것이라는 끔찍한 두려움이 그들 모두를 사로잡았던 것입니다.

그래서 형들은 살 길을 찾기 위해 모여서 의논합니다. 다른 길은 없었습니다. 요셉에게 자신들의 잘못과 죄를 공개적으로 고백하고 용서를 빌고 하라는 대로 무엇이든지 하되 심지어 종이 되라면 기꺼이 종이 되리라고 결론을 내렸습니다. 이들은 매우 늦었지만 정말 용기 있는 올바른 결론에 이른 것입니다. 그러나 그들은 직접 요셉을 찾아갈 만큼 용기를 내진 못합니다. 그래서 자신들의 마음을 전할 사람을 보냅니다. [이 사람은 아마도 그들의 실질적인 맏형 노릇을 하는 유다이거나 요셉의 동생인 베냐민이었을 가능성이 있지만 확실하게 누구라고 못박아 말할 수는 없겠습니다.]

형들은 아버지가 돌아가시기 전에 말씀하신 유언遺言을 전하게 합니다. 어떤 이는 이와 같은 유언의 내용이 앞에 나오지 않는다고 해서 이 유언은 형들이 두려움 때문에 조작한 것으로 봅니다[Allen p. Ross, *Creation and Blessing: A Guide to the Study and Exposition of Genesis* (Grand Rapids: Baker Books, 1998), p.716]. 또 어떤 이는 형들이 전하게 한 내용이 사실인지 아닌지 우리로서는 알 수 없다고도 합니다[William David Reyburn and Euan McG. Fry, *A Handbook on Genesis*, UBS handbook series (New York: United Bible Societies, 1997), p.1113].

그러나 자신들을 가리켜 "당신의 아버지의 하나님의 종들"이라고 표현하였고, 이 문맥을 볼 때, 이들이 진심으로 회개하였기에 요셉이 그들을 용서하고 간곡하게 위로했는데 그렇게 용서를 받은 사람들이 거짓을 진실처럼 꾸몄다고 보는 것은 오히려 자연스러운 이해가 아닐 것입니다. [그밖에 이들의 말을 진실로 받아들여야 하는 이유에 대해서는 Carl Friedrich Keil and Franz Delitzsch, *Commentary on the Old Testament* (Peabody, MA: Hendrickson, 2002), 1:265를 보십시오.]

형들은 자신들의 허물과 죄가 얼마나 큰 것인지를 절실하게 깨닫고 있었습니다. 어쩌면 전혀 용서받을 수 없을 만큼 극악한 죄악임을 알고 있었습니다. 그러기에 그들은 아버지의 유언을 전하면서 아버지를 위해서라도 자신들의 허물과 죄를 용서해주기를 간절하게 바랐던 것입니다.

말을 전한 자가 돌아와서 요셉의 반응이 어떠하였는지를 당연히 알려주었을 것입니다. 따라서 형들은 요셉이 적어도 자신들을 원수로 여기고 있지 않음을 알게 되자 비로소 염치없음에도 불구하고 요셉에게 직접 찾아옵니다. 그리고는 진심으로 회개하는 사람들답게 옛날에 요셉에게 행했던 죄악의 대가를 기꺼이 받겠다는 마음으로 자신들이 요셉의 종이 되겠다고 자청自請합니다.

형들의 진실한 회개를 보자, 요셉은 하나님께서 어떻게 섭리해 오셨는가를 설명하며 그들의 두려움을 없애려고 마음을 어루만져 줍니다. 뿐만 아니라 용서의 표시로 그들을 간곡한 말로 위로하며 자신이 형들을 위해 어떤 일을 하겠노라고 약속합니다. 이 위로와 약속의 내용이 나온 구절은 어디입니까? (　　　절)

7 창세기 50장 22-26절

(　　월　　일 _ 읽음)

장수長壽는 하나님께서 주시는 복입니다(참고. 창 15:15; 신 22:7; 30:20; 시 21:4; 91:16; 엡 6:3). 물론 오래 사는 것 자체가 복 받은 표시는 아닙니다(참고. 전 6:3). 또 악인도 오래 사는 경우가 있습니다(참고. 전 8:12). 그러나 근본적으로는 여호와를 경외하면 오래 삽니다["여호와를 경외하면 장수하느니라. 그러나 악인의 연세는 짧아지느니라"(잠 10:27). "악인은 잘 되지 못하며 장수하지 못하고 그 날이 그림자와 같으리니 이는 하나님 앞에 경외하지 아니함이니라"(전 8:13)].

요셉은 110세까지 살았습니다. 그는 그의 증조부 아브라함(175세, 창 25:7), 조부 이삭(180세, 창 35:28), 부친 야곱(147세, 창 47:28)에 비하면 수십 년을 짧게 살았습니다. 그러면 요셉은 그의 조상들보다 하나님의 복을 덜 받은 것일까요? 그가 하나님을 그들보다 덜 경외하였기 때문일까요? 물론 하나님을 얼마나 경외하였는가는 하나님께서 판단하시는 것이며 개인차個人差가 있을 것입니다. 그러나 요셉이 그의 조상들보다 수십 년을 덜 살았다고 해서 장수하지 못한 것이라고 보거나, 하나님을 그들보다 훨씬 덜 경외하였다고 보는 것은 무리입니다.

창세기 5장을 보면 홍수 이전 사람들은 거의 1,000년에 가까운 인생을 살았고, 홍수 이후에도 사람들은 수백 년을 살았습니다(참고. 창 11:10-17). 따라서 오래 살았느냐 아니냐는 그 사람이 살던 시대의 시각에서 판단하는 것이 바람직할 것입니다. 예를 들면 모세 시대에는 사람이 80세를 살면 오래 산 것으로 여겼습니다[참고. '우리의 년 수가 칠십이요 강건하면 팔십 …… (시 90:10)].

그러면 110세까지 살았던 요셉은 오래 산 것입니까? 그렇습니다. 왜냐하면 고대 애굽에서는 110세의 나이를 이상적理想的인 인간 수명을 누린 것으로 즉 오래 산 것으로 간주했기 때문입니다[Nahum M. Sarna, *Genesis, English and Hebrew; Commentary in English.; Title on Half T.p.: Genesis = Be-Reshit., The JPS Torah commentary* (Philadelphia: Jewish Publication Society, 1989), 350].

더구나 요셉은 살았을 때에 자기 아들의 증손자들까지 볼 수 있었습니다. "이것은 욥이 그의 경건에 대한 상급으로 누리게 된 은총(욥 42:16)과 같은 특별한 은총입니다. 주전 7세기에 아람어로 기록된 시리아의 한 비문碑文에서도 네 대代의 자손을 보도록 오래 사는 것은 의義에 대한 상급이라고 했습니다." [본문의 내용은 *Ancient Near Eastern Texts Relating to the Old Testament*, p.661에 있습니다. 참고. 왕하 10:30. 위의 같은 책, p.350]. 요셉이 하나님의 복을 받고 살았다는 사실을 암시한 세 구절은 어디입니까?
(　　　절과　　　절,　　　절)

기록자는 요셉의 유언遺言을 기록하고 있습니다. 이 유언에서 핵심적인 말은 '하나님이 너희를 권고하신다' 는 것입니다. '권고' 라는 말이 두 가지 뜻을 갖습니다. 하나는 어떤 행동을 하도록 충고한다는 권고勸告 입니다. 다른 하나는 돌봐준다는 권고眷顧 입니다. 우리말 성경에서는 돌봐준다는 뜻으로 사용한 것입니다. [그래서 개역개정판 성경을 보면 '권고하시고' 를 '돌보시고' 로 고쳤습니다.]

그러나 원문의 뜻은 '방문하다' 입니다. 그러니까 요셉은 자신의 형제들에게 이렇게 말한 것입니다. "나는 죽을 것이다. 그러나 하나님께서는 너희를 찾아오실 것이다." 여기서 요셉은 자기 자신과 하나님을 대조합니다. 그리고 하나님께서 찾아오신다는 사실을 강조하려고 '정말로' 라는 표현을 씁니다.

〈우리말 성경 25절에 '정녕' 이라는 말이 그것입니다. 그런데 이 말은 24절에도 있어야 합니다. 개역한글판에서는 24절에는 없고 25절에만 있습니다. 개역개정판은 '정녕' 을 '반드시' 로 고쳤지만, 역시 안타깝게도 24절에는 없고 25절에만 있습니다.〉

이처럼 요셉은 '하나님께서 정말로 너희를 찾아오실 것이라' 고 확신 있게 말했습니다. 과연 하나님께서 이스라엘을 구원하려고 찾아오셨습니다. 요셉이 죽은 후 약 360년이 지나자, 하나님께서 찾아오셔서 모세를 통해 이스라엘 백성을 애굽에서 건져내십니다. 요셉의 해골도 취하였습니다(출 13:19). 그리고 그들을 "아브라함과 이삭과 야곱에게 맹세하신" 가나안 땅으로 인도하셨습니다. 이렇듯 하나님은 맹세로써 약속하신 바를 지키시려고 찾아오셨고 마침내 온전히 이루셨습니다.

〈그러나 이것은 하나님께서 장차 이루실 더 큰 구원의 그림자일 뿐입니다. 그러기에 하나님의 모든 백성을 위해 완전한 구원을 이루시려고 또 다시 하늘에서 땅으로 강림하셨는데, 이분이 곧 예수 그리스도이십니다. 우리는 그리스도를 통해서 구원을 받아 지금 그리스도께서 왕으로서 다스리시는 하나님 나라에 들어와 있습니다. "그가 우리를 흑암의 권세에서 건져내사 그의 사랑의 아들이 나라로 옮기셨다"(골 1:13).〉

이렇듯 요셉은 하나님께서 이루실 구원을 확실하게 바라보았습니다. 이렇게 창세기는 끝이 나고 그 구원은 출애굽기에서부터 이루어지기 시작합니다. 구약성경은 더 큰 구원을 바라보며 끝이 나고 신약성경에서는 그 구원이 이루어집니다. 또 다시 신약성경은 완전한 구원을 바라보며 끝이 나고, 그 구원은 그리스도께서 마지막날에 다시 강림降臨하심으로써 완성될 것입니다.

그러면 하나님의 모든 백성은 슬픔과 고통과 죽음이 없는 새 하늘과 새 땅에서 영원히 주님과 더불어 살게 될 것입니다. 이와 같은 소망이 우리 영혼 속에 뚜렷하게 새겨져야 합니다. 요셉의 유언이 기록된 잇따른 두 구절은 어디입니까? (절과   절)

해답

- 해답 -

◈ 1주 ➡ 창세기 1-2장

【1】 1절, 2절 〈2절은 "그런데 그 땅은"으로 시작합니다. 1절을 직역(直譯)하면 "태초에 하나님께서 그 하늘과 그 땅을 창조하셨다"인데, 2절은 1절의 '그 땅'을 가리키는 것입니다. 따라서 2절 이하에서 말씀하시는 내용은 '그 땅'에 대한 것입니다. 자세한 설명은 김영철, 「주님의 주님되심: 구약」(1), 여수룬, 1992, pp.60-61에서 보시기 바랍니다.〉, 2절 〈"하나님의 신은 수면에 운행하시니라" - 이 표현은, 마치 버스(bus) 운행(運行)하듯 하나님의 신이 이리저리 왔다갔다 하셨음을 뜻하는 것이 아니라, 어미새의 동작을 빗댄 말입니다. 이를테면 독수리가 그 새끼들 위에서 맴돌고 있거나 둥지 위에 떠서 날고 있는 행위를 묘사하는 표현입니다. 즉 이것은 어미새의 보호를 비유한 것입니다. 따라서 이것은 하나님께서 '빛이 있어라'고 명령하시기 이전부터 이미 땅을 사람이 거주하기 적합한 환경으로 조성하기 위한 작업을 진행하고 계셨음을 말해 주는 것입니다. (위의 책, pp.30-31을 참고하십시오.)〉

【2】 7절 〈"그대로 되니라" - 6절 끝 부분의 "나뉘게 하리라"는 표현은 하나님의 의도나 계획을 알려주는 것이 아니라 아래 직역에서 보시는 대로 하나님께서 말씀하신 내용 자체를 기록하고 있습니다. "그리고 하나님께서 말씀하셨다. '그 물 가운데 궁창이 있어라. 그래서 물과 물로 나뉘어져라'"(6절 직역).〉, 12절 〈"하나님의 보시기에 좋았더라"는 표현은, 단순히 바다와 뭍의 광경이 보기에 좋았다는 사실을 말하는 정도에서 그치는 것이 아니라, 하나님께서 의도하신 대로 창조되었음을 강조하고 있습니다. 위의 책, p.35를 보십시오.〉

【3】 14절, 21절, 22절

【4】 25절(또는 24절) 〈여기서 '육축'이란 소나 양처럼 길들여진 짐승을 의미합니다. 처음이 짐승들이 지음 받을 때에는 길들여진 것이 아니므로 '육축'이라고 할 수 없겠지만 이제 이스라엘 백성은 그것들을 가축으로 키우고 있으므로 그들을 위해서 그런 표현을 사용한 것입니다. 그리고 '기는 것'이란 땅에서 기어다니는 온갖 생물을 다 포괄하는 총칭(總稱)입니다. 끝으로 '땅의 짐승'이란 말은 흔히 야생 동물을 가리키는 말입니다. 비록 '땅의 짐승'이란 표현 안에 '야생'이라는 개념이 들어 있지는 않지만 '육축'이라는 표현이 지닌 개념 때문에 대칭적인 의미를 갖는 것입니다.〉, 26절 〈"다스리게 하자" - 사람이 만물을 다스릴 수 있음은 하나님께서 사람을 '하나님의 형상'으로 지으셨기 때문입니다. 따라서 사람의 다스림에는 반드시 하나님의 뜻이 우선적으로 전제되어야 하는 것입니다.〉, 28절

【5】 1절 〈"천지와 만물이 다 이루니라"는 말씀은 직역하면 "그래서 그 하늘과 그 땅과 그것들(안)의 모든 것들이 완성되었다"입니다.〉, 3절 〈'거룩함'의 의미와 일곱째 날이 하나님의 날로 정해진 이유에 대해서는, 위의 책, pp.85-87을 보시기 바랍니다.〉, 7절

【6】 8절, 15절

【7】 15절 〈이 구절은 하나님께서 사람을 에덴으로 이끌어 들이신 목적이 무엇인지를 분명하게 말하고 있습니다. "그리고 여호와 하나님께서 그 사람을 데려 오셨다 그리고 그를 에덴동산에 두셨다 그것을 다스리며 그것을 지키도록 하시려고"(직역). 여기서 밑줄친 부분이 곧 하나님께서 에덴동산에 사람을 데려다 살게 하신 목적을 말해 주는 것입니다. 사람이 하나님의 동산에 살게 된 것은 그저 가만히 앉아서 주어진 모든 복을 누리기 위함이 아닌 것입니다. 사람은 '다스리는' 일을 해야 합니다. 이 일이 한마디로 말하자면 '노동'입니다. '노동'이라는 말이 지금 타락된 세상에서 우리에게 주는 어감은 고생과 힘듦일 것입니다. 그러나 타락 이전의 상태, 즉 에덴동산에서의 노동은 그 자체가 복입니다. 창세기 1:28에서 하나님께서는 사람에게 "모든 생물을 다스리라"는 명령을 주셨습니다. 바꿔 말하자면, 사람은 왕으로 세움 받은 것입니다. 그러나 왕의 '다스리는' 역할이란 흔히 생각하는 군림(君臨)이 아닙니다. 오히려 이 역할은 '봉사'(奉事)를 뜻합니다. 어떻게 이런 논리가 가능한 것인가 살펴봅시다. 창세기 1:28에서 사람은 '다스리는' 직임을 받았습니다. 그러나 그 직임이 구체적으로 어떤 것인지는 그가 행하는 일을 보아야 알 수 있습니다. 그런데 바로 여기 창세기 2:15에서 '다스리는' 자가 어떤 직무를 감당해야 하는지 잘 드러납니다. 그는 '에덴동산을 다스리며 지키는' 일을 맡게 되었습니다. 이것이 왕으로서의 직무입니다. 그러나 창세기 2:15의 '다스리다'라는 용어는 창세기 1:28과는 다릅니다. 이 말은 '봉사하다' 또는 '섬기다'라는 뜻입니다. 그러나 이 말이 비인격체에게 쓰일 때에는 '잘 다루다' 또는 '잘 가꾸다'라는 의미를 갖게 됩니다. 그리고 '지키다'라는 말은 '잘 돌보다'라는 뜻을 갖습니다. 따라서 '다스리며 지킨다'는 것은 '에덴동산과 그 안에 살고 있는 모든 동식물을 잘 경작하고 돌보며 관리한다'는 의미가 됩니다. 즉 하나님의 뜻에 맞게 하나님의 동산을 잘 경영하고 관리하는 일이 다스리는 역할입니다. 바꿔 말하자면, 사람이 다스리는 위치에 있다는 것은, 하나님께 봉사하는 청지기의 위치에 있습니다. 이처럼 노동은 창조주이신 하나님께 봉사하는 영광스러운 직임입니다.〉, 17절

◈ 2주 ➲ 창세기 2-3장

【1】 23절 〈하나님께서는 여자를 만드신 후에, 각종 짐승과 새들을 그리 하셨듯이 아담에게 나아와 맞선을 보게 하십니다. 그러나 이번에는 그 결과가 앞의 경우와는 완전히 달랐습니다. 아담은 첫눈에 반했습니다. 23절은 아담의 말을 기록한 첫 구절로서 아담이 그 여자가 '자기와 상응하는 돕는 자'임을 파악하고 만족하였음을 잘 드러내 주고 있습니다. 그의 말은 환희와 기쁨에 찬 시구(詩句)와 같았습니다. 그는 이렇게 말합니다. "이번에야말로 이[this]는 내 뼈들 중의 뼈이며 내 살 중의 살이다. 이[this]는 여자라 불리리라. 왜냐하면 남자로부터 이[this]가 취해졌기 때문이다"(직역). 그러나 아쉽게도, 개역한글성경에서는 '이번에야말로', '이번에는' 또는 '이제야'에 해당하는 원어 '하파암'(hapa am)을 번역해 놓지 않았을 뿐더러 20절 하반절도 의역을 해 놓음으로써 19–20절 사건이 18절과 논리상 무관한 것처럼 보이게 만들었습니다.

18절의 '돕는 배필'(에제르 케네그도)이라는 표현에서 '돕는'이라는 말이 '배필'이라는 뒷말을 꾸며 주고 있습니다. 그러나 실상은 그 반대가 되어야 합니다. 원어에 비추어 보면 '돕는'이라는 말은 '돕는 자'

라는 뜻이고, '배필'은 '그와 상응(相應)하는'이라는 뜻입니다. '상응한다'는 말에서 여자의 신분 또는 가치를 알 수 있습니다. 상응(相應)의 대상은 그 남자입니다. 따라서 여자 역시 남자와 동등한 신분과 가치를 지닌 존재입니다. 그래서 만일 남자가 손이라면 여자는 발이고 남자가 눈이라면 여자는 입이라고 예를 든다면 이것은 잘못된 비유입니다. 여자가 남자와 상응한다는 것은 남자가 오른손이라면 여자는 왼손, 남자가 왼쪽 눈이라면 여자는 오른쪽 눈일 경우에 해당하는 것입니다. 이렇듯 남자와 여자는 온전히 대등한 존재입니다.

'이번에야말로'라는 아담의 말에서 우리는 19-20절에서 아담이 행한 일의 성격을 충분히 알 수 있습니다. 아담은 수많은 짐승들을 일일이 살펴보았습니다. 그들에게 이름을 지어 붙여 주는 본질 파악의 작업을 계속하였던 것입니다. 그 가운데서는 아무리 찾아도 '자기와 상응하는 돕는 자'를 만날 수 없었습니다. 그들은 사람이 아니라 사람의 다스림을 받아야 할 피조물들이었습니다. 아담에게는 그와 상응하는, 풀어 말하자면 하나님의 형상대로 지음을 받은 사람이 필요했던 것입니다. 이제 아담이 깊은 잠에서 깨어나자 자신 앞에 나아온 자기 외의 다른 사람을 보게 되었습니다. 그는 즉각적으로 그녀가 자신과 상응하는 자임을 감지하였습니다. 그래서 그는 그 여자를 가리켜 "내 뼈들 중의 뼈이며 내 살 중의 살이다"라고 표현했습니다. 왜 아담은 이 여자를 가리켜 그런 표현을 했을까? 만일 아담이 하나님께서 자신의 갈빗대 하나를 꺼내어 그녀를 만드셨다는 사실을 알아서 그렇게 표현한 것이라고 한다면, 그렇다고 해도 그것이 "내 살 중의 살이다"라는 표현에 대한 설명은 되지 못합니다. 따라서 우리는 아담이 '어떤 재료로 만들어졌는가?'라는 측면에서 그녀를 관찰하여 그렇게 표현했다고 생각할 수는 없습니다. '이번에야말로'라는 문구는 아담의 현재 상황과 그 이전 행동을 연결해 주는 고리의 역할을 하기 때문에 "내 뼈들 중의 뼈이며 내 살 중의 살이다"라는 표현도 이전 행동의 성격에 비추어서 이해해야만 하는 것입니다. 19-20절에 묘사된 아담의 행동은 본질 파악의 성격을 지닌 것입니다. 그러므로 이 이상한 표현도 그런 성격에서 해석해야 합니다.

그렇다면 이 표현의 의미는 매우 간단합니다. '뼈와 살'은 사람을 지칭하는 관용적(慣用的)인 표현입니다. 그런데 아담은 이 관용적인 표현에 수식어를 붙여서 "내 뼈 중의 뼈이며 내 살 중의 살"이라고 말했습니다. 이것은 아담 자신과 똑같은 본질을 지닌 사람일 뿐만 아니라 이제까지 자신이 그토록 열심히 찾았던 '자기와 상응하는 돕는 자'라는 사실을 의미하는 표현입니다. 그리고 이와 같은 사실은 그가 그녀에게 붙여 준 명칭에서 다시 한 번 확인됩니다. 아담은 그녀를 '여자'라고 칭했습니다. 그리고 그는 자신이 그녀를 그렇게 칭하는 이유를 말합니다. 그가 말하는 이유는 그녀가 남자에게서 취해졌기 때문이라는 것입니다. 잘못 생각하면, 아담이 자기 자신과 그녀와의 관계를 가치(價値)의 측면이나 주종(主從)의 측면에서 언급한 것처럼 보입니다. 만일 아담이 그 이유를 '그녀가 나에게서 취해졌기 때문'이라고 말했다면 위에 언급된 측면으로 볼 수 있는 논리적 여지가 있습니다. 그러나 아담은 그렇게 말하지 않았습니다. 아담은 자신을 '남자'라고 언급하였습니다. 이것은 자신을 개체로서가 아니라 본질적 측면에서 보고 그렇게 말한 것입니다. 그리고 그는 똑같은 측면에서 그녀를 보고 그녀의 본질을 드러낼 만한 표현을 사용합니다. 원어로 보면 이러한 사실이 더욱 실감나게 드러납니다.

원어에서는 남자가 '이쉬'('ish)이고 여자는 '이샤'('isha)입니다. 아담이 볼 때 그녀는 자신과 동등한 본질을 지닌 존재이긴 하지만 자신과 같은 성(性)을 지니지는 않았습니다. 이처럼 동일한 본질 그러나 미묘한 차이를 지닌 그녀에 대해 아담은 자신의 본질을 나타내는 '이쉬'라는 표현에 모음만 살짝 추가하여 '이샤'라고 칭한 것입니다. 따라서 '여자'라는 표현은 여기서뿐만 아니라 성경 전체에서도, 결코 비천함이나 종속성을 의미하지 않습니다. 오히려 이 표현은 남자와의 상응성 및 성별 차이를 나타내는 자랑스러운 명칭입니다.〉

【2】 20절 〈하나님께서는 지으신 동물들을 그 사람에게로 나아가게 하셨습니다(19절). 이렇게 하신 목적은 그 사람이 자기에게 나아온 각각의 동물을 무엇이라고 부르는지 보시기 위함이었습니다. 이것을 우리 성경에서는 "어떻게 이름을 짓나 보시려고"라고 표현하고 있는데 매우 좋은 번역입니다. 여기서 '무엇이라고 부르다' 곧 '이름을 짓는다'는 표현에는 중요한 개념이 들어 있습니다. 이 개념을 올바로 이해하지 못하면 하나님께서 사람으로 하여금 동물들의 이름을 짓게 하신 이유를 알 수가 없습니다. 그렇다면 그 중요한 개념은 무엇입니까? 그것은 '본질을 파악한다'는 것입니다. 아직 이름이 정해지지 않은 대상에게 이름을 부여할 때, 그 대상의 특성이나 모양 따위를 파악하여 이름을 붙이게 됩니다. 이것은 오늘날의 경우에도 마찬가지이고 심지어 무생물체인 미술 작품이나 글의 이름 또는 제목을 붙일 경우에도 그렇고 별명을 붙일 때도 그렇습니다. 이름을 짓거나 붙이는 데 선행되는 작업은 비록 정도의 차이는 있겠지만 본질 파악의 행위입니다. 그렇다면 어째서 하나님께서는 그 사람으로 하여금 각 동물의 본질을 파악하게 하셨는가? 이 이유가 18절과 19-20절의 논리를 연결시키는 결정적인 고리가 되는 것입니다.

19절 하반절은 그 사람이 자기 앞에 나아온 각 생물에게 무엇이라고 부르는 호칭이 곧 그 생물의 이름이 되었다는 사실을 말합니다. 이어서 20절 상반절은 아담이 생물들 모두에게 이름을 주었다는 사실을 말하고 있습니다. 이 사실들을 통해서 우리는 아담이 모든 생물의 본질을 파악하였다는 것을 알 수 있습니다. 그러면 이와 같이 모든 생물의 본질을 파악한 결과는 무엇이었습니까? 바꿔 말하자면 하나님께서 그 남자로 하여금 모든 생물의 본질을 파악하도록 하신 근본적인 목적 또는 이유는 무엇이었습니까? 물론 어떤 분들이 주장하는 것처럼 모든 생물에게 이름을 준다는 것은 그 남자가 만물을 다스리는 자임을 입증하는 사건으로 볼 수도 있겠습니다. 그러나 남자만 만물을 다스리는 자로 세움 받은 것이 아니라 여자도 그런 자로 세움 받은 것입니다. 따라서 사람이 만물을 다스리는 자임을 드러내려면 여자가 지음을 받은 후에 이런 사건이 발생함이 훨씬 바람직 할 것입니다. 아니라면 여자가 지음 받은 후에 이런 류의 사건이 여자에게도 일어났어야 할 것입니다. 그러나 이런 비슷한 사건이 여자에게 일어난 기록이 성경에는 전혀 나타나 있지 않습니다. 결국 우리는 위와 같은 시각으로 이름을 지어 준 사건을 보는 것은 옳지 않다고 결론지을 수밖에 없습니다.

그렇다면 이 사건은 어떤 시각에서 이해해야 합니까? 마땅히 성경 본문이 제시하는 시각에서 이해해야 할 것입니다. 20절 하반절의 "아담이 돕는 배필이 없으므로"라는 말씀이 위 사건을 어떤 시각으로 보아야 하는지를 가르쳐 주는 말씀입니다. 이 말씀을 직역하면 "그러나 아담[자신]을 위해서 그[아담]는 자기와 상응하는 돕는 자를 발견하지 못했다"입니다. 이 말은 19절과 20절 사건이 18절과 무관한 일이 아님을 여실히 보여주고 있습니다. 하나님께서 각종 생물을 지으셔서 아담에게 나오도록 하시고 아담으로 이름짓게 하신 것은 그것들 가운데서 '그와 상응하는 돕는 자'를 찾아보게 하시기 위함이었습니다. 그러나 결과는 그것들 가운데는 아담과 상응하는 돕는 자가 전혀 없었습니다. 여기서 이제까지 미루어 온 위의 질문, 즉 물고기는 왜 언급되지 않았는가 하는 점에 대해 말씀드리겠습니다. 각종 들짐승과 공중의 각종 새는 아담의 '돕는 배필'의 후보로서 아담에게 나아온 것입니다. 적어도 후보의 자격은 아담과 더불어 땅에서 살 수 있는 것이어야 합니다. 그러나 물고기는 땅에서 전혀 생존이 불가능한 것이므로 이 장면에는 등장할 필요가 없습니다. 따라서 물고기에 대한 언급이 생략된 것입니다. 한편 새들은 비록 그 활동 공간은 하늘이라고 할지라도 그 번성 공간은 땅입니다. 그래서 번성 공간에 따라 생물을 분류하면 물에서 번성하는 종류와 땅에서 번성하는 종류로 나뉘는 것입니다. 전자에는 물고기가 해당되고, 후자에는 땅의 생물과 하늘의 새가 해당됩니다. 창세기 1:22의 "새들도 땅에 번성하라"는 말씀이 그 증거가 됩니다.〉,

24절 〈24절은 창세기 2:18-23 내용의 결론을 제시하고 있습니다. 기록자는 결론의 첫번째 항목으로 '부모를 떠날' 것을 말합니다. 아담과 그녀는 첫 사람이므로 그들에게 부모가 있을 리 없습니다. 따라서 기록자가 이 결론 구절을 언급한 것은 특별히 처음 독자들에게 직접 명령한 것임을 알 수 있습니다. 어쨌든 이 결론의 내용을 정확히 이해하기 위해서 직역을 한 후 한 항목씩 살펴보겠습니다. "그러므로 남자는 그의 아버지와 그의 어머니를 잊어버릴지니라. 그리고 그의 <u>여자</u>에게 고착(固着)될지니라. 그러면 그들은 하나의 <u>살</u>이 될 것이다"(비록 이 직역이 투박하긴 하지만 한글개역성경의 미끈한 번역을 통해 이해할 때 빠뜨리거나 다소간 오해되기 쉬운 개념들을 파악하는 데는 도움이 될 것 같아서 투박한 그대로 표현했습니다. 그리고 밑줄 친 단어들은 23절에서 아담이 말한 내용에 나온 것들이므로 그 의미를 살리기 위해 그대로 사용하였습니다).

이 구절은 남자에게 행동을 요구하는 내용입니다. 그렇다고 여자는 위의 요구된 행동을 취할 책임이 없는 것이 아닙니다. 남자와 여자 둘 모두에게 그렇게 행동할 책임을 요구하는 것입니다. 그럼에도 불구하고 처음 독자들인 이스라엘 백성의 사회는 남자 중심적인 성격을 유지하고 있었으므로 기록자는 그당시 사회 형편을 고려하여 남자를 행동의 주체로 표현한 것입니다. 그렇기에 만일 오늘날 이 구절을 재 표현한다면 "남자와 여자는 반드시 …… 할지니라 ……"는 식으로 해야 할 것입니다. 이 구절은 세 항목으로 이루어져 있습니다. 첫째와 둘째 항목은 명령문과 같은 의미를 갖는 문장이고, 셋째 항목은 그 결과를 나타내는 문장입니다.

첫 항목의 내용은 한글개역성경의 표현대로 한다면 부모를 떠나라는 요구입니다. '떠나다'라는 우리말 단어가 갖는 개념은 일반적으로 장소(場所)적입니다. 그러나 위의 직역에서 알 수 있듯이 이 단어는 '잊어버리다'의 의미로서 장소적이 아니라 사고(思考)적인 개념을 갖습니다. 물론 이 말은 기억을 다 지워버리라는 식의 의미는 아닙니다. 또한 이 말은 부모에 대한 마땅한 공경과 마땅한 돌봄의 책임을 벗어 놓는 것을 의미하지 않습니다. 또 분가(分家)해서 살아야 함을 뜻하지도 않습니다. 이 말은 단지 이제껏 유지해 왔던 부모 의존적인 사고를 내버릴 것을 뜻하는 것입니다. 앞에서 설명드린 바대로 하나님께서 여자를 지으심은 '남자와 상응하는 돕는 자'를 남자에게 주셔서 그들로 하여금 하나님께서 맡기신 일을 잘 감당하도록 하시기 위함입니다. 따라서 남자와 여자의 결합은 하나의 팀(a team)을 구성하는 것입니다. 이제 이 팀은 그 나름대로의 독자적인 결정과 판단을 내려야 하는 것입니다. 그러자면 무엇보다도 이전에 소속되었던 팀, 즉 그들 각자의 부모팀의 결정과 판단에서 벗어나야 합니다. 한편 '부모'라는 단어는 '그의 아버지와 그의 어머니'로 표현되어 있습니다. 물론 이 두 가지 표현이 의미상으로는 똑같지만 적어도 어감(語感) 상으로는 상당한 차이를 만들어 냅니다. 따라서 첫째 항목의 요구는 부모라는 한 팀에서 뿐만 아니라 그 팀의 구성원 개개인으로부터도 사고의 독립이 있어야 함을 뜻하는 것입니다.

그리고 둘은 서로 연합해야 합니다. 일반적으로 "그 아내와 연합하여 둘이 한 몸을 이룰지로다"라는 말씀을 부부의 정신적 연합과 육체적 연합을 의미하는 것으로 이해하고 있습니다만, 이러한 이해는 이 본문에서의 독특한 의미를 찾아내지 못한 두루뭉실한 이해입니다. 여기서 '연합하다'라는 동사의 의미가 특별히 정신적인 측면으로 사용된 것은 아닙니다. 또한 이것은 단순히 '뭉침'이나 '어울림'을 뜻하지도 않습니다. 이 동사의 일차적인 뜻은 '달라붙다' 또는 '엉겨붙다'로서 밀착성(密着性)을 부각시킵니다. 따라서 서로 연합하라는 요구는 팀의 두 구성원간에는 반드시 서로 떨어질 수 없는 마치 몸의 지체와 같은 밀착된 관계가 있어야 할 것을 의미합니다. 부모로부터 독립된 새로운 팀으로서 독자적인 사역을 감당하기에 필요한 호흡을 완벽하게 맞추려면, 어느 한 측면이 아니라 전(全)인격적으로 서로에게 달라붙어 있어야 하는 것입니다. 이러한 팀의 구성원은 '남자와 그의 여자'입니다. 비록 위에서는 23절과 표현의 연결을 드러내기 위하여 '남자와 그의 여자'라고 직역했지만, 여기서 이 말의 의미는 말할나위 없이 '남편과 그의 아내'입니다. 이들이 이러한 밀착된 관계를 갖게 된 것을 가리켜 '한 몸을 이룬다'고 표현합니다. 따라서 '한 몸을 이룬다'는 표현을 기계적으로 이해하여 두 몸이 하나 된다고 하거나 비유적으로 이해하여 성적(性的) 또는 육체적 관계를 갖는 것으로 생각한다면 이것은 이 표현의 의미와는 거리가 먼 것입니다. 왜냐하면 기록자는 23절의 표현을 그대로 따와서 '몸'이라는 단어 대신에 '살'이라는 용어를 사용하고 있기 때문입니다. 그러므로 여기서 의미하는 '하나의 살'(한 몸)이라는 표현은 우리가 일반적으로 생각해 오던 것과는 달리 앞 구절에서 의미하던 대로 동일한 본질로서 서로에게 상응하는 존재가 됨을 뜻하는 것입니다.

이처럼 이 두 구성원이 각자 자신의 부모를 떠나 서로 연합하여 팀을 이루게 될 때 진정한 의미에서 그들은 비로소 '하나의 살'이 되는 것입니다. 바꿔 말하자면 그들은 하나님 앞에서는 하나의 팀으로, 그리고 서로에게는 상응하는 존재로 서게 되는 것입니다. 이것이 혼인의 진정한 의미입니다. 그리고 이것은 혼인이라는 주제를 다룬 성경의 다른 본문들과는 달리, 이 본문 나름대로의 시각에서 본 독특한 내용입니다.〉

【3】 3절 〈2절과 3절은 그 여자의 대답을 기록하고 있습니다. 이 대답을 보면 이 여자가 1절 하반절에서 뱀이 던진 유혹의 미끼를 물었는지 아닌지를 알 수 있습니다. 2절에

서 그 여자는, '동산 나무의 실과를 우리가 먹을 수 있다'고 대답합니다. 여기까지는 좋습니다. 그러나 그녀의 대답은 여기서 멈추질 않습니다. 3절까지 계속됩니다. 그리고 드디어 그녀의 속마음이 드러납니다. 그녀는 이렇게 말합니다. "하나님께서 '그러나 그 동산 가운데 있는 나무의 열매를 너희는 (그것을) 먹지 말아라. 그리고 (그것을) 만지지도 말아라. 너희가 죽지 않도록'이라고 말씀하셨다"(직역). 이 말 가운데서 문제가 되는 것은 하나님께서 말씀하시지 않은 금지 사항을 하나 첨가하고 있다는 점입니다. 그녀는, 열매를 만지기만 해도 죽을 것이라고 하나님께서 말씀하셨다고 대답함으로써, 그 금지 명령에 대해 '너무 지나치다' 내지는 '못마땅하다'고 생각하고 있음을 내비쳤습니다. 자기가 던진 유혹의 미끼를 물었다고 확신한 뱀은 대담한 승부수를 던집니다. 이것은 '먹으면 죽는다'는 하나님의 말씀 그 자체를 정면으로 부정하는 승부수입니다. 이제껏 그녀는 비록 하나님의 금지 명령에 대한 불만을 갖고 있었지만 '죽으리라'는 말씀 자체는 흔들림 없이 믿어 왔습니다. 그런데 그 뱀은 그녀의 마음속에서 찾아낸 하나님에 대한 불만의 틈을 비집고 들어가서 하나님에 대한 신뢰 그 자체를 들어 엎으려고 하는 것입니다. 불만을 지렛대로 삼아 신뢰의 바위를 통째로 뒤엎어 버리려는 영악한 술수입니다. 단 한 번으로 상황을 뒤바꿀 수 있는 정면 돌파의 승부수를 이 뱀은 던진 것입니다.〉, 6절

【4】 8절, 13절 〈"뱀이 나를 꾀므로 내가 먹었나이다"는 여자의 말은 자신의 책임을 뱀에게 돌리는 것이기는 하지만, 동시에 이것은 자신이 '속았다'는 사실을 스스로 인정한 것입니다. 이 말은 직역하면, "그 뱀이 저를 속였습니다. 그래서 제가 먹었습니다" 입니다.〉, 10절

【5】 14절과 15절

【6】 15절 〈"네 머리를 상하게 할 것이요" – 뱀의 배후 존재는 머리에 치명타를 맞음으로써 결국 싸움에서 패배하고 맙니다.〉

【7】 15절

◈ 3주 ⇨ 창세기 3-5장

【1】 16절 〈16절에서는 하나님께서 대상을 바꿔 그 여자에게 말씀하십니다. 물론 하나님께서 심판의 말씀을 선포하시는 현장에는 그 뱀과 그녀와 아담, 이 사건에 관계된 세 존재가 모두 있습니다. 그래서 그들은 서로에게 주어지는 말씀의 내용을 알 수가 있습니다. 어쨌든 하나님의 말씀을 듣는 직접적인 대상자는 배후 조종자에서 주범(主犯)에게로 바뀌었습니다. 그리고 이 대상자는 17절에서 다시 공범(共犯)으로 바뀌게 됩니다.

하나님께서 그 여자에게 가하시는 심판의 내용은 두 가지 사실입니다. 이 두 가지는 각각 16절 상반절과 하반절에 나타나 있습니다. 상반절의 내용은 하나님께서 그녀의 잉태하는 고통을 크게 하시고 따라서 그녀는 고통중에 출산하게 되리라는 것입니다. 잉태와 출산 그 자체는 형벌이 아닙니다. 생육하고 번성하는 것은 창조 때 사람에게 주어진 복이기 때문입니다. 따라서 형벌은 자식을 잉태하여 출산할 때까지 '큰 고통'이 수반된다는 데 있습니다.

16절 하반절은 가부장제(家父長制)가 인정되며 특히 남존여비(男尊女卑)사상에 젖어 있는 우리 사회에서는 남자들에게 크게 유리하게 사용되는 구절입니다. 그리고 교회 안에서와 기독교인들간에서는 이 구절에 대한 오해에서 비롯된 사상이 알게 모르게

남용되고 있습니다. 개역한글성경은 "너는 남편을 사모하고 남편은 너를 다스릴 것이니라"로 표현되어 있어서 마치 아내는 남편을 늘 그리워해야 하며 반면에 남편이 아내를 지배하는 것은 당연하다는 사상을 말하는 것처럼 보입니다. 그래서 혹 여인들이 남성들의 우월적 자세를 탓하는 듯한 말을 꺼내려는 시늉만 해도 남자들은 얼른 이 구절을 들추며 '하나님께서 그렇게 정해 놓으신 것'이라는 점을 상기시키려고 하는 것은 교회 안의 모임에서 가끔씩 볼 수 있는 장면입니다. 이런 상황을 고려할 때 이 하반절의 의미를 잘 밝혀 보는 일이 꼭 필요합니다. 그러나 여기서 이 구절에 대한 여러 가지 흥미로운 견해들을 다루기보다는 본문의 문맥에 비추어 하반절을 살펴보고자 합니다. 이 구절의 직역은 이렇습니다. "그리고 네 남편에게 네 소원이 있다. 그러나 그가 너를 다스릴 것이다." 여기서 먼저 알아보아야 할 것은, 그녀가 자기 남편에게 어떤 '소원'을 갖고 있느냐 하는 점입니다. 물론 사람의 '소원'에는 이루 말할 수 없을 만큼 많은 종류가 있을 것입니다. 그러나 그렇다고 해서 우리가 그 많은 수의 '소원' 중에서 우리 각자의 상황과 맞는 어떤 하나를 택하여 이 구절에 대입시킨다면 이 구절의 해석은 우리의 수만큼이나 많아질 것입니다. 성경에 기록된 어떤 말씀도 이런 식으로 이해해서는 결코 안 됩니다. 자주 말씀드렸지만, 낱말은 그 글이 속한 문장과 더 나아가서는 그 문장이 속한 문단의 흐름에 맞춰서 이해되어야 하는 것입니다. 그렇지 않다면 그 말씀의 의미와 의도를 알 수 없거나 왜곡시키게 되기 때문입니다.

우선 우리가 명심해야 할 점은 16절 말씀은 하나님께서 그 여자에게 가하신 심판의 말씀이라는 사실입니다. 따라서 심판의 성격에 해당되지 않는 것, 바꿔 말하자면 인간과 피조물을 지으신 목적에 들어맞는 내용은 이 구절의 내용속에 포함될 수가 없습니다. '남편을 사모한다는 것'은 그 자체가 선하며 아름다운 일입니다. 그러기에 이것은 심판의 내용으로 알맞지 않은 것입니다. 위의 직역에서 보는 바대로 하반절의 앞 문장은 그녀가 남편에 대해 소원을 갖고 있다는 사실을 지적합니다. 그리고 뒤 문장은 남편이 그녀에게 대해 행하는 처사를 언급하고 있습니다. 그렇다면 논리상 이 두 문장에는 상응(相應) 관계가 있게 됩니다. 따라서 그녀의 '소원'과 남편의 '다스림'이라는 두 개념은 서로 무관하지 않고 오히려 연관성을 갖습니다. 여기서 연관성은 전자의 성격이 후자에서 구체화되는 것을 뜻합니다. 결국 하반절 전체의 의미는 그녀가 남편을 다스리려고 소원하지만 그 결과는 오히려 그녀의 소원과는 정반대로 남편이 그녀를 다스리게 된다는 것입니다.

여기서 '다스리다'는 말은 창세기 1:28이나 2:15에 나오는 '다스리다'라는 표현의 의미와는 거리가 있습니다. 여기 '다스린다'는 말은 일반적으로 '지배하다'를 의미합니다. 이와 같은 소원은 타락 이전에는 그녀의 사고나 마음속에 존재하고 있지 않던 것입니다. 이것은 타락의 결과로 생겨난 소원입니다. '남편과 상응하는 돕는 자'로서의 자신의 위치를 벗어나, 남편을 자신 아래의 위치에 두는 새로운 수직 관계를 만들어 보려는 욕망이 생겨난 것입니다. '하나님과 같아지려는' 그녀의 욕망이 실패하자 이 욕망은 이제 남편을 향하여 그 물꼬를 트려 합니다. 그러자 하나님께서 이러한 욕망의 진로를 차단하실 뿐만 아니라 그런 욕망의 결과가 어떤 것인지를 알려 주십니다.

16절 하반절의 뒤 문장에 대해 좀 더 생각

해 보겠습니다. 어떤 분들은 "그러나 그가 너를 다스릴 것이다"라는 문장을 '그래서 그가 너를 다스려야만 한다'는 식으로 이해합니다. 물론 문법상으로는 그런 식의 이해도 가능합니다. 그러나 후자(後者)와 같이 이해한다면 그것은 하나님께서 남편이 아내를 지배하도록 허락하셨다고 보는 것입니다. 즉 이것은 남편의 지배권에 당위성(當爲性)을 부여하는 것입니다. 그런 식의 이해는 다음의 두 가지 이유 때문에 본질적으로 성경적인 것이라 할 수 없습니다. 첫째, 16절이 속한 문맥의 흐름과 맞지 않기 때문입니다. 14절부터 19절까지는 하나님께서 저주와 심판을 말씀하신 부분인데 16절은 주범인 아담의 아내에게, 17-19절은 공범인 아담에게 심판을 말씀하신 것입니다. 만일 하반절의 뒤 문장이 하나님께서 남편의 지배를 허락하신 것을 말한다면, 이것은 주범자에게 형벌을 가하시려고 공범자에게 엄청난 특혜를 주시는 셈이 됩니다. 아담은 무고(無辜)한 자가 아닙니다. 그는 비록 행위의 측면에서 보면 주범이 아니지만 책임의 측면에서 본다면 그의 아내보다 더 중한 잘못을 범한 죄인입니다. 그는 하나님으로부터 금지 명령을 직접 들은 장본인일 뿐만 아니라 하나님 앞에서 자신의 아내를 책임져야 할 위치에 있는 자이기 때문입니다. 둘째, 하나님께서 남자와 여자를 지으신 목적과 맞지 않기 때문입니다. 하나님께서는 남편과 아내(또는 남녀)가 서로 지배하도록 지으신 것이 아닙니다. 이들은 서로 돕는 존재입니다. 이들은 수평적 관계를 이루면서 '다스리는' 일을 함께 하는 존재입니다. 그러나 이 일에 있어서 책임자는 남편입니다. 아내는 남편과 상응하는 존재이지만 기능상 '돕는 자'이기 때문입니다. 따라서 남편은 책임자이지 지배자가 아닙니다. 그러나 이러한 수평 관계가 금이 간 것은 타락 때문입니다. 그렇다고 해서 하나님마저 자신의 원래 의도를 벗어나 남편을 지배자로 세우신 것은 아닙니다. 하나님께서는 깨어진 관계를 원래의 의도대로 회복시키시는 사역을 해 나가시는 것이지 깨어진 관계에 당위성을 부여하시는 분이 아닙니다.

이제 16절 하반절 말씀의 의미를 정리해 보겠습니다. 타락 이후로 남편과 아내의 관계는 균형을 잃고 말았습니다. 이 사실이 이 구절에 반영되어 있습니다. 아내는 남편의 지배자가 되려는 강한 욕망을 갖고 있습니다. 이것은 남편을 수직 관계의 아래쪽에 둠으로써 남편에게 하나님 같은 존재가 되려는 시도입니다. 이러한 욕망은 좌절될 수밖에 없는데 그 이유는 하나님의 직접적인 개입 때문이 아니라 동일한 욕망이 남편 안에서도 강하게 작용하기 때문입니다. 그리고 아내의 지배 욕망은 오히려 남편의 지배를 불러오는 결과를 낳고 맙니다. 이처럼 남편과 아내의 조화와 균형의 관계는 타락으로 인하여 완전히 깨어지고 맙니다. 이전의 수평 관계가 수직 관계로 대치되었으며 이런 관계 속에서 남편과 아내는 상하(上下)의 위치를 반전시키려는 암투를 계속하는 상태에 이르게 된 것입니다. 따라서 이 구절은 남편과 아내간에 서로 지배자가 되려는 싸움이 있게 되며 이 싸움에서 남편이 우위에 서게 될 것을 예고한 것입니다. 그리고 그녀에게 주어진 심판의 몫으로 '남편과의 깨어진 관계'와 '욕망의 좌절'이 할당된 것입니다.〉,

17절 〈하나님께서 심판의 말씀을 공범자(共犯者)에게 가하십니다. 하나님께서는 주범인 아담의 아내에게 말씀하신 내용(16절)보다 약 세 배나 많은 말씀(17-19절)을 아담에게 하십니다. 겉보기로는 아내가 주는 선악과를 받아먹은 일(6절) 외에는 별 잘못이 없는 것 같지만, 하나님께서는 그렇게 생각하시지 않습니다. 아담의 잘못은 그의 아내의 잘못보다 훨씬 심각한 것입니다. 하나님께서는 그녀의 경우와는 달리 아담에게 잘못이 무엇인지를 분명하게 지적해 주십니다. 그 이유로써 그분은 아담이 자기 아내에게 순종한 사실을 지적하십니다. 이것은 남편으로서 여자인 아내의 말을 들었다는 점을 탓하는 것이 아닙니다. 이것은 말한 사람의 성별(性別)이나 신분을 거론하는 것이 아니라 그 말의 내용과 성격에 대해 언급하는 것입니다. 이어지는 하나님의 말씀이 하나님께서 무엇을 지적하시는 것인지 그 핵심을 알려주고 있습니다. "내가 너더러 먹지 말라고 명령한 그 나무의 실과를 네가 먹었다." 여기서 대비되는 것은 '먹지 말라'는 하나님의 명령과 '먹어라'는 아내의 말입니다. 하나님의 지적은, 아담이 그 열매를 먹은 것은 아내에게 순종한 결과인데 이것은 부부간의 화목과 협력의 차원에서 생겨난 순종이 아니라는 점입니다. 아담은 이 경우에 아내의 말을 따르는 것은 곧 하나님의 명령을 어기는 것인데도 그런 결정을 내렸던 것입니다. 그리고 이런 결정은 하나님보다 아내를 우선적인 위치에 둠으로써 그분을 배척하는 것이며 그분과 영원히 교제할 수 있는 에덴동산의 삶을 포기하는 것을 의미합니다. 따라서 아담의 잘못은 그의 아내의 잘못보다 훨씬 심각한 것입니다. 아담의 아내는 그 뱀에게 속은 것이지만, 아담은 진위(眞僞)를 다 알고 있으면서도 아내의 잘못된 말을 듣고 따르기로 결정한 것입니다. 이런 이유 때문에 하나님께서는 그에게 더 강력하게 책임을 추궁하신 것입니다. 참고로, 디모데전서 2:14의 "아담이 꾀임을 보지 아니하고……"라는 말씀은, 아담은 속아서 그 열매를 먹게 된 것이 아니라 자신의 행동이 하나님께 불순종하는 것임을 충분히 알고 있었다는 사실을 암시해 줍니다(Cf. Susan T. Foh, *Women & the Word of God* (Grand Rapids: Baker Book House, 1979), p.65.)》,

17절 〈이제 하나님께서는 17절 하반절부터 19절까지 아담에게 주어질 심판을 땅과의 관계에 비추어서 말씀하십니다. 아담의 범죄의 결과는 아담 개인에게만 영향을 미치는 것이 아닙니다. 17절 말씀에 의하면 그 영향은 장차 그의 삶의 터전이 될 땅에게까지 확대됩니다. 이것은, 하나님께서 그를 온 땅의 다스리는 자로 세우셨다는 것이 그와 땅 사이에 어떤 관계가 있는 것인지를 단적으로 보여주는 사건입니다. 아담의 범죄는 땅에 대한 저주를 수반하게 됩니다. 17절 하반절에서 하나님은 땅의 저주가 임하는 까닭이 아담 때문이라는 사실을 분명히 밝히십니다. 이어서 그분은 아담이 받을 형벌을 말씀하십니다. 이 말씀은 직역하면, "고통중에 너는 그것을 먹어야 할 것이니라 너의 사는 모든 날들 동안"입니다. 이 문장에서 강조되고 있는 문구는 '고통중에'입니다. 16절에서 여자에게 주어진 심판의 성격이 '고통'이었던 것처럼 아담에게도 동일한 성격의 심판이 주어짐을 알 수 있습니다. 이전에 아담은 자신의 먹을 것을 위해 고통스러운 일을 할 필요가 없었습니다. 아담은 하나님께서 마련해 준 삶의 터전인 에덴동산에서 필요한 모든 것을 공급받을 수 있었기 때문입니다. 그러나 이젠 상황이 달라졌습니다. 식생활에는 고통이 수반됩니다. 게다가 이 고통은 일정 기간만 주어지는 것이 아니라 아담의 평생 동안 지속될 형벌입니다. 위의 문장에서 '그것'이란 문법적으로는 땅을 가리키지만 내용상으로 볼 때 땅에서 나는 것을 의미합니다. 이처럼 이제 아담은 땅에서 먹을 양식을 구해야만 됩니다. 그리고 이러한 하나님의 말씀은, 아담이 더 이상 에덴동산에서 자신의 먹을 것을 구할 수 없는 상황이 닥치게 되리라는 것을 암시하는 것입니다.

18-19절은 17절에서 말씀하신 저주의 내용을 보충 설명합니다. 18절 상반절은 아담 때문에 땅에게 가해진 저주의 영향이 어떠한지 그 실례를 보여줍니다. 땅은 이제 사람에게 좋은 소산만을 산출하지 않습니다. 땅은 가시덤불과 엉겅퀴를 냅니다. 이것은 인간의 고통을 가중(加重)시키는 요소가 됩니다. 땅은 아담으로 인해 저주를 받고 또다시 그 저주의 영향을 아담에게 되돌려 줍니다. 이로써 저주의 악순환이 계속됩니다. 18절 하반절은 아담이 먹을 수 있는 것이 무엇인지를 말합니다. 여기서 "밭의 채소"라는 말은 '들에서 나는 푸른 것'을 지칭하는 것입니다. 따라서 식물(食物)의 범위에 대해서는 타락 이전에 비해 어떤 제한이 주어지지는 않았습니다. (창세기 1:29에서는 인간의 식물로서 '씨 맺는 모든 채소'와 '씨를 가진 열매 맺는 모든 나무'를 언급합니다. 그리고 여기 창세기 3:18에서는 "밭의 채소"만 언급하고 있습니다. 따라서 타락 이후에는 인간의 식물의 범주에 '씨 맺는 채소'는 포함된 것이지만 '과실나무'는 제외된 것처럼 보입니다. 그러나 창세기 3:18은 식물(食物)의 범주를 제한하는 것이 아니라 인간의 삶이 땅에 의존되어 있음을 알려주는 것입니다. 17-19절은 인간에 대한 하나님의 심판을 땅과의 관계에 비추어서 말하고 있는 것이기 때문입니다. 아담은 에덴동산에서 과일을 식물로 사용했으므로 그 동산 밖으로 나와 살게 되어도, 금지 명령이 따로 주어지지 않는 한 창세기 1:29의 말씀을 알고 있는 그로서는 과일 나무에서 과일을 따먹을 것임은 당연한 일입니다.)

19절에서 우리는 17절 말씀의 의미를 좀 더 구체적으로 알 수 있게 됩니다. 17절에는 "수고하여야"(직역- 고통 중에) 땅에서 나는 것들을 먹을 수 있을 것이라고 하는 언급이 있는데 그 '수고'가 어느 정도여야 하는지를 19절이 말하고 있습니다. '얼굴에 땀을 흘려야' 인간은 땅에서 자신의 일의 대가를 얻을 수 있게 되었습니다. 그리고 이 고통이 수반된 일은 "종신토록"(직역- 너의 사는 모든 날들 동안) 계속될 것이라고 17절이 말합니다. 그러나 19절은 이 문구를 약간 다르게 표현함으로써 새로운 사실을 알려줍니다. 19절의 "필경은 흙으로 돌아가리니"라는 표현은 "네가 그 땅으로 돌아갈 때까지"(직역)라는 의미입니다. 물론 이 표현은 '죽을 때까지'라는 뜻이면서 동시에 죽음의 양태(樣態)가 어떠할는지를 알려주는 것입니다. 아담은 다시 '그 땅'으로 돌아가야 하는 것입니다. 여기서 '그 땅'이란 아담 자신의 육체를 이루고 있는 원소들의 출처를 가리킵니다. 그리고 아담이 그 땅으로 되돌아가야 하는 이유는 "그 속에서 네가 취함을 입었음이라"는 말씀에서 드러납니다. 여기까지가 19절 상반절입니다. 19절 하반절은 상반절의 마지막 문구를 좀 더 자세히 설명하고 있는 문장입니다. "너는 티끌이기 때문이다 그래서 티끌로 너는 돌아가야 할 것이다."(직역)〉

【2】 20절 〈20절에는 아담이 자기 아내의 이름을 지어 준 일이 언급되어 있습니다. 그러나 이 구절은 하나의 단순한 사건 보도가 아닙니다. 이것은, 14절부터 19절까지에 나타난 하나님의 심판의 말씀에 대한 아담의 이해(理解)를 반영하고 있는 구절입니다. 이 구절의 직역은 "그리고 그 사람은 그의 아내의 이름을 '하와'(생명)라고 불렀다 왜냐하면 그녀가 모든 생명의 어머니이었기 때문이다"입니다. 이처럼 하반절에서 기록자는 아담이 자기 아내의 이름을 '하와'(이것은 히브리어 발음이고 그 의미는 '생명'임)라고 지은 이유를 알려 줍니다. 창세기 2:19와 2:23을 설명할 때 말씀드린 바대로(2주 1번과 2번 해답) 이름을 짓는

다는 것은 '본질 파악'의 행위이므로 이름에는 파악된 본질이나 특성이 담겨집니다. 이미 아담은 자기 아내에게 '여자'라는 이름을 붙여 주었습니다. 그러나 그 이름은 그녀의 출처를 의미하는 것이며 '남자'라는 명칭과 대조를 이루는 총칭(總稱)입니다.

그러나 이번에 아담은 자기 아내에게 새로운 이름을 지어 줍니다. 이처럼 새 이름을 지어 주게 된 까닭은 "그녀가 모든 생명의 어머니"라는 사실을 새롭게 파악했기 때문입니다. 아담은 금지된 열매를 따먹으면 어떤 결과에 이르는지 잘 알고 있었습니다. 하나님께서 아담에게 분명히 "먹으면 정녕 죽으리라"고 말씀하셨기 때문입니다. 아담은 하나님께서 그 뱀과 자기 아내와 자신에게 저주와 심판의 말씀을 하시는 현장에 계속 있으면서 그분의 말씀을 다 듣고 난 결과 매우 놀라운 사실을 파악했습니다. 이 사실은 전혀 예상치 못한 것이었습니다. 그는 이제 자신과 자기 아내는 죽음이라는 결과를 받아들여야 하며 '생육하고 번성하라'는 하나님의 말씀은 자신들에게서 끝나리라고 생각했을 것입니다. 만일 아담이 그렇게 생각하지 않았다면 '그녀가 모든 생명의 어머니'라는 사실 때문에 그녀에게 새삼스럽게 새 이름을 줄 필요가 없습니다. 아담이 자기들 세대에서 모든 것이 다 끝나 버릴 것이라고 생각했으니까 이러한 생각을 깨뜨리는 획기적인 말씀을 대할 때 그것은 아내에게 새 이름을 지어 줄만큼 놀랍고 획기적인 일이 되는 것입니다.

하나님의 말씀 안에는 아담의 절망과 체념을 깨는 내용이 담겨 있었습니다. 비록 하나님께서 그런 내용을 담은 말씀을 아담 자신에게 직접 하신 것은 아니지만 아담은 그런 내용을 그 현장에서 직접 들을 수 있었습니다. 그것은 하나님께서 그 뱀에게 하신 15절 말씀입니다. 그 가운데서 무엇보다도 "그녀의 씨"라는 용어에서 아담은 자신의 생각이 깨짐을 경험했을 것입니다. 하나님께서는 그녀와 아담을 통해서 후손을 주시며 회복의 사역을 계속하시겠다는 것입니다. 이것이야말로 죽음에서 생명을 새로 얻은 것이며 따라서 이제 살아야 할 소망과 기대가 생겨난 것입니다. 더군다나 아담은 자신의 아내가 타락 사건의 주범이기 때문에 하나님의 구원 사역에서 제외되는 것이 아니라 오히려 그 사역의 대상이 될 뿐만 아니라 그녀를 통해 나올 후손 역시 그 대상이 된다는 사실을 알게 된 것입니다. 그러므로 아담의 아내는 앞으로 있을 모든 인간의 어머니입니다. 이와 같은 의미를 파악한 아담은 자기 아내를 새로운 시각에서, 즉 범행의 주범이 아니라 앞으로 있을 모든 인류의 시조(始祖)로서 이해하게 되었습니다. 아담이 보기에 그의 아내의 본질은 변화되었고, 이렇게 변화된 본질에 대한 이해에 근거하여 아담은 아내의 이름을 '하와'라고 부르게 된 것입니다.〉,

23절(또는 24절) 〈여기서 잠깐 "정녕 죽으리라"(창 2:17)는 말씀의 의미를 언급해야겠습니다. 아시는 바와 같이, 아담과 그의 아내가 금지된 열매를 먹었으나 죽지 않았습니다. 그리고 아담에게 하신 말씀 가운데서(3:17, 19) 인간의 육체적 죽음이 언급되고 있습니다. 그렇다면 "정녕 죽으리라"는 말씀은 '먹자마자 즉시' 죽는 것을 뜻하는 것이 아니라 '일정 기간을 더 살다가 결국' 죽는 것을 의미합니다. 그러나 이 말씀은 단순히 육체적 죽음만을 의미하진 않습니다. 그 열매를 따먹은 대가로 인간에게 '고통'의 형벌이 평생 동안 주어진 것이므로 이 형벌 역시 "정녕 죽으리라"는 말씀의 의미 안에 포함되어야 합니다. 다시 말하자면, 하나님께서 창세기 2:17에서는 그 열매를 따먹을 경우 일어날 결과를 "정녕 죽으리라"는 말씀 하나로 압축하여 표현하신 반면에, 그 일이 발생한 후에는 육체적 죽음뿐만 아니라 여러 가지 심판의 내용을 아담과 그의 아내에게 말씀하십니다. 이것은, 말씀하신 모든 형벌의 내용이 "정녕 죽으리라"는 말씀의 원래 의미에 포함되어 있거나, 아니라면 하나님께서 의도하시지 않았던 다른 형벌들을 덧붙였기 때문입니다. 만일 후자의 경우가 맞는다면 하나님께서는 자신의 약속을 지키지 않고 다른 벌을 더 가하시는 분이 되므로 그분의 신실하심과 긍휼하심이라는 성품에 손상을 입게 됩니다. 따라서 우리는 이런 식의 해석이나 이해를 받아들일 수 없습니다. 따라서 우리는, 선악과를 따먹은 후에 하나님께서 인간에게 말씀하신 심판의 내용이 모두 "정녕 죽으리라"는 말씀의 의미에 포함된 것이라고 이해해야 마땅합니다. 이것은 마치 여러 차례 접어 주머니 안에 넣은 보자기의 크기는 손바닥만 하지만 펼쳐 놓으면 여러 가지 물건들을 다 담을 수 있을 만큼 그 크기가 커지는 것과 마찬가지라고 할 수 있겠습니다.

실과를 먹으면 죽게 되는 나무의 이름을 '선악의 지식 나무'(직역)라 하지 말고 차라리 '생명나무'와 대칭이 되도록 '죽음나무'라 칭하는 것이 알맞은 것이라고 생각하시는 분도 계실 것입니다. 그러나 '죽음나무'라고 칭했다면, 우리는 그 나무의 실과를 먹음으로써 비로소 사람이 깨닫게 된 중요한 사실이 무엇인지를 알 수 없었을 것입니다. 그것은, 그들이 실과를 먹고 난 후 자신들에게 생긴 변화를 겪고, 그 이전 삶의 상태는 참으로 복되고 좋은 것이었으나 지금의 상태란 저주받은 나쁜 것이라는 사실, 즉 선과 악의 차이까지 경험적으로 알게 되었다는 것입니다. 이런 점에서 그 나무의 이름을 단순히 '죽음나무'라 하지 않고 '선악의 지식 나무'로 칭한 것이 더 적절한 것이라 판단합니다.〉,

22절 〈22-24절은 마침내 첫 사람들이 에덴동산 밖으로 추방당하는 슬픈 장면을 묘사하고 있습니다. 22절은 하나님께서 그들을 내쫓으시면서 하신 말씀입니다. 이 말씀은 하나님께서 첫 사람들을 에덴에서 쫓아내셔야 하는 이유를 언급하고 있는데, 그 이유는 그들이 저지른 일의 심각한 결과 때문입니다. 상반절은 그들이 이미 얻게 된 결과를 언급한 것이고, 하반절은 그들의 타락한 성품으로 인해 생겨날 결과를 예측한 것입니다. 그런데 22절에서 우리가 생각해 보아야 할 문제는, 이러한 하나님의 말씀이 사실적인 표현인가 하는 점입니다. 우리가 알고 믿는 바대로, 하나님께서는 거짓된 것을 말씀하시거나 행하시지 않습니다. 그분은 참된 것만을 말씀하시며 행하십니다. 이런 사실을 믿는 분들은 대개 22절의 말씀을 사실이라고 생각합니다. 그러나 그분께서 참되시다는 것과 의사 표현의 방법이 사실적이라는 것은 별도의 문제입니다. 하나님은 인격적인 분이시므로 자신의 감정과 의사를 정확히 전달하시기 위해 다양한 표현 방법을 사용하실 수 있습니다. 어쨌든 22절 상반절의 말씀이 사실적인 표현이라면 우리는 심각한 문제에 부딪히게 됩니다. 그렇다면 이 구절을 어떻게 이해되어야 하는지 그리고 심각한 문제가 어떤 것인지를 살펴보아야 하겠습니다. 먼저 직역을 하겠습니다. "그리고 여호와 하나님께서 말씀하셨다 '보라! 그 사람이 선과 악을 아는 것에 대하여 우리 중 하나 같아졌다 그러니 이제, 그가 그의 손을 뻗쳐서 또한 생명나무로부터 (열매를) 따서 먹고 영원히 살지 못하도록(해야겠다)'." 여기서 만일 우리가 상반절의 내용을 사실 그대로 이해한다면, 하나님께서는 그 뱀의 말대로 '사람이 하나님 같아졌다'

는 것을 인정한 셈이 됩니다. 그렇다면 그 뱀의 말(창 3:5)이 사실임이 입증된 것입니다. 그리고 하나님은 인간이 하나님과 같아지는 것을 막으려고 거짓말을 꾸며낸 고약한 분으로 전락되고 맙니다. 다시 말하면, 결국 하나님은 순진한 인간을 속여서 영원히 자신의 수하에 두려고 하셨으나 그 뱀이 이 은밀한 계획을 인간에게 폭로시킴으로써 하나님의 계획은 수포로 돌아가게 된 것입니다. 그러자 하나님은 인간에게 대한 자신의 태도를 돌연히 바꾸셔서 전에는 허락하였던 생명나무의 열매를 따먹지 못하게 할 뿐만 아니라 에덴동산에서 쫓아내시는 치졸하고 악독한 신의 본성을 드러내게 된 셈입니다. 그렇다면 이 뿐만 아니라 이미 그 뱀에게 가한 저주도 실상은 하나님의 계획을 폭로시킨 데 대한 괘씸죄를 적용시킨 것이며 인간에게 가한 형벌도 하나님의 본색을 알아차린 데 대한 보복입니다. 그리고 창세기 3:15에서 말씀하신 구원의 약속은 도저히 믿을 수 없는 것이 되고 맙니다. 따라서 우리는 22절의 상반절 말씀을 사실적인 표현으로 이해해서는 안 될 것입니다.

이제 하나님의 위엄과 명예와 진실성을 조금도 손상시키지 않을 만한 관점에서 22절의 말씀을 생각해 봅시다. 하나님께서는 사람이 '선과 악을 아는 일에 하나님같이 되었다' 고 말씀합니다. 그런데 창세기 3장 본문 그 어느 곳에서도, 사람이 이전에는 선악을 알지 못한 상태에 있었으나 그 열매를 먹은 후에 비로소 선악을 아는 능력을 갖게 되었다거나 선악을 아는 능력이 커졌다는 사실을 언급하거나 암시하지 않습니다. 그 열매를 먹은 후에 일어난 변화에 대해 본문이 묘사하고 있는 것은 단지 '그들이 자기들의 벌거벗음을 알았다' (창 3:7)는 사실 하나뿐입니다. 그렇다면 하나님께서 그렇게 말씀하신 것은, 그 뱀의 말을 듣고 하나님을 저버린 결과가 얼마나 비참한 것인지를 드러내는 반어적(反語的)인 표현입니다. 바꿔 말하면, 그 뱀의 말을 인용하여 말씀하심으로써 그 뱀의 말이 거짓된 것임을 부각시키기 위한, 이른바 비꼬는 표현입니다(Cf. Geerhardus Vos, *Biblical Theology: Old and New Testaments* (Grand Rapids: Eerdmans, 1948), p.33.)

예를 들어보겠습니다. 갑(甲)과 을(乙)은 같은 반 학생입니다. 이 둘은 친한 친구인 듯 보이면서도 실상은 여러 면에서 경쟁 관계에 있습니다. 이 두 학생은 학급 대항 축구 시합에 나갈 선수들입니다. 선수들마다 승리를 자신합니다. 이번 예선의 상대 학급은 다소 약한 팀이었기 때문입니다. 그런데 갑은 자기가 이번에는 틀림없이 두 골(goal)을 집어넣어 확실하게 이길 자신이 있다고 장담합니다. 을은 수비 선수라 할 말이 없습니다. 그러나 갑에 대해서 '어디 네가 두 골을 넣나 두고 보자' 하는 마음이 있을 뿐입니다. 축구 시합 결과는 예상외로 갑의 학급이 지고 말았습니다. 그러자 을이 다른 학우들에게 이렇게 말합니다. "애들아! 오늘 갑이 두 골씩이나 넣어서 우리가 이겼어." 사실상 갑은 한 골도 넣지 못했습니다. 그러나 을은 갑이 두 골을 넣었다고 말했습니다. 이것은 갑의 말을 인용하여 시합의 결과가 어떻게 되었는지를 부각시키기 위한 반어적 표현입니다. 곧 갑의 말을 가지고 효과적으로 갑을 비꼬는 것입니다.

사실상 사람은 하나님같이 되기는커녕 자신의 벌거벗음을 알게 된 비참한 결과에 이르렀습니다. 그러나 하나님께서는 그렇게 되었다고 말씀하십니다. 따라서 이것은, 하나님께서 거짓말을 하신 것이 아니라, 그 뱀의 말을 인용하여 반어적으로 그 결과를 표현하신 것입니다. 이처럼 22절 상반절은 하나님께서 그들이 이미 얻게 된 결과를 비꼬아 언급한 것입니다.

하반절은 하나님께서 사람의 타락한 성품이 어떻게 작동할지를 알고 계시므로 그것에 대한 대책을 마련하시는 장면을 보여 줍니다. 위의 직역에서 보는 바대로, 하반절은 "그러니 이제 …… 하지 못하도록 (해야겠다)"라는 문장입니다. 인간은 이제 에덴동산에서 영원히 살 수 없게 되었습니다. 이것은 그들이 하나님을 저버린 결과입니다. 이 결과는 그들의 성품에도 영향을 미쳤습니다. 그래서 그들은 자신들의 힘으로 영원히 살 수 있는 방법을 찾아보려고 합니다. 그들은 영원히 살 수 있는 것이 하나님 자신에게 달려 있다는 사실을 망각한 채, 한낱 나무에 불과한 생명나무에서 열매를 따먹으므로 영원히 살아보려는 헛된 꿈을 갖게 되었습니다. 그러나 선악의 지식 나무의 열매를 따먹음으로써 하나님을 저버린 사람들에게 생명나무는 무의미한 것입니다. 그런데도 그들은 그 생명나무의 열매를 손에 넣으려는 헛된 계획을 시도할 것입니다. 이와 같은 헛된 시도는 타락한 성품에서 비롯되는 것입니다. 이런 사실을 아시는 하나님께서 그들로 하여금 아예 생명나무로 접근할 수 없도록 대책을 마련하십니다.

하반절 말씀에 대해서는 자칫하면 다음의 두 가지 오해가 생길 수 있으므로 이 점에 대해 설명합니다. 첫째는, 하나님께서는 사람이 영생하는 것을 원하지 않으신다는 오해입니다. 하반절에서 하나님은 "…… 영원히 살지 못하도록 해야겠다"고 말씀하시기 때문입니다. 하나님께서는 인간과 더불어 영원히 함께 살기를 원하셨습니다. 그래서 그들을 에덴동산에서 살게 하시고 죽지 않는 방법도 가르쳐 주셨습니다. 그러나 그들은 하나님과 함께 영원히 살기를 거절했습니다. 죽는 길을 택했습니다. 그럼에도 불구하고 하나님께서는 그들에게 다시 영원히 살 수 있는 길을 제시합니다. 그 길은 하나님의 구원 약속을 믿는 믿음입니다. 이처럼 인간이 영원히 살 수 있는 길은 타락 이전이나 이후에도 언제나 하나님에게 달려 있습니다. 사람은 결코 자신의 능력이나 노력으로써 영원히 살 수 없습니다. 영생이라는 것은 하나님으로부터 주어지는 것입니다. 그런데 인간은 하나님께서 제공한 길을 통하지 않고 자신의 기지(奇智)를 발휘하여 영생을 손에 넣으려 합니다. 따라서 위의 말씀은, 인간이 스스로의 노력으로 영생을 얻으려는 헛된 수고를 하지 못하도록 하겠다는 의미로 이해해야 합니다. 둘째는, 생명나무의 열매를 따먹으면 영생할 수 있을 것이라는 오해입니다. 하반절에서 하나님은, "…… 따서 먹고 영원히 살지 못하도록 해야겠다"라고 말씀하시기 때문입니다. 개역한글성경에서는 "…… 따먹고 영생할까 하노라"로 표현되어 있어서 하나님께서 우려하시는 듯한 느낌을 줍니다. 그러나 이 말씀은 하나님께서 사람이 생명나무의 열매를 따먹으면 영원히 살 수 있게 될까 봐 우려한 말씀이 아닙니다. 생명나무는 특별한 효능이나 마술적인 힘을 가진 나무가 아니라 에덴동산의 성격을 상징하는 나무일 뿐입니다. 설사 그들이 그 열매를 따먹었다고 해도 그들은 영생할 수 없습니다. 영생은 하나님의 주권에 달린 것입니다. 그런데도 그들은 타락 이후에는 마치 그 나무에서 영생할 수 있는 능력을 얻을 수 있다고 믿는 그릇된 사고를 갖게 되었습니다. 그들은 타락함으로 하나님과 멀어져서 적어도 영생의 근원에 관한 한 하나님에 대해 올바른 인식을 가질 수 없게 된 것입니다. 따라서 위의 말씀은 하나님께서 그들의 그러한 인식을 그대로 반영하여 그들식으로 표현하신 것입니다. 그리고 이런 표현을 보고 우리는 타락이 사람에게 끼친 영향이 하나님에 대한 인식까지 그릇되게 바꾸어 놓을 만큼 매우 큰 것임을 알 수 있습니다. 간추리자면 하반절의 말씀은, 단순히 생명나무의 열매를 못 따먹게 하기 위한 방어 계획이 아니라, 인간의 헛된 수고를 막고 그들을 영생에 이르는 진정한 길로 속히 이끌기 위한 하나님의 은혜로운 배려입니다. 이것은 인간의 구원을 위한 정지(整地)작업입니다. 그러므로 22절 상반절과 하반절 말씀을 풀어서 표현하면, '사람이 이제는 죽을 수밖에 없는 비참한 결과에 이르렀으니 그들은 영원히 살길을 찾으려고 헛된 노력을 시도할 것이다 그러니 나(하나님)는 그들의 헛된 시도를 막아야겠다'는 것입니다.

영원한 삶 대신 죽음을 그리고 하나님 대신 그 뱀을 선택한 인간은 이제 더이상 에덴동산에서 살기에 적합한 존재가 아닙니다. 따라서 그들은 하나님의 동산인 그곳에 있어서는 안 되는 것입니다. 23절을 보면, 하나님께서 그들을 그 동산에서 내보내십니다. 그러나 그들은 무작정 추방되는 것은 아닙니다. 비록 그들이 그 동산 밖에 나가 살더라도 그들은 여전히 하나님의 관심과 돌보심의 대상입니다. 하나님께서는 이미 그들을 위한 구원 계획을 마련해 놓으시고 그 계획을 그들에게 알려주시고 그들을 내보내시는 것입니다. 그들은 에덴동산 밖에서, 하나님의 구원 약속의 성취를 바라보며 살아야 합니다. 그러나 이러한 믿음의 삶은 그저 무위도식(無爲徒食)하는 생활이 아닙니다. 그들에게는 할 일이 주어졌습니다. 땅을 경작하는 일이 주어졌습니다. '그의 근본 된 토지'는 '사람이 취해진 출처로서 땅'을 의미하는 표현입니다. 창세기 3:17-19에서 알 수 있는 바대로 이제 인간은 땅에서 수고하며 살아야 하는 것입니다. 그리고 평생 수고하던 그 땅으로 되돌아가야 하는 것입니다. 육체를 입고 영원히 사는 것은 에덴 밖에서는 불가능하게 되었습니다. 이것이야말로 에덴동산에서의 삶과 동산 밖의 삶의 대조적인 차이 중 하나입니다.

24절은 22-23절의 내용을 보완해 줍니다. 우선 24절 상반절은, 하나님께서 사람을 에덴동산 밖으로 내보내신 일의 성격을 알려줍니다. 하나님께서 사람을 에덴동산에서 내보내심은 단순히 새로운 삶터로 이주(移住)시킨 것이 아니라 '내쫓음'입니다. 이 일은 하나님의 심판으로서 가해진 일입니다. 그들은 에덴동산에서 추방된 것입니다. 이어서 하반절은, 인간이 자기 마음대로 에덴동산에 돌아올 수 없도록 하는 조치가 취해졌음을 알려줍니다. 이처럼 인간은 다시는 그곳으로 되돌아갈 수 없는 영구적인 추방을 당한 것입니다. 사람은 죽을 때까지 에덴동산 밖에서 살아야만 하는 것입니다. 이것은 하나님의 공의로운 심판입니다. 하나님께서는 인간이 에덴동산에 접근할 수 없도록 에덴동산의 동편에 그룹들과 화염검을 배치해 놓으셨습니다. 인간이 에덴에 접근할 가능성이 있었기에 이런 조치가 필요한 것입니다. 그러나 인간이 에덴동산에 접근하려는 것은 오로지 이기적인 목적을 위해서입니다. 타락한 인간의 관심은 오로지 자신의 생명을 영구화시키려는 것뿐입니다. 에덴동산에서 하나님과 함께 살던 복된 삶을 회복하려는 일에는 관심이 없습니다. 그러기에 하반절(직역은 "…… 생명나무의 길을 지키기 위하여 …… 을 거하게 하셨다"입니다)에서는 그룹들과 화염검을 배치한 목적을 표현하면서 '에덴동산의 길'이라는 용어를 사용하지 않고 그 대신에 '생명나무의 길'이라는 용어를 사용합니다. 에덴동산 중앙에 있는 생명나무로 가려면 에덴동산의 경내(境內)에 들어와 동산을 가로질러 중앙에 도달해야 하는 것이므로 '생명나무의 길을 지키게 하였다' 는 표현은 단지 생명나무 주위만이 아니라 에덴동산으로의 접근 그 자체를 막은 것입니다.

타락한 인간은 자기 노력으로 영생을 획득하려고 생명나무의 열매를 따려는 헛수고를 계속하게 마련입니다. 그래서 그들이 접근할 수 있는 길을 막을 보초로서 그룹들과 화염검을 배치한 것입니다. 그리고 이것들은 에덴동산의 동편에 배치되었는데 '동편' 인 까닭은, 그들이 내쫓긴 이후에 거처가 에덴동산의 동편에 있었기 때문이라 생각됩니다. 여기서 '그룹들' 은 하나님께 시중드는 천사들의 한 부류를 의미하는 것이며 이것은 사람 이외의 어떤 존재를 직접 언급한 최초의 표현입니다. '두루 도는 화염검' 이란 불을 내뿜는 검(劒)이 아니라 검 모양의 형태를 가진 화염(火焰)으로서 어느 방향으로든지 돌 수 있는 불길을 의미하는 것입니다. 이처럼 24절은 영적인 피조물과 막강한 불길이 보초로 배치된 사실을 통하여 인간의 접근이나 침입은 도저히 불가능한 것이며 이로써 인간이 다시 에덴동산의 삶을 회복하는 것은 오직 하나님의 손에 달려 있다는 것을 암시해 줍니다.〉

【3】 1절 〈1절은 아담이 아내와 동침(同寢)하여 자식을 낳았다는 사실과, 특별히 하와가 아들을 낳고 표현한 말을 기록하고 있습니다. 우리는 하와의 말을 통해서 그녀가 자식에게 어떤 기대를 갖고 있었는지를 알 수 있습니다. 1절의 직역(直譯)은 "그리고 그 사람이 자신의 아내 하와를 알았다. 그래서 그녀는 잉태하였다. 그리고 가인을 낳았다. 그러자 그녀는 '내가 한 사람, 즉 여호와를 얻었다' 고 말했다"입니다. 물론 하와가 한 말은, '내가 여호와와 함께 한 사람을 얻었다' 라고 번역될 수도 있습니다. 어쨌든 개역한글성경의 "내가 여호와로 말미암아 득남하였다"라는 표현은 하와의 말속에 담긴 문맥적 의미를 없애거나 줄이는 것입니다. 왜냐하면 우리말의 번역은 '아들을 얻게 된 것이 여호와의 도우심 때문임' 을 말하는 것일 뿐이기 때문입니다. 더구나 이 번역에서 생겨난 부정적(否定的)인 영향은 특히 '남아 선호' (男兒選好) 사상이 강한 그리스도인들에게서 나타나는데, 이들은 마치 '득남' (得男)은 여호와의 (더 큰?) 은혜로 인한 것으로 오해합니다. 여기서 우리가 관심을 가져야 할 점은 하와가 '아기' 를 얻었다고 말하지 않고 '한 사람' 을 얻었다고 말한 사실입니다. 하와가 자신에게서 태어날 아기가 '사람이 아닌 다른 어떤 동물이지 않을까' 걱정하고 있다가 사람이 태어나서 '한 사람' 이라고 표현하였다고 볼 수는 없을 것입니다. 여호와와 연관하여 '한 사람' 이라고 말한 것은 여호와께서 말씀하신 '그녀의 씨' 를 염두에 두지 않고는 글의 논리상 불가능하기 때문입니다.〉,

4절(또는 5절) 〈성경은 "아벨과 그 제물은 열납하셨으나 가인과 그 제물은 열납하지 아니 하신지라"라고 말씀함으로써, 제물보다 사람을 앞에 놓아 강조하고 있습니다.〉, 7절

【4】 11절과 12절, 13절, 15절 〈성경에는 아담과 하와의 자녀의 이름이 세 명(가인, 아벨, 셋)만 등장합니다. 이들만이 성경에서 펼치는 구원역사와 직결되어 있기 때문입니다. 성경은 아담의 가족사(家族史)에 관심을 두고 있지 않습니다. 따라서 아담과 하와의 다른 자녀들의 이름을 일일이 알려주지 않습니다. 다만 분명한 것은 아담과 하와가 에덴 밖으로 쫓겨난 이후 적지 않은 시간이 흘렀으므로 적어도 가인이 아벨을 죽일 때쯤에는 가인이 두려워할 만큼 아담의 다른 후손들이 주변에 살고 있었을

것이고 그들은 동생을 죽인 가인을 그냥 두려고 하지 않았을 것이라는 사실입니다. 이처럼 가인의 염려는 현실이 될 수 있는 것이었기에 하나님께서는 가인에게 '표'를 주셔서 죽임을 면케 하셨습니다. 그러나 그 '표'가 구체적으로 어떤 것인지 우리로서는 도저히 알 수 없습니다.〉

【5】 23절과 24절 〈이것은 성경에 나타난 두 번째 시(詩)입니다. 첫번 것은 아담이 하와를 만나자 그 기쁨을 노래한 '여인예찬가'(女人禮讚歌)였습니다(창 2:23).〉, 25절

【6】 1절 〈"아담 자손의 계보가 이러하니라"라는 표현 이후에 등장한 계열은 오직 셋 계열뿐이며 가인 계열은 제외되었습니다. 따라서 '자손'이라는 말은 단순히 혈육이나 혈통을 의미하는 것이 아님을 알 수 있습니다. 게다가 사람을 창조하신 사건을 기록하고 있음을 볼 때 셋 계열만이 하나님께서 사람을 지으신 목적에 비추어서 '아담의 자손'이라고 언급된 것임을 알 수 있겠습니다.〉

【7】 22-24절, 29절

◈ 4주 ◐ 창세기 6-7장

【1】 2절 〈여기서 '하나님의 아들들'이란 하나님을 신뢰하며 그분의 약속을 믿고 살아가는 셋 계열을 가리키는 표현이며, 이것과 대조를 이루는 표현인 '사람의 딸들'이란 하나님을 믿지 않고 살아가는 계열인 가인 계열을 가리키는 것으로 이해하는 것이 가장 바람직합니다. 왜 이런 이해가 가장 바람직한 것이며, 그 외에 어떤 견해가 있는지에 대해서는, 김영철, 「성경신학의 입장에서 본 노아 홍수」(여수룬, 1989), 〈부록〉을 보시기 바랍니다.〉, 2절

【2】 5절, 3절 〈"이는 그들이 육체가 됨이라"는 말씀은 그들이 인간이므로 연약하여 어쩔 수없이 죄를 범하였다는 뜻이 아닙니다. 이 말씀은 '그들이 범죄함으로써 인류는 모두 멸망 받을 수밖에 없는 존재가 되었다'는 의미로 이해하는 것이 바람직할 것입니다. Cf. Geerhardus Vos, *Biblical Theology* (Eerdmans, 1948), pp.49-50.〉

【3】 4절, 8절

【4】 9절 〈어떤 이들은 노아가 의인이었기에(창 6:9) 하나님의 은혜를 받을 수 있었다(창 6:8)고 생각합니다. 그렇다면 그것은 은혜가 아니라 당연한 대가일 것입니다. 창세기 6장 9절부터는 새로운 큰 문단이 시작됩니다. 따라서 문단을 거슬러서 성경 말씀을 이해하기보다는 앞 문단에 속하는 8절에 근거해서 9절을 이해하는 것이 올바른 것입니다. 창세기의 문단 나눔에 대해서는 다음 내용을 자세히 읽어 보시기 바랍니다.

창세기는 모세오경의 다른 책들보다 훨씬 형식이 뚜렷한 구조를 갖고 있습니다. 창세기는 시내산에서 하나님과 언약을 맺음으로 그분의 백성이 된 처음 독자들에게 이제껏 그들이 겪지 못한 과거의 역사를 통해 여호와 하나님이 어떤 분이신지를 알려주는 책이므로 자연히 체계적인 구조를 가질 수밖에 없습니다. 글의 내용이 독자가 직접 경험한 내용이거나 같은 시대의 것이라면 어떤 체계적인 구조가 없이 다소 산만한 형식으로 글을 써놓아도 그 내용을 이해하는 데 별다른 어려움을 겪지 않을 것입니다. 그러나 과거의 일들 더욱이 오랜 세월에 걸친 역사를 글의 내용으로 할 경우에는 어떤 체계가 없다면 시간적인 전후 관계가 독자의 머릿속에서 잘 정리되지

않으므로 그 글을 전체적으로 일관성 있게 이해하기가 쉽지 않은 법입니다. 그래서 신중한 기록자라면 당연히 가장 효과적인 구조를 만들어서 내용을 담기 마련입니다. 이것은 우리가 학교에서 역사 과목을 공부할 때 역사 교과서는 그 어떤 책보다도 시대별로 잘 정리된 책이었다는 사실을 기억해보면 쉽게 이해할 수 있는 점입니다. 그런데 창세기는 하나님을 부각시키려는 의도의 글이므로 일반 역사책처럼 시대별 구분을 주된 구조로 삼지 않고 간단하면서도 독특한 문학적 구조를 사용하였습니다. 이렇게 함으로써 처음 독자들은 이제껏 하나님께서 이루어오신 역사를 훨씬 잘 기억할 수 있으며 따라서 그분이 어떤 분이신지에 대한 인식도 더욱 분명하게 가질 수 있었을 것입니다.

기록자는 "엘레 톨레도트"('elle toledot)라는 문단 나누기 표현을 10번 사용하여 창세기를 아래의 그림 3에서 보시는 바와 같이 11개의 큰 문단으로 나누었습니다. 그러나 한글개역성경에서는 이 공통적 표현이 우리말로는 번역하기 힘든 독특한 표현이므로 그 표현으로 시작되는 문단의 내용을 파악하여 의역(意譯)을 해놓았습니다. 어쨌든 이런 까닭에, 우리는 창세기를 읽어 내려가면서 11개 큰 문단의 첫 부분을 얼른 알아보기가 그리 쉽지 않습니다. 엘레 톨레도트라는 표현이 처음 나타나는 2:4에서는 "대략(大略)이 이러하니라"로 번역된 반면에, 5:1에서는 "계보(系譜)가 이러하니라," 6:9에서는 "사적(事蹟)이 이러하니라," 10:1과 11:10에는 "후예(後裔)가 이러하니라"로 번역되어서 하나의 표현이 네 가지 다른 형태로 나타난 셈입니다. 그러나 창세기 후반부(11:27–50:26)에서는 이 표현이 세 가지 형태를 갖습니다. 11:27과 25:12 그리고 25:19에서는 "후예는 이러하니라," 36:1에서는 "대략이 이러하니라," 37:2에서는 "약전(略傳)이 이러하니라"로 되어 있습니다. 따라서 전체적으로 보면 엘레 톨레도트는 모두 다섯 가지 다른 용어로 표현되었습니다.

기록자는 엘레 톨레도트를 사용하여 새로운 문단을 시작할 때마다 문학적 형식을 바꾸어서 글의 맛을 돋구었습니다. 그래서 전체적으로 볼 때 창세기의 글은 산문(散文)이지만 산문의 문학형식(literary style)에 변화를 줌으로써 마치 시(詩)의 병행 구조(parellelism)와 같게 만들었습니다. 이렇게 한 까닭은 무엇보다도 내용을 잘 기억하도록 하기 위한 배려 때문일 것입니다. 그리고 이러한 병행 구조의 차이에 의해서 창세기는 두 부분으로 나뉩니다. 그리고 각 부분에는 다섯 개씩의 "엘레 톨레도트"가 들어가 있습니다. 전반부의 병행 구조는 '서술체-서술체-계보'의 패턴(pattern)이 반복된 A-A-B/A-A-B 구조인 반면에, 후반부는 서술체 사이사이에 계보가 끼어있는 A-B-C-B-A 구조를 갖고 있습니다.

〈창세기의 문학적 구조〉

창조 A. 1:1 - 2:3 N

A. 2:4 - 4:26 N
    B. 5:1 - 6:8 G
A. 6: 9 - 9:29 N
A. 10:1 - 11:9 N
    B. 11:10 - 11:26 G

A. 11:27 - 25:11 N
    B. 25:12 - 25:18 G
        C. 25:19 - 35:29 N
    B. 36:1 - 37:1 G
A. 37:2 - 50:26 N

애굽

[이 그림에서 N은 서술체(narrative), G는 계보(geneology)를 뜻합니다.]

위의 구조를 살펴보면 창세기는 단순히 문학적 형식만을 따라서 보기좋게 배열된 것이 아니라 그 글의 내용에서도 체계적으로 배열되어 있음을 알 수 있습니다. 이것은 기록자가 창세기 구조에 대해 상당히 치밀한 계획을 갖고 창세기를 썼다는 사실을 드러내 주는 것입니다. 전반부는 위에서 보는 바대로 A–A–B 구조가 반복되는데 뒤의 패턴은 앞의 패턴의 중심적인 내용을 반영한 것입니다. '창조 – 에덴의 아담에서 라멕에 이르기까지 죄의 급증 – 구원계열의 계보'가 앞 패턴의 내용이라면, 뒷 패턴은 '홍수 이후의 새로운 창조 – 인구의 증가와 바벨에서 드러난 죄의 만연 – 새로운 구원계열의 계보'를 그 내용으로 삼고 있기 때문입니다. 반면에 후반부는 세 개의 서술체를 축으로 삼고 그 사이에 계보를 끼워넣고 있습니다. 이 세 축은 차례대로 아브라함과 이삭과 야곱의 이야기를 그 내용으로 하며 계보는 이스마엘과 에서를 다루고 있습니다. 이것은 아브라함과 맺은 언약과 그 계승자를 중심으로 이야기가 전개되고 있음을 보여주는 것입니다.

이처럼 기록자는 치밀한 계획에 의해 창세기의 형식과 그 내용을 조직함으로써 아담에서 아브라함에 이르기까지와 아브라함에서 애굽에 체류하게 된 이스라엘에 이르기까지의 역사의 흐름을 전반부와 후반부로 나누어서 서술하고 있습니다. 그리고 이로써 그는 창조 때부터 애굽에 이를 때까지 하나님께서 주도해 오신 구원역사의 움직임을 드러내어 일차 독자들로 하여금 그들을 애굽에서 구원하신 여호와 하나님의 어떠하심과 어떻게 일하심을 올바로 이해할 수 있는 토대를 놓은 것입니다.〉,
12절(또는 11절), 15절

【5】 18절, 19절과 20절

【6】 11절, 8절과 9절

【7】 16절, 21–23절

◈5주 ➲ 창세기 8-9장

【1】 1절, 11절

【2】 17절, 21절과 22절

【3】 2절, 5절과 6절 〈6절에서 "무릇 사람의 피를 흘리면 사람이 그 피를 흘릴 것이니"라는 표현은 아쉽게도, 초점이 잘 맞지 않은 사진기처럼, 의미의 상(像)이 분명하지 않습니다. 이 표현은 직역하면 이렇습니다.

a. 쏟아뜨리는 자는
  b. 사람의 피를
    c. 사람에 의해서
  b. 그의 피가
a. 쏟아지리라

여기서 '쏟아뜨린다'는 것은 죽임을 뜻하는 표현입니다. 고대에는, 오늘날처럼 심장이 멈추었는가 또는 뇌파(腦波)가 정지되었는가를 확인해보고 사망을 판단한 것이 아니라 일상생활에서 얻은 경험으로 죽음의 상태를 알았다고 생각합니다. 사람들은 경험에 의해서 죽은 사람이 코로 숨쉬지 않는다는 사실을 알았을 터이고, 짐승에 물려 죽거나 살해당하거나 사고로 죽은 사람의 경우에는 피를 쏟는다는 사실을 알았을 것입니다. 따라서 '피를 쏟는다'는 표현은 자연스럽게 죽음을 뜻하는 말로 자리잡은 것이라 생각합니다. 한편 우리말 성경에서는 c에 해당하는 부분('사람에 의해서')이 생략되었습니다. 그리고 모세 오경의 첫 독자들은 이 내용뿐만 아니라 살인과 폭력에 대한 율법의 내용(예, 출 21:12–27)도 가르침 받았을 것이므로 '사람에 의해서'라는 표현이 '짐승이 아니라 사람이 사형을 집행한다'는 의미가 아님을 잘 알 수 있었을 것입니다. 이 표현은, 보복적인 방법이 아니라 율법에서 정한 규례대로 적법한 공적 절차와 재판에 따라 살인자를 처형할 것을 뜻하는 것입니다.〉

【4】 9절, 15절 〈언약의 내용은 간단히 말하면 '홍수가 없으리라'는 것입니다. 이것의 적극적인 의미는 곧 생명을 보존하시겠다는 것입니다. 그래서 노아 언약의 내용 또는 성격을 '생명 보존'이라고 말할 수 있겠습니다. 언약의 내용은 되풀이 될 때마다 그 주어를 바꿔가면서 멋지게 표현되는데, 이런 반복으로써 그 내용을 강조하는 것입니다. 아래의 직역을 보시기 바랍니다.

모든 생물이 다시는 홍수의 물로 인해 멸망하지 아니하리라(11절 하)
다시는 땅을 멸망시킬 홍수가 있지 아니하리라(11절 하)
다시는 물들이 모든 생물을 멸망시킬 홍수가 되지 아니하리라(15절 하)〉

【5】 12절과 16절, 15절 〈"내가 …… 내 언약을 기억하리니"〉

【6】 24절

【7】 27절 〈우리말 성경에서는 아쉽게도 셈의 장막에 '야벳'이 거하는 것으로 표현되어 있습니다.〉

◈ 6주 ◐ 창세기 10-12장

【1】 5절과 20절, 6절
【2】 32절, 31절, 25절 〈"이 때에 세상이 나뉘었음이요"라는 말씀은 바벨탑 사건으로 인하여 사람들이 흩어지게 됨을 의미하는 것입니다.〉
【3】 4절 〈4절은 몇 가지 목적을 말하는 것같이 보입니다. 그러나 이 구절을 다음과 같이 직역해 보면 건축의 근본적인 목적이 무엇인지 잘 드러납니다. "자! 우리가 우리를 위하여 성과 대를 건축하자. 그리고 그것의 꼭대기는 하늘에 닿게 하자. 그래서 우리를 위하여 이름을 내자. 온 땅의 지면에 흩어지지 않도록."〉
【4】 26절
【5】 (11장) 29절, (12장) 3절, (11장) 30절, (11장) 32절
【6】 4절
【7】 3절 〈"땅의 모든 족속이 너를 인하여 복을 얻을 것이니라."〉, 3절

◈ 7주 ◐ 창세기 12-14장

【1】 7절
【2】 13절 〈"그대는 나의 누이라 하라."〉
【3】 17절
【4】 4절 〈"여호와의 이름을 불렀"다는 표현은 하나님을 예배하였다는 뜻입니다.〉, 8절과 9절
【5】 13절
【6】 15절과 16절
【7】 4절, 16절

◈ 8주 ◐ 창세기 14-16장

【1】 20절, 23절
【2】 19절, 22절 〈"천지의 주재(主宰)시요 지극히 높으신 하나님 여호와"〉
【3】 1절 〈"두려워 말라 나는 너의 방패요"〉, 4절, 6절
【4】 18절 〈"언약을 세워"라는 표현에서 이 의식은 언약 의식임을 알 수 있습니다.〉, 10절
【5】 16절, 18–21절, 17절
【6】 17절

【7】 2절, 2절

◈ 9주 ➡ 창세기 16-17장

【1】 13절, 10절
【2】 1절, 7절과 8절
【3】 8절
【4】 5절, 8절
【5】 11절 또는 14절 〈양피(남자 생식기의 앞 피부)를 베는 행위임〉, 14절 〈백성 중에서 끊어짐〉, 12절과 13절
【6】 17절, 19절 또는 21절
【7】 20절, 24절과 27절 〈"그와 함께"〉

◈ 10주 ➡ 창세기 18-19장

【1】 1절과 13절 〈"여호와께서 …… 나타나시니라"(1절), "여호와께서 아브라함에게 이르시되"(13절)〉(또는 10절이나 14절도 가능함), 14절 〈"여호와께 능치 못한 일이 있겠느냐?"는 물음은 사실상 사라의 마음속 생각을 정확히 집어낸 것입니다.〉
【2】 21절, 19절
【3】 25절, 32절
【4】 5절, 9절
【5】 13절(또는 15절), 14절
【6】 16절, 22절
【7】 29절, 33절과 35절 〈"그러나 아비는 그 딸의 눕고 일어나는 것을 깨닫지 못하였더라."〉

◈ 11주 ➡ 창세기 20-21장

【1】 7절
【2】 13절
【3】 16절, 17절
【4】 21절 〈'권고하셨다' 라는 말의 뜻은 '찾아오셨다' 입니다.〉, 6절과 7절
【5】 12절, 13절
【6】 19절, 20절 〈"하나님이 그 아이와 함께 계시매"〉
【7】 22절, 27절, 33절 〈"영생하시는 하나님 여호와"〉

◈ 12주 ➡ 창세기 22장

【1】 3절, 8절
【2】 5절, 9절과 10절
【3】 11절과 12절, 12절
【4】 수양, 13절, 13절
【5】 13절, 14절
【6】 12절, 12절
【7】 16절과 18절, 18절

◈ 13주 ➡ 창세기 22-24장

【1】 바닷가의 모래/ 17절, 17절 〈"네 씨가 그 대적의 문을 얻으리라."〉
【2】 23절, 18절
【3】 6절 〈하나님의 방백〉, 6절
【4】 11절, 13절
【5】 17절과 18절, 20절
【6】 1절, 3절
【7】 5절, 6절-8절, 7절, 9절

◈ 14주 ➡ 창세기 24장

【1】 12절-14절, 12절
【2】 15절, 21절
【3】 22절, 23절
【4】 23절, 26절과 27절
【5】 27절, 27절
【6】 30절, 33절
【7】 36절, 37절-41절, 34절

◈ 15주 ◐ 창세기 24-25장

【1】 그들이 네게 주지 아니할지라도, 41절, 49절
【2】 51절, 50절과 51절
【3】 52절, 55절
【4】 56절, 60절
【5】 65절, 67절
【6】 5절, 8절
【7】 11절, 6절

◈ 16주 ◐ 창세기 25장

【1】 21절 〈아내가 잉태하지 못함〉, 21절
【2】 26절, 22절
【3】 22절, 22절
【4】 23절, 23절
【5】 23절, 28절
【6】 25절-27절, 31절 〈장자의 명분(권리)〉
【7】 32절, 34절

◈ 17주 ◐ 창세기 26-27장

【1】 6절, 3절과 4절
【2】 5절, 11절
【3】 12절, 12절-16절
【4】 19절, 22절
【5】 33절, 24절
【6】 24절, 28절과 29절 〈아비멜렉은 여호와께서 이삭과 함께 계심을 분명히 보았으며 이삭을 '여호와께 복을 받은 자'로 여겼습니다.〉, 34절과 35절
【7】 27절-29절

◈ 18주 ◐ 창세기 27-28장

【1】 25절, 13절
【2】 20절, 25절
【3】 29절 〈"네게 저주하는 자는 저주를 받고 네게 축복하는 자는 복을 받"으리라.〉, 33절 또는 37절
【4】 29절, 28절과 29절
【5】 29절, 37절
【6】 42절-45절, 39절과 40절
【7】 46절, 5절

◈ 19주 ◐ 창세기 28-30장

【1】 9절, 13절-15절
【2】 20절과 21절, 16절
【3】 22절
【4】 18절, 20절
【5】 23절(또는 25절), 26절과 27절
【6】 27절, 32절과 33절
【7】 8절(또는 3절), 35절

◈ 20주 ◐ 창세기 30-31장

【1】 9절, 15절
【2】 18절, 22절
【3】 27절과 30절, 29절과 30절
【4】 37절과 38절, 43절
【5】 3절(또는 13절이나 16절), 14절-16절
【6】 24절(또는 29절), 29절
【7】 36절-42절, 42절

◈ 21주 ◐ 창세기 31-33장

【1】 44절, 50절과 52절
【2】 9절-12절, 9절과 12절
【3】 20절, 20절
【4】 25절, 26절
【5】 30절, 28절
【6】 29절, 30절
【7】 3절, 4절

◈ 22주 ◯ 창세기 33-35장

【1】 10절, 11절
【2】 15절, 18절
【3】 13절, 19절
【4】 23절, 30절
【5】 1절, 3절
【6】 2절–4절, 5절
【7】 14절, 11절

◈ 23주 ◯ 창세기 35-38장

【1】 27절–29절, 22절, 23절–26절
【2】 6절과 7절, 15절–18절
【3】 25절, 43절
【4】 5절과 8절, 11절
【5】 20절, 25절(또는 28절)
【6】 28절, 36절
【7】 7절, 11절

◈ 24주 ◯ 창세기 38-40장

【1】 18절(또는 25절), 26절
【2】 26절, 29절
【3】 2절, 3절
【4】 7절(또는 12절), 9절
【5】 14절, 21절과 23절
【6】 3절과 23절, 21절과 23절
【7】 3절–5절, 8절

◈ 25주 ◯ 창세기 40-41장

【1】 22절, 14절
【2】 14절과 15절, 23절
【3】 9절, 8절
【4】 16절, 16절
【5】 25절, 28절, 32절, 33절–36절
【6】 38절과 39절, 42절과 43절
【7】 56절, 51절과 52절

◈ 26주 ◯ 창세기 42-44장

【1】 6절, 15절(또는 16절)
【2】 22절, 21절
【3】 28절, 28절
【4】 36절, 38절
【5】 8절–10절, 14절
【6】 26절과 28절, 23절, 32절
【7】 9절, 16절

◈ 27주 ◯ 창세기 44-46장

【1】 31절, 33절
【2】 5절, 5절–8절
【3】 15절, 9절–11절, 13절
【4】 24절, 18절 또는 20절
【5】 3절과 4절, 4절
【6】 20절, 15절, 17절, 10절(순서를 바꾸어 써도 괜찮음)
【7】 29절과 30절, 34절

◈ 28주 ◯ 창세기 47-49장

【1】 3절, 9절, 9절, 6절, 12절
【2】 19절, 25절
【3】 29절과 30절, 31절
【4】 3절과 4절, 2절, 5절
【5】 17절과 18절, 19절
【6】 15절과 16절, 22절
【7】 4절, 7절

◈ 29주 ◯ 창세기 49-50장

【1】 10절, 10절, 10절
【2】 14절, 17절, 21절(순서를 바꾸어도 됨), 18절

【3】 27절, 24절, 25절과 26절, 24절
【4】 28절, 29절–32절
【5】 3절, 11절
【6】 19절과 20절, 21절
【7】 22절과 23절, 26절, 24절과 25절